民眾宗教中的權威鑲嵌

場域變遷下的象徵資本與靈性資本

丁仁傑

——

著

to 光鏞、光鈺

——很高興你們來到這個家

自序

　　個人博士班階段的訓練，偏向於社會心理學，但是因為想要對動員力強大的慈善組織進行研究，視野逐漸擴充到社會運動和宗教社會學的文獻。後來，意外的也是很幸運的，進入了以人類學家為主的研究機構，於是，地方宗教活動中充滿了象徵性意涵的儀式歷程，和複雜的地方認同構成，也成為了我關注的焦點。

　　慈善組織裡的宗教實踐，和末世論視野下的教團凝聚，以及地方象徵權力建構下的民間信仰之間，看起來是那麼不同，但是他們對超自然力量的追求，以及對現實秩序的渴望等等面向上，又是那麼樣相似。

　　我在2009年出版的《當代漢人民眾宗教研究》裡，就嘗試跨越制度性宗教與地方信仰之間，和不同教派宗教之間的界線，來刻畫基層民眾的宗教實踐與救贖取向。當時，主要在關注傳統權力形式運作和當代權力運作形式間操作上的連續性與分歧性，我還並沒有嘗試用貫穿性的概念來整合不同的宗教場域。

　　在那之後，我花了更多時間在地方聚落裡，以重訪作為方法論上的基礎，我對地方信仰中權力象徵資本累積上的作用與形式，有了更為具體的認識。

　　宗教是一種權威的來源，權威包含了權力和威望，產生了支配與被支配。在文化與社會關係的包裝下，民眾生活裡的權力的施為，必然有宗教性的元素，這些元素的核心構成，或是說基本

形式，其實是跨越儒釋道這些單一範疇的。而且，當某些基本形式歷經歷史沉澱，它們也早已是漢人日常慣習記憶與身體實踐裡的一部分。

由地方民間信仰的角度來看，象徵資本的累積，是地方菁英與社區主體主要的訴求；但漢人宗教活動絕不僅於此，父權社會的縫隙極大，慾望的缺憾，或是說「系統內救贖」的漏洞，醞釀了靈性資源存在的空間，與超越系統的超能力方面的個人性與集體性的需求。

結果是，象徵資本與靈性資本，都可以是地方民眾眼中的權威構成的來源，甚至於也是社會秩序的基礎。本書的各章文字，也就是嘗試去刻畫這個民眾宗教權威的基本形式和內容。這個形式一開始就存在著張力性的分歧，這個分歧到了當代社會還愈益明顯。象徵資本與靈性資本之間，不會相互完成，但會相互滲透與相互轉換，有時也會增添彼此的正當性，但它畢竟是一種根本性的分歧。

進入高度流動的現代社會，宗教也更具有了資本積累的形式，象徵資本累積的過程更活絡；而靈性資本對於慾望缺憾彌補上的針對性，不但絲毫未減，反而更在內容上有所轉變，並具有極大的動能來遮蓋住資本主義的異化本質。在這個脈絡下，靈性，以社會學的意義來觀照，是指與社會活動間，刻意或非刻意性的保持著某種心理上的距離，而所創造出來的具有身心自主性和整合性的實踐活動。

以象徵資本與靈性資本的雙重角度去理解民間權力形式上的基礎，可以說是我研究漢人民眾宗教內在構成的一個新起點。換言之，這不是由教義構成的角度，而是由追求資本累積的角度去看待民眾宗教。教義的討論當然重要，更重要的是它如何作為一

種手段，產生了實踐上的動力與救贖上的允諾，並蘊釀出了民間具有文化意義下的「克里斯瑪」。

本書各章，有些是新作、有些是舊作，但整本書的連結與貫穿則是全新的。各章多在研討會上發表過，感謝經常很不幸的要擔任我評論人的林本炫教授，對本書多篇文字初發表時，所給予的細心批評與指正，我深知其辛苦，對他實在是感到抱歉與感恩。而各篇文章後來正式發表的出處，我已將之列於導論中。要感謝每一篇文章在投稿時，各個學刊匿名審查人的意見與評論，使我得以大大改善各篇研究的質量。

我要感謝瞿海源老師對我從事台灣宗教研究上的長期鼓勵與啟發。中研院民族所的研究資源使我可以長期從事基礎性的研究，我要感謝所長張珣教授，前任所長胡台麗教授與黃樹民教授、之前和現在的研究群同仁林美容、葉春榮、高晨揚、黃淑莉、王舒俐、黃約伯教授和所內黃宣衛教授、陳文德教授及其他所有同仁們的協助。當然，更要感謝本書兩位匿名審查人的細心指正及提供寶貴修改意見，使得本書的結構與可讀性都增進不少。我在保安村最珍貴的好朋友郭銘宗，他是草地博士與鄉野大文豪，一直是我最佳的民間知識的來源。在本書資料蒐集與概念澄清的過程裡，有不少前輩與朋友曾提供協助，他們是陳緯華、陳淑娟、林本炫、齊偉先、邱彥貴、梅慧玉、鍾雲鶯、陳杏枝、洪瑩發、王俊凱等諸位女士先生。此外，本書每一章在寫作中都曾得到許多人的幫忙，也有不少友人曾在個別的問題上給我提供寶貴的資料和意見，我在這裡無法一一列出他們的大名，不過我要在內心向他們致上深深的謝意。

本書相關研究執行期間，曾獲科技部研究計畫經費補助，計畫編號分別為：NSC 102-2410-H-001-054，104-2410-H-001-090，

105-2410-H-001-038-MY2。另外，本書在最後書寫階段，曾獲得國科會專書寫作計畫之補助，補助編號為107-2410-H-001-046。本書得以順利出版，再一次的，我要感謝聯經出版公司執事們的辛勞，想到聯經幫我出了好幾本書，真是我的貴人，我內心由衷感謝。

我的助理黃詩涵、洪譽文、楊維騰、邱致嘉、楊筆文、梁韶珊、鄭仲皓、劉韋廷、吳瑞明、張瑋芩等人，在我研究過程中給予各種協助，並幫忙本書圖表製作與編輯，對助理們的感謝，實超出我筆墨所能形容。

這幾年，個人的生活起了些變化，家中多了兩個成員來報到。感謝內人辛勤持家，勞心勞力。感謝兩位小朋友給我帶來了各種大大小小的歡樂與苦惱。在兵荒馬亂之中，很高興這本書終於得以完成。筆者才疏學淺，水平有限。書中錯誤及不妥之處一定不少，尚祈方家及讀者不吝批評指正。

丁仁傑
2020年4月於台北南港

目次

Part I
漢人民眾宗教型構與權威型態：理論重訪與典範移轉

第一章
中國宗教研究典範的繼承、轉移與競爭：
實踐理論的展開

導論

一、本書書名的說明

　　本書是以社會變遷的角度，並以抽象性的分析概念，來分析漢人基層民眾社會中地方性領導權威形式的變化及其中的宗教意涵。

　　本書書名「民眾宗教中的權威鑲嵌：場域變遷下的象徵資本與靈性資本」，本書主題在探討漢人社會中民眾宗教權威形式背後的內涵，與動態性的變遷模式，並試圖以更為整體性的方式，扣緊漢人社會與文化脈絡，來說明當代社會漢人民間信仰和新興宗教團體的相對社會位置與社會實踐潛能。

　　漢人父權社會體制的背後，超自然象徵系統一直與其維持著動態性的調控與互相滲透性的關係。就宗教權威的形式來說，傳統社會裡的主要形式是：象徵系統調控下的象徵資源的累積所創造出來的權威；但也還存在有所謂的靈性資源。這二者有一部分重疊，但後者僅以一種補充性的角色存在於社會，某個程度上，在正常社會系統運作所產生的象徵權威之外，它是另外的補充性與替代性的權威形式，也讓那些原已被主流社會所排除者，有得以建構其主體性與身分認同的著力點。

　　進入現代社會以後，象徵資源具有更鮮明的資本的形式（可產生累積性和創造出交換價值），社區宗教活動能夠創造出永續性的象徵資本，佛教教派與民間教派（如一貫道）的社會位置更趨近於社會主流，都是能創造象徵資本的重要資源。個人也有更大的能動性去由這些場域中累積出個人的象徵資本。

　　但在當代，主流世俗性體制完全不帶宗教色彩之後，開始出現了新的「現代國家政治經濟體系—入世救贖靈性體系」的二元性結構體，它的特徵是：世俗政治經濟體中不帶有宗教性的意識

形態；但同時，宗教體雖變成剩餘範疇，但卻也是與現實政經相輔相成的新的生活實踐體系，它有著重視個人性救贖（宗教與社區性相脫鉤，而更廣泛地與個人救贖的指向性相聯結），也重視宗教與世俗層面相容性的特徵（也就是充滿著入世的精神，因為資本主義社會中的宗教更需具有入世積極性）。甚至於，這已非傳統意義下的制度性或組織性的宗教，當代浮出的「宗教性」的焦點，逐漸成為一種跨越宗教界線，並對資本主義世俗體制有針對性卻也是適應性的精神屬性，「靈性」是其新的稱謂。

在過去漢人世界的民眾生活裡，特殊的修行方法與集體性的修行經驗，以一種模糊的靈性資源的想像，被涵蓋在宗教神通或靈驗，以及具有公眾服務情操等的屬性裡而被社會大眾所理解，但主要並不是以靈性本身而被認可或承認。

進入當代，靈性資源，那種通常是經由地方社會網絡、佛教、道教和民間信仰中所界定出來的超越性，慢慢地出現了超出各方來源的超越性的基礎，並融合科學性的語言，成為大眾社會中可被辨認的靈性資本的形式，並常以靈性為名，充斥在各種不同的宗教傳統之中。甚至於，靈性本身作為主題，它已經成為了一種跨宗教界限的超越性的存在。

在主體的感受上，傳統社會裡的靈性資源的獲得，導向於對自己在彼世得到救贖的肯定；現代社會的靈性資本的累積，則導向於對異於資本主義和世俗世界的所謂「真實自我」的覺知的提升，或者說是導向於那種能在資本主義社會中，保持真實自我的能力。總之，在傳統社會或是現代社會裡，靈性修練本身，在不同時代裡，有相當程度指向性上的差異。

正是在這樣的場域變遷裡，為符應於大眾需求，傳統宗教與新興宗教，都正摸索著現代人「宗教性」的新內涵。這個新內

涵，它是一種重視個人在資本主義社會中的調適能力，卻又能與現實經濟活動維持某種距離的超越性的範疇。對應於這個範疇的宗教實踐，以靈性資本的形式，正展演出新的資本累積與交換的邏輯。以上，正是本書主要想探討的主題。

筆者（2009a）曾出版專著《當代漢人民眾宗教研究》一書，將宗教實踐視為一種權力的形式（政治、經濟與宗教權力三種權力形式中之一種），並探討它如何在不同時空裡，以不同方式參與了社會生活與個人主體性的建構。其中，認同建構方式、論述模式與社會權力再生產等諸層面，在社會變遷中的型態上的變化，是該書主要的檢視焦點。

而在該書結尾，我們也提到了新興宗教的議題。我們指出，新興宗教的性質，只能局部被放在父權社會權力再生產的面向裡來被看待。因為，相對於此，新興宗教創造出了一種新的行動範疇，並具有一些比傳統宗教團體更為激進的訴求或想像。筆者（2009a：402）指出：

> 新興宗教，確實是明顯有異於本書所討論的三個次場域〔民間信仰、佛教、民間教派〕以外的新興場域，它奠基在民間教派已經產生的社會和宗教基礎上，隨著新時代的情境，而後又更激進的往一個新的社會行動範疇發展。在這個新的行動範疇裡，開始鮮明的出現了傳統宗教裡比較沒有的特質。這一個新的行動範疇，不完全同於傳統宗教次場域的變遷與適應，而是平行於傳統宗教次場域的當代變遷以外，而獨立出現的新場域。新興宗教團體之作為一個全新的行動場域，是以更適應於信徒的時代需要為訴求。而在傳統宗教以外，新興宗教團體到底還能夠在多大的幅度上，將新出現

的這個宗教次場域的範圍有所擴張呢？這將會是一個亟待學者去予以調查與分析的新課題。

但是，該書並未對此新範疇的內容有太多實質性的論述。事實上，筆者個人的研究不斷跨越在民間信仰、組織性宗教團體和各類新興宗教之間，一方面感覺到這三個領域間有明顯差異；一方面又感覺到它們彼此互補，且都是同樣歷史文化情境裡的產物。

有沒有可以貫穿在這不同領域之間，且一方面可以表達出其間差異性，而又能說明其互補性或內在動態性概念的工具呢？後來，筆者在研究材料的累積中逐漸發現，即使各領域間差異很大，但在民眾宗教（非菁英形式的宗教實踐）的範圍內，它們都涉及了場域變遷、價值的累積和交換，以及行動者的主動性和選擇性等問題。只不過，價值的累積和交換，確實有著各種形式上的差異和變化，甚至於是相互競爭的狀態。

本書是嘗試以一些貫穿性的概念，來整合漢人宗教民眾實踐各個層面的作品。本書除各章有其具體的研究對象以外，全書首尾，則是引進了場域和資本的概念，以便具體說明宗教權力在不同時空社會領域裡的位置和作用。至於資本形式的考察裡，本書中則主要包含了象徵資本與靈性資本，這兩個既有著極大差異，又有著某種互補性的概念範疇。而且，當我們主要使用靈性資本來理解當代台灣新興宗教，這也給我們一個較好的理論性位置來評估它的當代指向性。

象徵資本，表示宗教實踐具有創造正當性和公眾認可的作用；靈性資本則表示宗教實踐有著能超脫於現實社會困境，而創造出自我滿足的作用。前者的累積，在不同時空中，經常是出於

宗教達成了主要社會功能後，在個人與集體上所產生的連帶性的結果，通常也就是提高了個人身分與集體本身的社會正當性。至於有關靈性資本，在傳統社會它還僅是以一種靈性資源而存在，直到進入資本主義社會後，才逐漸浮現出相關場域結構，和產生出這種新的資本形式，它通常和新興宗教的發生特別有關，但事實上傳統宗教裡的「宗教性」（religiosity）（宗教信仰的某種心智或情感結構）的變遷裡，也開始出現了具有這種資本形式的宗教實踐。

更具體來說，本書書名「民眾宗教中的權威鑲嵌：場域變遷下的象徵資本與靈性資本」，這裡需要先簡單範定一下書名中各名詞的意涵。

首先，**民眾宗教**（popular religion），是指有異於菁英階層以外的大眾性的宗教生活與實踐。過去學界為了要突破「大傳統／小傳統」或「文本／口傳」這樣的二分性視野，以及超越地方社會裡儒釋道這類宗教分野的無效性，因此引進「民眾宗教」一詞，希望能更有助於觀察日常生活裡宗教實踐的動態性。其基本意涵是指：「不同於菁英的或是官方的那種被認為是比較精緻、有著倫理性關懷和所謂『理性』內涵的宗教，而另外在民間廣為存在著的各種比較通俗性的宗教活動」，本書繼續沿用了這樣的名詞[1]。

宗教雖然通常涉及超自然世界，但民眾宗教中的活動，能創造地方社會中的權威，這是因為它能在地方社會中，加強個人或團體的正當性，而使個人的政治與經濟地位獲得更大的社會認

---

[1] 對於民眾宗教、民間信仰、民間宗教、大眾宗教、民間教派、新興宗教等名詞與概念，使用上極易產生混淆。可參考筆者（2013：12-19）中所做的釐清。

可。甚至於，地方宗教活動本身，就是一種創造社會凝聚力和地方資源重分配的平臺，因此對它的參與，能累積出權威和正當性。

權威或權力（德文都是 *Macht*），是指社會群體中能讓人信任和有所服從的一種力量。最古典的討論來自 Max Weber（1968: 53），而他在定義它時，是將權力、支配與規訓三個概念放在一起來加以討論的。

在 Weber 的定義裡，權力或權威（power, *Macht*）是指：「在一組社會關係內的行動者，不管是出於哪一種基礎，即使在遇到對方抵抗的情況下，他也仍能夠貫徹其意志在這種關係中的那種可能性」。支配（domination）是指：「一個特定內容的命令，被一群特定人所服從的可能性」。緊接著，Weber 特別去定義了「規訓」（discipline）：「出於習慣，在一種刻板性的形式裡，一個命令能夠得到立即和自動服從的那種可能性。」

在討論權力與支配時，Weber 開宗明義就定義這三者，顯示這三者是息息相關，甚至於是相互定義的。發生權力是為了支配群眾，而群眾願意被支配，往往是不經思索而習慣性的，這才是符合成功而有效的支配。

而本書，正是要討論漢人民眾宗教中權威型態的類型與變遷：在民眾宗教的領域裡，權威如何發生？並能獲得民眾習慣性的服從和遵守？由傳統社會到當代社會，這又發生了什麼樣的形式和內涵上的變化？

我們並不會窮盡所有的權威型態，但會特別注意到兩種權威：（一）宗教作為地方社會象徵權威的基礎，它是以什麼樣的機制在運作著？而到了當代這又發生了什麼樣的變化；（二）地方宗教中的另一種權威形式，我稱之為靈性權威，它和象徵權威

間是有矛盾的，它如何存在於父權性的漢人社會裡？到了當代，又發生了什麼變化，而讓這種權威形式愈來愈被大眾所感知，也愈來愈進入了社會主流的核心論述？

　　拿出這兩種權威形式來做討論，主要是因為它是漢人民眾宗教中最鮮明的兩種權威形式，既相矛盾又相連動，合起來看，可以讓我們看到漢人社會結構下兩種最常被感知到的宗教形式。

　　到了當代社會，出於宗教「場域」（field）的變遷，兩種權威發生了變化，愈來愈具有資本的可累積與可轉換的形式。除了**象徵資本**的交換更頻繁以外，**靈性資本**的新概念與新運作體系的出現，是傳統社會所沒有的，這成為漢人民眾宗教當代的主流性發展。本書副標題「象徵資本與靈性資本」，一方面想要以此呈現出宗教資本形式的新面貌，一方面也在於試圖說明漢人民眾宗教部分內涵上的轉變：已由具社會身分象徵意義的宗教實踐，轉移到對資本主義具有針對性的靈性資源的創造與累積。

　　至於書名中用了**「鑲嵌」**兩個字，表示民眾宗教中的權力施為，它不是與世俗生活完全區隔的，也不是靜態性的神聖領域，而是交織在各種社會網絡與交換關係中的。

　　副標題中的**「場域」**，是一個借用自社會學家 Pierre Bourdieu 的概念，我們後面還會詳談，一般是指各類社會位置所構成的互相競爭的社會空間網絡，其中會出現各類資本的競奪。**「資本」**（capital）的概念主要也是來自於 Bourdieu 的用法，可以被定義為「一個人或一個位置的，可以被拿來交換貨品、服務或聲望的性質或所有物，而它可以存在於許多種形式裡——象徵的、文化的、社會的、語言上的、和經濟的」（DiMaggio, 1979: 1463）。

　　而象徵權威與靈性權威這兩種權威來源，可能具象化在個人、制度或是組織上，若具象化在個人上，這也就是一種「克里

斯瑪」（經由人身性所展示出來的非凡特質）的展現。而這也涉及到對「克里斯瑪概念」在漢人地方社會裡的應用與再詮釋。

透過象徵權威與靈性權威來討論漢人地方社會裡的「克里斯瑪」，我們等於是重新戴上了一副眼鏡來看待「克里斯瑪」。我們知道，Weber（1958: 245-252）用「克里斯瑪」（charisma）這個字，來表示某種人格特質；某些人因具有這個特質而被認為是超凡的，稟賦著超自然以及超人的，或至少是特殊的力量或品質，這是普通人所不能具有的一種特質，其具有神聖或作為表率的特性。具有這些特質的人則被視為是「克里斯瑪領導者」（charismatic leader）。

Weber 認為克里斯瑪（charisma）是一種不穩定、無秩序，而且需要被加以制度化的特質，本書卻要將克里斯瑪領導者以及克里斯瑪，都視為是漢人文化裡的一種常態，甚至於它不但不是秩序的破壞者，在漢人大眾生活層面，它還是秩序的提供者。用象徵資本與靈性資本的概念去說明漢人民眾宗教中的權威建構與互動的歷程，也有助於說明其所具有的社會性與文化性的意義。

進一步來講，我們若拿 Weber 和 Freud 作比較，雖然兩人都認為克里斯瑪是在失序與壓力的條件下所興起的，但對於「失序」的意涵，他們的看法很不一樣。Weber 認為，失序，是指無法解決的群體衝突。在這些時刻，人們很容易被賦予上帝般的力量，使其看起來像擁有權威，能夠處理他人所無法應付的局面。所以這個滋生克理斯瑪的情境，比克理斯瑪的內在人格更重要。在 Weber 眼中，認為克里斯瑪會存在，是因為社會面臨巨變，人們已經放棄合理解決這個社會的方案，所以 Weber 其實對這種人物的存在，抱有一種戒心和負面的評價在裡面。不過，Weber 認為歷史過程中，脫序的時刻不是常態，而是相對短暫的，在克里

斯瑪領導者之後，便是較長期的制度化的發展。

　　而我在這裡，反而會特別認同於 Sennett（1976〔萬毓澤譯 2007: 370-371〕）對於 Freud 的詮釋與強調。當 Weber 認為失序的時刻僅偶爾出現，和 Weber 相反的，正是 Freud 的觀念，也就是 Freud（1957）在（*The Future of An Illusion*）《幻覺的未來》書中，將失序視為人類不斷趨向的自然狀態（state of nature)，於是，對 Freud 來說，克里斯瑪式的領袖必然總是存在於社會之中，因為要是沒有了他們，群眾便會不斷使社會陷入混亂。

　　Sennett 敏銳地指出，對 Weber 來說，這些克里斯瑪領袖只是偶爾出現，因為社會只有在某些時刻才會陷入無法憑自己解決的失序狀態，從而需要來自天上的協助。這裡，和 Weber 觀點呈現巨大分歧的是：Freud 相信，克里斯瑪式人物是一種創造秩序的獨裁者。Weber 認為，一旦克里斯瑪式領袖出現在檯面上，會使混亂狀態惡化；對 Freud 來說，群眾對秩序的渴望，透過克理斯瑪領袖來達成他們的願望，克里斯瑪反而是一種秩序的投射，就這種角度來看，克理斯瑪與社會秩序，反而一直是一起存在的事物，我們賦予一個權威某種神祕感，而希望透過它來維繫社會秩序，也壓抑或克制了我們內在慾望的顛覆性。

　　另外，我們也應注意到克里斯瑪權威的性質，仍取決於它的權力的來源，其中，在來源的超越性或內在性的不同基礎，會形成權威性質的根本性的差異。這個權威基礎的性質，正如 Weber（1968：447-450）對先知的分類：倫理型先知（ethical prophecy）和典範型先知（exemplary prophecy）。前者的權威來自於當事者是傳達神意的工具，後者則是其個人行為成為被遵循的典範。若我們用抽象的性質來說明其各自的權威基礎，則可以說前者是超越性的，後者是臨在性的（transcendental / immanent）。

　　在超越性的情況裡，這個克里斯瑪的權威不是來自領導人本身，而是一種恩寵（gift of grace），一種超越於人的力量之附著於人身而產生，它具有濃厚的先知性格和超凡性，是得自上帝的揀選。而且這個克里斯瑪本身，確實將會帶有一種強烈的倫理上的訴求，是要以改變世界為使命的。至於臨在性的來源，當事者的權威，不是來自其先知般的角色，而是她（他）展現了典範性的生命模式與生活型態。也因此，其一舉手一投足，帶給了生活情境一種安定性的特質。甚至於當領導者一出現，當下情境就進入一種絕對性的永恆狀態，領導者具有一種安定大眾的基礎。

　　我覺得在分析上，注意到這種本質上的差異是相當重要的。出於這種前提上的強調，我會認為：一、社會體制的不圓滿與秩序的失調是一種常態，克里斯瑪權威反而帶有一種安定性的作用並提供了秩序的想像；二、在典範型先知的情況裡，克里斯瑪權威可以具有一種臨在性的性質，而具有安定大眾身心的基礎，這點對理解漢人地方性社會中權威的性質，有其關鍵性。

二、民間權威的社會學分析

既有對於漢人大眾性權威理解上的片段性

　　漢人地方社會裡的權力領導型態，經常是社會學或人類學社區研究裡出現的主題。王銘銘（2004：153-159）稱漢人地方領導人為「民間權威」（popular authorities），認為這種權威的特點，與 Weber 所講的科層化的權威有很大的區別，他們的權威不是來自官方的任命，而是來自傳統文化的規範及對「能人」的形象建造。換言之，傳統文化賦予他們社區的「同意權力」和「教化權力」，使他們為了社區利益，得而施展各種政治本領。簡言之，

這是一種「社區中心論」的說法，也就是：替自己的家鄉（家族社區）服務者才是好「領導」（王銘銘，2004：155）。

在許多有關漢人社會的田野民族誌中，對於民間權威的描寫經常是其中的重要素材（如Jordan, 1972; Seaman, 1978）。不過，這雖然是一個常出現的主題，除了前述所提過的王銘銘（1996；1997；2004）和後續他與指導教授Feuchtwang（Feuchtwang & Wang, 2001）的一系列專著（焦點放在地方歷史中公眾性權威的主要性質）外，卻很少有人曾對這個問題進行過理論性的討論。相關討論分散在不同田野素材裡，描述性大於分析性，始終沒有能夠形成較為抽象的分析性框架。我認為這背後主要的原因在於：（一）地方史描述與理論的脫節；以及（二）即使有類型學式的討論（如前述的王銘銘和Feuchtwang），但類型學是平面性的分類，在於區別地方非正式權威和正式官方權威的差異，卻缺少較為動態性和分析性層次更高的類型學（如地方權威與官方權威間的相互滲透或互動式模型），因此始終很難建立較為立體而有張力性的討論。

過去對鄉村權威研究，有幾個具有代表性的類型學，例如：

（一）費孝通的三分法，地方權力運作可見的方式有「橫暴權力」、「同意權力」和「教化權力」三種。「橫暴權力」指利用暴力進行自上而下的、不民主的威嚇統治；「同意權力」指在社會中經由默許、契約、退讓而形成的力量；「教化權力」指通過文化的傳承和傳統的限制所造成的力量和社會支配。費孝通指出，中國傳統的農業經濟所生產的，不足以提供橫暴型政治權力所需要的大量資源，因此封建帝王通常採用「無為而治」來「平天下」，讓鄉土社會自己用社區的契約和教化進行社會平衡，從而造成農村社會「長老統治」的局面（費孝通，1985：60-70）。

（二）Richard Madsen（1984）對「毛時期與後毛時期」中國鄉村研究裡指出，中國鄉村社會裡有三種領導人格：「暴君型」（local emperor）、「道德革命型」（moralistic revolutionaries）、「實用技術型」（pragmatic technocrat）。他研究的廣東「陳村」中，這三種人格在1949年之後就一直並存於中國鄉村，而以「道德型」（革命性格已收斂起來了）加部分的「實用取向」，成為經濟改革時期以後民間信任的主流。

（三）Emily Ahern（1981）認為，中國民間儀式是一種模仿帝國禮儀的交流模式，交流的兩方分別是人和神。中國民間所以效仿帝國禮儀，是因為正式的權威和公正為村民所遙不可及，因此他們創造出能夠與自己交流的想像性權威與公正。

（四）Feuchtwang & Wang（2001）的研究，和王銘銘（1996）的研究，將時間向度納入了考量，以台灣日治時代到光復初年對石碇山街村最有貢獻的一位地方權威（呂林烏木）為例，發現他：

> 力圖通過宣揚一個有益於人的信仰來建構自身權威的地位，因此他的權威一方面是個人努力的結果，另一方面則是特定時代社會觀念及其面臨的危機的表現。一個政治權威人士的興起，也是如此，他需要用適用於特定群體需要的思想意識和派別意識來確立自身的地位。
>
> 民間的「自然式權威」的構造既是一個個人「創造歷史」的過程，又是一個群體動力推動下信仰體系的創造過程。也就是說，權威人物之所以成為權威，是因為他們巧妙地運用了人生的英雄式體驗來敘述社會變遷中的中心論題，也巧妙地運用特定的信仰──象徵體系把人生的悲喜劇聯繫起來。……

個人的品質之所以重要，是因為它已經兼容了大社會場景（權力關係的場景）中當地社會的集體性問題。進而，民間地方社會擁有自己的權威人物，往往是因為超地方的權力過程無法充分包容地方性的權力過程，是因為超地方的關注點沒能充分反應地方的「中心議題」。這也就意味著，隨著超地方的權力話語體系逐步趨近於地方性的「中心議題」或能夠兼及後者，民間地方社會的權威就可能為一種新的權威體系（無論是政黨還是傳媒體系）所取代，從而喪失自身對民眾的吸引力。……

在這種特定的現代性（即國家科層化和「民意」意識的高度發展）較不發達的地方（如閩南的美法村），民間權威人物確實還能扮演主要作用，對於地方社會秩序、公正和權力平衡起主要引導作用。同樣地，在政治現代性較為發達的地方（如石碇），民間權威人物則可能正在逐步退出歷史舞臺。（王銘銘，1996：285-313）

簡言之，現代國家無法取代地方頭人的角色，而地方的「自然權威」，以特殊人品，巧妙地運用特定的「信仰—象徵體系」，把人生的悲喜劇聯繫起來，並在地方上起著公正和權力平衡的作用。

不過，雖然考察了地方權威的文化型態，但既有研究完全放在社區脈絡和公共利益的框架裡去討論民間權威，卻沒有注意到另一種在華人宗教生活上幾乎經常存在的一種超人般的權威，它有一種既被文化所形塑，卻又不受文化所限制的豐富而多采多姿的色彩，我稱之為靈性權威。

地方權威與超人般的權威間的對比或差異，也就是：系統內

的公眾領袖或成就者，相對於「超系統之救贖」的獲得者與協助者，而這兩種內在於文化範型裡的權威上的差異，當進入當代台灣社會，已逐漸轉化成象徵資本與靈性資本間的那種在累積、兌換與展演方式上的差異。

三、父系社會中的救贖模式：象徵權威與靈性權威間的分野與發軔

在父權社會裡，家庭義務的完成，是有助於個人社會生命得以達成不朽（也就是具有父權社會中的家族身分，並在祖先牌位和族譜中留名）的一個重要步驟。

換句話說，漢人父系社會裡，家庭角色的完成，會是個人經由符應於父系系統內的運作原則，而得以達成社會性生命不朽的重要途徑。這個途徑，也可以說是個人得以取得社會所公開承認的身分和地位之最基本的立足點。

而在個人有此家族性的身分基礎後，得以再進一步進入地方公眾生活中，進行象徵資本的積累，這個資本積累的平臺，在傳統地方大眾社會裡，也就是 Prasenjit Duara 所講的「權力的『文化交接銜接叢[2]』」（Duara, 1988）。它是傳統地方社會運作最基本的媒介平臺，平臺中創造了正當性、公眾性與秩序，也產生了地方菁英階層，它甚至也是中央政府介入地方的重要通路，因為政治權力如果不經過這種文化認知與地方社會關係的包裝，是不可

2　Duara（1988）的概念「權力的『文化交接銜接叢』」（cultural nexus of power），一般譯為「權力的文化網絡」，但我認為這個概念背後，強調著的是那個不斷發生著各種權力間交互流動與轉換的文化平臺，為了強調這種交互流動與轉換性，所以在筆者（2013）書中，我改譯之為「權力的『文化交接銜接叢』」。

能發生深入作用的。

　　然而，這只是漢人大眾社會中權威運作的一個面貌，漢人大眾社會裡的權威的另一部分，卻常是來自於未能完成父系社會的義務與責任的人，並以所謂的靈性的大成就者而出現。為什麼嚴苛的父權社會裡，竟然允許違反父系規則的人成為靈性的大成就者？也成為具有普世性意涵的救贖提供者？而這甚至不會形成這個父系系統自身維繫最大的危機？這背後在其哲學與倫理關懷的基礎上，也許早有根源，如同 John Hick（1999〔鄧元尉譯，2001：8-9〕）對於軸心時代宗教與哲學思想的說明：

　　　　公元前（BCE, Before the Common Era）一千年內，大約在公元前八百年到公元前兩百年這段期間，出現了一些值得注意的人，他們周遊四方，在社會中與眾不同，並宣揚重要的嶄新洞見。在中國有孔子、孟子、老子（或說是《道德經》的不知名作者）和墨子。在印度有佛陀喬答摩（Gautama）、耆那教的創教者大雄（Mahavira）、以及奧義書（Upanishad）與後來的《薄伽梵歌》（Bhagavad Gita）的作者。在波斯有瑣羅亞斯德（Zoroaster）。在巴勒斯坦有偉大的希伯來先知，阿摩司（Amos）、何西阿（Hosea）、耶利米（Jeremiah）、諸以賽亞（the Isaiahs）、以西結（Ezekiel）。在希臘有畢達格拉斯（Pythagoras）、蘇格拉底、柏拉圖、亞里斯多德。

　　　　這在人類思想中極其重要的時期即被視為軸心時代。如果我們認為基督教預設了猶太教，而伊斯蘭教預設了猶太教與基督教，那麼，所有現存的世界主要宗教都可溯源至這軸心時代。會在思想中往前回溯、進行批判性的反省。他們不會鄭重考量其他選擇，那些可能引致對現狀的不滿。如同一位

人類學家所言，對他們來說，生命是「一種單一可能性事物」。可是到了軸心時代，世上大部分地區都有幾種彼此強化的發展：城市的形成，不同於團體意識的個人出現了。這些人首先出現在統治者與宗教領袖中，隨後便廣泛增加。此外，還有一種不滿足感，感受到凡人存在的不完備性，企圖在生命的更高層次尋找某種不知何故而欠缺、卻又以一種真正的可能性展現在我們面前的事物。

當然，這些獨樹一格的人所處的社會已經經歷漫長、循序漸進的改變過程，準備好去聆聽他們的信息。也因為他們的信息是向個人宣講的，挑戰聽眾作出個人回應，這些信息首次得到普及化。對既存意義架構的保存不再關心，取而代之的是意識到意義架構中根深柢固的不完備與貧乏，他們宣揚一種無限更好的可能性，此一可能性首先指向個人，而最終指向社會。

簡言之，不滿足於主流社會，與它產生分歧，並帶有更高超越性的靈性領域，早在公元前數百年的軸心時代即已成形，並在世界各地發展成獨立的文明力量。

不過，本書中想要近距離對焦的是，漢人文化型態中的一些內生性的原因，所更支持或促成的一種象徵權威與靈性權威之間的相互依存與並生性的關係。我們可以這樣說，因為漢人文化型態中，出於父系社會文化心理層面的內在矛盾，既要求成員遵守父系規則，又造成成員極大的心理壓抑，更有大量父系社會陰影下的人格與角色困境得不到出口（不能完成父系角色的兒子與女兒），這輾轉產生另一種超人角色的存在，超人角色本身是與父系社會斷裂的，但這斷裂本身，卻成為其超能力的來源。不過，

一旦成就超人，他（她）並不是就脫離父系社會，他（她）反過來會成為救贖提供者，不僅拯救自己的祖先，還能對全人類施予拯救。象徵權威與靈性權威，兩種權威都出自於漢人的文化型態裡，並也都得到了大眾的認可，但兩種權威間權力的來源和內容不太相同，後者具有更高的超越性。

這種權威來源的雙重性，是在漢人父系的結構性因素裡所孕育出來的，而在各類民間神話中則可以讓人看到其有關主題的呈現。本書第四章，會比較四組神話故事主題（父子、父女、母子、母女），而在各類親子關係神話故事的背後，我們並不是看到一個父系權威對於作為子女的個別男性與女性主體的全面性壓制，反而是，一方面看到當階序中的弱勢（子與女）與父親產生某種緊張性時，能以某種方式展現出超越性和超能力；另一方面，我們也看到那些與父系繼嗣群連結產生了斷裂性的逸出者，當透過某種超越性或超能力的展現（甚至於這種超越性與超能力的出現，正是因為其與父系繼嗣群的斷裂而所產生），仍能與父親或母親產生新的連結性，並也以此而發揮了更為深刻的救親的功能。

一方面，在父系社會中，與繼嗣群的斷裂，不管是出於主動或是被動，都是被有所貶抑或責難的。但是我們在神話敘事結構裡卻看到，或者是這個斷裂被刻意地淡化處理或忽視（如目連或光目女的故事），或是它反而成為了主角產生超能力的根源（如出家修行），並以此斷裂性為基礎，有可能為自己和父母來獲致永恆而終極性的救贖，而這也就幫助這些斷裂者創造出與父系繼嗣群的再連結，甚至讓他們成為父系社會中的孝順典範。而且，往往是斷裂過程中愈大的緊張性與撕裂性，愈能成就出孝親典範的超越性與神聖性。

　　這些系統中的受壓迫者，或是系統邊緣的實質或潛在的斷裂者，經由神話故事的投射，有可能重新獲得自己在體系邊緣或體系外圍的生存的價值，而最終，不但未成為顛覆體系的來源，反而在主體實踐中，創造出人格體系與社會體系之間更密切的連結性。

　　結果是，我們幾乎可以這麼說，我們看到，神話故事情節中的被壓迫者和斷裂者（與繼嗣群發生斷裂）的事蹟，激發出了讀者的認同，使其在父系社會中，在即使毫無利益的情況下，仍可能產生主體性和轉化世界的想像。而作為文化外來者的佛教，在經過了漫長的文化互動之後，也在此成為了父系社會裡，建構主體化歷程中的不可或缺的重要元素，而在一個更為辯證性的層次，這穩定了社會體系，也為佛教自己找到了父系社會中的一個可繼續存在，而且可以不斷被再生產出來的位置。

　　雖然神話故事的創作者，與佛教中的菁英分子有密不可分的關係，但是神話故事大眾版的出現，以及在民間所激發起的強烈共鳴，則與父系社會內在性的缺陷或矛盾有關。結果是，這樣的一種文化的內在特徵，醞釀並得以持續生產出能獲得大眾廣大共鳴性的兩種人身性的克里斯瑪權威：象徵權威與靈性權威。而進一步的，當進入當代社會，兩類權威基礎，有可能去進一步產生可累積性的感知形式：象徵資本與靈性資本。而象徵資本與靈性資本在西方學界裡的討論，都和Bourdieu有很深的關係，這裡先對有關概念在學界裡的討論做一個回顧。

四、象徵資本

　　Bourdieu的基本理論立場，在於想要打破客觀主義與主觀主

義，或是說結構與能動者之間的二元對立的立足點。為了達到此目的，Bourdieu曾提出各種概念幫助我們理解個人能動性與社會結構之間的辯證性關係，如場域（field）、資本（capital）、慣習（habitus）等等。

Bourdieu說，社會是一個多面向的空間，而其中每一個面向，就是一個「場域」。場域由一組目標，和由固著在某種權力（或資本）（資本的概念詳後）形式間的位置背後的歷史性關係所構成。在其中，個人和機構的代理人，彼此之間會對於特定場域中的特定資本形式的生產、管理和消費等，進行爭奪與競爭。

而個人為什麼會去追求各類不同社會形式的資本，則可以透過「慣習」這個概念來加以說明，「慣習」是社會結構內化在個別行動者的部分，它同時是行動者「知覺的基礎」（matrix of perception），和行動者的性情傾向之所在（seat of positions）。「慣習」，因此是人格和行動決策背後的決定性因素，它並產生了一個人對於社會世界的身體上的、認知上的和實際操作上的感受。

出於「慣習」，會將人教養或內化成，會想要去追求各種形式的資本，而一旦追求得到，這種物質上的或是象徵性的資本（作為一種權力或資源的形式），將會進一步決定了一個人在多重權力場域裡面的某一個特定場域裡的「位置」。對於社會不平等，透過「慣習」，人們會產生一種知覺，認為這種社會區別，是自然存在的，而不是社會所強制產生的，於是這乃將「社會區別」，完全具體化在「慣習」裡的認知模式上，這時，也就產生了「象徵性的暴力」（symbolic violence）。社會中的任何手勢、動作或者宣稱，都會增加這個構成了「象徵性暴力」的某種「錯誤性的認知」（misrecognition），最後，會讓人類社會裡面宰制性的關係繼續持續下去。

　　因為給予日常生活中的能動者一個更為主動性的角色（出於反對當時主流社會學中Parsons／Durkheim以來的較為僵硬的結構觀），Bourdieu曾被學界以實踐理論的建構者來看待（Ortner, 1984），不過，Bourdieu對個人行動的理解，不是僅出於理性選擇或對於社會規範的順服，而是鑲嵌在文化或社會場域，並具有身體與慾望本質的一種日常生活實踐。實踐是有時間序列的累積性的。Bourdieu（1984: 101）提出了一個式子來呈現這幾個概念之間的關係：

〔（慣習）（資本）〕＋ 場域 ＝ 實踐
〔（habitus）（capital）〕＋ field ＝ practice

　　其大意基本上是表示，個體在生存的客觀結構中，已累積出某種知覺與情感較為固定的指向性（慣習），這個指向性會導向於各類資本的爭取，而它會發生在各類社會位置所構成的互相競爭的社會空間網絡中（也就是「場域」），場域是會隨著不同歷史時空而有變化的，而前述這些元素加起來，說明了實踐的構成。

　　Bourdieu資本的概念，明顯地來自Marx，但他又把其由物質層面擴充到了象徵性的層面。對Bourdieu來說，資本作用在交換系統裡的社會關係裡，而且可以被應用在所有物件、貨品和象徵性層面，它呈現在具體社會形構中之值得追尋的稀有或貴重物件當中（Bourdieu, 1977: 178）。場域、慣習和資本之間的連結關係密切。特定場域中必須有資本的存在，這個場域的存在才會有意義，資本的價值則取決於慣習的社會與文化特性，場域則是被有經濟基礎的客觀權力關係所限定（Mahar, Marker, and Wilkes, 1990: 13）。

　　回顧Bourdieu的相關討論，DiMaggio指出，人類的行動在於累積和壟斷不同形式的資本，不同於傳統定義資本的方式，資本不只存在於經濟層面。在Bourdieu討論的脈絡裡，「資本，可以被定義為一個人或一個位置的，可以被拿來交換貨品、服務或聲望的性質或所有物，而它可以存在於許多種形式裡——象徵的、文化的、社會的、語言上的和經濟的。」（DiMaggio, 1979: 1463）。Bourdieu（1986）在他已成經典的文章〈資本的形式〉中，指出：

　　　　社會世界是一個累積出來的歷史，如果不把它化約成行動者（被當作是可替換的粒子）之間不斷發生的機械性平衡之非連續性的段落，我們就必須要再引入資本的概念，以及和此相伴隨的，累積的概念和累積出來的效果。資本是被積累出來的勞動（在它物質性的形式，或是它的身體化的體現的形式裡），當它被能動者或是群體性能動者所挪用在一個私人性的，也就是獨占性的形式上時，能夠使能動者們在一個具象化或勞力形式裡去挪用社會性的能量。這是一個固有性的力（vis insita），一個內含在客觀或主觀結構裡的力量，但它也是一種固有的法則（lexinsita），社會世界運作規則背後的原理。這構成了社會的遊戲（特別是經濟遊戲），不同於那種計算奇蹟機率發生單純的運氣遊戲，賭博輪盤，在短時間內得到機會去贏很多錢，然後可以立刻改變一個人的社會地位，而之前所贏得的，可以馬上在下一輪下注或輸掉，這個圖像反映出完美競爭或完美的運氣遊戲的性質，一個沒有慣性和累積性的世界，沒有遺傳或爭取而來的性質，每一個時刻和之前的時刻相獨立……。資本，在它的客觀性的和身

體化的形式裡，需要時間去加以積累，它有潛在的承載能量去產生利益，和再生產出自己同樣的形式或擴充性的形式，包含了一種在原形式上繼續持續的傾向，它是一種能夠被包含在物件的客觀性的一種力量，因此這造成了不是每一件事情都有同樣的可能性或不可能性。在一個特定時間裡，不同類型或次類型的資本分布的結構，反映出來了社會世界的現在的內在性的結構，也就是內含於這個世界本質的各種限制，它控制了它的運作成為一種較為持續性的方式，也決定了實踐成功的可能性。

如果只引進經濟理論所承認的單一一種形式，而不介紹有關於資本的所有的形式，這是無法說明社會世界的結構與功能的。經濟學理論是圍繞在資本主義的歷史創造中的經濟實踐層面上的定義而發展出來的；它將交換世界化約為商品的交換，它在主觀或客觀方面都導向著利益的極大化，也就是（經濟上的）自利導向，它將其他的交換形式視為是非經濟的，因此認定其中是沒有利潤屬性的。……於是，既有經濟理論裡面，利益（在它嚴格的形式裡），要產生出它的同時，不能不產生出它的反方向的對應的層面，也就是不關心利益。要定義出這種「以追求最大金錢利潤的實踐」，就不能不同時也產生出來了那種沒有目的有關於文化或藝術的實踐及其產物之最終結果……這個包含了商業關係的科學，當它將私有財產、利潤、薪資勞動等等，這些它所要分析的對象的基礎視為理所當然，它甚至於還不夠格被稱作是經濟生產場域的一門科學，而它的狹隘性使它無法構成為有關經濟實踐的一般性科學（這個一般性的科學，會將商業性交換僅視為是所有交換性裡的一種特例而已）。

　　簡言之，世界不同於單次的賭博，而是具有慣性和累積性的，在一個經過累積的人類社會集體形式裡，創造出來了各類資本（具有累積性的性質）的存在，這個資本還內化在個人的身體上，而且累積成某種客觀性的社會結構。而資本，並不像馬克思主義或經濟理論所說的，只有一種單一的物質或金錢的形式，它還有其他所謂藝術、文化、知識等層面的資本形式，而且其他類資本形式也不見得就是經濟資本形式的反面（例如，沒有功利性）。要全面地探討人類的實踐活動，必須包含各類資本形式的分析，以及它們之間的互動與轉換等層面的分析。

　　在〈資本的形式〉一文中，Bourdieu（1986）也區分出來了三種資本的形式，經濟資本：對經濟資源（錢、財物）的擁有；社會資本：社會關係上的資源、關係、影響與扶持的網絡；文化資本：知識的類型、技能、教育、任何一種個人可以讓他自己在社會上獲得較高地位的優勢等。Bourdieu 還將文化資本區分為三種形式：內化在身體上的形式，如個人的品味與風格；客觀化的具象形式，像是各類文化財貨，如名畫等；制度化的形式，指的是制度化的社會性認可，如學歷等。

　　各類資本之間彼此是可以相互轉換的，不過在轉換時有所謂兌換率的問題；資本也是可以相互繼承的，繼承中則有損失率的問題，而這種可繼承性也就牽扯到了所謂資本的再生產性。這些面向都是 Bourdieu 在〈資本的形式〉一文中所詳加討論的。Bourdieu（1986: 253-254）說：「不同形式資本之間的可轉換性，構成了行動策略的基礎，這個行動的策略在於以最少成本（是指在既有的社會權力關係中，轉換這件事情上所會發生的損失而言）的轉換來產生資本（以及社會空間中的位置）的再生產。我們可以根據它們的再生產性，或者更精確地說，它是否能輕易被

傳遞，也就是耗損程度的多少和隱蔽程度的多少（耗損率和隱蔽率之間會成反比），來區別不同形態的資本。」Bourdieu也指出：「在現實生活中，資本的持有者為了維持自己在社會空間的位置或者為了避免資產的貶值，會將他們持有的資本形式轉換為在社會再生產認可的狀態中更有利、更合法的資本形式。經濟資本可以更容易、更有效率地被轉換成象徵資本（包括文化資本和社會資本），反之則不然，雖然象徵資本最終可以轉換成經濟資本，但這種轉換卻不是即時性的。」（轉引自宮留記，2010：124）。

前述經常被人提到的這三種資本形式（經濟、文化與社會），最早出現於Bourdieu在1986撰寫的文章。不過事實上，在Bourdieu理論藍圖還不成熟，而還沒有提出過這三種資本的名稱之前，Bourdieu（1977［1972］）已經用過「象徵資本」（symbolic capital）的名稱，集中性地討論了阿爾及利亞農民生活裡的非經濟性層面。這個象徵資本的概念，和Bourdieu後來用法裡的文化資本或社會資本概念有重疊性但又不完全一樣，它比較一般性地概括了與經濟資本不同的其他類資本的屬性。簡言之，象徵資本是相對於金錢算計的資本而論的。而後來，Bourdieu僅偶爾會回到這個主題上來做討論。不過在Bourdieu與Wacquant（1992）合寫的專著中，Bourdieu最忠實的詮釋者Wacquant曾說，象徵資本的觀念是Bourdieu所提出過最複雜的觀點之一，Wacquant認為，Bourdieu的全部學說，又可被解讀為不斷努力地探索和追求有關於「象徵資本」的各種形式和效應。

Bourdieu說當我們透過各種感知範疇，認可上述三種形式的資本（經濟、社會、文化）的各自特定邏輯，而把握了這幾種資本，或者，如果我們要說，這是誤識了這些資本占有和累積的任意性也可以，這時，我們就可以說這些資本所採用的形式就是象

徵資本（Bourdieu and Wacquant, 1992: 119）。

　　我認為，簡單地來說，象徵資本也就是以一種正當性賦予的方式，來理解社會既有的，可能只是出於相當任意性而所組成的階層或社會關係。尤其在傳統社會，或許是還沒有認識到，或許是會刻意去拒絕承認現代社會的經濟原則，在這些地方，象徵資本的範疇和可累積性便會相當明顯。Bourdieu 指出：

> 在一個拒絕承認關於「經濟」實踐之「客觀事實」──以「純自利性」和自我中心的算計性法則為中心──的經濟體系裡，除非是能夠經過一種價值轉換，來讓效率原則被隱蓋起來，「經濟」資本是無法產生作用的。這個否決經濟原則的資本（denied capital）就是象徵資本，它被以一種正當性形式來辨識，而被誤識為是一種資本（一種認可和承認，這是因為人們可因被承認而能得到某種獲利感），且是和宗教資本一起，被認為是這個社會，這個不承認經濟資本的社會裡，惟有的累積性的形式。（Bourdieu, 1977: 117-118）

　　簡言之，在傳統社會，並不只把具有生產性的勞動當作純經濟上的面向，而是廣泛將生產性與非生產勞動都視為生活意義中的一部分，讓生活的方方面面都產生意義感，不然居民很難去解釋除生產以外其他大部分閒逛的時間之小勞動的價值，也只有如此才能讓經濟資本的運作繼續持續下去。當時的社會，象徵資本和宗教資本[3]才是公認具有社會意義的範疇，自我中心的經濟算計

3　有關宗教資本，Bourdieu（1991）唯一的一篇較為完整談論「宗教場域」的文章是 "Genesis and Structure of the Religious Field"，該文中認為，宗教的主

則無法公開運作。但當代社會已將此情況加以除魅化了，前述這種情況已不復見。雖然Bourdieu並沒有講得很清楚，不過現代經濟活動生產力的大增，以及經濟領域運作邏輯的獨立化，似乎是除魅化歷程背後的歷史動力。

五、靈性的浮現與當代社會中的靈性資本

靈性資本（spiritual capital）的概念，不是直接來自Bourdieu，而是延伸了Bourdieu宗教資本與社會資本所產生的新概念，而且是在相當晚近（2000年以後）才開始在西方學界所出現。然而各家的定義不一，大致上是指涉：「與宗教傳統有關，但卻又不限於宗教的文化價值庫，人們根據此來行動，但行動超越了經濟上的目的，而是以追求人類快樂為目的」（Malloch, 2008: 12）。

提出靈性資本的概念，在幫助我們去想像資本經營的一種永續性，並突破新自由主義的經濟藍圖，要將道德與文化因素納入考量。簡言之，經由一個由宗教傳統而代代相傳的信仰、楷模和參與的文化價值庫，這產生了行動的基礎，讓人們會投入於能獲得人類快樂的超越性來源。正如同Malloch（2003: 8，轉引自Rima, 2013: 114）所指出來的：

要社會功能，是去正當化社會秩序，以及提供人們在社會秩序中的位置的一個正當化。該文還仔細討論了宗教場域由其他場域分化出來的歷史過程，也討論了宗教場域內部的分化，在Bourdieu討論的脈絡裡，宗教場域和其他場域一樣，為慣習、資本、實踐以及場域所形塑的結構中的競爭所構成。而關於宗教資本的累積，是指宗教語言和素養的熟練程度，而在由正統教會壟斷的情況下，人們往往要去消費教會生產出來的宗教資本，並以此來源的資本為累積基礎。

　　當代發展理論裡，對於經濟發展，常忽視了其中一個重要特質，也就是靈性資本能夠成為一個有用的概念和名詞。事實上，經常被使用到的社會資本和人力資本的名詞，在一個很大的程度上，本身必然是立基於善的信仰、信賴、工作責任、良好的意念和其他道德性的品質，這些特質在缺少了來自於宗教與靈性面向的虔誠、團結和希望的情形下，是不可能發生的。當這些東西有所缺乏，社會和經濟通常是走向衰退而不是成長；當這些東西充沛時，社會與經濟才會繁榮。

　　靈性資本的概念主要在幾個領域裡面開始被廣為傳布：（一）關於領導才具與管理方面的研究，試圖將靈性智慧的個人性概念引入到「個人／組織」層次（Zohar & Marshall, 2004）；（二）在經濟學裡，嘗試用經濟學的名詞來評估靈性和宗教的價值（Metanexus Institute: http://www.metanexus.net/ metanexus-institute）；（三）在社會學理論，受到Bourdieu概念的啟發和影響（Verter, 2003）；（四）以及經由神學的名詞想要了解信仰在社會服務層面上的運作（O' Sullivan & Flanagan, 2012）。當這些研究取徑相互重疊，靈性資本的概念化也有所不同。

　　靈性資本的概念普及化，和兩股學界新看法的出現有關：

　　（一）對於宗教資本概念的改良：例如說Iannaccone & Klick（2003: 299）定義宗教資本為「特定於個人宗教信仰的技術與經驗，包括能夠產生人們界定為有價值，並且能夠解釋宗教行為之宗教資源的宗教知識、對教會儀式與教義的熟悉度，以及與同修之間的友情。」Baker & Smith（2010）描述宗教資本為「信仰團體經由創造信賴網絡、指導與支持（經由建築物、志工、付費的社區工作者、訓練團體和特定年齡或利益團體的活動的使用）而

對社會產生的實際貢獻」。

近年來，社會科學以及社會政策研究的圈子，逐漸認識到宗教不是附帶現象（Ganiel, 2009）。在全世界，宗教都沒有從公眾的重要性裡減退，而且由信賴的範圍到行為規範的每一方面，宗教都仍是一個關鍵因素，而且它們也會產生極大的經濟、政治和社會結果。不過這個宗教，往往並不是屬於組織性的宗教，而是特定具有文化影響力的宗教觀念與實踐，出於分析上的有效性與相關性，宗教資本的概念逐漸被學界放棄，一些學者開始嘗試用靈性資本而不是用 Bourdieu 的宗教資本來進行討論。靈性資本可以說明發展與經濟行為，由消費習慣到公司組織到倫理實踐與標準的遵守，它比宗教資本有更大的適用性（Rima, 2013: 168-170）。

（二）另外一股開始應用靈性資本概念的學術潮流，則是來自對社會資本概念的擴充或應用。社會科學界沿用已久的社會資本的概念，是指一種關係的形式，它有助於雙方的人際和社會連結性，進而產生有利於合作與信任的社會組織上的效果。社會資本的概念曾被 Bourdieu（1986）、Coleman（1988）和 Putnam（2000）所發揮和加以精細化。Bourdieu（1986）界定社會資本為群體或階級之間制度性關係的實際或潛在利益的聚合，Putnam（2000: 398）界定社會資本為，有助於相互利益的協調和合作的網絡、規範和社會信任的社會組織的特質，他也將之區別為具有橋接性質和鞏固內在團結性性質的兩種社會資本。

後來，一些學者試圖更精細地解析社會資本，而將靈性資本這個概念納入到社會資本概念當中。Berger 和 Hefner（2004: 3）指出，社會資本是指透過一個網絡或群體的成員身分，個人所得到的權力、影響、知識和氣質，而靈性資本是社會資本的一個次範疇。Iannaccone 和 Klick（2003: 3）同意這樣的看法而指出「靈

性資本是宗教資本的一個次範疇，或是人力、社會和文化資本的一個次範疇」。

　　將靈性資本視為鑲嵌在社會資本中，能讓我們看到靈性資本仍必須包含一個關係性的元素。如果社會資本是來自於網絡或團體中成員身分的關係，那靈性資本就是提供了社會資本去連結網絡與群體中關係的力量，它是能夠幫助個人或團體間建立起有意義的關係的性質。要讓兩個人之間有意義的關係建立起來，則必須有一些關於相互信任、尊敬、關心與體諒的基本要求，而這也就是靈性資本的核心元素。有了這樣的深層文化基礎，社會資本的構成才有可能。

　　正如較早引入這個概念的主要學者 Zohar 和 Marshall（2004: 21）所述：

> 　　靈性資本是一個新典範，它需要我們對哲學基礎和商業實作的心靈模式產生根本的變化。它不是反資本主義或非資本主義的，但它需要對資本主義加入額外道德與社會的面向。靈性資本本身無關金錢財富，但它指出，經由一個意義與價值更寬廣的脈絡裡來做事業，有可能獲得利潤——或許還是更多利潤。它透過獲取，但也是添加了人類心靈的財富以及大眾的幸福，而來產生利潤。

　　摘要來說，資本，在經濟學的意義上，是指能夠賦予財富、權力、優勢和名譽。於是資本可以有不同的形式，自然資本像是擁有土地，維持基本生存以外的金錢或財務提供了個人的財富、權力和優勢，是財物的資本，而教育、技能是人力資本。資本的形式與權力相關。為了發展個人、公司或國家在市場上的主導

權，關注於權力的形成、獲得、增長和應用。相反的，靈性資本關注於對個人、機構和社會的賦能，然而，這種觀點，過去一直被新自由主義給加以邊緣化了，而認為這只是來自基層想要去緩解霸權的一種抵抗。不過，事實上，目前西方學界對靈性資本的討論，並沒有直接對經濟的驅動力加以否定，而是說，透過這個觀念，靈性資本所更關注的是，在經濟操作裡面加入更具有生機性和生命力的驅動力，因此它背後並沒有去否定財富和權力的優勢，不過，引進靈性資本，因為重視行動背後的利他與慈悲的信念，它的焦點放了更多在被邊緣化的他者身上，而不只是關心於自己個人的經濟效益而已。

靈性資本儲存在個人身上，而在個人價值的形式上呈現，譬如說積極介入追求經濟與社會平等的活動，與邊緣者的關係性的連結，願意與邊緣者團結在一起，長期願意投入於其他類的資本和社會利益。靈性，潛在或明顯的，指稱了組織性的宗教，或是個人的宗教信仰。不過靈性資本可以附著在組織性的宗教，或個人具體的宗教信仰，但也可以不是附著在此。總之，宗教信仰不見得和靈性資本的形成、擁有或投資有關。

綜合各方面討論，Rima（2013: 172）曾給靈性資本下了一個相當全面性的定義：靈性資本是一個啟發他種可辨識的資本形式，並賦予其生命力的一種形上的驅動力（metaphysical impluse）。經由生命能量（life-giving energy），靈性資本被使用或投資於他種形式的資本，這能夠產生有利於他人或社會的額外的價值，而不只是滿足個人或公司的貪婪。於是靈性資本能夠帶來生命、生機性（vitality），並且增強了其所居的人群和社會的力量，而不只是追求物質和經濟上的滿足，或只是在追求個人、社會群體和公司的發展。

　　依據這個定義，Rima更建立了一個繁複的模型，以來說明靈性資本與社會之間的關係，我們把其中的許多細節移除，而僅呈現出其模型中所強調的幾點基本元素（如圖1-1）。這個模型裡指出不同性質之間的資源如何互動，而形成了靈性資本，其最後結果，則會是一種對投資者和社會都同時產生的轉化性的效果。篇幅所限，我們無法對此模型進行詳述，不過其中所提出的幾個元素很有意義，值得一提。

　　Rima的模型（如圖1-1）中顯示，靈性資本的概念，根植於：（一）特定具體的形上的原始材料；（二）這些原始材料經過什麼樣的觸媒而以什麼特質而成形？（三）這導致一種對於基本靈性資源的轉化而成為靈性資本；（四）這個靈性資本會再投資出去；（五）而產生了對投資者與大社會都具備的利益。

　　這背後還有一個回饋性的迴圈，反映出良好投資的靈性資本，其回饋，總是會成為：再增加行動者的靈性資本的儲存。不

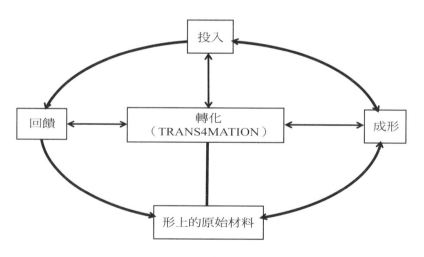

圖1-1　靈性資本理論模型

像商業資本，商業資本的投資有可能產生資本的損失。而靈性資本的投資，它總是會對投資者和社會產生正面的回饋。

個人的靈性資本儲存，一旦與他人分享，它不會減少。如果靈性資本被傳播得更廣，雙方面都會有收穫，眼前的收穫，也可以經由物質和效用的角度來加以界定，因為這會產生一個更安全、快樂和生產性的社會。

這個模型有五個最主要的命題：

（一）要形成靈性資本，最基本的是必須具有形上的原始材料（metaphysical raw materials），這也就是一種公眾默認的價值準則或傳統；

（二）靈性資本的有效率創造包含一個成形（formation）的過程；

（三）個人和靈性的資源要經過轉化成為靈性資本；其中的轉化，Rima特別用了「Trans4mation」這個字，表示它是在形上的原始材料、成形、投入與回饋這四個元素之間的不斷交互往返相互形成的變化。

（四）靈性資本要由一個有效率的投入而到社會場域（investment）；

（五）靈性資本的投入會對個人與社會產生回饋（return）效果。

簡言之，這個過程大致上是指：文化傳統或特定宗教的價值內涵（「形上的原始材料」），經過一番「成形」，也就是重新脈絡化，具有了行為引導性的作用，讓個人或群體將此價值資源「投入」到社會，並對自身與外界都產生了良好的作用，這個作用又積極地引發價值的受重視，並產生下一個正面性的循環

（「回饋」）。而在價值系統、個人與集體的實踐、付出與接受者之間的互動、社會整體的效果等等間，產生了各種相互影響的結果（「轉化」〔Trans4mation〕）。

　　強調靈性資本的重要，一方面補充了理解漢人大眾社會克里斯瑪時所經常忽略的面向，也就是，漢人民眾宗教中的克里斯瑪，並不能純以象徵資本來加以定義，如過去Feuchtwang和王銘銘的作法，僅由社區公眾的期待來理解地方權威的建構，這仍是相當不足，只有當我們認真去考慮靈性資本這個層面，才能更全面理解漢人大眾社會中的權威建構與展演，社會影響力的擴展與共鳴，和廣泛跟隨性的大眾社會心理等面向。

　　另一方面，提出靈性資本的概念，也在於認清楚當代社會裡，宗教活動正逐漸以新的形式，涉入到大眾日常生活的平臺當中，它的存在，甚至成為能確定資本主義得以具有永續性的一個重要條件。過去，它還只是一種構成靈性權威背後模糊的有關靈性資源的想像，分散在宗教場域或地方公眾生活當中，還不至於達成一種可交換與可累積的清晰可見的「資本」形式，到了當代，靈性，以及靈性資本，已成為了大眾生活中具體可感知與可辨識的新形式。這一方面的議題正是本書想要有所深入探索與進行分析的。

六、「宗教—巫術—世俗—靈性」的「結構體鍊」：分析上的連動性

　　本書有一個分析上的前提，根據Peter van der Veer（2014〔金澤譯，2017：36-67〕）所提出的「結構體鍊」（syntagmatic chain）的概念，他指出，靈性（spirituality）這個概念，起自於18世紀

後，在全球互動，尤其是西方與東方間的互動過程，以及世俗化歷程中所產生。西方在19世紀，許多世俗主義（secularism）的思想或運動誕生，部分西方知識分子覺得要跳出教會控制，由此而反對宗教，但是他們卻提倡另一種不受教會與宗派限制的所謂「靈性」，當時如「神智會」（Theosophy）、「世俗主義協會」（Secular Society），都是這股運動的產物。這些人反宗教，卻又極力提倡靈性，甚至於舉辦各類的通靈活動。他們所反對的是宗教的權威制度，而另以靈性之名來從事類宗教的活動。在稱謂上，靈性取代了宗教，代表了世俗主義滲透社會後，西方知識分子信仰形式與內容上的變化，這個變化並後續影響了社會不同層次裡的民眾。

靈性這個詞，同樣符合於東西碰撞下的東方世界。當一些東方人與西方人發現，東方文化與西方文化間也許有共通之處，他們開始提倡某種超越單一宗教認同的東西，這既能符合於世俗主義，又符合全球多宗教兼容的概念。許多亞洲的宗教運動，如中國在20世紀初期的「救世團體」（redemptive society）（Peter van der Veer, 2014〔金澤譯，2017：132-134〕），也是如此，會強調自己不是宗教，而是道，而跳出宗教間的矛盾。靈性，則是東方社會，包括印度與中國，都非常歡迎的一個名詞。他們也以靈性，而不是宗教之名，重新找到自身的民族認同，和嵌入新的全球處境當中。

這裡，我一方面想要借用Peter van der Veer，來強調「靈性」一詞的當代語境背後有著微妙的全球權力碰撞與磨合的背景，一方面更要在方法論上，強調本書所沿襲的：Peter van der Veer所使用的「結構體鍊」，或更完整來說：「宗教—巫術—世俗—靈性」的「結構體鍊」（syntagmatic chain of religion-magic-secularityspirituality）的分析性立場。

「結構體鍊」（syntagm）這個詞，原始出自 Saussure 的語言學，是與「典範」（paradigm）相對比的一種符號分析法，它被 Peter van der Veer 借來描述某些文化概念之間的特定關係模式。Saussure 的原意我們此處先略過不講，而直接引用 Peter van der Veer（2014〔金澤譯，2017：10〕）：

> 「結構體鍊」這個術語來自索緒爾的語言學，我在此以非語言學的方式使用它，意味著這些術語是有關連的，彼此互屬，但不能相互取代。離開了彼此關連，它們便沒有獨立的固定意義，因此不能簡單地將它們分別定義。它們在歷史上是一起出現的，因此必然相互包含，而在功能上則是力量變動場域中的一些節點。……

在這個「結構體鍊」的概念之下，在全球化和民族主義的情境裡，對東方社會與西方社會皆然，Peter van der Veer 特別突出強調了「宗教─巫術─世俗─靈性」的「結構體鍊」的重要性，他說（2014〔金澤譯，2017：148、232-233〕）：

> 現階段的全球化已推動我們超越了民族主義的歷史，但世界史往往更強調經濟與政治，並在已建立起的世俗主義框架下淡化宗教的建構作用。我想在此提出一種相互作用的歷史觀，即強調歐美（也稱作「西方」）為一方、印度與中國為另一方的相互作用，並關注我所說的「宗教─巫術─世俗─靈性」的「結構體鍊」。……
>
> 世俗主義的概念與宗教或靈性或巫術的概念相比，都是難

以捉摸的，它們在同一個結構鏈上。「世俗」的意義通常並不清楚。在一個層面上，這個詞是指國家與教會分離。但這只在西方講得通，因為那裡有基督教會。然而，即使在西方，這種分離在美國、英國、法國、荷蘭，也有不同的形態。在亞洲，宗教沒有被組織為教會，而這個簡單的事實已使「世俗」的意義產生了混清。在另一個層面上，它指宗教在社會中被邊緣化。這些情況出現在歐洲的某些國家，但肯定不是在美國。所以在層面一與層面二之間沒有明確的因果關連。最後，在第三個層面上，作為知識源泉的宗教變得越來越無關緊要。這指的是不受神權束縛的科學知識日益重要。宗教有時被看作阻礙了科學發現與技術發明所引導的社會進步，世俗主義為了社會發展的利益而要擺脫它。……

本書論證了「宗教—巫術—世俗—靈性」的結構鍊，對印度與中國現代性的形成至關重要。「結構鏈」這個詞用來表明，宗教、靈性、巫術、世俗這些社會實踐被概念化為不同的方式，事實上是與帝國關連在一起的。帝國間的相互作用深刻影響了這個結構鏈被概念化的方式。

簡言之，在世俗化力量與全球交會的處境，以及民族主義興起的各種力量衝擊下，宗教的面貌，在行動者自覺與不自覺的調整與想像下，出現了很大的變化。變化中有幾組名詞，既不能相互取代，但卻又是彼此連動和交互拉扯的，甚至於可能是相互包含的，它們是力量變動場域中的一些節點。而在 Peter van der Veer 的討論裡，特別突出了「宗教—巫術—世俗—靈性」這四個名詞，以及這四個名詞之間的「結構體鍊」上的性質，這種性質，對於了解四個項目中的任何一項的社會實踐與政治意涵，都

是不可或缺的。

不過，本書不會再特別去凸顯「宗教─巫術─世俗─靈性」這四個項目之間的連動性性質的細節，這一部分已經為Peter van der Veer做過精細而詳盡的討論了。而是說，我們要先特別在此指出來，這種「結構體鍊」的概念，是本書討論背後很重要的一個方法論上的基礎，其具體意涵我們則會在結論中再來詳述。

或者說，擴充來講，在我看待巫術、宗教、克里斯瑪、象徵權威、靈性權威、世俗性、象徵資本、當代的象徵資本、當代的靈性資本的形式時，將都不是僅單一討論其中一個項目，而會是以彼此連動的方式來進行宗教、靈性、象徵資本、靈性資本等等項目之間的同時性結構體鍊，和歷史性的變遷等分析與討論。

本書完全接納Peter van der Veer這種結構體鍊概念背後所隱含方法論上的預設，也因此在討論時，會特別注意概念與概念間的連動性關係，以及歷史演變中新情境下各種宗教實踐間相互依存與相互拉扯性的內在關連。

七、本書各章的主要內容

本書各章，除導論與結論外，部分內容曾在學術期刊和他人所編專書論文集中出現。不過在本書中，作為全書主題的統整與文字上的相互搭配，各篇都有了相當程度的改寫，每章前後也都有新的說明，以使全書文字更為連貫。為了能讓讀者更清楚各章原來所出現的脈絡，這裡先將各章原來的出處附上：

第一章、中國宗教研究典範的繼承、轉移與競爭：實踐理論的展開（原出處：2014，〈楊慶堃與中國宗教研究：論中國宗教

研究典範的繼承、轉移與競爭〉，〔大陸，北大出版刊物〕。《人文宗教研究》1[4]：185-232）

第二章、由象徵功能到象徵資本動員：台南保安村的宗教場域變遷（原出處：2014，〈由象徵功能論到象徵資本動員論：台南保安村的宗教場域變遷〉。《台灣宗教研究》13[2]：5-40）

第三章、村際脈絡中的權力場域與象徵資本：台南西港保安村的頭人領導型態變遷（原出處：2015，〈象徵資本、宗教場域與村落的地方自主性：台南西港保安村的例子〉，頁1-92，刊於國史館主編，《近代中國的宗教發展論文集》，台北：國史館）

第四章、父系社會中的靈性權威的發軔：系統內的救贖與超系統的救贖（原出處：2017，〈目連救母、妙善救父、哪吒大戰李靖：父系社會中兒子與女兒的主體性建構〉。《民俗曲藝》198：1-62）

第五章、台灣新興宗教中所反映的民眾宗教意識及其靈性觀（原出處：2015，〈新興宗教與新「宗教性」：台灣漢人宗教的脈絡〉，頁27-77，刊於黃應貴主編，《日常生活中的當代宗教：宗教的個人化與關係性存有》，新北：群學）

第六章、成為高付出需求機構：日月明功中的成長追尋與情感依附（原出處：2016，〈一個失控的成長團體：日月明功個案初探〉。《思想》30：229-262；2017，〈高付出需求機構中的組織與心理面向：日月明功的個案〉。《台灣社會研究季刊》107：1-46）

第七章、鑲嵌在既有宗教傳統裡的靈性追尋：新興宗教團體中的「老修行」與「新原理探索者」（原出處：2018，〈「主導性框架」在新興宗教團體中的作用及信徒的「框架實踐」模式：以清海教團末世論的時代鑲嵌為例〉。《台灣宗教研究》17[2]：125-190）

　　本書的整合與書寫，除導論與結論外，主要分為兩個部分：
Part I、漢人民眾宗教型構與權威型態：理論重訪與典範移轉；
Part II、民眾宗教意識中靈性權威的當代擴張。

　　Part I和Part II的區隔，一方面是討論方式與研究方法上的區隔；一方面也是分析主題上的區隔。

　　兩個主要部分，Part I具有某種理論重訪與田野重訪的意味（包括第一章對楊慶堃的反省，第二章與第三章對David Jordan的理論和相關田野保安村的重訪，第四章對Sangren的擴充），也就是將Part I定位為理論重訪與典範移轉的課題，並也由此來勾勒漢人民眾宗教的型構與權威型態，而象徵資本部分的討論，也將主要集中在Part I。Part II則將以經驗研究為基礎，經由個案的討論，來彰顯當代靈性權威的擴張。

　　關於Part I，在方法論上，進行的方式是對既有經典批判性的閱讀與演繹性的推論，並以此基礎，進一步開展對漢人宗教研究具有歷史縱深性的回顧，並由其中精鍊出具有理論延續性與開展性的觀念。其中理論與經驗性重訪的對象包括了：第一章對C. K. Yang（楊慶堃）的中國宗教研究典範的理論性重訪；第二章與第三章對David Jordan田野對象保安村的經驗性與理論性的雙重重訪；第四章對Sangren《漢人的社會邏輯》書中第七章和第八章神話分析部分的再深入等。透過重訪，我也嘗試對漢人民間信仰研究典範轉移的議題加以討論。

　　就主題而言，Part I主要涵蓋的範圍是地方性的民間信仰，這是地方象徵資本運作的大本營，也是地方上具有一定程度自主性的操作平臺。不過在分析漢人民間信仰神話時，本部分也會涉及漢人世界裡幾個極富有影響力的神話故事，其中已醞釀出靈性資源在漢人文化中原始儲存的型態，這和本書Part II所討論的靈性

資本間，會有高度的相關性。

Part I 各章主要內容如下：

第一章針對中國宗教研究理論典範的展開進行討論，由楊慶堃《中國社會中的宗教》一書背後的結構功能論開始，到最新近的實踐理論，再到台灣方面的研究實例，這些文獻回顧，為本書所觀照的場域、象徵資本與靈性資本等概念，提供了學術發展史與理論概念上的背景鋪陳。

第二章的文本，主要將焦點放在 David Jordan《神‧鬼‧祖先》一書與筆者《重訪保安村》一書理論觀點的對比上，二書都是針對台南西港地區保安村所進行的民族誌考察，中間間隔超過四十年，而形成重要的對照性文本。1960年代的台灣農村社會，處在國民黨威權時代，農業是當時最主要的生產型態。和諧與整合，不論在現實或是象徵層次，都是一個具有正當性的社會權力之運作與表現形式。在這樣的表象下，結構主義的詮釋框架，對於台灣鄉村社會的生產與再生產，確實具有很高的解釋力。David Jordan 理解漢人民間信仰的方式類似於結構主義，並強調象徵系統的社會功能，這可以被稱之為「象徵功能論」，它有助於理解一個相對穩定平衡的漢人村落。四十年來，保安村已歷經劇烈變化，村民大眾共有的核心象徵概念也許並未改變，但相關概念所能發生的效果，在範圍與強度上都大大減弱了。還有，過去各類資本高度重疊與未分化的狀況也有所改變。不過另一方面，農村的象徵系統和相關實踐活動，在新的情境裡，相對於都市的各類活動，卻可能是更能夠創造出永續性象徵資本的相對稀少且關鍵性的來源，對比於 David Jordan 的解釋框架，我們嘗試用「象徵資本動員論」來解釋今日台灣農村的民間信仰活動。研究方法上，本文是以保安村的行動者作為考察焦點，由地方菁英

領導型態的變遷與轉化過程，以來呈現地方層次行動場域的轉變，以及結構與個人能動性之間的各種複雜性關係。

　　第三章延續第二章，二、三兩章中雖根據了同樣的資料庫（保安村的頭人故事），但取捨稍有不同，第二章僅集中刻畫了1970年代與2010年這兩個時間點之間的民間信仰場域的變化，尤其是由傳統象徵符號運作相對穩定的農村社區，到今日地方宗教象徵符號具有高度關鍵性與稀少性性質的資源動員狀態間的對比。第三章中，我們則是比較細緻地討論了由象徵功能到象徵資本動員歷程變化背後四個不同歷史時期的演變，分別是由地主頭人時期、寡頭協商時期、分裂與派系複製時期，到政黨意識形態化時期的一個歷史變化。第三章裡，我們對台灣地方政治經濟學的現實，包括地方派系與村落自主性等面向，都有較為深入的討論。

　　第四章討論父系社會中的救贖模式，本章嘗試經由對幾個漢人神話敘事的對比性分析，經由兒子與女兒的主體性建構的角度，以來說明漢族父系社會的內在矛盾與系統再生產的過程與屬性，並對各種二元親子關係中主體性的形構提出分析。我們看到，神話故事情節中的被壓迫者和斷裂者（與繼嗣群發生斷裂）的事蹟，激發出了讀者的認同，使其在父系社會中，即使毫無利益的情況下，仍可能產生主體性和轉化世界的想像。而作為文化外來者的佛教，在經過了漫長的文化互動之後，也在此成為了父系社會裡，建構主體化歷程中不可或缺的重要元素，而在一個更為辯證性的層次，這穩定了社會體系，也為佛教自己找到了父系社會中的一個可繼續存在，而且同樣是可以不斷被再生產出來的位置。而這樣的一種文化的內在特徵，醞釀並且得以持續生產出能獲得大眾廣大共鳴性的兩種權威：象徵權威與靈性權威。而隨

著社會變遷，進一步的，兩類權威具有了新的可累積性的感知形式：象徵資本與靈性資本的形式。

接著，是 Part II，Part II 的主題，是以當代靈性權威的擴張以及靈性資本的累積、交換等議題為主要考察焦點。包括醞釀出靈性場域的社會發展背景的鋪陳，以及兩個當代個案的經驗性考察。

第五章是有關當代靈性場域在台灣興起的理論與經驗性的考察，經由對台灣新興宗教與新「宗教性」變遷的文獻回顧，我嘗試將社會學的新興宗教研究文獻，與漢人社會的歷史文化和當代台灣政治經濟發展背景脈絡相結合，並以五個 1990 年代在台灣興盛發展的新興教團為背景，觀察靈性資本在當代的累積、交換與可做公開展示的新現象。

我們所考察的五個新興教團，各教團背後都預設了：修行過程中，個人可能直接與「法身」或「自性」或「上師」（上師就是「法身」與「自性」的代表）相應，而得以產生現世開悟的狀態，並得以體驗超越現世與彼世的一種無所不在的「非二元性」（non-duality，東方宗教思想界定下當下的圓滿）。不過各教團以不同方式具象化了這個過程的內涵。在各個教團背後，我們看到與漢人傳統民間信仰（重感應靈驗）的密切關係，連結到道教內丹（身體氣脈的修練），以及佛教密宗（即身成佛）、禪宗（頓悟）、甚至於是華嚴天台思想（念念中有大千世界、大千世界與個人相融）。這也是進入現代工商業社會舞臺後，新興教團極為蓬勃發展的實況，各教團領導人在新的供需形式變化之下，配合漢人既有的內在宗教發展邏輯，試圖將傳統宗教法門加以普及化的結果，也呈現出了目前我們觀察到的當代台灣宗教市場。

在第五章中我們發現，各教團對於個人此世能夠獲致修行成

就的許諾或期望，經由教主的展演，與修行體驗的分享，使得「信徒對修行方法所產生的信心」、「教主的權威」、「集體服從性的氛圍」，產生了某種相互增強的關係。這種相互增強性，也在與傳統宗教修行法門彼此銜接的修辭中，具有了歷史性與集體性。簡言之，過去，在漢人世界的大眾生活裡，它以一種模糊的靈性資源的想像，被涵蓋在宗教神通或靈驗，以及具有公眾服務情操等的屬性裡而被社會大眾所理解，但不是以靈性本身而被認可或承認。進入當代，靈性資源，那種通常是經由地方社會網絡、佛教、道教和民間信仰中所界定出來的超越性，慢慢地出現了超出各方來源的超越性的基礎，並融合科學性的語言，成為大眾社會中可被辨認的靈性資本的形式。在這種形式裡，民眾宗教權威，以具有豐富靈性資本的形式而展演。其功能，由傳統社會可以超越父權限制的救贖者與救贖提供者的面貌，導向於資本主義都市新生活裡，有助於成員適應現代社會的真理與方法的提供者。

　　第六章中提供了當代台灣日月明功的案例，而由克里斯瑪的常態性出發，並輔以「高付出需求團體」的概念，不僅提醒我們避免過度單一地將日月明功視為是一個心靈控制和洗腦的場所，也能幫我們正視這個事實：在這個團體中，許多成員都是主動全心投入，以追求其家庭和自我成長，其領導者也是在這些目標圍繞中而慢慢增長其影響力。日月明功團體中，成員參與時間長，內部互動緊密，空間的隔絕性高，領導者高度涉入學員日常生活並具有管教的權威，學員之間出現了「整理」與「分享」的相互監督與批判的聚會形式，以及領導人對學員出現了體罰的管教方式等。但日月明功以上這種種特徵的出現，背後曾經歷了一個發展階段上的累積和變化。關於成員參與日月明功的心理因素，本

文嘗試提出「修復式依附」（修復個人在社會中、出於結構性原因所造成的人生態度層面與情感依附層面上的缺憾）的說法，即成員選擇一個具有雙親形象般的領導者，和具有親密社會關係的團體氛圍，來作為解釋他們之所以加入和得以持續參與的主要因素。

日月明功的案例，彰顯出了理性化影響中較為深層的一些面向，也就是由理性所帶動的：個人對自主性的渴望、開放性成長空間的建構和擬似溝通歷程中所產生的非預期性的相互監督等，這些都凸顯出理性實質內涵（而非只是技術性操作）對現代宗教團體運作所產生的較為深刻的影響。而本研究中所發現的：傳統父權家長制所造成的依附缺憾感和慣習性的互動模式，與現代理性的實質性扣連，顯示出了傳統社會結構與現代理性之間更複雜的相互鑲嵌與加乘的作用，和這些作用所進而導引出來的特定時空裡的「高付出需求機構」，這也是克里斯瑪新的常態化的一個歷史歷程。新浮現出來的靈性資本的概念與實踐，愈來愈會是當代民眾宗教生活中一個重要面向。

第七章，以清海教團為例，我們把焦點放在新興宗教團體的宗教敘事與動員過程。我們發現，整體社會靈性場域的崛起，仍然部分會依附在傳統宗教論述的認知框架裡，不過，不同信徒會以不同認知方式，而進入到新興宗教的場域當中。該章中我們特別指出了「老修行」與「新原理探索者」這兩群人的背景和宗教發展路徑發展上的差異。我們將指出，對靈性場域的具體了解，也應該放在這兩群人分殊性的發展路徑裡來被理解。

第八章結論，將對全書理論觀點與學術貢獻，進行統整性的說明和更具有理論意涵的對話。

Part I

漢人民眾宗教型構
與權威型態
理論重訪與典範移轉

第一章

中國宗教研究典範的繼承、轉移與競爭

實踐理論的展開

　　在實質性進入經驗材料之前，本章想要先對漢人宗教研究的發展典範，進行背景性的鋪陳。由這個背景裡，我們看到漢人宗教研究由結構功能論至實踐理論的研究視野的變化。這中間也歷經各類議題的爭議與調合，並有各種新的解釋框架的出現。最後，我們較集中地討論了實踐理論的新視野，在這個架構下，經由場域與資本的概念出發，有可能讓我們對於行動者的文化邏輯的觀察，一方面更具有主體性的視野，一方面也能照顧到集體性行為的制度性情境。這樣一個學術史背景的鋪陳，有助於開展本書後續幾章的討論。

　　而為了文獻回顧上的便利與討論上的聚焦，我們刻意選擇了楊慶堃的中國宗教研究為主軸，他代表了社會學取向的結構功能論在中國宗教研究上的奠基。功能論的角度，確實有其分析上的優點，因為由社會功能出發，更能觀照到多神論漢人宗教傳統中的型態上極為龐雜，功能卻相當具體的，各式各樣的漢人宗教實踐與聚合。而聚焦於楊慶堃的主要概念，也能讓整個學術史與概念史的討論更有立體感。以下，開始進行本章的討論。

一、楊慶堃與中國宗教研究的轉向

　　在現代性的衝擊中，基督宗教的宗教型態（有教義、組織、聖經和清楚具體的救贖論），早已成為一種強勢而被聲稱具有社會普遍性的理想型態（Asad, 1993: 1-27）。在這種文化或學術背景下，該如何對應性看待中國世界裡的宗教活動？又該如何以適當的學術語言或概念框架來理解漢人的宗教生活？這是一個非常

複雜的文化轉譯[1]的問題。

　　一個有趣的案例，專研中國唐宋時期神明信仰變遷的歷史學家 Valerie Hansen（1990〔包偉民譯，1999：11-12〕），回憶起她在台灣做研究的「初體驗」時這樣說：

> 　　我以前一直以為中國人像我們一樣，是將宗教信仰分門別類的。因為我們西方人總將自己分成猶太教徒、基督教徒或新教徒等，因此我想中國人也會是分別信仰佛教、道教或儒教的……出乎意料的是，我所碰到的所有中國人都並不是這樣將自己歸屬於某一宗教。而且，就我所知，他們既拜佛寺、道觀、又拜民間的祠廟。……〔他們〕只不過是在求一個「靈」的神而已。

　　無所不在的「靈」的概念，是不能單以教會或教派的概念來加以理解的。不過，面對中國這樣一個歷史悠久與包含無數村落，並且又經歷政權不斷變更的情況，單單一個如前所述的「靈」字，背後還是有著無數的變異性。前述引述的 Hansen，在考察過唐宋年間的宗教活動後，就指出，在中國，靈驗所攸關的，是一個由自然力量，到市場力量，到國家力量介入的，複雜的「神明化的過程」與神明變化的歷史。

　　顯然的，一種廣義的、能超越教派組織，又能注意到中國社會結構現實的觀點，會比沿襲自基督教社會裡的宗教社會學研究典範，更適合作為中國宗教研究的起點。而在相關研究領域裡，

1　例如，參考陳熙遠（2002）對於「宗教」這一詞彙及其所聯繫的意涵如何被引進中國的討論。

這樣一個視野上的扭轉，也就是將人們看待中國宗教的眼光由西方範式裡解放出來，而回歸中國的社會結構與歷史情境，不能不歸功於1961年C. K. Yang（以下稱楊慶堃）所出版的《中國社會中的宗教：當代宗教社會功能和其某些歷史因素的考察》（以下簡稱《中國社會中的宗教》）這本書[2]。

　　出於結構功能論的分析觀點，《中國社會中的宗教》一書試圖給予不同層次的中國宗教在整體性脈絡裡的意義，也試圖在制度性宗教組織模式之外，給予中國宗教一個較為適當的理論性位置。正如作者在自序中所述[3]（Yang, 1961〔范麗珠等譯，2007：17〕）：

　　　　多年以來，宗教在傳統中國社會的地位問題始終讓我感到困惑，特別是令宗教因素在傳統社會中得以傳播和綿延流傳的宗教生活和組織結構功能性基礎。呈現在此的這部著作是透過社會學的視角來探討這一問題的嘗試。在社會學的概念中，瀰散性（diffuseness）和特殊性（specificity）（帕森斯）為我們提供了一個解決問題的鑰匙。

2　更具體來說，關於視野上的扭轉，如果依據楊慶堃《中國社會中的宗教》書中導論所述，他所要對抗的說法包括：西方人認為中國人信仰是迷信而無宗教，西方人認為儒家有不可知論的特徵而非宗教，中國近代知識分子認為的中國社會有非宗教特徵等（Yang, 1961〔范麗珠等譯，2007：21-24〕）。

3　以下楊慶堃《中國社會中的宗教》中的引文，均直接引用自范麗珠等譯（2007）之譯本。惟引文中所出現的「分散性宗教」（diffused religion）一詞，筆者因特意要將diffuseness一詞回歸於原來出自於Parsons & Shils（1954）一書中的脈絡，故均另譯為「瀰散性宗教」，和范譯本不同，特此說明。不過楊慶堃（劉創楚、楊慶堃，1992：65）自己曾把diffused religion一詞譯為「混合宗教」，中文學界沿用的人不多。

　　自1961年楊慶堃《中國社會中的宗教》一書出版以來，幾代的漢人宗教研究學者深受楊慶堃概念架構的引導，但當然研究範圍或研究典範也歷經擴充、轉移與競爭。在這本書出版五十多年後，中國宗教研究典範的轉變，值得我們做一回顧與檢視，這既有助於研究者整體掌握中國宗教的研究趨勢，也利於調整未來研究的角度與視野。

　　在《中國社會中的宗教》一書中，為了區別於西方教會組織式的定義宗教的方法，楊慶堃採取一種功能性的較為廣泛的方式來定義信仰系統。他說（Yang, 1961〔范麗珠等譯，2007：19〕）：

　　〔依據〕瓦哈（Joachim Wach）的結構性視角與田立克（Paul Tillich）的功能性視角，將宗教定義為信仰系統‧儀式活動和組織關係，其目的是處理人生面對的終極關懷問題，比如那些可能會破壞人類社會系統的現實威脅：死亡的悲劇、不公正的遭遇、難以計數的挫折、無法控制的戰爭等等；而教義的證明就是用以應付來自實際經驗的矛盾現象。這些問題超越了條件、有限的經驗和理性的知識世界，作為人天性的一部分，不得不在非經驗領域中、從信仰之處尋找支持，而非經驗領域作為精神力量在人的超自然觀中獲得靈感。

　　在這個定義裡，「以超自然因素來面對人類經驗世界裡的挫折與矛盾」是其中最關鍵性的面向。而在這個「素樸功能論」的框架下，楊慶堃進而透過大量歷史文獻和方誌資料，有系統地依序考察了家庭、經濟團體、地方社區以及國家體系裡的超自然因

素。全書最後則以瀰散性和制度性宗教的概念來統攝中國宗教的內涵（Yang, 1961〔范麗珠等譯，2007：268-269〕）：

> 　　制度性宗教在神學觀中被看作是一種宗教生活體系。……借助於獨立的概念、儀式和結構，宗教具有了一種獨立的社會制度的屬性，故而成為制度性的宗教。另一方面，瀰散性宗教被理解為：擁有神學理論、崇拜對象及信仰者，於是能十分緊密地滲透進一種或多種的世俗制度中，從而成為世俗制度的觀念、儀式和結構的一部分。……制度性宗教作為一個獨立的系統運作，而瀰散性宗教則作為是世俗社會制度的一部分發揮功能。從根源上看，任何形式的宗教都是心理因素造成的，獨立於世俗生活結構的。但在接下來的發展中，宗教可能選擇往兩種形式中的任意一種。……作為一個獨立的因素，瀰散性宗教可能並不那麼引人注目，但它作為一種基層支持力量，對於世俗制度和整體的社會秩序或許十分有意義。

　　《中國社會中的宗教》一書出版以後，「瀰散性宗教」的概念，成為學界在理解漢人宗教時的指導性的概念。楊慶堃說這個概念的源頭來自於宗教社會學者Wach（〔范麗珠等譯〕2007：268），也在序言裡說明diffuseness這個字本身是來自於Parsons，但事實上他是以自己特有的創造性的方式，而將不同層次的相關概念，扭曲式地並列了在一起，這一方面雖然解決了「定位漢人宗教理論性位置」的分析處境上的困難，一方面卻不知不覺也帶進來新的問題，我們需要刻意注意其中分析上的陷阱。

二、楊慶堃的創意與誤置

瀰散性宗教有分析上的實體嗎？

　　西方宗教社會學家Joachim Wach（1944）的「宗教組織類型學」裡，曾區別出了兩種集體性範疇，「自然團體」（natural groups）與「專門宗教組織」（specifically religious organization）。「自然團體」是一種社會的狀態，其中社會組織與宗教組織合一，成員的身分就決定了宗教信仰，這是一種社會尚未分化而高度同質化的情況。在討論中，Wach列舉了三種「自然團體」（這是一種社會狀態）：親屬團體、地方性團體和自然關係團體（包括年齡團體和性別團體），在這些團體中，宗教團體領導者和世俗團體領導者往往是同一個人，或至少經常是高度重疊的。而隨著社會分化，及個人或群體之宗教經驗的加深或專門化，「自然團體」開始產生了分化，這時，宗教組織不再與社會組織同一，也就是會有「專門宗教組織」開始出現。

　　但是楊慶堃書中不曾用過「自然團體」這個名稱或概念，為了凸顯中國宗教區別於專門宗教團體的這種獨特性，他直接就用「自然團體」裡的未分化的狀態「瀰散性」（這也不是Wach所使用過的名稱，而是來自Parsons，詳後）這個原來用來形容「自然團體」中混融狀態的形容詞，來指稱中國主流性的宗教為「瀰散性宗教」，接著，楊慶堃又把另一個處於已分化社會狀態中的「專門宗教組織」，稱作為「制度性宗教」，最後，楊慶堃又把瀰散性宗教和制度性宗教不恰當地並列在一起，而說在傳統中國，同時有著瀰散性宗教和制度性宗教，並且是以瀰散性宗教為主流的宗教形式。

　　這種拼湊式的作法有很高的創意，也凸顯出來了中國宗教主

流性發展的內涵，但是當楊慶堃把兩個不同社會狀態底下的宗教組織型態，硬生生並列在同一個社會裡面，並分別給予本不應並列在一起的名稱，又沒有更清楚交代這些名稱背後隱藏性的意涵，這些作法，即使有它種種的便利性，但其實是很容易引起混淆的，而且混淆一旦形成和繼續加以累積性地誤用，也繼續融入在各種新的概念推論中，不但更難修正，甚至於也不再令人覺得有必要去回歸原來是較為明朗而單純化的概念上的源頭。

其實，如果要運用 Wach 的類型學，那麼當我們要去討論宗教組織時，就應該先區別某個地區是不是屬於自然團體，如果不是的話，便表示這一個地區是一個相對高度分化的社會，於是便有進一步討論專門宗教組織的可能性。這種宗教組織類型學的基本類別應是「自然團體 VS. 專門宗教組織」，而且這應是以「一個社會裡的主流性宗教組織型態」來和「另一個社會裡的主流性宗教組織型態」來做對比，甚至於是拿兩個社會中社會分化程度上的差異來討論不同社會間內部宗教生態或宗教市場競爭狀態的差異，而不是拿同一個社會裡的兩種宗教組織來做對比或做分類。

而如果應用 Wach 的模型來看傳統中國，更正確的說法應該是說：整個傳統中國都還是屬於一種接近於「自然團體」的情況，宗教團體與社會團體間的分化不完全，而還沒有充分達成「專門宗教組織」出現的社會條件，即使有一些分化的宗教組織，也還是高度籠罩在「自然團體」的氛圍當中（參考丁仁傑，2004：236-237）。這樣子的講法，雖然聽起來過於平泛，但卻會是比較接近於對於 Wach 類型學的應用，也不致在不同的分析層次上做任意性的跳躍。

Diffuseness（瀰散性）概念的分析性內涵需要再有所澄清

　　脫離了原有的理論脈絡，楊慶堃僅在序言裡以一句話提到了
Parsons之diffuseness概念對於他的啟發：「在社會學的概念中，
瀰散性（diffuseness）和特殊性（specificity）（Parsons）為我們提
供了一個解決問題的鑰匙。」這裡，我們有需要去還原一下
Parsons所使用瀰散性一詞原來所在的脈絡。

　　努力建構行動與社會體系之間扣連模式的社會學家Talcott
Parsons，在其理論發展的巔峰期，與Edward Shils共同出版了
《邁向一般行動理論》（1954）一書。書中提出三類行動體系——
人格、社會和文化體系。人格體系是個別行動者的「需要傾向」
（need-dispositions）；社會體系為兩個或兩個以上行動者之間的互
動關係；而文化體系則是價值模式，供給人格體系相關符號媒
介，以及社會體系裡的規範取向。

　　互動發生時，行動者進入情境裡，經由「需求傾向」和將文
化模式內化，行動者對於特定情境裡的取向於是得以形成。具體
的互動發生了，行動者彼此間經由一個雙向過程，規範產生了：
這個互動一開始是在對於情境認定的看法上有所互動，接著發生
在由文化模式所引導的脈絡裡，這對於接下來的互動產生了規範
性的控制，這於是提供了一個一致性的形式或是結構（Hamilton,
1983: 102）。

　　互動實際上組織起來的方式，和行動者在一系列行動系統中
之變項上的特質裡所做的選擇有關，這些變項上的特質Parsons稱
之為「模式變項」（pattern variables）。「模式變項」由對稱性的
概念所組成，它可以用來區分行動者在人格體系中的取向模式，
社會體系中的規範要求，以及文化體系中的價值模式。在《邁向
一般行動理論》一書裡共提到了五組「模式變項」：（一）情感

對情感中立；（二）瀰散性對專門性；（三）普遍主義對特殊主義；（四）成就對先天取得；（五）自我對集體。關於其中的一項「瀰散性對專門性」，Parsons說（1954: 82）：

> 當面對一個對象，行動者必須在可能的範圍內選擇回應的方式。其中的兩難，涉及了一個人是否要在多方面回應這個對象？或是只是在有限的範圍內加以回應。一個人會在多大的範圍內被允許涉入於這個對象？或者是對於對象的關注完全沒有事先或內在性的範圍上的限定，不論是指對遭遇對象的興趣或義務關係；或者這個互動在行動者的意圖系統裡，對象只有限定性的和特定性質的重要性。

而接著，Parsons又在文化系統、人格系統和社會系統三個層面上，分別討論了關於瀰散性和專門性的性質或行動取向。我們清楚看到，Parsons的「模式變項」，被用來表示社會、文化與人格系統中不同的抉擇面向，而「瀰散性」一詞，則是對應於「專門性」的某種性質或行動取向，它暗示著一種滲透性無所不在的全稱式的互動面向。

但是，現在，在楊慶堃的用法裡，當「瀰散性」這個狀態描述性的名詞和「宗教」一詞連結在一起，也就是將一個全稱式的名詞和狀態，和特定的活動或實踐範圍（宗教）連結在一起，在詞意上已經顯得有自我矛盾之處。

作為全稱性質的diffuseness，可以單獨當作名詞來形容某種狀態或性質，但似乎不適合被以形容詞的方式連接在特定的集體或對象上。筆者當然同意diffuseness確實是涵蓋在漢人信仰生活裡的一種特質，這種特質施展的方式，在不同時代情境裡，或落

實在不同對象上，又可能會有狀況上的不同，但我們很難說有一個實體叫作diffused religion存在於中國社會當中。

而現在，我想要回歸於Parsons之diffuseness一詞的原意，便刻意將diffused religion譯為「瀰散性宗教」，這也等於是把該名詞概念上的內在矛盾更鮮明地顯現出來（既然是瀰散性無所不在，又何以區別出特定社會中宗教的範圍與界限？）。但無論如何，「瀰散性宗教」這個概念的出現，完全是楊慶堃想像性的應用，與Parsons的社會學討論架構，關係非常的微弱，雖說二者不是完全不相容。

筆者以為，要更好地討論中國社會裡的「瀰散性」，也許我們需要另外一些概念性工具上的輔助，而不是直接將「瀰散性」一詞與宗教一詞相疊在一起而成為一個專有名詞來理解中國宗教。舉例來說，下面幾個概念在分析漢人宗教生活上，可能都會是比「瀰散性宗教」這個詞在分析性的意義上來得更為清楚，而比較不會有字義上的矛盾：

（一）內在性的瀰散性（intrinsic diffuseness）：用來描述社會低度分化下，宗教與世俗層面難以分離區別開來的性質或狀態；

（二）瀰散性的殘留狀態（residual of diffuseness）：當代社會已經高度分化，但在結構分化狀態下，即使宗教組織已經專門化，但整體社會在認知與文化習慣上仍高度類似於傳統社會，如重視親族關係和高度的家長制；

（三）瀰散性的治理（diffuseness governmentality）：政權會高度利用民間社會的瀰散性的屬性來進行治理，如以天命概念來鞏固現實政權的正當性；

（四）瀰散性下的綜攝主義（syncretism from diffuseness）：社會低度分化或是「瀰散性的殘留狀態」存在的事實，會引發相

當活絡的「綜攝主義」（syncretism）（打破制度性宗教教義上的界線），以及可能醞釀出特殊的新興教團建構正當性的型態（如三教合一的說法能在社會上取得極大的正當性）[4]。

筆者認為，前述概念都會比「瀰散性宗教」一詞來得更精確，指涉範圍也更確定，而不會陷入於「瀰散性宗教」這一個詞在概念上的自相矛盾和不清楚之處。簡言之，若我們能盡量扣緊於不同層次或不同脈絡裡的「瀰散性」的性質以來理解中國宗教，而不需要用到「瀰散性宗教」這個概念，其基本宗旨已相同於楊慶堃的原意，但卻又能夠避免許多不必要的概念誤置與指涉混淆上的困擾。

三、功能論影響下的社會整體觀

即使有著概念上的混淆，不管怎麼說，《中國社會中的宗教》一書的影響重大，開啟了以功能論來研究中國宗教的研究典範。而一旦當我們以功能論的角度來看待宗教，便不只是對焦在菁英或儀式專家的宗教知識，而將會特別注意到日常生活脈絡裡的宗教實踐及其社會性面向，舉凡宗族、地方社會、同業公會、各類節慶活動都將會是考察的焦點。《中國社會中的宗教》書中第二、三、四章（第二章關於家庭、第三章關於社會團體和經濟團體、第四章關於民間信仰中的社區面向），曾仔細回顧了中國人的祖先祭拜與喪葬儀式（家庭整合中的宗教），也詳細分析了社區共同象徵中各類寺廟和神靈的類別與性質，這個功能論的立足

4　關於漢人社會與歷史文化脈絡中的「綜攝主義」，參考Berling（1980），Jordan & Overmyer（1986: 92-152）或筆者（2004：363-370）。

點，有效地將中國宗教研究的視野拉回到了地方性的情境裡。雖然不見得會直接引用到楊慶堃，但有幾個相關研究領域可以被視為是將中國宗教拉回到社會脈絡與整體社會功能裡的研究取向，有助於確立楊慶堃中國宗教研究典範的主要宗旨（由功能觀來整體性的理解全體社會中宗教的位置與作用）和豐富化其實質內涵，我們下面一一來加以檢視。

「地方性社區宗教」的指涉與內涵

首先，最素樸的說，「地方性社區宗教」（local communal religion）的描述性的概念，將地方社會和宗教儀式與功能等面向結合在一起，發揮並且也具體展現了楊慶堃「瀰散性宗教」在大眾日常生活裡的歷史與社會位置。而比較精確地提出這個名詞，並把它當成形成於特定歷史時空裡的一個可以加以延伸的概念，來自於 Kenneth Dean（2003）。

Dean 用「地方性社區宗教」一詞，特別指稱活躍在明代中葉以後中國東南區域的民間信仰活動。如他所述（2003: 355）：

> 我會把蒲田的廟宇網絡視為是一個「第二政府」，提供給當地人各種服務，同時蒐集資金和動員群眾。這種地方治理以及地方相對自主性的程度，自從明朝中葉以後即逐漸發展，而且在當代中國當國家由對人民的日常生活控制中退出來的時候，地方有能力有所反應。這個關於地方自主性的制度、技巧和實踐的逐漸建立，在中國的社會文化發展中是一個重要的面向，在未來，這一件事實的存在，是有著相當的重要性的。

對於這個「地方性的社區宗教」，Dean（2003: 338-339）也做了詳細描繪：

> 包含以一個廟宇為中心的對於社區儀式的參與，儀式的對象是眾神中的各式各樣的神明，許多是有著地方性的起源的。除了參與每年重要節日，如新年、元宵、神明生日時的社區儀式，個人隨時可到廟裡拜拜、上香、祈禱、許願、敬奉、燒紙錢等等。行動中往往是藉由擲筊、取籤詩來問神明的旨意。其行動極為虔誠並帶有敬意。
>
> 地方廟宇中的對於神明集體祭拜的社區性儀式，背後有著繁複的地方性組織。廟宇委員會，通常以輪流或問神的方式來選出代表，由每一個參與的家庭來募集資金，並由社區中的家庭來組織遊行隊伍，由佛教、道教、儒家等的儀式專家來安排某些特殊傳統的展演，並請中國戲團來表演。在特殊場合，這些儀式專家也會被找來做一些生命過渡儀禮、祈福、收驚和各種治療性的儀式。地理師、法師、解夢者等等，也在地方性社區儀式中貢獻其專長。在廟會儀式中靈媒扮演著特別重要的角色，在地方性宗教的各個層面，提供了與神明和祖先溝通的重要管道。……
>
> 地方性社區宗教中，許多儀式是相當激烈、紊亂以及激動性的，充滿了香火的氣味和鞭炮聲、地方戲劇的熱烈表演、儀式與遊行陣頭、以及群眾的參與。

這段話裡，已經把地方社區宗教的基本形式和內容，提出了一個清單式的列舉。各類「地方性社區宗教」的描述性的討論，充分呈現出來了楊慶堃「瀰散性宗教」概念指涉下地方性中國宗

教的多采多姿的面貌。不少相關研究（如 Baity, 1975; Chau, 2006; Feuchtwang, 1974; Sangren, 1987），也正是在「地方社區宗教活動公共性的實踐」的這種功能性面向的考察中，來展開了有關於漢人宗教的基礎性分析。

祭祀圈與信仰圈

除了「地方性社區宗教」之外，另一個由人類學家加以發揚光大的祭祀圈概念，和後續有所引申的信仰圈的概念，則有助於將楊慶堃「瀰散性」的概念，加以具體化在漢人社會村落或跨村落的生態情境裡。而這也對於楊慶堃引用大量地方志而所建構的農村公共性宗教的歷史與空間面向，有了補充性的說明。

祭祀圈或祭祀範圍的概念，起先是源自岡田謙（1938〔陳乃蘗譯，1960〕）在 1930 年代調查台灣北部村落的特殊發現：通婚範圍、祖籍地的關係、市場交換關係等，與祭祀相疊同一範圍。岡田謙乃進而討論共同祭祀活動的形式與內容。這裡可以看得出來，漢人的民間信仰具有明顯的空間性，仍然是屬於自然團體（社會層次與宗教層次緊密交融）中的一部分。這些性質，和西方基督教已經發展成為自願性參與團體的情況有所差異。

祭祀圈的概念後來被台灣人類學家加以精緻化，被用來作為描述漢人地方社會的工具。根據林美容（1986：105），祭祀圈是指一個以主祭神為中心，共同舉行祭祀的居民所屬的地域單位。它與地域性（locality）及地方社區（local community）有密切的關係，它有一定的範域（territory），其範域也就是表示一個地方社區涵蓋的範圍；在這範域內居民以共神信仰而結合為一體，有某種形式的共同祭祀組織，維持例行化的共同祭祀活動。

在傳統社會，通常一個村落一個公廟，並有幾尊和自己村子

的移民史特別有關係的神明。地方的整合原則，除了宗族以外，最主要就是村落層次的宗教，而其表現形式也就是圍繞在神明靈驗的超越性的展現，其表現的範圍與自然村的範圍間往往相當符合。

　　不過，有的時候，因為歷史的機緣或生存上的需要，有些地方會發展出超越於單一村落，甚至於超越於好幾十個村落的大型宗教活動，這就已不是祭祀圈的概念可以說明。為了便於討論這種超越社區而跨鄉鎮的儀式性空間，林美容使用了「信仰圈」的概念（林美容，2008：330）。如其所述，信仰圈是：以某一神明或（和）其分身之信仰為中心，信徒所形成的志願性宗教組織。信徒的分布有一定的範圍，通常必須超越地方社區的範圍，才有信仰圈可言。此外，和信仰圈有些類似的描述性概念是末成道男（1991）使用的「信者圈」、「信徒圈」和「信仰圈域」等概念，和三尾裕子（2003）所提出的「信仰圈範圍」等概念。但是兩位日本學者所談的，主要都是指作為進香中心而定期或不定期所吸引到的外來人群，這和林美容所指稱的大範圍內相對固定性的社群網絡關係「信仰圈」的概念並不相同。

　　提綱挈領的說，根據林美容（2008：375），祭祀圈與信仰圈作為社會空間的意義在於地方與區域人群的聯接與整合。而祭祀圈具有展現地方集體之凝結（solidarity）的作用，信仰圈則是具有表現區域聯盟（alliance）之作用。當然二者所含括的人群範圍有別，但共同的性質是二者均有趨同納異的現象。

　　由歷史發展來看，信仰圈往往是出於某個祭祀圈的擴張[5]。不

5　隨著鄉村與城鎮空間層級性的變化，我們或許可以去對照不同層級鄉村與城鎮對應性儀式的社會功能與表現形式，以這樣的研究角度看來，Skinner

過二者間雖然有某種連續性，但在某些層面上還是有著本質上的差異（林美容，2008：332-336）。甚至於當到了所謂「後祭祀圈時代」的到來（張珣，2002），地方聚落可能會因受到人口外移與都市化的影響而瓦解了祭祀圈原來較為固定的信徒組織與信仰型態，但即使在這種情況下，有些信仰圈卻依然能夠蓬勃發展，甚至於其所涉及的人群還比以前多，慶典形式更龐大、全國的能見度變得更高。顯然的，信仰圈會比祭祀圈更有可能與現代國家和全球化的發展框架相扣連在一起[6]。不過，信仰圈和祭祀圈一樣，當透過「地域性」來加以定義時，還是會受限於「地域性解體後這些概念是否仍然能夠適用於現代都市化社會情境？」的這類概念適用性上的挑戰。

　　但無論如何，相關概念的提出，提供了討論地方社會中宗教向度的參照框架，也豐富化了楊慶堃中國宗教研究典範中的討論案例，是功能論影響下的社會整體觀，在落實於地方研究時所能

　　（1964, 1965）的層級性市場與階序性「中地」的理論：認為村落受到其所在市場或政治軍事位置的影響，並非自足的內部系統，一個基本的分析單位也不是村落，而是大約五、六個村落所構成的「標準市場城鎮」（standard market town），表面上看起來這個理論框架似乎是和祭祀圈理論相互排斥，但事實上二者不但不衝突，還可以相互補充，因為看起來相異的兩種人群組合模式，事實上彼此常是彼此重疊和相互增強的。當然，Skinner的討論比祭祀圈理論還繁複得多，祭祀圈理論主要以地方社區的宗教組織與儀式構成為主（單層次的宗教中地），但是Skinner的框架則是多層次的政治中地與經濟中地，不過事實上二者可以相對應或扣連起來看，這時我們可以去找出每一個層次政治中地或經濟中地所對應的宗教中地的相關儀式表現，並可以看出不同層次宗教中地間儀式性關係建立的模式，這正是Sangren（1980）早期在他的博士論文裡所嘗試做過的。

6　筆者（2013：341-434）另外發展出「大型地方性」的概念，來分析現代國家與全球化介面中漢人民間信仰的表現形式與文化意義。

夠借重的相當具體而實際的研究參考框架，即使描述性大於理論性，但仍有助於理解歷史脈絡中地方民間信仰裡的功能向度。

考察「地方性社區宗教」差異的一個關鍵性向度：儀式的自足性[7]

「瀰散性」這個概念，可以被應用在整個社會體系（社會系統低度分化）、地方社區層次（地方上宗教專業階層未獨立發展）、組織層次（教團建立時高度運用「綜攝主義」來取得正當性）或個人的層次（個人情感思維中世俗觀與宗教觀相混融）。

而在地方社區層次，就「地方性社區宗教」而言，如前所述，廟會場合，地方社區經常會向外聘請儀式專家或劇團來村內。不過，中國各地農村差異很大，不能一概而論，我們或許還需要一個座標，並且是一個和「瀰散性」性質有關的參照方式，來對各地社區的宗教內涵和表現形式有所區分。

這裡，我們雖然不見得能完全同意David Johnson（2009: 141）的說法：中國華北農村某些村落（Johnson的案例是來自山西），具有相當程度的「儀式的自足性」（ritual autarky），也就是：

〔那些隔絕又負擔得起的村落〕發展出不需要參照外界儀式或意識形態權威——不論是來自大眾或菁英的權威——之季節性儀式的獨特形式。縣的長官和教育官員可能根本不知道，而且也沒有去影響這些儀式，道士或佛教僧侶似乎對這

7　感謝林敬智博士提醒筆者注意到Johnson「儀式的自足性」這個概念。林博士的論文（Lin, 2012）也是由這個角度出發來分析山東西南微山湖區域船家漁民儀式劇的內容和表現形式。

些儀式也沒有什麼明顯的影響。

因為，我們實在很難說一個村落的儀式是完全不受外界影響而獨立發展出來的，所以還必須對於Johnson的論證有所保留，或至少要對相關概念定義有更清楚的說明。不過，不管怎麼說，Johnson所提出的這個概念「儀式的自足性」，在一個宗教社會學理論討論的意義上來說，的確有助於我們去觀察與比較：不同地方生態中，各地社區宗教表現形式上的差異和功能執行方式上的變異性。

理論上，平行於地方社區的「瀰散性」，宗教部門會是一種低專屬性與低專業性的狀態，這可能會創造出地方特殊的宗教地景，若呈現得較極端，也就會產生Johnson所講的那種「儀式的自足性」：一個社區內部，宗教儀式的執行不假社區外的人，而儀式執行者身分易於被取代，除在宗教場合外，他平日在社區內的身分也並不突出。完全的「儀式的自足性」是很難想像的，Johnson（2009: 336）說，這可以被發現在華北某些隔絕又經濟情況相對良好的農村（Johnson稱之為「自足的村落」〔the competent village〕），但不會出現在太貧窮的村落或社會階層關係較複雜的城鎮，更不可能出現在華南地區已為大宗族所主導的村落裡。

不過，若就整體社會體系的層次來看，如果說中國在整體社會始終具有高度「瀰散性」的特質，宗教專門團體專業性與主導性都相對薄弱，那當然，不管在地方社區層次間各社區的差異有多大，即使說當社區宗教儀式執行者的專門性很高，甚至是已經向外聘請了儀式專家前往協助儀式的執行，儀式專家的身分與角色，相對來講也都還是被動的成分居多（相對於社區本身的主體性來說）。就此來說，某個程度上來說，社區本身的「儀式的自

足性」，受到整體社會分化狀態的影響，其實不管怎麼樣都還是存在著的，更何況對於那些處於地理上相對隔絕狀態，和確實已經建立了自身儀式傳統的村落了。

而 Johnson（2009）書名的主標題《奇觀與獻祭》（*Spectacle and Sacrifice*），在一個比較性的光譜上，將不同社區的相對狀況同時考慮，目的也正是要凸顯性的來說明因「儀式自足性」不同而所產生的社區宗教表現形式上的差異：「儀式自足性」高的社區宗教，會重視「廟會奇觀景象」下的情緒與身體上的集體亢奮，而勝過於「肅穆執行的獻祭儀式」；而那些經常性向外聘請儀式專家的村落，在儀式專家主導下，則是會更強調獻祭儀式中的固定節奏性與嚴肅性。

簡言之，和楊慶堃強調的中國宗教的特點有著高度的親近性[8]，「儀式的自足性」這個概念，即使在真實的情況裡很難遇見能百分之百相對應的案例，但這個概念本身，形成了一個值得觀察的面向，它相當有助於我們在較大的幅度上，來考察和比較不同地方社區宗教實踐與儀式展演上的差異，並能在宗教發展生態環境的對比中，對儀式表現形式上的差異作出解釋，也就是：儀式自足性程度的不同，反映出某個地區宗教專業分化的程度，和村落與外界的關係，這有助於說明一個地區儀式與廟會內涵的表現

8　楊慶堃在《中國社會中的宗教》（〔范麗珠等譯〕2007：306-307）一書中，提到了中國宗教之「宗教生活的去中心化模式」，意指：宗教組織在中國，一般而言，處於「非中心化」的狀態，資源不足、沒有獨立性、也欠缺主導性，另一方面，人們的日常生活充滿了宗教性，卻不需要任何宗教專業人士的引導。Yang的說法，和Johnson「儀式的自足性」的概念，可以完全接合在一起來看。不過前者是以全社會體系為觀照層次，後者則是以社區主體性為考察上的出發點。

形式，和各類活動與村民之間的實質關連性，並且也有助於說明：為什麼有些地區地方廟會與儀式內容有著鮮明的獨特性，另外一些地區則和周邊區域共享著較多相同的儀式與戲劇型態。從各個角度來說，「儀式的自足性」這個概念，都會是有助於觀察與比較漢人地方社區宗教的一個有著內在理論性與經驗性意義的切入重點。

四、基本章化範疇的討論與結構主義觀點的出現

由功能論角度出發，一方面避免了以「制度性宗教」範疇（儒、釋、道等）來理解漢人宗教的偏差，一方面也使研究者能更為正視日常社區生活中宗教活動的內在合理性。進一步的，若將觀察所得視為是漢人宗教生活中一些較為持久性的認知元素，功能論者的研究角度，往往也會開始帶有著結構主義的觀點（注意到信仰內部基本元素之間的一種較為持續性的「連結模式」）。不過大部分的學者並不會自我標示為結構主義者，而通常會是以基本章化範疇或象徵邏輯的討論方式來鋪陳其對於中國宗教的理解。

在時間序列上，中國宗教之結構主義的觀點曾歷經以下幾個發展階段。

象徵功能論：較為精緻細膩的功能論

David Jordan《神・鬼・祖先》（1972〔丁仁傑譯，2013〕）一書中，將台灣農村民間信仰活動放在社會體系與宗教體系之間「相互定義」與「相互再生產」的交互性過程當中，有意識地凸顯出漢人民間信仰的內在合理性。而其分析中的二元論，已帶有

結構主義分析方式的雛型。

「神」與「鬼」是定義「現實社會秩序」與「陰間秩序」的基本二元性構成（一部分祖先居於中性的模糊位置，一部分祖先被吸納入鬼的範疇中）。而整本書，也把大部分的力氣放在討論村民遇到鬼時的處理方式，以及村民如何與神明來結盟以對抗鬼的問題。

在書中，先把鬼的概念跟「社會結構的不完整性和不正常狀態」連結在一起，而完整的狀態，則是以父系原則界定出來的「圓滿」，這是保安村民所追求的理想。圓滿，表示了一個父系家庭的循環史很完備（男人能結婚、女人能結婚並生兒子、小孩子不會夭折、老人保持健康並活到高齡），也表示了一個父系家庭沒有結構上的缺陷（父系繼嗣的那一條線可以一直傳下去）。不圓滿的事情，會被刻意排斥或忽略，例如小孩夭折，會以不被哀悼的形式來加以埋葬。不過，在自然狀態下，家庭總是常會發生結構上的缺陷，這幾乎是無法避免的，這時候，人們會用人為方法來加以處理，為了世系傳承能夠繼續，或為了那些被排除在這個世系上的鬼魂還能夠有位置，於是男人（包括死後的男人）可以領養小孩，未婚而死的女性則可以舉行冥婚。關鍵的要點是，要讓繼嗣的這一條線能夠一直延續下去，只要每一個人都有後代，就會使所有家庭都達到圓滿。

圓滿是「平安」的先決條件，如果家庭不圓滿，就有可能發生「不平安」，家中成員彼此爭吵、有人生病或死亡、經濟破產等，就是家庭層次的「不平安」。同樣的，村落或國家，也都有著「平安」或「不平安」，「不平安」是指村落或國家遇到了各種人事紛亂或天然災難。在家庭層次，暫時的「不平安」也許還可以忽略不看，但是連續的災難，譬如說家中連續有人死亡、疾病

找不出原因、經濟接連出現問題，這就表示家庭出了問題，而且必然是來自於超自然的因素。換言之，以疾病作例子，並不是因為家中某人生病而造成了家裡的「不平安」，而是說，因為家中「不平安」，才會造成了某人生病。而這個「不平安」，原因通常出在一個家庭的「不圓滿」，也就是「父系繼嗣原則」出了問題。這裡，Jordan豐富的民族誌已經初步揭開了漢人民間信仰內在結構性邏輯的序幕。

因為強調漢人民間信仰中之超自然體系的獨立性，而非是直接對應於社會結構或功能而產生，Jordan說自己不是「功能論者」，不過這裡，Jordan把漢人的超自然體系看成是能夠去處理社會結構的「非正常狀態」的一種模型，這很難避免地帶有了一種「功能論」的色彩，不過他所強調的象徵體系達成社會功能的方式，賦予了象徵體系某種獨立不受制於社會變遷的特性，因此背後對於社會結構與象徵體系之間的互動機制，有了更細緻的觀察角度，在這裡，或許我們可以稱Jordan的看法為一種「象徵功能論」或「動態功能論」，而其背後已隱約帶有著結構主義的想法。

結構主義觀點的發展

幾乎和Jordan同一個時間，Arthur Wolf（1974b）對於台灣民間社會，同樣以「神、鬼、祖先」為名，而認為這三個範疇反映出來了農民對於外在社會世界（官員、乞丐與家人）的投射，我們或許可以稱這是一種「象徵的社會唯實論」，和Jordan的《神‧鬼‧祖先》一書一樣，這其中已帶有濃厚結構主義分析的色彩（雖然說Wolf真正的理論立場卻和此完全相反，詳下節）。

Feuchtwang（1974）早期著作，則已實質受到結構主義影

響，注意到民間信仰祭祀行為中內在的象徵對比性，譬如拿香的數目上，拜祖先和拜鬼神會有所不同；燒紙的方式，對神是燒金紙，對鬼與祖先是燒銀紙；祭拜的方式，對鬼是取悅，對祖先與神則是祭拜等。最後，Feuchtwang 結論道：神和現世官僚類似，是具有權威的陌生人，祖先是地方上的同盟者，鬼則是缺少正當性手段的外人，雖然得到的是和 Wolf 同樣的結論，但是 Feuchtwang 所關心的是平行在人間與超自然界間，共通的認知結構上的元素，而不是在於「超自然界範疇是否是模仿自人間社會世界」的這個問題上。

　　結構主義式的看待漢人民間信仰內在邏輯的角度，在一本關於台北縣淡水和關渡地區宗教活動的民族誌裡，有相當完整的呈現。Baity（1975）由一般民眾的世界觀與宗教需求，尤其是由其中關於處理死亡汙染的問題來著手，進而發現，村民的需求，是經由不同廟宇與教派等不同管道中所共同提供出來的服務而得以達成，包括：神壇解決私人問題，公廟保護地方，佛教處理了死亡的汙染等等，在其分析中，公與私，潔淨與汙染等，是村民宗教內涵中對稱性象徵圖像裡的基本構成元素。

　　這種內在基本象徵邏輯的看法，到了 Sangren（1987），有了相當大的發揮，他明白表達出來就是要以「結構主義」的分析方法來處理漢人民間信仰，他認為「陰與陽」（失序與秩序）元素間的關係，以及其間的媒介物「靈」等，加起來，可以說明整套漢人世界的社會組織模式和宇宙構圖。而陰與陽，是一種相對關係性的元素，所以當說「人是陽」的時候，鬼和神就都是陰的；但是當拿神與鬼來做比較時，神就是陽而鬼就是陰；而神明之間若互相比較，我們又可以說觀音是陰，媽祖是陽。接著，在 Sangren 的架構裡，認為在漢人民間信仰體系中，那種可以跨越

陰陽間的東西，會以所謂的「靈」來作表徵，我們說神明或一個東西很靈，是因為他有能溝通陰陽，或是有能在陰陽間做轉介的能力。進而，Sangren 把這一套結構主義的觀點，和馬克思主義的分析角度又連結了在一起，而認為：那種被賦予在神明上所具有的超自然的力量（靈），它可以被理解為是關於「象徵符號之關係」的文化邏輯的展現，和關於「社會關係之物質性運作邏輯」的一個外顯的形式（2000: 4）。Sangren 的觀點的確幫助我們由某個側面（陰與陽），看到了漢人世界社會關係的基本組成模式和象徵符號世界的內在邏輯，和兩者之間更密切的內在聯結性，但是這種以結構主義出發而形成的極為抽象性的討論，也留下來了太多模稜兩可和未加解釋之處。

　　Sangren 後來的著作（2000）不再以結構主義來自我標榜，但並沒有放棄結構主義，而是將之連結到社會再生產的運作邏輯上（詳後），雖然討論不夠清楚，但已給中國宗教的結構主義分析帶來了新的衝擊。最近，或許是受到 Sangren 的影響，類似於 Sangren 的研究取向，C. F. Blake（2011: 77-93）以中國陰陽五行的概念和結構主義的分析模式來討論漢人社會裡的燒紙錢儀式，而有了相當具體的研究成果。Blake 指出（2011: 115），燒紙錢不只反映出來一種有關於生產力和生產關係的辯證性的統合，它也是存在於常識生活世界裡的一種頑固的和擴散性的文化表達形式（和結構主義的思想特徵有關）。更具體來講也就是說：當生產力超過生產關係，原本會崩解的生產關係，總是會經由「陰與陽」的這種辯證性的含括中，而得以有所掌控或重新得到協調，日常生活裡的信徒透過燒紙錢的這種行為，而以一種永恆的形式來想像整個世界（活人與死人）裡的關係形式。這種結合結構主義與社會再生產模式的儀式分析取徑，似乎帶給漢人宗教研究中已漸

消沉的結構主義分析一種新的活力和可能性，隱約中，也將楊慶堃的「瀰散性」議題（世俗層面和超自然層面過度混融所產生的儀式上過度世俗化的形式），與文化深層具擴散性的表達形式（結構主義），和社會再生產的邏輯（馬克思主義議題和文化研究領域中的核心議題等）等面向間都相互扣連了在一起，更深層的理論意義仍有待進一步的開發[9]。

「後─結構主義」

透過結構主義的分析方式來掌握中國宗教的整體性，大致上

9　Mark E. Lewis（2006）以漢代以前的古典文獻為依據，探討帝國如何透過其敘述策略來進行空間治理。他指出，古代中國，已經大致上形成了這樣一套論述模式：經由部分與整體的關係來說明空間秩序，無論是在宇宙觀、社會或政治層面，都假設了一個原初未分化之整體的存在，這在人類世界也就是混沌，所有物體和群體都由這個原初未分化狀態裡產生，經過了階段性的分化，但經由持續的努力得以在國家的形式裡再整合，人類的空間形式（身體、家庭、城市、區域、國家、天下）都是有意識地以及持續地努力的結果，但也有可能隨時再回到那個混沌和未分化的狀態。簡言之，出於特殊的文明歷程，古代中國已經形成了一個相對固定的敘事模式：中心的重要、中心與邊陲之間宇宙性秩序下的協調、週期性的調整與重新整合等。另外，Feuchtwang（2004）由漢人地方社會宗教活動裡，也歸納出類似的敘事模式：相信地方是宇宙秩序裡的一部分，地方首先必須要確立一個中心點，而後續再經由各種不斷重複性的行動來回歸這個中心，中心是絕對的，它的再現也需要某種物理性的地理區域作為參照，而地方的邊界則沒有那麼嚴格，它可以是確定的、也可以是浮動的。以上這些說法呈現出類似於結構主義的分析取徑，不過因為仍然是以歷史文獻和地方田野材料為參照依據，也沒有試圖做進一步關於認知結構層次的推論，還不能說就是等於結構主義。但我們的確可以據此來推論漢人認知結構中的深層基本元素，而這一方面（中心與邊陲，整體與部分等這一類的敘事模式及思維結構），也還有待學者做進一步的探討。

是1980年代許多學者曾做過的嘗試。Weller曾回憶道[10]：

> 當時人類學界深受法國結構主義的影響，我覺得這主導了
> 我們對於中國宗教的理解。我著作部分的目的是要挑戰這個
> 認為意義只存在心智結構裡的想法，我強調的是，當在不同
> 的脈絡裡產生了不同的意義，詮釋的行動是很重要的。這和
> 當時中國宗教人類學裡的重要論旨有關：我們是否要把宗教
> 實踐的複雜線索看成是一個宗教（如Freedman所述）或是多
> 重的（如Wolf所述）。我的強調脈絡裡的詮釋，讓我比較接
> 近於論戰中「多樣性」的那一邊。……Sangren的書與我幾
> 乎同時出版，他比較傾向於「同一性」的那一邊。……他比
> 較代表了一個對於中國宗教較為結構性的理解，而我更像是
> 在一個後結構主義（post-structuralist）的位置。

對於Weller來說，也許他沒有直接否認某種結構同一性的存
在，不過他更強調某種詮釋的分歧性，他（1987）以三峽普渡儀
式為例，而提出了「詮釋社群」（interpretative communities）的概
念──認為不同社會群體，對同樣的儀式，在理解與詮釋上會有
著極大差異，他說這樣的立場，形同於一種「後結構主義」。

事實上，當結構主義退潮，學者多半不再強調深層認知層面
決定性的影響。早期著作（1974）流露出濃厚結構主義色彩的
Feuchtwang，後來也提出了與「詮釋社群」理論之結論有些近

---

10 參考2014年，Purdue大學宗教與中國社會研究中心網站上所刊載的Weller教
　授訪問稿（http://www.purdue.edu/crcs/itemProjects/beijingSummit/interviews/
　weller.html），訪問時間為2008年10月間於北京，採訪者為盧雲峰。

似，但出發點稍有不同的（不是在於強調多元，而是在於強調差異性的存在）「帝國的隱喻」的說法：表面上同屬於「帝國的隱喻」，但官方、民間與道士團體的世界觀之間，卻有著劇烈的差異。

以上這些表面上看起來和結構主義有些相似，事實上其源頭也是來自於結構主義分析的成果，但理論內容卻是以討論同樣認知結構底下的差異性和分歧為主要焦點，理論旨趣也是在以差異性的生產為討論主旨，借用 Weller 的用語，我們或許可以將其立足點標示為是一種「後結構主義」的立場，Weller 和 Feuchtwang 明顯的已是屬於這種理論立場。

而如同 Weller 所述，和他相對的另一邊是 Sangren，Sangren 也確實曾嚴厲批判過 Weller，不過他的立足點，其實主要還不是在於結構與後結構間之間的分歧，而是在於不同社會集體間差異性的來源需不需要加以討論的問題。他說（2000〔丁仁傑譯，2012：391〕）：

　　我們更需要注意到在更廣的社會與歷史過程裡，鑲嵌著不同社會主體相互連結間的「相互正當化」的「修辭」，這才能夠讓這個鑲嵌在大部分信仰裡面的想像和詮釋的多重聲音，可以被更鮮明的呈現出來。……在中國文化範圍內，如果我們假定有一種文化生產的邏輯，以上的這種看法會是有用的。這個邏輯可以說明這些信仰現象的多重聲音的可能性，這是中國社會（這裡包括了所有的層次，性別、慾望、社區、家庭等）社會性生產過程的一個反身性的產物。換句話說，這個社會過程產生了（不管程度有多大的）：一種中國社會的整合性（明顯的這在不同地方和時間裡是不同

的），並且也產生了信仰多重聲音的形式。

換言之，Sangren已是一個結構主義的進化版，他比早期結構主義者更能夠承認差異與多元性的存在，只不過他仍堅信整個中國文化，還有一個後設性的社會再生產過程，這是只強調多元性的理論立場所不能夠解釋的。而當素樸的結構主義的觀點，已被納入漢人文化社會再生產的歷程裡來被重新加以檢視，Weller、Feuchtwang、Sangren等人筆下的漢人社會，實質描述並沒有太大不同（都強調多樣性），只不過對於導致差異的來源（內在性的？或是僅出於各次級團體實用主義的目的？）以及差異是否是社會再生產過程裡的一部分？不同學者間仍保留著基本的認識論上的分歧。

五、同一性與多樣性的爭論

序幕與議題的展開：Freedman所提出的議題

雖然和功能論出發點不同，但結構主義和功能論的觀點一樣，都是導向一種對研究對象的整體性把握。而不同研究角度曾以不同方式來理解和建構中國宗教的整體性，楊慶堃的功能論分析，顯然是中國宗教同一性或整體性觀點的濫觴，但強調分歧面的學者，也從各自有利的觀點來挑戰有所謂這種「整體性」的存在。除了前面所提到的結構主義與後結構主義的對立外，此處，我們還要將有關於漢人宗教同一性與多樣性爭論的學術史背景拉回到楊慶堃上面來。

同樣是功能論先驅者的Freedman，早期的書評（1962）批評楊慶堃的功能論缺少方法，也忽視了宗族制度在中國的重要性與

實質內涵，但後來（1974）反而回過頭來肯定楊慶堃的成就，並重申了下面這個議題的重要性：「漢人社會可能存在著一個整合性的象徵系統」。這個靈感，Freedman提到，有很大的一部分來自於《中國社會中的宗教》書中討論中國宗教與政治關係的章節（五、六、七、十這4章，其中第五章處理王朝政府中的宗教面向、第六章處理天命觀中王朝與一般百姓生活間的相關性、第七章處理神道設教背後的政治功能、第十章處理儒家思想中的超自然面向）。於是，由這個政治治理的角度，或由大一統政府持續存在的結果來看，Freedman認為，我們或許可以假設這「具有整體性的中國宗教的存在」，他說（1974: 38）：

> 我們可以合理的假設（我認為），像中國這樣幅員廣大和有政治凝聚力的國家，在其人民的宗教理解上，可能會呈現相當大程度的一致性。更重要的，由這一個基本原理，我們可以預期，在這個被社會階層和權力如此予以分化的社會，會發展出一個宗教系統，能允許各種信仰與儀式上的差異相互包容，或者，說得更戲劇性一點，即使在存在各種宗教差異的情況下，它都能讓宗教上的一致性得以表達出來。

不過，Freedman也說，「作為整體性的中國宗教的存在」這個概念：（一）並非能適用於所有面向（先知和起乩狀態就不能適用）；（二）其中主要的指涉是有關於「轉化」和「允許差異」，而不是同一，他說（1974: 38）：

> 中國宗教的多樣態，不只在菁英階層裡發生，也在個別讀書人的宗教生活裡發生。除了先知和起乩狀態以外，中國一

般平民裡所見的所有宗教現象，有可能被轉化成博雅菁英階層的信仰和儀式。異端可能是正統的變形版本，反之亦然。

而在包含了Freedman（1974）文章之Arthur Wolf（1974a）所編的具有里程碑性質的文集 *Religion and Ritual in Chinese Society* 裡，全書幾乎所有的論文也都是在討論漢人宗教場域內的同一或差異的議題。書中大部分的文章都反對Freedman假設性的看法。編者Wolf本人，他以「神、鬼、祖先」來呈現漢人世界觀裡的基本範疇，這看起來好像是要找出漢人世界觀裡的共通元素，但在全書導言中，他實際上鮮明表達出與Freedman完全相反的立場，而認為不同階層之對於「神或鬼」的看法是完全不同的，他認為「神、鬼、祖先」分別反映了「官員、乞丐、家人」的這種說法，其實也只不過是一種農民階層的看法，並非反映出所有人的看法，他說：

　　當我們看到，一般俗人的信仰，和他們的社會觀點之間，會有著如此緊密的相關性，這就可以證明，在精英分子的宗教和農民的宗教間，一定會有著一個很大的鴻溝。我無法想像富有的商人和有權力的官員，他們會以和小流氓或乞丐一樣的方式，來想像他們的恐懼。對他們來說，鬼，一定是代表著不同的意義。也許陰和陽的對立，對所有階級的宗教來講，都是有其重要性的，但是，在任何宗教中，一定會有著一些內涵，是只包含了一點點或甚至是完全沒有這種陰陽對立的觀點的。於是，當Freedman指出，我們必須由「存在有一個中國宗教」的假設，開始我們的研究，我則會完全持有另一種相反的假設。我認為，我們應該認定，中國的社會地

景上，人們是持有不同的觀點的，我們應由此開始重建事實。必然的，帝國官員看待那些官僚模型下的神明，態度會和那些敬畏帝國官僚權力的農民們有所不同。當同樣一個概念，被人們以如此不同的角度來共享，這告訴我們，這個共享，其實不是那麼重要，或者說，這背後其實明顯帶有著非常不同的意義。（Wolf, 1974a: 9）

簡言之，Wolf認為，基本範疇的存在固然是有意義的問題，但是為什麼人們會對基本範疇的內容產生看法上的差異，這可能才是我們真正應該要去探討的課題。

這個同一性與分歧性的議題，在Weller、Sangren和Feuchtwang三人1980年代末期和1990年代初期的著作裡，透過詮釋社群、象徵的隱喻、結構主義等概念間的討論，曾達到一個討論高峰，這已如前述。但相關討論已不是由楊慶堃和Freedman等所關注的國家治理性方面的議題來思考，而是關心象徵、教義、儀式與實踐等面向間是否具有內在關連性的議題。兩種關懷角度雖然有關，但實在已是不同的問題。

「標準化」與「正確的儀式動作」：Watson之論點及其所引發的論戰

學者James Watson（1976）早期對Freedman假設中國有一個一體性宗教存在的看法，持著較為負面性的態度。但後來他在香港新界田野中反覆發現的事實反而引導著他更接近於Freedman的立場，這個事實也就是（Watson, 2007: 155）：新界當地百姓，只要他們能以規定的方式來執行儀式，在背後，他們可以以任何自己所希望的方式來理解天后。

　　得自一個和J. Berling（1987）相討論而來的概念「正確的儀式動作[11]」（orthopraxy），解決了Watson的困擾，而這個概念也正是有關於中國「治理性」裡的一個關鍵。他說（Watson, 2007: 155-156）：

　　　　因為其文化建構模式所根據的原則，和世界其他地方所發生的霸權運作過程相當不同，這是中國獨特之處。這個策略是一個天才的發明，這看起來好像天生就是如此，而被大部分學者視為當然而不認為是個議題。但是，當然，文化的同一性是一個幻覺，一個需要知識和政治計畫持續加以維持的捏造。中國最讓人驚奇之處，是這樣的工程是被所有社會階層們所共同完成的，包括皇帝他自己，到政體中最底層的最貧窮的農民，他們都介入其中，他們也都享受到其中的利益，和付出維持文化同一性之霸權所要付出的代價。

　　顯然的，Watson所關注的是有關於中國的治理性的問題，而且在中國歷史的脈絡裡，「標準化」與「正確的儀式動作」這兩件事，在政治實作上，一定是一起發生著的。

　　James Watson（1985）所使用的「標準化」（standardization）的概念，內容其實和Weller「詮釋社群」的概念有相近性，但是理論意涵卻極不相同，Watson以媽祖信仰為例，強調的是在官方冊封系統運作下，民間原來並非是媽祖崇拜的系統，有可能被納

---

11 Orthopraxy，也許應該翻譯為正確的實踐或正確的動作，不過這裡為了配合Watson和漢人宗教有關的討論脈絡，在本節文字中，我們特別將之譯為「正確的儀式動作」。至於Berling（1987）的討論，跨越不同的宗教傳統，在更寬廣的宗教比較研究中，就不能採用本章現在的譯法。

入在媽祖的系統下，結果是，在表面統一的宗教符號的背後，容納著各種差異性，這使得漢人宗教能同時維持著同一性與多樣性，不過同一性所達成的並不是在教義層面，而僅是在儀式層面，「標準化」概念背後所隱含的權力相對位置與權力協商的議題，其實比Weller「詮釋社群」的概念還更動態性的呈現出來了帝國王朝裡的宗教生態，和被這個生態影響之後所產生的民間信仰的內在性質。

關於Watson的標準化理論，引用他自己的話語（1985: 323）：

> 我們對於中華帝國晚期社會之文化同一性的看法，完全依賴於觀察角度而定。在抽象的層次，接受天后這樣的宗教象徵，確實代表著一種統一性和整合性。雖然我並未閱讀過全部資料，但對於福建與廣東方志稍稍瀏覽，便可以發現，文獻上顯示，數千個地方神明信仰，都只是屬於三和四個國家所許可的神明。根據這一點，國家官員可能會認為，當他們努力引入一個宗教的標準化形式，他們已經對於一般大眾成功的創造出了「文明化」的效果。國家菁英傾向於對於一般人的宗教信仰和觀念不要太過講究。這裡，我們發現了中國政府在施行文化整合方法背後的聰明之處：國家強制了一個結構而不是其內容。廟宇的實際管理，被轉移到那些能在與國家官員維繫良好關係中取得既得利益的地方菁英身上。這個系統非常有彈性，能夠讓社會階層裡所有階層的人，去建構他們自己對於「國家許可之神明」之自己的再現的方式。換句話說，國家提倡的是象徵符號而不是信仰內容。

簡言之，在一個上下之間交互操作的政治化歷程，以及地方

菁英在中間扮演了相互聯結的角色之後，在中華帝國晚期，廣大的漢人民間信仰場域，已經被統合在數目有限的神明信仰上了，而地方信仰的形式也趨於以合乎官方禮儀的方式而來有所進行了。

Watson的觀點曾受到嚴重挑戰，Szonyi（1997）的〈標準化的幻覺〉（Illusion of Standarizing the Gods）一文，直接駁斥Watson認定的帝國晚期已達成標準化的說法，而以福州五瘟王信仰為例，說明地方完全沒有改變其信仰內涵，只是陽奉陰違以避免官方的禁止而已。

另外，Feuchtwang（2001: 8-9）也批判了Watson將儀式與教義分開處理所可能招致的問題，Feuchtwang指出，出於方法論上的便利，我們的確可依循Watson的將宗教看成「僅是適當的儀式或行為」，而可以不去處理教義的問題，這樣子，我們的確也較容易去說明：傳統中國如何是一個比較強調行為統合，而較能夠去容忍教義衝突的政治情境。但是，Feuchtwang認為，這種完全不處理教義，而將儀式與信仰分開處理的分析方式，其實並不恰當，完全忽略了漢人宗教信仰背後的宇宙觀與秩序觀，這是其缺點之一；其缺點之二是，這背後其實還是沿用了西方的二分法的視野，區別宗教為思想與展演、意識與行動、靈魂與肉體等，於是接著又僅將中國宗教看成是近乎無內容的儀式展演，表面上這種看法有種種分析上的便利，但實際上是根本還沒有真正進入這個系統之內來進行研究和分析[12]。

---

12 Watson（2007: 157）提到他的立場和寫作時的背景：「〔因為受到英國社會人類學寫作方式的影響〕這種寫作風格，讓我盡可能將『正確的儀式動作』這樣的論證，推往一個邏輯上將之以極大化的推論結果。」簡言之，在英國進修期間，他受到當時英國學風的影響，會在理論立場上做某種刻意性的凸

晚近，相關爭論又一次熱烈起來，Donald Sutton（2007）擔任《當代中國》專號主編，與多位學者重啟討論Watson的標準化的概念，專號各篇文章對明清時期王朝國家在地方推廣正統文化的禮儀和信仰的有效程度採取保留態度，並以各種案例（呈現地方「偽裝的標準化」）顯示，國家標準化的機制不一定經常有效。Watson本人對該期專號的回應是，一方面接受學者大部分的批評，但也強調，他早期的田野材料確實反映正確的儀式動作在地方宗教裡的重要性，而他的本意並不是要強調中國的一體性，而是要凸顯「正確的儀式動作」這個概念在解釋中國上的關鍵性。

Watson的反應相當溫和，華南學派的科大衛和劉志偉（2008）卻是提出了對於該專號較為強烈的批判，他們先是把Watson「標準化」的概念由政治治理層面，擴大為一種「中國大一統思想」的文明歷程的發生，於是（pp. 16-17）：

　　從歷史的脈絡來發揮這個觀點，我們可以注意到，在不同時間不同空間，儘管人們都追求大一統，但他們用來定義大一統的標籤往往不一定相同。在把地方傳統納入大一統範疇的過程中，儘管他們總是會努力把對自我的認知與對大一統認知之間的距離拉近，他們建構大一統樣式與其他人建構大一統樣式在概念上和行為上仍然可以有很大的差異，問題不在於這種差異有多大，而在於他們對正統的理解和定義是否有規律可循……。我們認為，在一個漫長的時間內──在很多地方，建立起近世中國文化正統性的時間，經歷從宋到清

顯，他的強調儀式動作之重要，以區別於教義上的考量，也許並不是他的缺點，而是一種刻意採取的希望能掀起學術論戰的討論策略。

的漫長一千年——這類建構活動的發展，製造了很多不同層面的意識模型的疊合交錯……。但歷經長時間之後文化創造過程的交錯會衍生很多趨於相近的行為類型，儘管不同地區的表現不完全一樣，但每一處都有跟別處相同，可以被認定為正統性的行為。……因此，對於大一統是否只是一個表象而沒有實質的問題，我們的回應是：一個要求每一個地域都表現相同的大一統肯定只是一個表象，但是，因為大一統是重重疊疊標籤組合，而不是一個要求各地劃一的標準，經歷了一千年建構的大一統，就絕對不是一種假象……。

　　換言之，不管是真的標準化或是偽的標準化也好，科大衛和劉志偉認為，問題的重點不在於地方是不是創造出了自己的版本來敷衍或面對中央，地方當然有自己的主體性和創造性，但重點是，這個正統化或標準化歷程，確實在中國宋代以後，一步一步影響了地方和國家的性質。

　　此處，我們不去判斷這一場爭論的是非，但至少材料上清楚的顯示，二邊所關心的其實是不同的議題：Sutton 等人想要做的，是扣緊 Watson 的概念來談傳統中國國家的治理性，以及這個治理性實質的有效範圍何在？但科大衛、劉志偉的興趣則不在此，而是在於釐清中國宋代至清代間，中國東南地區國家治理與地方自主性交錯的時空範圍裡，到底發生了什麼樣的關鍵性的事件和歷程？並怎麼樣地深刻影響了中國地方社會的性質。而這一方面的研究發現，事實上也正是包含多位研究者在內的華南學派[13]，所曾

13　例如參考科大衛（2004），科大衛、劉志偉（2000），蕭鳳霞（2004），鄭振滿（2009），Faure & Siu（1995）等。

帶給中國宗教研究相當重要而具體的貢獻，因為篇幅所限，其細節不在本章的回顧之內。不過，我們要強調的是，科大衛、劉志偉的文章（2008）中明白顯示，對華南學派來說，多樣性的分歧，反而有助於說明真實的歷史進程，這並無礙於證明宋代以來的中國歷史裡，某種特定具有主流性意義的「中國大一統思想」之「倫理—政治信仰」（ethicopolitical cults，引用楊慶堃的名詞）全面引導下所出現的國家與社會之性質。

在這一個主題（國家治理與地方自主性間的相互影響）上，從功能論角度出發的楊慶堃，雖然並不像華南學派這樣曾仔細地將國家治理的屬性和地方社會的關係，予以放在歷史脈絡裡來考察，但在《中國社會中的宗教》第七章〈倫理—政治信仰：以神祕形式來引導世俗世界〉裡，他確實也曾經驗性地考察了官方祭拜、儒家信仰、地方信仰等之間的相互影響和相互建構的歷程。在理論立場上來說，由同一性和多樣性這組對立性命題來看，楊慶堃（討論「倫理—政治信仰」的文化治理或規訓上的性質，與華南學派（探討正統化這個文化歷程對地方社會的影響），分別由不同層面探討了這個同一性的內涵和影響，也從群眾心理和物質形式上，探討了和文化大一統相關的道德層面，如何得以進入民間社會的歷程，他們在理論立場上顯然是比較靠近的，都是屬於較接近於同一性的這一邊。

至於楊慶堃所指稱的「倫理—政治信仰」這個概念（第七章），在相關議題方面，留下了很好的概念化資產，它總括了中國歷史上大一統政治倫理思想的同時兼具倫理與宗教的內涵。這個概念，大致上是指涉了全社會體系層次的一種「瀰散性」的性質，內容則包含了儒家思想、因果觀念、人格神崇拜等等。不過在第五章，楊慶堃又以另一個名詞來討論社會體系裡的具有瀰散

性性質的主流宗教，他稱之為「古典宗教」（classical religion）
（另外對比於這個「古典宗教」的非主流性宗教，則是「志願性
宗教」〔voluntary religion〕，主要也就是道教和佛教）。就內容來
說，「古典宗教」，幾乎就等於楊慶堃所要凸顯的「瀰散性宗教」
的全部，它形成於商周和西漢時期，歷經佛教、道教的影響和衝
擊。

　　楊慶堃指出，「古典宗教」始終在中國政治領域有著重要地
位，但它很難說具有什麼組織上的特徵，而是儒家倫理思想、天
人感應觀、神祕主義和各類民間自生宗教觀念的綜合體，楊慶堃
（1961: 123）並以「折衷形式裡的古典宗教地位的再確立」
（reassertion of the classical religion in eclectic form）來說明唐代以
後到封建王朝結束前，它在中國社會裡的主導性地位。有關概念
至今，都仍有助於我們去理解中國文明化進程裡的國家治理與地
方社會間的關係。

　　不過，這裡我們也發現，楊慶堃一下子是落在整體社會體系
的層次講這個「瀰散性宗教」（「倫理—政治信仰」），一下子又
是落在組織與團體的層次講這個「瀰散性宗教」（古典宗教），不
同名詞卻是講著類似的事情，可是層次上又有著相互混淆交雜的
情況，並且在功能一詞的用法上又過於任意性，就一本開創性的
著作來說，固然是深具啟發性，但也增加了不少閱讀上的困擾。

六、「民眾宗教」概念的銜接與轉折：由結構功能到文化系統中的能動者

　　出於功能論的立場，楊慶堃和Freedman都強調一種社會整體
觀，這種觀點，Catherine Bell（1989）認為，它有助於打破早期

漢人宗教研究沿襲自Redfield（1956）的大小傳統二元論式的看法。而為了在概念上能更適當的去掌握這種文化的整體性，Bell將西方基督教史研究中來自Natalie Z. Davis（1974）的突破性概念「民眾宗教」（popular religion）（試圖打破認為歐洲中古世紀基督教官方宗教與地方巫術間是截然二分的迷思），挪用到了漢人宗教上面來。雖然時空脈絡差異很大，而且概念本身也不夠精確，但筆者認為「民眾宗教」這個名詞，確實有助於說明中國宗教在民間之既沒有嚴格界線區別出正統與異端、也沒有宗教分類上的精確區別（儒釋道等）的，那種以功能和日常生活實踐為導向的性質和狀態。

當應用在中國宗教的脈絡裡，Bell曾給「民眾宗教」下了這樣一個定義（1989: 42）：

> 指涉華人社會整合性的基礎之所在。這個詞指的是跨越了不同階級、地區和組織的一套基本的價值、傳統實踐和態度；或是一套連結了菁英和農民世界的獨特的社會組織。在這兩種描述裡，「民眾宗教」都是將共同的價值觀傳遞到不同次團體的媒介，而不同次團體以不同的方式來運用這套價值觀。……〔在這種理論觀點下的「民眾宗教」的概念〕包含了將宗教視為一種社會文化系統的動態性的觀點：宗教不只是反映或增強了社會認同或分裂，而是它可以作為連結社會範疇彼此之間和社會範疇上下之間的媒介。

簡言之，使用「民眾宗教」這個詞，以一種實踐的角度來理解宗教，被認為可以超越二分法的限制，而不至於扭曲了在現實情境中漢人宗教所具有的較為動態性的，實踐取向的，而且是可

以跨越階級、地區、教派之差異性的那種面貌。

這種想要打破二分法的新的研究視野，除了受到楊慶堃《中國社會中的宗教》一書觀點影響之外，也和二次戰後人類學漢人研究的發展有關，如同 Clart（2006: 18-22）所指出來的，當這些人類學家在台灣開始進行宗教的民族誌研究（如 Jordan, 1972; Harrell, 1979; Sangren, 1987 等），在面對地方田野時，他們必須由地方性的脈絡中去建構出一套單一的詮釋體系，以整體性的把握民眾日常性的宗教實踐活動。這種立足點，事實上已經必然會導向一種超越階級、地區、教派之差異性的生活實踐觀。也就是說，以實際地方性的宗教活動為出發點，人類學家所面對的，必然是一個現象上相互整合的社會實體，即使如各種文字經典和儒釋道等不同教派，其作用，也必須放在這一個發生在各地域性脈絡裡的社會整體性中來做理解，很自然的，「民眾宗教」的觀點，與這種人類學研究取向之間，彼此間有著高度的親合性與相近性。

「民眾宗教」的概念，和楊慶堃「瀰散性宗教」的概念指涉接近但又不完全相同（前者同時包括了制度性宗教中的一部分與民間信仰中的全部，後者則大致上是包含了儒家思想、帝國治理中的一部分，和民間信仰中的全部），但相較於楊慶堃「瀰散性宗教」這個名詞，「民眾宗教」在概念上既不會有「瀰散性宗教」這個概念所可能存在的指涉上的內在矛盾，也更能落實於漢人文化場域裡的現實。

此外，「民眾宗教」這個名詞在使用上還有另外幾個理論上的優點：

（一）楊慶堃「瀰散性宗教」和「制度性宗教」的並列，無助於說明中國宗教地方社會裡的真實，「民眾宗教」的概念，則

有可能有助於更為動態性地探討中國社會各個階層充滿跨越性和綜攝性的宗教實踐；

　　（二）「民眾宗教」在概念上，由民眾的主體位置出發，也比「瀰散性宗教」更清楚地強調了在地行動者的生活情境與實踐邏輯，有可能開展出更具有動態和分析性意義的討論框架（如同後面我們將要討論的實踐理論）；

　　（三）「瀰散性宗教」，在定義來源上受限於社會低度分化的結構性背景，這一點在進入現代化社會後，在概念指涉上需要做相當的修正；相較之下，反而「民眾宗教」這個概念，對於當代社會現況，仍能有相當好的解釋力，這是因為在進入當代社會後，媒體介面中的當代通俗文化的興起，會更進一步促成一種新的菁英文化與俗民文化的交融，於是在各種新興商業性的通俗文化和消費文化的媒介介面當中，「民眾宗教」的概念，似乎愈來愈能呼應於當代流行文化的現實（參考筆者，2009a：52-60）。

　　在實際應用上，「民眾宗教」這個概念，在台灣人類學界被應用得已經相當普遍，中研院民族所自2007年起長期存在「民眾宗教研究群」，主要構成分子為林美容、張珣、葉春榮與筆者等；而最近出版的幾本探討地方儀式與宗教實踐的專著（筆者，2009a；張珣編，2013），也都曾以「民眾宗教」為書名主標題，目的都是在於試圖突破二分法的研究視野，和希望能更關注於地方日常生活脈絡裡的漢人宗教之實踐與影響，但當然，這個概念的實質內涵和更具體的指涉，以及方法論上的有關討論，都仍有待進一步精細化和精確化。

七、實踐理論的展開

在結構功能論觀點的引導下，能動者的角色從來不是考察重點，然而一旦當引入「民眾宗教」的概念，雖然原先的目的在於創造一種較為動態而能突破二分法視野的立足點，但顯然的，在這種觀點裡，行動者的主體位置會在議題分析裡，開始扮演著更為鮮明的角色了。而最近已被引進漢人宗教研究的實踐理論分析取向，和這一方面的研究角度有高度親近性，目前正方興未艾地開展中，未來也仍有待進一步地擴展與深化。

人文社會學界自1980年代以後，開始興起一種所謂「實踐理論」（practice theory）的觀點（Ortner, 1984: 144-157），他們反對當時主流社會學中Parsons／Durkheim以來的較為僵硬的結構觀所認定的「世界是由固定規則和規範所形構」的觀點，而聲稱要回復社會生產與再生產中的個人或「能動者」角色（Ortner, 1984: 146）。這種研究取向，「以某種方式來解釋社會行動，這個方式是：我們想要同時說明個人們，如何是他們自己的社會化、他們具體的文化情境、他們不同位置所產生的經驗（經由階級、性別、社會地位等的差異）等等這些因素的一個結果；另一方面，人們又如何是這些同樣情況裡面的真正的能動者和生產者。」（Sangren, 2001: 192）。而對個人行動的理解，不會是僅出於理性選擇或對於社會規範的順服，而是鑲嵌在文化或社會場域，並具有身體與慾望本質的一種日常生活實踐。在社會學界Bourdieu（1990）、Giddens（1979）、Smith（1988）都是重要的實踐理論建構者。

我們特別以Bourdieu的幾個核心概念舉例來說明。Bourdieu曾提出各種概念幫助我們理解個人能動性與社會結構之間的辯證

性關係，如場域、資本、慣習（habitus）等等，他本人認為自己的學說可以被稱之為是「源生性結構主義[14]」（genetic structuralism）（Bourdieu and Wacquant, 1992: 5）。

　　特別就宗教領域來說，Bourdieu說，社會是一個多面向的空間，而其中每一個面向，就是一個「場域」，場域由一組目標，和由固著在某種權力（或資本）形式間的位置背後的歷史性關係所構成（Bourdieu and Wacquant, 1992: 16）。在其中，個人和機構的代理人，彼此之間會對於特定場域中的特定資本形式的生產、管理和消費等，進行著爭奪與競爭（Bourdieu & Wacquant, 1992: 97）。在「宗教場域」中所爭奪的就是對於「宗教資本」的生產的掌控與管理。場域包括了一組目標，朝向著某種權力（或者資本）形式的位置之間的歷史關係。

　　「宗教場域」是什麼？Bourdieu認為，宗教的主要社會功能，在於正當化社會秩序，以及提供人們關於他們在社會秩序中位置的一個正當化（1991: 22）。歷史上，出於社會上的分工的增加，而讓宗教場域成為一個與其他社會場域間相互區別開來的自主性的場域（Rey, 2007: 78）。而個人為什麼會去追求各類不同社會形式的資本，則可以透過「慣習」這個概念來加以說明，「慣習」是社會結構內化在個別行動者的部分，它同時是行動者「知覺的組織」（matrix of perception），和行動者的性情傾向之所在（seat of positions）。「慣習」，因此是人格和行動決策背後的決定性因素，它並產生了一個人對於社會世界的身體上的、認知上的

---

14 事實上，「源生性結構主義」這個概念，最早是來自於文化研究理論家Lucien Goldmann（1964），他認為結構主義裡的思維性結構，應該要放在其生成的歷史過程裡來加以理解。對於這個詞，Bourdieu後來的用法已經和Goldmann原來的用法不太相同。

和實際操作上的感受（Bourdieu, 1990: 56）。

出於「慣習」，會將人教養或內化成想要去追求各種形式的資本，而一旦追求得到，這種物質上的或是象徵性的資本（作為一種權力或資源的形式），將會進一步決定了一個人在多重權力場域裡面的某一個特定場域裡的「位置」（Rey, 2007: 56）。對於社會不平等，透過「慣習」，人們會產生一種知覺，認為這種社會區別，是自然存在的，而不是社會所強制產生的，於是這乃將「社會區別」，完全具體化了在「慣習」裡的認知模式上，這時，也就產生了「象徵性的暴力」（symbolic violence）。社會中的任何手勢、動作或者宣稱，都會增加這個構成「象徵性暴力」的某種「錯誤性的認知」（misrecognition），最後，會讓人類社會裡面的宰制性的關係繼續持續下去（Rey, 2007: 56）。

不過，曾有學者（Caillé, 1981; Favereau, 2000）批評 Bourdieu 所大量使用的「資本」的概念，有將社會行動過度類比於經濟學邏輯的危險。另有學者（Frédéric, 2004）則為 Bourdieu 辯護，認為 Bourdieu 雖套用了「資本」的比喻在各種領域裡，但他並不是用經濟理性的角度來解釋行為，而是試圖以社會學家的眼光，將非經濟因素拉入人類行動多元場域中來理解，這一方面固然應用了經濟模型的思維方式，但內涵已經完全改變，其實這正是對經濟學的激進的修正。

西方漢人宗教研究的學者中，Sangren 曾自覺性地自我標示為是採用著實踐理論的角度來進行分析，他清楚地將自己專書（2000）中的分析，標示為是能同時注意到個體能動者如何生產出集體性社會結果，和這個集體結果又如何將行動者的慾望與主體生產出來的一種辯證性的所謂「實踐理論取向分析」，我們後面會再回來談他。

事實上，在 Sangren 之前，雖然沒有自我定位為實踐理論者，不少研究已經隱隱約約在使用著實踐理論的觀點（注意到行動者的能動性，和這種能動性所累積的集體性結果，有可能反過來對行動者產生影響）。

例如說，Lagerwey（2010）將民間信仰放在傳統「姓氏村落」（單姓或多姓村）間彼此高度競爭自然資源的生態環境中來理解，其中，風水和儀式，正是處在這種高度競爭中，一個或多個姓氏團體，對於自己的族群如何能夠成功嵌入於一個特定時間與空間裡的「傳說故事式的再現」。故事中，威脅性的環境就是鬼，利於生存的機會便是神，因此，宗教時空中密集性的神明與鬼，正是反映出社會性時空中密集性的困境與機會。結論性來說，Lagerwey 生動地說道：

> 如果一個關於生存的策略性的、機會主義式的手段，會被當作是關於漢人宗教與社會生活的主要特質，那麼，祕密性的方法、專門執事者、神話故事、神明啟示以及投機式的冒險，便成為了關係密切的衍生性的特質。在激烈競爭稀少性資源的脈絡裡，如何能獲得最好的專家——也就是那些少數知道怎麼樣來閱讀地景與曆法中的隱密性文本，並能採取適當行動的人——這一件事情至為關鍵。傳說故事裡解釋了是哪些人？和他們以什麼方式得到了成功或失敗？誇張的傳說故事則強化了這個競爭性的意象。
>
> ……訴諸神明啟示與投機式的冒險，或許是發生在競爭性脈絡裡最真實顯露的態度與策略，在漢人儀式生活裡，求助於神明啟示，幾乎已達到強迫性執著的頻率。在一個層次上，這表達了類似於前述所講的對於合適的行動的焦慮；另

一方面，在一個更基本的層次上，這是在一個特定情境中避免衝突的方法，這個情境，根據定義來說，是一個複雜劇烈的情境：神明所代表的，不只是每個人都想要的物品，也是公共性的利益，而人們非常注意著，獲得這些利益的管道是否是有著公平性。

……透過神明啟示，讓事情由機運來決定，告訴了我們關於神明的一些基本性質：祂們代表著機運。在一個充滿競爭和充滿策略性運作的世界裡，機運是能超越在這兩者之上的事物，而它，也正是典型的漢人們之想像著超越性的方式。

簡言之，神明崇拜，其實是自然村落中姓氏團體憑藉以競爭資源和自我理解的一個結晶化的產物，它其實就是等同於「機運」（chance）之稀少性資源的「再現」，神明的支持，正是一場「機運」競爭中的想像，在此想像中，「神明式的再現」，幫助了特定姓氏團體或數個特定姓氏團體，使其得以落戶並繁衍在一個特定地區中，並以風水和儀式傳說化了其存在的歷史。

注意到自然與社會生態中民間信仰的合理性，其實一直是漢人民間信仰研究中的重要傳統。人類學家田野研究的研究取向，很自然地和這種研究傳統有著一定的親合性。Lagerwey（2010）把風水和地方宗教儀式，看作是漢人農村聚落裡，不同人群在激烈資源競爭過程中，所產生的生存策略與文化再現模式，這個結論，一方面注意到「漢人民間信仰內在邏輯合理性」，一方面也注意到在場域中不同行動者如何能競相爭取象徵資源，以達到個人或集體利益的極大化，這種觀點，其實和實踐理論的出發點相當接近。

Lagerwey並沒有使用到實踐理論這個名稱，至於Sangren

（2000: 4），當他清楚地自我標示其理論取向是一種「實踐理論」時，他指出，他的研究取向，「立基於認定文化是一個將人類轉化世界的潛力予以具體化的過程，並且也認定了這個過程會反過來塑造其生產者」（2000: 188）。Sangren（2000: 234）說，他在《漢人的社會邏輯》一書中，主要的討論方向，即是要去說明：存在於「異化形式」裡的「生產性力量之再現」（也就是神明），如何被納入社會生產過程裡的運作邏輯；Sangren也強調，這些異化性的形式中，已體現出中國文化裡整合性與分離性的動態性原理。

　　Sangren具體的分析與討論，不是我們這裡能夠詳細呈現的，大致上，Sangren（2000）的討論中顯示：透過將宗教象徵看成是個人生產力的「異化性的重新包裝」，我們可以理解個人為何會如此熱衷於宗教活動，也可以理解社會如何透過宗教這個過程，將個人力量集中起來，既維護了既有階層與性別的分工，也源源不斷創造出了傳統社會的延續與再生產。Sangren比較精緻的分析了香火的歷程、地方廟宇正當性的競爭、中央與地方的關係、香客在進香活動中的自我認知、父系生產模式中某些神話裡所傳達出來的女性與男性慾望的結構等等。

　　實踐理論的分析取向，不見得會和結構功能論相違背，但因為分析角度的不同，它更能夠呈現出結構生成歷程背後的動態性，以及幫助我們更清楚看到各類個體和不同集體層次之間的關係，也有助於看到隱含在集體中的多層次行動者之間的緊張性與協商性。

　　而我們也需要注意到，在考察漢人社會裡的各類「場域」時（使用Bourdieu的術語），因為社會的性質使然，研究者有必要帶入和楊慶堃「瀰散性」有關的概念，以來分析漢人社會裡家庭、

社區與國家之間，種種既有著相對自主性、又相互重疊和有著相互再生產的場域運作邏輯，這一點Sangren所曾使用過的「聯結」的說法，很有參考價值，此處暫不細論（參考Sangren, 2000〔丁仁傑譯，2012：69-70〕），但未來值得在這一方面做概念上的反思。

Bourdieu所開展的實踐理論的分析取向，行動主體的性質仍只被限定在各式各樣個人利益（文化資本、象徵資本、社會資本等）極大化追求的實踐導向，這一點，在應用到漢人宗教的分析時，Sangren（2000〔丁仁傑譯，2012：343-353〕）曾試圖有所擴充，而將Lacan的心理分析和Piaget的自我發展理論引入，以來考察漢人家庭中性別主體的形成[15]；梅慧玉（2014）則是以乩童成神的個案，談到身體經驗與地方傳統的延續，並凸顯了漢人民間信仰場域中，身體的觸覺與空間性對於瞭解行動者的重要，簡言之，地方公廟的儀式活動，以個人身體為媒介，創造了個人敘事與集體記憶的交會點，這也是地方社會得以產生辯證性卻也是充滿變化性的承續與重構的方式；齊偉先（2011）是以陣頭技藝，作為理解漢人社會中銜接個人與公共空間的關鍵環節，陣頭演練與陣式展演中，蘊含著個人靈驗性追求與社會集體性共同意志間的相互正當化，彼此透過雙向轉譯複寫機制，而得以共構共生。

以上這種種將個人慾望、身體感與技藝操作層面納入考量的

---

15 主要得自於Lacan（1977）心理分析以及Piaget（1962）自我發展理論的啟發，以中國哪吒神話故事為依據，Sangren指出，哪吒的故事，同時是「中國之男性主體概念模型」和「激進之自主性與超強力量之自戀性的幻想」這兩個元素的共同顯示。而這個關於主體的外顯的自我中心的幻想，其所產生的作用，已經超出了神話和這些神話邏輯的範圍以外，而開始發生在中國人的拜拜、關於儀式效驗的解釋、孝順的價值和道的超越性想像之中了。

實踐理論分析取向，均有助於深化我們對於那種世俗層面與超自然層面經常是高度相疊的漢人宗教的理解。此外，Duara（1988）所曾提出的「權力的文化交接銜接叢」（cultural nexus of power）的概念，雖然和實踐理論關注重點不同（前者在說明宗教在地方社會裡的作為權力運作平臺上的本質，後者在說明個人行動與集體行動之間的連接性），但Duara的討論，確實有助於增加我們對於宗教場域中行動者處在多重社會網絡裡的實踐模式的理解。

最近，陳緯華（2012）應用Bourdieu場域的概念來分析當代國家影響下的漢人民間信仰，而討論了由現代民族國家所引發的三個新變數（社區營造、文化資產、文化產業）的影響，而所帶動的整個漢人民間信仰場域形構上的變遷，以及在新的形構中所出現的資本累積和轉換的實踐邏輯，提供了實踐理論動態性分析的當代案例。

八、本章結語

考慮到中國傳統社會的結構特徵，和這個結構底下超自然系統發揮其功能的方式，雖然沒有使用嚴謹的結構功能論式的分析工具（例如Parsons的社會系統理論），但楊慶堃所採取的整體性的觀點，以及他所提供的豐富方誌與歷史材料，不僅扭轉了中國宗教研究上的西方本位的觀點，也成功樹立了新的研究典範，這個典範，我們或許可以將其稱為：「關於中國宗教所採取的非制度性形式的立足點」。在這個研究典範的影響之下，不管後來的學者是否曾自覺性去承繼這個典範或是與這個典範對話，《中國社會中的宗教》一書中的理論資源，已經成功幫助後續的研究者有了更好的立足點來進入中國宗教研究。

　　不過，楊慶堃在使用「功能」的概念時，有時是將宗教定位在能夠解決人生困境的超自然信仰，有時又將之定位為有助於社會整合的意識形態層面，概念的使用一直相當任意性。而他根據Wach和Parsons所建構出來的「瀰散性宗教／制度性宗教」這樣的分類，雖然深具啟發性，但是當概念的源頭，取材自本不應該被放在同一個分析層次的拼湊，這也同樣造成了概念指涉之內在性的混淆。其他種種他使用過的概念如「瀰散性宗教」、古典宗教（classical religion）、「倫理─政治信仰」（ethicopolitical cults）、公眾性宗教（communal religion）等，各概念間有意涵相互重疊之處，也有彼此間的層次劃分不清楚之處，這些方面，當我們接受了楊慶堃極具社會學意義的（主要是受到Weber、Durkheim、Wach、Parsons等人的影響）論述的同時，我們如何能再回過頭來提出更為精確的，並具有分析性意涵的討論框架和概念陳述，將是一個值得我們未來繼續加以努力的研究方向。

　　我們也注意到，楊慶堃畢竟只是提出了一個有關於中國宗教的形式上的說明，承襲在這個「瀰散性宗教」概念的引導下，不少學者曾提出過另外具有實質性意義的名稱來定義或定位中國宗教，譬如說牟鍾鑒（1995）稱之為「中國宗法性傳統宗教」，石奕龍（2008）稱之為神仙教，葉春榮（2009）稱之為神明教，Alan J. A. Elliott稱之為拜神教（轉引自石奕龍，2008：148中的說法），楊慶堃自己則使用了「古典宗教」這一名稱，這些方面目前雖無定論，但和楊慶堃「瀰散性宗教／制度性宗教」這樣的類型學交互對照來看，各種具有實質性意義的討論漢人宗教的概念，雖然描述性的意義大於分析性，但確實對於了解漢人宗教來說，仍具有極大的補充說明上的效果。

　　本章宗旨並不在於全面回顧漢人宗教相關研究文獻，而是希

望在扣緊楊慶堃中國宗教研究典範之繼承與發展的主軸上，來考察有關於漢人宗教研究的一個學術觀點上的演變，並引導出實踐理論的立場，作為支持本書得以去討論漢人社會權威中各類資本累積與交換的立足點。

本章中所討論的學術史的背景，若依時間發展序列來看，我們大致上可以這麼說：

（一）由楊慶堃較為素樸的結構功能論開始，扭轉了西方本位的偏見，也提供了觀察漢人宗教信仰——尤其是地方社區中的漢人民間信仰——的一個較好的立足點；

（二）接著，中國宗教的整體觀，深化為對中國宗教象徵系統內在合理性的探討，這進而導向了結構主義的分析模式，但也產生了後結構主義式的內在性的自我解構與批判；

（三）結構功能論所促進的整體觀本身，並沒有得到實質性的發揮，反而是經由Watson透過實際的田野考察經驗，看到了「標準化」與「正確的儀式動作」如何發生在地方社會，而展現出中國文化治理的特色，這等於是將中國社會的整體性，理解為是一種以形式主義為交流協商基礎的治理框架，這種社會整體觀，當然和結構功能論裡所預設的社會統合狀態還是有某種差距，不過，Watson的研究成果，也掀起了關於王朝的治理在地方是否實際有效？以及在各地方所發生的「標準化」，到底能達到一個什麼樣程度的激烈論戰；

（四）經由「民眾宗教」這個概念為橋梁而所產生的焦點轉移，使得中國宗教研究逐漸由結構功能和社會整體性的關注，轉移到以地方基層本身的行動場域與主體性建構為焦點，相關研究開始更深刻的注意到在地行動者的利益、慾望與身體層面，而這一方面討論上的深化，和1980年代人文社會學界已經熱烈展開的

實踐理論有關，目前相關理論資源已大量匯入於當代的漢人宗教研究，舉凡援引自實踐理論的資本、場域、錯誤認知、個人與集體銜接、權力網絡、主體建構、地方認同、文化展演、慣習、體現等等概念，都成為了討論個人與集體銜接的重要概念環節，也賦予了各種經驗性材料一個新的詮釋方式，這一方面固然可以說是一個新興研究典範的興起，一方面其實並沒有和楊慶堃中國宗教的整體觀點相違背，反而正是因為他的整體觀，間接有助於我們去檢驗漢人社會各種不同層次間的相互正當化與相互生產的基本原則，當然，漢人宗教研究實踐理論的分析取向仍在初步發展中，它也同時處在當代國家與全球化歷程裡，宗教場域正不斷發生著劇烈變遷的時刻，相關研究還有待新材料的累積和理論新視野的擴展。

　　不過，我們注意到，楊慶堃《中國社會中的宗教》一書，主要是以帝國時期的社會結構為分析焦點，當時主流性的世俗體制是儒家宗法社會，和帝國王朝家父長制的統治體制，它們和神明崇拜的超自然體系相互交融在一起，而這也成為楊慶堃所謂的「瀰散性宗教」的時空發展背景。然而，當傳統中國進入現代國家以後，情況當然是發生了巨變。楊慶堃《中國社會中的宗教》一書中則是在十三章提到了1911年至1949年間的國民政府時代，和十四章中提到了1949年以後共產黨時代等的時代新情境裡的宗教發展。1911至1949年之間，地方信仰仍緩緩發展，不過在民族危機意識中，也出現各式各樣新興儒教、佛教和民間教派運動，但不管怎麼說，原來是隱藏在政治體制背後占據主流位置的宗教思想（如天命觀和儒家政治倫理思想等），再也不能混融在主流政治體制當中了。

　　至於進入1949年以後的中國，主流世俗政體的基本基礎來自

於共產主義的「唯物理性主義」（materialistic rationalism）（Yang, 1961: 380），更為排斥傳統神明崇拜，不過包裝在共產主義意識形態裡的追求國家進步的集體熱情，在功能上則成為了新的宗教。表面上看起來，傳統「瀰散性的宗教」已不容於主流世俗社會而愈益被邊陲化，但是另一方面，這種形同於宗教般的民族情感和意識形態，卻好像另一種瀰散性而無所不在的宗教。不過楊慶堃懷疑，這種世俗式的集體情感，到底在多大的一個程度上能替代傳統的神明信仰？他認為出於宗教功能上的需求，世俗政權和神明信仰終將會和平共處下去。

隨著現代國家的興起和新的主流世俗體制的出現，傳統「瀰散性宗教」的結構性位置似乎是產生改變了，筆者曾指出，當新的國家體制不再能與傳統神明信仰無隙縫地融合在一起，「瀰散性宗教」為主導性發展趨勢的中國宗教，將愈益走向各式各樣制度性宗教的發展型態，但這也絕不同於西方式的制度性宗教（宗教參與形式和組織運作方式都和西方制度性宗教不同，參考筆者，2004：88-128），又如 Tang（2007）也提出過「制度性的瀰散性」（institutional diffusion）這樣的概念以來說明，出於漢人社會認知與文化習慣、既有互動方式的影響、各種制度間界線的模糊等，進入當代中國後，某些機構（勞工機構、健保機構等）即使有著制度性組織的形式，背後實質運作卻仍好像過去的「瀰散性宗教」一樣是無所不在的、具有滲透性的（類似於本章前述所提過的概念「瀰散性的殘留狀態」）。

中國宗教研究學術詮釋典範的演變和爭論，反映出理解中國宗教所會觸及的各個基礎性的議題。而我們由楊慶堃學術典範的建立及其後續影響層面作為出發點，得以發展出較能扣緊歷史脈絡，並且也是較能扣緊概念演變內在邏輯的相關文獻回顧。而現

在，隨著社會結構與國家型態的變遷，似乎也讓我們有可能回過頭來，重新去檢驗各類理論框架的有效性與限制性。我們期待，在詮釋典範建構與反省，和新興宗教現象解釋這兩者之間的來回往返當中，將能促進中國宗教研究這一個學術領域日益有所進步與提升。

以上的回顧裡，我們看到學者由探討漢人宗教的象徵內涵，到關注中國文明化歷程裡宗教所扮演的角色，到考察由前兩者所共同構築成的場域中，行動者的生活實踐及其後續影響。而正是在這樣的焦點與觀點的轉移裡，本書可能由當代新興宗教現象的考察再出發，以具有歷史縱深的方式，來檢視漢人大眾宗教中的權威形式，並提出象徵資本與靈性資本的觀念，並關注於其背後的場域結構及形式變遷，以來理解漢人大眾社會中的權威建構與展演的層面。

第二章

由象徵功能到象徵資本動員

台南保安村的宗教場域變遷

一、前言

　　第二章與第三章，將以台南西港保安村的經驗材料為基礎，來處理漢人地方社會裡的象徵權威與象徵資本的相關面向。

　　四十年前西方人類學家 David Jordan，曾就台南保安村的村落政治與民間信仰型態有所描述，在他的筆下，保安村的地方領導型態是寡頭菁英制，生活世界則是以追求圓滿與平安為主。圓滿與平安背後帶有超自然的象徵意義，而整個村落則在超自然與社會生活的平衡中，展現出一種動態性的和諧與統合。四十年後的保安村，單姓村裡的和諧性已經大受衝擊，村落的農業生產比重大大減弱，村民的認同由派系認同轉變為政黨認同，地方民代與鄉長選舉制度已經取消，地方宗教活動則成為國家文化資產裡的一部分，並也開始有大量商業資本介入。

　　在這種演變趨勢的背景中，第二章與第三章的討論，特別挑出村中領導型態的變遷及各時期地方頭人的生平事蹟為考察重點，試圖藉這些材料來呈現出台灣地方社會的宗教與文化變遷，以及社區脈絡下，象徵資本的形成與演變。

　　兩章中雖根據了同樣的資料庫（保安村的頭人故事），但取捨稍有不同，第二章僅集中刻畫了 1970 年代與 2010 年之間民間信仰場域的變化，尤其是由傳統象徵符號運作相對穩定的農村社區，到今日地方宗教象徵符號具有高度關鍵性與稀少性的資源動員的狀態間的對比，會是本章主要討論的重點。

　　第三章中，我們則是比較細緻地討論了由象徵功能到象徵資本動員歷程變化背後四個不同的歷史時期的演變，分別是由地主頭人時期、寡頭協商時期、分裂與派系複製時期到政黨意識形態化時期的歷史變化。第三章裡，我們對台灣地方政治經濟學的現

實，包括地方派系與村落自主性等面向，都有較為深入的理論與經驗性的討論。

簡言之，透過台南西港保安村珍貴的重訪資料，經由村落領導型態與地方頭人權威展演形式上的變化，第二章與第三章，先就漢人地方社會權威展演的象徵資本的面向，提供了經驗性案例的考察與分析。兩章中雖有部分材料重疊，但討論的重點相當不同。

眾所周知，1960年代末期到1980年代末期大陸開放以前，台灣是研究中國的代替性田野點，西方人類學家的漢人研究，幾乎都是在台灣鄉村的田野工作中來蒐集資料。對於漢人社區宗教和民間信仰來說，一本具有先驅性意義的田野民族誌《神‧鬼‧祖先》，來自於David Jordan（1972）的保安村研究。筆者曾將該民族誌譯為中文，並於2008至2011年間對保安村進行重訪性的田野追蹤考察，而於2013年出版了《重訪保安村》一書。

《重訪保安村》一書主要的焦點，擺在民間信仰宗教社會學命題微觀層次的邏輯分析，並沒有對宏觀理論層次的問題談太多，不過即使如此，《重訪保安村》背後的確顯現與《神‧鬼‧祖先》一書討論立場上的差異。兩書理論立場的選擇，顯然並不是任意性的，而是反映出時空變遷下，村落民間信仰活動所占社會位置差異上的變化，進而影響了兩位作者討論議題的選擇與分析重點的強調。

以上這些問題值得深入做一探討，有可能幫助我們對於漢人民間信仰本質與變遷的議題，有更深入的認識。鑒於此，本章將把討論焦點，放在兩書理論觀點的對比上，並希望藉兩書背後視野差異的對比中，一方面以此檢討漢人民間信仰研究理論觀點上的變化，一方面也藉此凸顯漢人地方村落宗教場域所曾經歷過的

劇烈變遷。本章的材料，以保安村的菁英領導型態變遷為主，這一部分，在《重訪保安村》一書中並不曾出現。而本章的理論觀點，呈現的則是《重訪保安村》一書中所隱含而尚未被加以明顯凸顯的理論上的立足點。

二、《神・鬼・祖先》一書背後的理論觀點：象徵功能論

《神・鬼・祖先》一書所書寫的保安村是台南西港地區曾文溪畔的一個農業村落。筆者曾在多處提供過有關的田野材料（丁仁傑，2013），此處不再做細節性的描述。

Jordan 書寫其民族誌的時代（1960年代），結構功能論和結構主義都是當時非常流行的分析取徑。Jordan 在書中曾批判結構功能論的過度靜態性（Jordan 不認為社會組成間必然是均衡的，參考書中第九章），也特別強調結構性認知（結構主義觀點）背後人為的操縱性（Jordan 強調乩童與桌頭會因社會變遷而提出不同的診斷方式，參考第九章），但事實上由他的論述中可以看得出來，他在各方面深受這兩種理論角度的影響，但卻又想刻意淡化其理論屬性而專注於經驗性分析的企圖。

總結來說，Jordan 雖然同時隱含了功能論和結構主義式的分析，似乎不認為結構功能論或結構主義，足以充分地解釋漢人村落脈絡中的民間信仰，而應該等待更為成熟分析架構的出現，Jordan 本身所提出來的是：強調象徵系統的獨立性和功能上的靈活性。當然，這固然是試圖以資料的多元性來擺脫僵化的理論局限，但還是看得出來，其討論背後有著向功能論和結構主義分析借鏡的軌跡。

Jordan 考察範圍由家庭到村落，說道（1972〔丁仁傑譯，2012：5〕）：

> 由移民到成為村落和宗族，由宗族組織到產生神明信仰組
> 織，由藉由神明來保護村落，到藉由神明來保護家庭，到藉
> 由神明來防範所有的危險，這一步一步下來，到了本書的最
> 後面，相關討論將可以讓我們對於台灣鄉村各種超自然類屬
> 之間的關係，以及「台灣人對事情的宗教解釋，和克服周遭
> 環境困難的方法之模型」等得到充分瞭解。這個模型，和一
> 般人類學家所提出的「功能模型」不同。因為在邏輯上，這
> 個運作模型是獨立於社會結構變遷之外的。而且，在保安村
> 的社會關係有所演變的情況下，它還能夠持續發揮功能。台
> 灣的民間信仰是流動而具有適應性的，它對處於價值與實踐
> 變遷中的各種人類問題，提供解釋和克服問題的手段，因此
> 民間信仰絕對不是如同一般人過去所想的，是僵硬刻板和不
> 能跟上時代變化的信仰體系。

這一段話顯示，Jordan 採用了一種近乎是過度推論式的說法
（Jordan 書中第七章稱此為「同形學」〔Homology〕），認為這一
個解釋模型：（一）它顯然是「獨立於社會結構變遷之外的」；
（二）因此，在社會關係有所演變的情況下，它還能夠持續性地
發揮其功能；（三）進一步的，台灣的民間信仰是流動而具有適
應性的，它能夠對處於價值與實踐變遷中的各種人類問題，提供
解釋和克服問題的手段。該書結論第九章中也就這些議題有更詳
細的申論。

因為強調漢人民間信仰中之超自然體系的獨立性，而非是直

接對應於社會結構或功能而產生，Jordan說自己不是「結構功能論者」，不過這裡，他把漢人的超自然體系看成是能夠去處理社會結構的「非正常狀態」的一種模型，這很難避免地仍帶有一種「功能論」的色彩。

不過，他所強調的象徵體系達成社會功能的方式，賦予了象徵體系某種獨立不受制於社會變遷的特性，這一部分又很像結構主義的作法。Jordan拼湊功能論和結構主義的作法，我們很難給予其一個名稱，或許我們可以稱Jordan的看法為一種「象徵功能論」。而比較值得討論的，是他分析中所帶有的濃厚的結構主義式的想法[1]（提出超自然結構中二個元素〔神與鬼〕間的相互平衡性），這可以看成是早期漢人民間信仰研究（大約是由1960年代

---

[1] Jordan書中結構主義的分析方式是，把鬼的概念跟「社會結構的不完整性和不正常狀態」連結在一起。而所謂完整的狀態，是以父系原則界定出來的「圓滿」作為標準。圓滿，表示一個父系家庭的循環史很完備（男人能結婚、女人能結婚並生兒子、小孩子不會夭折、老人保持健康並活到高齡），也表示了一個父系家庭沒有結構上的缺陷（父系繼嗣的那一條線可以一直傳下去）。圓滿是「平安」的先決條件，如果家庭不圓滿，就有可能發生「不平安」，家中成員彼此爭吵、有人生病或死亡、經濟破產等，就是家庭層次的「不平安」。同樣的，村落或國家，也都有著「平安」或「不平安」，「不平安」是指村落或國家遇到了各種人事紛亂或天然災難。在家庭層次，暫時的「不平安」也許還可以忽略不見，但是連續的災難，譬如說家中連續有人死亡、疾病找不出原因、經濟接連出現問題，這就表示家庭出了問題，而且必然是來自於超自然的因素。換言之，以疾病作例子，並不是因為家中某人生病而造成了家裡的「不平安」，而是說，因為家中「不平安」，才會造成某人生病。而這個「不平安」，原因通常出在一個家庭的「不圓滿」，也就是「父系繼嗣原則」出了問題，這個問題的文化表述，往往會在乩童或桌頭的診斷中，認定為是鬼或祖先出來作祟的結果，而神的出面，則是有助於恢復社會結構中秩序性的狀態（參考丁仁傑，2013：4-5）。

末期到1990年代初期）中最為鮮明的理論印記，Jordan可以說是其先驅者。

　　Jordan因為寫作於功能論流行而結構主義則剛開始影響於人文社會學術圈的時代，他一方面採用了結構主義分析的方式，一方面又想據此批判僵硬的功能論。他所開的風氣之先是使用結構主義方法來分析漢人宗教，但結構主義本來應是和功能論相牴觸的（既然結構性元素有先驗性的特質，功能分析就變成是次要的了），在Jordan筆下，卻採取了奇特的組合，降低了思維元素（如神鬼觀念）先驗性的屬性，而仍以其社會功能上的效果來加以檢驗。以Jordan推理上的主要特徵來看，更接近於結構主義一邊，但卻也沒有能完全擺脫功能分析。這可能是他的理論發展不成熟之處，卻也可能是他在面對經驗現象時，刻意保持的一種混和性和妥協性。

　　不論如何，本章會把Jordan稱之為是一個：漢人宗教研究結構主義觀點應用的初期嘗試者；但是，因為他不夠純粹，且還帶有功能論的色彩，名稱上，我還是較為保留性地僅稱其立場為「象徵功能論」，或「類結構主義者」。

三、保安村中的行動者：1960年代

　　David Jordan所描述的1970年代的保安村，還是一個超自然體系與現實社會體系都相對穩定的小村落。在研究立場上，Jordan雖強調象徵體系對於社會體系的調節作用和功能，但他反對結構功能論之認為象徵體系和社會體系中有一種對應性的關係的說法。他認為，超自然體系有一種相對穩定性，能獨立而不受制於社會變遷。

照片 2-1 1970年代的保安村公廟。

照片 2-2 2010年左右的保安村公廟，1970年代以後，已歷經1978年改建和2011年的大規模翻新重修。

Jordan雖然沒有說明得很清楚，不過我們大致可以想像：一個社會，經由鬼（失序）與神（秩序）這類結構主義式的概念元素，有可能幫助村民面對現實人生的混亂，而得以對社會關係重新有所掌控和得到協調。簡言之，一種形式上的想像，是漢人面對自然處境的武器，也是漢人社會得以維持千年不墜自我協調和再現的微妙機制。在這樣相對穩定的超自然結構下，能動者雖然並沒有完全被隱而不見，但他所能採取的行動，是在相當有限性的劇本中去進行抉擇，而其行動上的效果也大致可以被預期。

筆者《重訪保安村》一書，利用Jordan《神‧鬼‧祖先》中的背景資料，配合田野重訪而產生的貫時性的對照，包括神明信仰歷時性的發展、地方儀式前後的連續性與斷裂性、村落連結網絡的變遷、宗教組織的變化等，鋪陳民間信仰的一種現象學上的特質（靈驗、香火、過渡性儀式、地方性等等）。而這種現象學層次的討論，對Jordan的象徵功能論，還沒有直接形成任何挑戰，而主要是做了更為動態性的歷史性資料和社會學概念上的補充。

不過，無可否認的，由於國家框架的遞變，和全球性資本的流動，漢人地方村落所處的時空脈絡，已產生了極大的變化，在這種情況下，如何理解漢人民間信仰，象徵功能論式的理解固然重要，但是村落情境中的行動者所產生的各類新的行動可能性，其實更是一個不可忽視的面向。

Jordan所描述的1970年代末期的保安村，正值國民黨一黨執政，村落正處在那種寡頭控制與協商下的相對封閉與穩定的時期。在那之後，事實上保安村的地方派系產生了很大的變化；接著，都市化間接導致保安村農村生產體系凋零，同時，保安村又經過了政黨政治下意識形態的洗禮（幾乎全村村民都漸歸屬於民進黨的政黨認同），種種衝擊中，保安村已經產生了很大的變化。

　　對照Jordan所描繪的保安村，我們還不能說目前漢人傳統的象徵結構已經失靈或失去功能，但是我們可以說，比起Jordan所描述的保安村中，地方行動者的社會位置顯得更不確定和更具有流動性；傳統社會裡原來是鑲嵌在地方公眾場域裡的象徵資本的創造與累積（象徵資本的概念，詳後），以及象徵資本和其他類資本間的高度重疊性，已歷經了極大的變化；傳統社會裡象徵資本所具有的一種世襲性和長期累積性，也已經大大地減弱了。

　　也正是在前述所描述的這種情況下，那個曾經是有效的，結構主義或類結構主義式的對於相對穩定之漢人社會的詮釋與理解，還需要經過某種補充與修正。在今日台灣村落民眾生活世界的背後，雖然可能是依然存在著一個相對穩定的超自然象徵結構，但是此外，一個所謂實踐場域[2]的出現，也就是行動者能主動去創造權力與累積各類資本的行動平臺，似乎是顯得愈來愈為明顯了。而在這一個實踐場域裡，參與者的來源已經更為廣泛，場域中也出現了更為頻繁的資本轉換，以及交互揉合的價值創造的過程。

　　《重訪保安村》一書中，筆者並沒有就地方行動者場域的變化進行分析，因此也不易看出該書和Jordan《神‧鬼‧祖先》一書中理論觀點的差異。本章將在這一方面提供新的材料，以有助於相關論點的釐清。

　　我雖然是要探討象徵功能論適用性的問題，不過，為了透析

2　根據Bourdieu，社會是一個多面向的空間，而其中每一個面向，就是一個「場域」，場域由一組目標，和由固著在某種權力（或資本）形式間的位置背後的歷史性關係所構成。（參考Bourdieu & Wacquant, 1992: 16）在其中，個人和機構的代理人，彼此之間會對於特定場域中的特定資本形式的生產、管理和消費等，進行著爭奪與競爭。（參考Bourdieu & Wacquant, 1992: 97）

地方村落宗教象徵背後的社會世界，我將另闢蹊徑，將主要焦點擺在保安村近一百年來菁英領導型態的變遷與轉化上。而由其中，將可以鮮明呈現出漢人地方村落的變化，並也會呈現出，為什麼我們需要新的解釋框架來理解漢人地方村落？

　　以下的討論，以前後兩個歷史階段來做對照。早先的階段，大致上是 Jordan 所描述保安村中地方頭人領導的階段，後面的階段則是當代村落中更為動態的地方性領導模式。在這個新的階段裡我們將看到：一個原本是可以用結構主義加以解釋的穩定農村，如何後續發生了劇烈變化，並在地方行動者之間，產生了嶄新的行動場域。

Jordan 筆下保安村的地方頭人

　　Jordan 所描述的保安村，政治上相當統合，村民極為團結，它也是西港郭派派系的大本營。村內有公認的頭人，頭人間有時會意見相左，但仍會透過各種關係達成協調。幾位主要頭人，決定性地影響著全村的公共決定，頭人的產生，和村內的血緣或親族關係有關，也和擔任村長或鄉民代表的身分有關。這種背景，或許也正是那個有著相對穩定的超自然象徵結構，和有著中間人（乩童與桌頭）存在的社會背景。引用 Jordan 的描述（1972〔丁仁傑譯，2012：20-23〕）：

　　　　保安村在政治上是獨立的村落，內部幾乎沒有分裂。在政府不同層次的選舉中，它都積極熱烈地參與著，由省級的選舉到地方級的選舉都是如此。在鄉的層次，有兩個重要的派系，分別是郭姓和黃姓，但是各派系中事實包含了各種不同姓氏的人。……

在日治時代，村長是唯一依法選出的官員，通常任職很久（十年以上）。其中有兩位前村長，年長而富有聲望，目前仍然熱心於村裡的事務。前村長A是一個教條主義者而且常常坦率直言，他尖銳的批評和急躁的脾氣是有名的。他在宗教方面知識豐富並且擅於說故事，對地方歷史也甚為了解。前村長B是一個脾氣溫和好相處的人，他的善於調停以及兩位兒子熱心積極於村中政治事務，讓他仍可維持著某種政治影響力。……由各種角度來看，保安村的派系鬥爭並不明顯，但是有時出於對公共事務的不同意見，前面講的這兩位人物經常處在對立面。……基本上，這兩個人〔兩位都姓郭〕的影響力，除了非常有限的部分，主要並不是透過姓氏或親戚關係來作用，而更主要是建立在個人性格上的特質，和一些在個別議題上的態度。這兩人能夠相當巧妙地運用一些小手段，而得以成為村中大小事務的發言人，又加上他們與不少村民間的親戚關係，使得意見上的相左，還能夠在不傷感情的狀況下達成某種一致性的共同決策。

現任村長C也姓郭，和前兩位並無親戚關係，但是與前兩位村長仍盡量保持好交情。村長C很有聲望，他的決定，不管是跟村有關的，或是跟調停私人事務有關的，都頗受尊敬。當我問別人，誰是這個村子裡最重要的人物時，一個年輕女人唸著當地小孩常常唱的調子給我聽：

豹仔（一位十分受到尊敬的保安的長者）說話有夠大聲D *gau toa-sia*

達仔十分會勸說別人C *gau ko-chia*

遠志慢慢騎著他的腳踏車B *kiachhia ban-ban*

遠東的會罵人是極為出名的A *kan-kiau u chut mai*

　　書中所記述的保安村中最富有影響力的四位長老，分別是：曾長期擔任保正、個性強硬執著、富有教條主義，罵人口無遮攔，卻又是熱心公益的遠東；也擔任過保正，性情溫和，還有兩位兒子幫忙聯絡與從事協調的遠志；當時的現任村長達仔，頗受到村民尊重，擅於協調溝通，經其處理過的公共事務，多能被村民所接受；最後，頗受村民尊敬的豹仔，在地方上很有分量，也熱心公共事務，說話時聲音嗓門特別大。

　　保安村的現況有何變遷呢？我們後面將直接由這四位頭人及其後代的發展現況開始看起。不過，為了讓資料的呈現更細膩，我們將對這四位頭人的周邊背景與故事做一些補充性的說明。

四位頭人的生平事蹟

　　以上這四位頭人，在村中發揮其影響力的巔峰時期，大致上也就是 Jordan 書中所出現的 1960 年代後期。我們先鋪陳四個人的故事，後面再來說明其家族後人的後續發展。因為各家族後人狀況不同，有些資料取得不易，所以四個人生平事蹟的描述分量並不平均。

　　遠東君（1896-1976）：遠東的爸爸郭文[3]是擁有70甲土地的大地主。遠東為漢學私塾出身，曾擔任農會組合理事。遠東由日治時期到光復初期，長期擔任村中保正，個性威嚴而有魄力，講話很大聲，教訓人也相當直接，是撐起村中大小事務的傳奇人物。他也接手了家族留下來的台南市銀樓，但平日主要在村中活動，即使未擔任保正時期，也是村中主要頭人，並長期主導公廟事務。

3　以下所出現的保安村人名均為假名。

令人傳頌的佳話是，日本在皇民化末期的「神佛升天」運動中，遠東冒著身家危險，在家中藏了兩尊神像，一尊媽祖，一尊郭氏始祖榴陽王。兩尊都是早期由大陸遷台時所留下的神像，前者後來移樽到了西港慶安宮，後者後來則是郭氏宗親會光復後開始運作時全省輪值擲爐主的依據（丁仁傑，2013：137-140）。

遠志君（1897-1979）：在日治時代末期也擔任過兩屆保正，個性比較溫和，也曾擔任過農會代表，雖然個人學歷不高，但行事風格很具有讀書人的性格，這主要和其豐富的產業經驗有關。遠志曾與人在屏東潮州合開磚窯廠，後來還在西港與人合夥做薄荷油工廠，接著又自營米粉工廠，每有餘款即購買土地，擁有好幾甲土地，都是自購而得。

達仔君（1915-1997）：達仔的父親是擁有四、五分地的小自耕農。達仔本來不務農，年輕時就很有賺錢頭腦，17、18歲時出外在關廟附近混日子，在當地批甘蔗，僱兩個人在西港賣甘蔗，發了一筆小財。後來達仔又到高雄旗山從事拆橋業，得了熱病昏迷不醒，家人才去把他一路拖回老家，之後達仔就留在本村。日治時代，達仔在村中私製紅糖販賣，賺了不少錢，後來達仔娶了海寮世家方姓人家（從事牛犁製作業）的女孩，經濟情況愈來愈好。後來，達仔弄到一張肥料生意特許證，專賣生意讓他賺了不少錢，而達仔只要一有錢就拿來買地。

達仔年輕時人帥且人緣也很好，村中長老遠東找達仔出來從政，達仔在30歲時便擔任了一屆鄉民代表，接著達仔就被選為村長，而由1948到1978年，達仔連續就任了30年村長。擔任村長期間，很會協調事情，全村也很團結。黃郭派系對峙中的郭派，幾次叫達仔出來選議員和鄉長，但是達仔因為不識字，擔心無法做好行政工作，因此始終僅停留在村長的職位。當時每次各級選

舉期間，郭派競選團隊都會在達仔家開會，保安村達仔家儼然是郭派的指揮所。

豹仔（1895-約1975）：學歷並不高，光復後曾擔任一屆副村長，豹仔君家族幾代以來都擁有大量土地，耕者有其田政策後當然也受到了影響，但在村內仍是富有影響力的家族。

四、當代保安村中的行動者

今日保安村中的四家族

四十年後，當筆者又來到保安村，一方面發現保安村當地的領導型態，已不是過去僅由幾位強人共同領導與做決策的形式；一方面也發現 Jordan 書中所描述的四位頭人，家族後代子孫在保安村都已不再有影響力。

遠東君，其長子曾受 228 事件牽連，後來下落不明。遠東的其他兒子和女兒雖在保安村還擁有少量土地，但已全部遷居到台北市、台南市發展，在故鄉已無影響力。

遠志君的長子在一次意外中身亡，次子和村民則在發生過土地糾紛後產生許多不愉快，之後遷居台南，家族中不再有人留在保安村。

達仔君的次子確實繼承衣缽，出來競選過鄉民代表（選上一任）和鄉長（落選），但在擔任過一屆鄉民代表後，與村民關係相處並不好，在村中聲望很差。達仔君的其他後人也都沒有人再從政。

豹仔君的後代仍然住在西港地區，但對村中事務不再有任何影響力（原因詳後的農會事件）。

這幾個家族在保安村的沒落，是我到保安村初起從事田野工

作時，內心一直感覺到非常納悶的事情。後來我慢慢了解，遠東君、遠志君、達仔、豹仔都是大地主的後代，受到耕者有其田政策影響，家族不再擁有太多土地資本，遠東君後代乃紛紛向外發展，家族並沒有沒落，反而是有了更好的發展（族人有些去了美國和日本，有些在都市從商）。遠志君後人，也是出外到都市發展，而不再與保安村有太多牽連。至於達仔君與豹仔君後人仍多在保安村或附近的西港居住，但確實是在保安村已毫無影響力了。

　　不過，後來我才知道，遠志、達仔、豹仔家族後人在保安村失去影響力，另有其特殊原因。

1970年代保安村的大分裂

　　1960年代末期，保安村227戶中，郭姓約占72%，其餘有張姓6%和徐姓5%，及其他各姓氏（參考Jordan, 1972〔丁仁傑譯，2012：32〕）。就整個村子來說，一直到1970年代以前，保安村都仍是相當團結一致的，雖然其中的張姓、徐姓有可能對於郭姓的配合僅是表面上的。

　　那麼，一個如此團結的村子，是什麼原因開始讓保安村這個村子開始有了裂痕呢？這要由1970年12月12日台灣新生報七版出現的一則小小的地方新聞說起。新聞標題：

貸款職員虧空潛逃

西港農會存款昨被擠領一空

縣府將協調行庫支援

　　【南縣訊】

　　台南縣西港鄉農會主辦貸款業務的職員黃財貫，虧空公款

九十餘萬元潛逃，存戶於十、十一兩日擠領存款一百餘萬
元，將現款提領一空；縣政府將協調當地行庫，支領西港鄉
農會的財務，並勸導會員不要再急於提款。

　　黃財貫業已向台南地檢處投案，並已由佳里分局借提偵
辦。………

　　當時的西港農會，事實上都是由派系力量所把持，信用部主
任更是其中的重要職位。1960年代末期農會總幹事來自於郭派的
竹林村，信用部主任則是由村中長老豹仔之長子郭本龍擔任。信
用部放款部門的職員，是與郭本龍同祖父的族親黃財貫[4]。

　　農民耕作需要資金的周轉，保安村村民小額貸款都是直接找
農會裡的黃財貫辦理，因為多數農民識字不多，有時直接就將證
件與印章交由黃財貫代辦。連續四、五年，黃財貫以職務之便，
用村民證件進行貸款而作為己用，後來東窗事發，受害者多是保
安村村民，約有三十多戶，總金額高達百萬元。這件事情本身或
許不見得會撕裂保安村，但長老們事後的態度和處理方式，以及
西港鄉的派系生態，擴大了這件事情的影響。

　　黃財貫叔父豹仔是大地主，村長達仔出面加以調停此事，希
望豹仔能代黃財貫賠償了事，也許村民也就可以不再追究。但豹
仔並不同意。

　　而農會方面，急著進行切割，一方面向外宣稱說信用部主任
與農會總幹事都不知情，一方面則透過法律管道要求貸款人償
還。法院傳喚村中長老遠志，但村中長老多屬於農會派系力量的
這一邊。遠志作證時說：雖然被冒貸是事實，但受害者和黃財貫

4　因為中間世代還有招贅婚的關係，所以二人同祖父卻不同姓氏。

之間已經協調好了，上面可以不用介入。後來這事驚動了監察院來進行調查，但監察委員謝崑山（本名）本身就出身於西港郭派派系，且事先已被郭派中遠志的次子有所疏通，官官相護的結果，反而是村民們都敗訴了，甚至需要繼續償還被冒借的貸款。

Jordan 所描寫過的遠東、遠志、達仔、豹仔四位長老，除了遠東以外，遠志、達仔、豹仔三位都深深地介入了農會冒貸案事件當中，而且是站在維護郭派既得利益中的一方，這件事原本或許還能有所轉圜，但一旦當村以上，更高之西港鄉級層次的派系黃派的介入，村子的分裂終於無可逆轉。

戰後西港地區郭黃兩派的長期相互競爭

台南西港自光復後，在歷次地方選舉中，已經形成穩固的郭黃兩派長期對立的情況。如同政治學者陳明通（1995：150）就國民黨與地方派系的關係所指出：「因為國民黨的外來政權屬性，不能沒有本土勢力的支持，又要辦理地方選舉，更需要地方派系代為動員選票，在這種現實政治的考慮下，只好暫時容許地方派系的存在，不過卻先採取局限化、平衡化，經濟籠絡的策略，限制並操控地方派系的發展。」這其中的一種作法是所謂「雙派系主義」（若林正丈，1994：139）：對存有地方勢力的縣市，扶植至少兩個以上的派系，以收權力平衡之效，使利於黨中央的操控（轉引自陳明通，1995：152）。當時的台南縣，自1970年代中葉以後，已有所謂山派與海派間的長期對峙（陳延輝、蕭晉源，2005）。不過，即使是都能被統合在台南之海派底下，西港鄉內部卻也仍然有著極為劇烈的郭黃兩派間的長期對峙。

郭黃兩派的鬥爭，圍繞在地方選舉席位的爭奪，以及有關地

方基層行政機構權力的分享上，包括鄉公所、代表會、農會、農田水利會、調解委員會等，帶頭的是幾位政治人物，參與者則是全面性的，每一個村莊的村民都被捲入。黃派的起源是光復後第一任鄉長黃炭（由鄉民代表會間接選舉，任期1946-1948），後來在爭取鄉長連任時輸給郭泰山，黃炭誓言要報仇並捲土重來，自此西港鄉形成兩股勢力間的對抗。1950年起，台灣全面實施縣市地方自治，鄉長、鄉民代表與村長等都是直選，各級選舉促進了地方派系間的對立。而西港的郭黃兩派勢力，和西港地區19世紀末期因土地紛爭所形成的郭黃械鬥的兩邊陣營間（Jordan, 1972〔丁仁傑譯，2012：33-40〕），又隱約有著某種連貫性。

派系鬥爭中，除了一些人口較多的村落如後營村，是兩派人馬各有外，其餘以單姓為主的村落，通常全村會是屬於同一個派系，並且在派系競爭的氛圍中，每一個村子通常也會顯得異常團結。

保安村也不例外，在西港，大竹林、保安村與新復三個郭姓村，向來是郭派的核心集團，本來三村彼此間就多少都有親族關係，又加上派系對峙下的激發，整個村子顯得相當團結。這種團結尤其會表現在選票上，各級選舉時，只要村長一聲令下，保安村當地，連買票都不需要，全村80%以上幾乎都會圈選派系所指定的那位候選人。

農會事件後，三十多位被冒借的村民，由郭大威（1934-2014）帶頭打官司，郭大威不識字，但找到了中華日報社地方新聞一位記者協助寫訴狀，而開始了長期的訴訟。文盲的郭大威，口才並不好，但富有正義感，耕者有其田政策之前還是佃農，後來勤奮工作也擁有了五、六分地。

冒貸事件經過了漫長的訴訟過程，但受害者們的訴訟沒有成

功。不過，這讓受害者之間產生了緊密的革命情感，他們也都對保安村的長老政治徹底絕望。後來，這一方面的政治資源，流轉到了黃派，接著，黃派介入保安村，而推舉出保安村的郭松山來選村長，郭松山也順利當選。

　　簡言之，國民黨威權統治下，是透過地方派系而得以掌控地方。而地方派系，出於選舉資源分配上的特性，通常有兩個層次，縣級層次和鄉鎮級層次。在鄉級層次派系對立中，一開始，較低層次的村落，往往同屬同一派系，所以內部往往更加團結。但是，反過來說，一旦當村落出現了重大裂縫（如保安村所發生的農會冒貸案），在外力介入之下（鄉級層次派系對於村的介入），裂縫必然無可彌合，並且會被政治化成為鄉級層次派系在村級層次的複製。這也造成保安村由1970年代到1990年代初期間的劇烈不穩定，淪為郭黃兩派間劇烈爭鬥的時期。

　　保安村由1950年到1973年長達24年之間，村長都是一人同額競選的情況，反映出一種高度整合的狀態。但是之後，每屆村長與鄉民代表選舉都競選極為激烈，而且必然是郭黃兩派之間的競爭。甚至於據村民回憶，有很長一段時間，當時村內都有兩組轎手和桌頭，每換一位村長或主委，就會採取不同組人馬來向神明問事。似乎神意也會因人設事而產生很大的差異。

由派系政治到全面性政黨政治時代（1993年以後）

　　如前所述，光復以後到1970年之間，保安村全村極為團結，這個團結也因鄉和縣層次的派系對立的氛圍而有所強化。

　　但是在1970-1995年之間，村的整合產生了分化，內部的分化又引導成為利益上的尖銳對立，更高層次的派系與村落層次的派系，演變成必須以利益交換或分享的方式來維持派系的平衡，

整個村子內部已無法擁有由少數長老領導所創造出來的和諧與一體感了。不過，到此為止，整體社會的大環境都還是屬於一黨威權專制的國民黨時代。

1990年代，國民黨在中央已出現分裂（主流與非主流之爭），地方方面，地方派系愈來愈有自主性而逐漸擺脫了國民黨的掌控，再加上民意的向背和民主化潮流的出現，全國與台南縣已漸漸進入了政黨政治的動員模式。鄉級層次具有濃厚利益導向的派系政治，也在這些變化中，趁機搭上了訴求上更富有正當性，黨的意識形態的對立態勢中。

現在，縣級層次的派系對立和鄉級層次間派系對立（在過去鄉級層次的派系仍有可能在縣級選舉中合作），一旦被政黨化，彼此間已再無合作與妥協的可能。起先，村落層次內部派系仍然壁壘分明，但最終在台南縣已由民進黨取得了強烈的主導性以後，國民黨原有的派系力量並無法創造出村民共同的認同，即使傳統派系仍然有某種作用力，但保安村多數選民，在原來派系關係紐帶較弱之處（如張姓與徐姓住民），一旦面臨其他可能的選擇，就可能捨派系傾向不顧而另以政黨認同作為投票上的選擇。

以上的敘述，若回歸歷史，就國家政黨政治對於地方派系的影響，這涉及到一連串的連鎖反應。我們一步一步來看：

（一）台南縣由國民黨內之派系對立轉變為兩黨對峙的情勢

地方派系政治是國民黨掌握地方的主要工具。我們簡略回顧一下台南縣的地方派系變化。台南縣由1951年到1989年11屆縣長，都是國民黨籍人士當選。國民黨策略性培植地方政治勢力以控制縣政。1951年到1959年學甲庄庄長陳華宗擔任十三年餘的議長，高文瑞，將軍鄉人，連任六年縣長。二人皆屬北門區，形成

北門派也就是海派（陳延輝、蕭晉源，2003：144-146）。

國民黨為制衡北門派，選擇培植新地方勢力以控制地方。胡龍寶政治勢力在農會系統（即安定、善化、新市等地區），國民黨加以吸收並加以栽培。1957-1964年胡龍寶擔任兩屆縣長，這股勢力稱為山派，是國民黨派系平衡化策略，或者稱雙派系主義的操作。一般來說海派以教育系統為主，山派以農會為主（陳延輝、蕭晉源，2003：144-146）。

1972年蔣經國出任行政院長，黨務系統以青年才俊策略來整頓地方派系，事實上是以年輕黨工、地方黨部及救國團組織，取代地方派系在地方政壇的運作，這是一種「派系替代」策略。派系替代的同時，是整頓舊派系，1972年台南爆發六甲農地重劃弊案，海派縣長劉博文去官下獄。接著國民黨提名高育仁當選縣長，這也形成國民黨內的第三勢力，高系勢力主要以和其互動良好的民意代表、鄉鎮長或地方意見領袖為主（陳延輝、蕭晉源，2003：147）。

國民黨整頓海派，結果是派系的大反彈，轉而支持非國民黨參選人。吳豐三因此當選，無黨籍的勢力漸漸成形，這有很大一部分和國民黨內部派系的倒戈有關。1981年，反對勢力與違紀參選的國民黨員合作（蔡四結競選縣長），鬆動了縣政長期被國民黨勢力主導的局勢。國民黨在派系平衡與派系替代策略之間來回進退，但是當扶植的派系力量本身已經坐大，國民黨對其即發生失控而無法處理的狀況，幾次脫黨競選的候選人或是能當選，或是常能捲走相當的票源。

民進黨雖然沒有組織動員的力量，但一方面與國民黨內部分裂的派系相結合，一方面提出符合農民利益的訴求，創造出一種社會正義的形象，譬如說1992年的立委選舉，民進黨的幾位候選

人就以抗繳水利會小組會費及爭取老人福利金為訴求，得到了選民的回響。又如，1993年市長選舉，民進黨參選人陳唐山率先提出發放敬老津貼的訴求，主張65歲以上的老人每月5000元。終於，1993年，台南縣選舉民進黨推出陳唐山，相對於國民黨提名的黃秀孟，一舉擊敗了國民黨，在縣級的層次創造了政黨輪替的發生（陳延輝、蕭晉源，2003：221-312）。

在中央層級的部分，國民黨的威權形象也產生動搖。1993年國民黨十四全代會上，發生了主流非主流之爭。中間「新黨」成立，國民黨正式分裂。此外，十四全代會舉行的中常委選舉，原任高育仁未被列為規劃名單而落榜，工商界的高清愿也沒有當選中常委。政治資源的分配不均，也動搖了台南縣的國民黨基礎（陳延輝、蕭晉源，2003：155-156）。

綜合來說，國民黨威權力量在中央的瓦解；地方上國民黨執政過久，利益糾葛太深；縣級地方派系力量的坐大與分裂；民進黨掌握民意所提出的全民福利措施；以及候選人個人特質的影響（國民黨黃秀孟無法整合地方，民進黨陳唐山的形象出眾）等，這幾個因素相互作用與加強，是台南縣縣級層次政黨輪替的背景因素。在全國的層次，則國民黨的分裂和民進黨的崛起與成長，是全國性環境中所創造出來的，利於兩黨政治發展的大時代框架。

（二）西港鄉民進黨的崛起

1986年民進黨成立，黨外力量有了黨的組織。1993年民進黨的陳唐山當選縣長，台南縣政治生態產生很大的變化。西港鄉處於郭黃兩派長期鬥爭中，基本上執政的優勢經常在郭派，而黃派處於在野的力量多。但每次超越鄉級層次的縣議員、國大代表、

或立法委員的選舉，黨部還是會盡量整合郭黃兩派，而共同支持國民黨推出的候選人（有時較接近郭派，有時較接近黃派）。在更高層選舉層次（縣級以上）時，郭黃兩派必須要做某種利益的交換，才可能團結在一起，但有時基於政治強勢，已答應的交換卻有可能在事後否認，這就會發生極大的政治衝突。

在縣級黨部的協調下，郭黃兩派願意共同支持西港後營郭派的謝崑山參選省議員（並當選），但後來本可續任農會總幹事的黃派蔡西倉，卻被郭派加以阻擾，甚至以透過省議員謝崑山加壓省農林廳和地方農會的方式來阻止其續任。這件事情造成了黃派的大反彈。

在過去，以上這種情勢的發展頂多也就是再一次造成國民黨內部的派系之爭，但現在因民進黨的存在以及已取得台南縣政權的情況下，黃派由前鄉長余慶明（真名）帶頭，不但集體退出國民黨，還加入了民進黨。

發生了這件事，起先郭派還非常高興，認為自此可以獨享國民黨資源。然而在兩黨政治全國性的對立中，加上台南縣已開始了民進黨的執政，整個帶動了地方民意的導向。國民黨傳統組織動員的力量，在西港，尤其是在僅剩的郭派之下，於是走上了日漸萎縮之路。而黃派人物看起來在地方上是較具氣勢，不過實質上也是被納入兩黨對立的態勢裡，不再擁有地方派系原有的較高的自主性。

對於鄉級派系雪上加霜的是，2010年，台南縣升格改制屬於大台南市，鄉長改為區長並成為官派，鄉民代表會也完全取消，鄉級地方派系已沒有操作的舞臺。2013年當我訪問郭黃兩派的掌門人，兩派人物都提到了派系瓦解消融的情況。而後，2010年（改制之後）選出的縣議員，都是民進黨籍（也都屬於黃派）。看

起來地方上是在民進黨之下的黃派人物較具有氣勢，不過實質上黃派也已被納入兩黨對立的態勢裡。

凋零農村與政黨政治下的村莊領導

進入了政黨政治時代之後，我們再來看一看今日的保安村，主要是由哪些人來領導呢？今日保安村，各種大小事務的推動，有四個人扮演了較為重要的角色。村長郭昆達，保安宮管理委員會主委郭光武，總幹事王學勇，重建委員會主委郭泰文。其中郭光武是卸任鄉民代表，也是之前所提到過的黃派樁腳郭大威的三子，現在因為台南縣改制頓時失去舞臺，回到村裡協助村務的推動，出於其人脈、社會關係與地方聲望，當然極為有利於村莊事務的推展，他和傳統保安村的領導人物形態上是較為接近的。

下面，我們想要談得比較多的是另外三位村內的領導菁英，他們介入村中事務的方式，是過去所不曾發生過，也反映出今日鄉村領導型態的一個劇烈的蛻變。

我先由重建委員會主委郭泰文（1942-）開始。郭泰文的爸爸是佃農出身，但父親輩在耕者有其田政策後認真經營並購買土地，由於勤奮加上關係良好，長期擔任契作的工頭角色，譬如說曾幫可果美公司承擔番茄契作，並在下游還會連結一兩百個農民。出於良好的社會關係，他父親也成為選舉上的樁腳，而且還是保安村反對派黃派的一份子。他父親相當關心地方宗教事務，還曾參與過去保安宮的整修工作。

郭泰文畢業於港明中學化工科，畢業後即到台北投奔姑姑尋求發展，經親人介紹先到報關行當小弟，慢慢升遷成為專員，30歲時經朋友鼓勵自己創業成立報關行，大約五、六年後事業達到高峰。民國78年，郭泰文的爸爸59歲，開牛車時被砂石車撞

死。當時已36歲，身為長子的郭泰文，處理喪事之餘，更是協助父親下游的數百位契作農民完成當期農作，也因為這樣，郭泰文開始跟村民有了更廣泛和更深刻的連結。由於經常捐款給村中廟務，2008年新任保安宮主委邀請郭泰文回鄉擔任副主委。整體來說，出於父親在村子中的身分，個人在外發展的經濟上的基礎，以及他在村中已獲得的聲望，使得郭泰文逐漸成為檯面上的人物。

郭泰文事業重心在台北，對於地方事務的參與主要還是金錢上的，每年的捐款總有數十萬元。不過他在台北的工作經驗，也會帶回來新的活力和視野。譬如說他總覺得保安宮廟容破舊需要重建，便提出建議，但主委認為村民多老邁以及重建費用龐大而不敢進行。但郭泰文還是不斷提出這件事來，認為廟宇代表地方形象和村民認同，無論如何應該加以整修。後來當管理委員會改組，新任主委力邀郭泰文擔任重建委員會主委，保安宮廟宇重建的工作才開始如火如荼展開。

郭泰文雖然在台北工作，也積極參與民間社團如曾擔任台北縣獅子會會長，但他真正的榮耀感和滿足感，還是來自於他的回饋鄉民而能得到村民認同。郭泰文自己認為，一個南部的小孩，又沒讀太多書，而能夠在這個行業賺到錢，是因為他有信用並且勤奮，而且還常承蒙南部同鄉照顧他的生意，他的內心非常感恩。用他自己的話來說，他能回饋鄉里，是一件令自己高興的事，他說：

> 我在保安村很單純，以前是默默無聞，因為我父親往生我才出來。……其實我們村莊裡面，對我印象應該都很深刻，因為有好幾次的社區遊覽來台北，我都請大家吃飯，所以村裡面對我的印象都還滿深的。我感覺很舒服，我很高興，我

認為我有這個能力，剛好自己本身有這個能力。保安宮的管
理委員會今年是第一次出來玩，他們做得非常好。今天縱使
我花錢請他們吃飯，我都覺得請得非常有意義。

簡要而言，對於郭泰文來說，原鄉的宗教活動，提供了他在
都市奮鬥中經濟資本的累積之外，所難以獲得的，或是說即使獲
得卻難以加以累積或傳遞給下一代的是象徵資本。原鄉宗教活動
的參與，讓郭泰文得到村民的認同和肯定，這是促使他回鄉參與
背後最重要的動機。

就雙方面來看，對保安村來說，必須由村子以外，才有可能
得到較為大量的經濟資本；對郭泰文來說，他由村子裡所累積的
象徵資本，只能在原鄉裡做累積與轉換，出了原鄉，他很難將這
種象徵資本轉換為經濟資本，換句話說，郭泰文以這種方式所累
積的象徵資本，並沒有經濟上的轉換性。可是，由另一方面看
來，當郭泰文以經濟資本轉化成特定地域情境裡的象徵資本時，
這有可能在另一種形式上（在村中公廟建築物上留住名聲），保
留住或累積他的經濟資本，也就是創造出了經濟資本的可累積性
與可傳遞性。

當郭泰文藉由關心原鄉的宗教活動而努力爭取村落裡的象徵
資本，現任村長**郭昆達（1950-）**卻是要刻意避開對於村中宗教
事務的過度涉入。我們先簡單介紹其事蹟。

2006年起擔任村長的郭昆達是一個既無家世背景也沒有從政
經驗的素人村長。他小學畢業就出外至台南擔任學徒和從事各種
行業，包括榨油、鑄造業等等歷經艱辛，後來擔任泥水匠師傅，
三十多歲就舉家搬回故鄉居住，但工作場所仍在台南市。

1988年父親過世，家裡留下了一些田地，而當時的建築業又

非常不景氣，他一邊從事泥水匠工作，一邊向母親請教農耕方面的技術。對他來講，家裡兄弟姊妹很多，父親留下的五、六分土地根本不夠分，所以他年輕時也從來沒有想過務農。

雖然自己土地不多，但出於豐富的社會經驗，在母親教導下，郭昆達很快成為一個擅於經營的農民。他在自己的田地上經常變換作物，也參與契作。而他也買了大型農業器械，幫其他農民代耕，通常一分地收費在800-1000元之間，他會幫人代耕數十甲田地。很快地他成為村里少數的「做大薔」（耕作土地範圍較大的專業農民）的農家了。

郭昆達本身過去對村里的派系政治毫無興趣。不過因為村中廟會訓練陣頭的過程中，與村長郭光輝意見不合產生爭吵。郭光輝作風強硬霸道，也與不少村民結怨，但是因為他爭取資源的能力很強，也是郭派裡面忠誠的樁腳，每次選舉都還能獲得連任。在郭光輝的第四任任期時，部分村民（主要是張姓）慫恿郭昆達出來競選，大家你一言我一語，認為不要讓郭光輝覺得保安村沒有人才了，況且郭光輝在行政與廟務上一把抓，做事情確實常有傷村內和諧。

從外部來說，1993年剛好也是民進黨陳唐山當選縣長的時候，屬於國民黨的郭派確實氣焰已在西港下降不少。總之，出於賭氣的心理，50歲出頭的回鄉壯年郭昆達，在郭光輝的反對者慫恿之下，一舉選上了村長。

郭昆達連任兩屆村長，他個性溫和而消極，不過問廟務，外部也沒有很強的人脈，行事上也沒有任何派系色彩。不過村中倒是和諧平安無事，雖然私下的批評者不少，但目前也沒有人想去跟他爭取村長的職位。

對郭昆達而言，他本人似乎並無太大的政治野心。壯年回鄉

定居後，純粹出於社會經驗與個人能力上的好勝心，在相當意外的情境中他當上了村長。然而郭昆達在當上村長之後，卻刻意不過問廟務，而將廟務完全回歸於管理委員會來處理。

兩相對比，和前述郭泰文的想法完全相反，郭昆達竟刻意拒斥與宗教活動所可能帶來的象徵資本相連結，這一點雖受村民批評，他竟也真的刻意維持了這種分際。這似乎顯示，在現代國家的政治體系裡，村長的職位竟然可以只是單純一個基層政治上的工作，而不必然是具有象徵意義的同時兼具政治、宗教、文化與社會關係多重角色的地方頭人。

另一方面來說，當村級派系的資源已無法有助於向上流動，村落層級的政治活動似乎愈來愈顯得無利可圖。村落層級象徵資本的增加，竟然已成為在地政治人物村長之所不感興趣的元素。這固然和村長的個人性格和野心有關，但實在也是地方村落政治的萎縮與邊緣化之後，或是說當村落已被完全納入現代國家體系之後（而喪失了自主性、獨立性、完整性）的一個疏離性的發展。

相對於村長的刻意不碰觸宗教事務，又加上城鄉經濟階層的差異，讓重要的經濟資本提供者往往不住在村內。在這些情況中，地方事務的維繫，顯然需要另一類實際嫻熟宗教事務者來加以操辦。我們所討論的王學勇，就是這樣一個地方型人物。

王學勇（1955-）是目前村中大小事務實質的規劃者，目前擔任保安宮總幹事，崑山電子科畢業的他，在村中算是知識分子。王學勇並沒有很強的家世背景，父親從安定鄉定居保安村做長工，家中至今都未擁有田地。王學勇長期在西港附近的公司擔任會計職務，目前已退休，太太則仍在西港市場經營服裝店。王學勇個人相當熱心於地方事務，幾次村民希望他出來選村長或代表，但他不願意出來當檯面上的人物。

　　王學勇的發展主要來自於他在西港鄉綿密的人際網絡，使他幾乎是一個在郭黃兩派之間都吃得開的人，但也因為他不是真的屬於任何一派，又加上家族在西港扎根並不深，因而他只願意居於第二線的幕後。

　　1980年代郭派的代表人物謝英昌的二老婆和王學勇的媽媽是好朋友，使王學勇很年輕時就介入於郭派的助選事物。王學勇年輕時也參加救國團，在救國團中認識了黃派色彩較重後來擔任鄉長的余維祥，因為志趣相投成為好朋友，甚至後來兩度擔任余維祥的競選副總幹事。

　　在何慶輝擔任代理鄉長時期，黃派掌握了調解委員會，但也受到郭派強烈的抵制，在派系爭執中，黃派挑選個性溫和的郭派王學勇擔任調解委員，是兩派都能接受的人物。在派系糾葛中，王學勇能持續擔任西港鄉調解委員會委員17年，也算是個異數。

　　王學勇善於文書管理與行程規劃，又加上在西港地區很豐富的人脈，以及他的富有責任感，由於沒有很強的政治野心而人格卻又非常熱心，成為村莊實質的領導人物，連續七年擔任保安宮的總幹事，總籌保安宮的重建以及兩次刈香的繁瑣事務。

　　摘要來說，我們看到，王學勇有處事能力和豐富的社會網絡，不過他的出身背景不是直接屬於特定派系，卻又能在各派系之間遊走而相當吃得開。王學勇在村中累積的人望事實上已經比村長還要高，好幾次還看到他當面責備村長沒有將事情處理好。但是，為什麼王學勇僅僅停留在宗教場域形式裡實踐，累積數量有限的象徵資本，而刻意保持做檯面下的人物呢？王學勇和村長一樣都是自我設限的地方頭人。王學勇雖然在郭黃兩派系間關係都很好，但他的出身背景實在是不屬於任何派系。村中僅有四戶為王姓，且毫無關連。王學勇在村中是高學歷，過去長期擔任公

司專業管理人，近期才退休而熱心協助村中廟務，也就是專注於最能生產出象徵資本的地方公共宗教事務，而它所帶來的實質權力與威望，事實上比擔任村長一職還更有分量。筆者推測，以他長期從事專業工作的背景（公司管理階層裡的一員）以及身分上（王姓家戶）的局限性（這也反映在王學勇母親對他從政的消極勸阻上），以及他目前的年紀（60歲），他並沒有對政治工作有更上一層樓的野心，而更關心的，比較偏重於過去王家在村子裡所不曾具有過的威望和影響力的建立。已由專職工作退休下來的他，除了象徵資本的累積以外，似乎並不希望再擔負實際的責任。而村長刻意逃避宗教事務的操辦，這也使得王學勇有可能以停留在宮廟總幹事的這種角色扮演上，做一個雖是二線，卻是有實權和實質聲望的地方廟務工作的活躍者。

五、定義象徵資本

　　前面曾多處提到「象徵資本」這個來自於Bourdieu的名詞，這裡要略作說明，我們後面的討論，也會利用到這個概念在分析上的便利性。依據Bourdieu & Wacquant（1992: 119），象徵資本是指：以文化感知範疇，誤識了各種資本，將僅是任意性占有和累積的性質，視為是正當與合理的。

　　象徵資本，是相對於經濟資本（金錢或財務的實質擁有）的另一種可以被社會集體所感知的形式。它大致上指的是一種由他人所得到的認可和承認。象徵資本也就是以一種正當性賦予的方式，藉以理解社會既有的，可能只是出於相當任意性所組成的階層或社會關係。

　　不過，隨著歷史時空的不同，象徵資本的內容、累積的形

式，以及它可能與其他類資本之間進行轉換的方式等都會有所不同。當一個個人或是一個行動體，在某個特定場域中會占據某個位置，這個位置，有時會被附加某種公眾性的承認和信賴，這大致上也就是我們所最常見的一種象徵資本的形式。第三章我們對相關概念將會有更詳細的討論。

在本章的脈絡裡，簡單來說，象徵資本也就是以一種正當性賦予的方式，藉以理解社會既有的，可能只是出於相當任意性而所組成的階層或社會關係。而這個概念，在本章目前的討論脈絡裡，將可以作為一個橋梁來幫助我們去理解地方村落中，地方頭人權力基礎的改變，以及其權威展現與擴散的格局。

六、由象徵功能論到象徵資本動員論

1960年代的台灣農村社會，處在國民黨威權時代，農業是當時最主要的生產型態。和諧與整合，不論在現實或是象徵層次，都是一個具有正當性的社會權力之運作與表現形式。在這樣的表象下，結構主義（關注於現象背後幾個基本元素之間的關連性，以及在此關連性間所形成的關於系統再生產的模式）的詮釋框架，對於台灣鄉村社會的生產與再生產，確實具有很高的解釋力。甚至於，衍生自結構主義的「後結構主義」，雖然開始強調結構背後的分歧性，但事實上並沒有直接去否認結構同一性的存在，也可能被引用來解釋漢人宗教既統合又多元的現象。

而雖然Jordan在《神・鬼・祖先》一書並未正式使用結構主義的名稱，而且其分析也仍帶有功能論的色彩，但不管怎麼說，他實是開結構主義分析於漢人宗教研究的第一人。不過，他全書的分析架構，結合了結構主義分析的特徵，又將之放在功能論的

大框架下，這帶有某種混合性。在我們的討論裡，為了保留
Jordan立足點的完整性，或許，我們還是用一個較為中立性的名
稱「象徵功能論」來加以標示會比較妥當。

　　Jordan筆下所書寫的，是一個相對穩定與和諧的漢人農村社
會，而由個人到家庭到社區或甚至到國家，在一些基本認知元素
的調控與統合下，也就是經由秩序（神）與無秩序（鬼）的概
念，不同層次間，有可能得到一種相互調控與轉換的平衡與和諧
性。民間信仰的象徵場域，以鬼的騷擾與神明的保護為主要認知
元素，並衍伸為圓滿與平安的概念與操作，這大致可以說明1960
年代末期台灣農村的宗教與社會狀態。相應的，Jordan所提出的
這個象徵功能論，大致上是一個具有解釋力，有助於理解當時台
灣社會或民間信仰的詮釋框架。我們可以參考圖2-1：

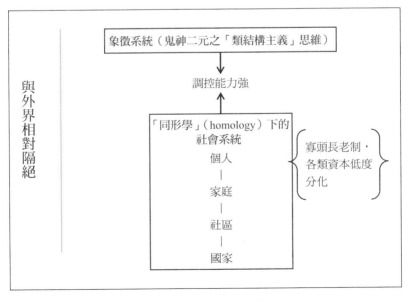

圖2-1　象徵功能論下的台灣鄉村和民間信仰

　　早期的保安村，雖然經過土地改革，但大家族的影響力仍然存在，富有影響力的長老，即使自己不出面，也會共同協調選出村中有作為的年輕人來擔任行政或宗教管理職位，乩童與桌頭，和村中相對固定的長老群之間，在利益與社會關係上，都處在相對協調的性質。全村整合在郭派派系之下，而以團結的實力和象徵，構成了西港地區郭黃兩派對立下，郭派堅實的大本營。

　　寡頭統治下長老的權力基礎，是以地方農業資源為生產重心所形塑出來的社會結構，地方長老也同時是擁有文化資本、經濟資本、政治資本和象徵資本的人，這幾種資本之間並不會過度分離，而是較集中地出現在村中寡頭統治的幾位長老家族中。文化層面則是以圓滿、平安、好命等概念，投射在少數的個人身上。而這些少數的個人，再加上乩童與桌頭這些神職人員，維繫與體現了傳統象徵世界的生產與再生產。

　　40年來，生產與文化環境經過巨變，保安村在歷經劇烈變化後，或許村民大眾共有的核心象徵概念並沒有改變太多，但是這些概念所能發生的效果，在範圍與強度上都大大減弱了。還有，過去各類資本高度重疊或是說尚未分化的狀況也大幅改變了，這由今日村中領導人物的屬性裡也看得出來。不過另一方面，農村的象徵系統和相關實踐活動，在新的情境裡，相對於都市的各類活動，卻更能夠創造出永續性象徵資本相對稀少且關鍵性的來源。我們要以圖2-2來摘要本章的發現：

　　比較具體來說，保安村寡頭長老制的領導型態已經歷經了極大變化。在社會基礎上，面臨的變化是：（一）土地改革以後，大家族在村中的經濟基礎逐漸瓦解，經濟資本通常也不再能夠由村中內部的土地上來獲得，而更多來自外部其他來源；（二）鄉級派系對於村落的滲透與分化，使得單姓村的整合性大大減低；

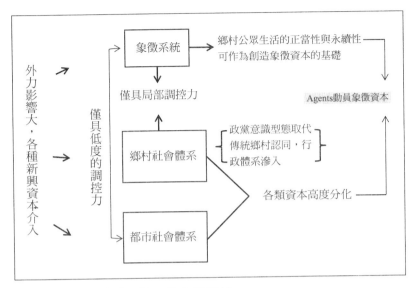

圖2-2　象徵資本動員論下的台灣鄉村

（三）一黨威權的國民黨體系逐漸崩解，單一村落的認同逐漸讓渡給政黨認同，地方的自主性出現一種虛幻化的現象；（四）地方權力相對自主性的邊緣化，也就是國家體系的滲透改變了地方權力生態，鄉長不再經由選舉產生，鄉民代表會也廢除，即使透過選舉產生的村長，也越來越只是國家官僚體系裡的一部分；（五）鄉村世界已經不能與外部相對隔絕，它已越來越被外界的商業資本所侵入。

　　整體來講，地方長老與國家機器之間的共謀而所達成的——地方有一定程度的自主權、村民極為團結、少數長老也能具有高度指導性和代表性的狀態——已經是一去不復返了。

　　村落中的各類資本，也呈現為分散與低重疊的狀態。譬如說今日保安村的幾位頭人或公眾事務參與者，一般來說，父執輩多

僅是小自耕農或佃農。其中的一位郭泰文，他年輕時完全在村外發展，中年後卻必須要回到村中來累積他的象徵資本。即使他所擁有的經濟資本在都市和鄉村都仍可能被轉換為象徵資本（如參加台北市獅子會），但顯然在鄉村中，他可能更快速，也更能獲得較具有累積性和再生產性的象徵資本。另外一位王學勇，在保安村，他可以單純占據象徵資本的源頭（長年擔任保安宮總幹事）而進行實踐與展演，卻從不涉及實質的政治責任。象徵資本資源的完整性本身，成為地方一種關鍵性的文化資源，但它卻有可能脫離政治資本而存在。另外一個較極端的例子來自於郭昆達，他堅持僅做鄉村地方行政工作，而不願涉入太多廟務，他出來參選村長，原本僅是出於賭氣與好強的心理，於是他在欠缺地方廟務與行政經驗的背景下，擔任村長職位。但是他所握有的政治資本，竟然可以以完全脫離象徵資本的狀態而存在，維持著一種單純行政官僚的形式，這也是今日農村各類資本分離化的一個側面性的展現。

我們看到，即使說農村的象徵系統仍能具有某種功能，但是隨著統合性社會基礎的削減，地方經濟的衰微，以及農村人力凋零化的現象，它對於社會系統的調控性似乎是大大減弱了；而這個象徵系統，在缺少統合性社會關係和高度世俗化的都市情境裡，其調控力當然是更薄弱。不過，在各類資本分化以及都市生活瑣碎化的背景下，地方宗教的象徵系統，仍然具有其正當性與永續性，參與其中的宗教與社會實踐，顯然地具有更佳的創造象徵資本的基礎[5]。漢人民間社會的象徵系統，逐漸以象徵資本創造

5　組織社會學中的「資源依賴理論」（Preffer & Salancik, 1976）指出，對於組織所需的資源，「關鍵性」（Criticality）和「稀少性」（Scarcity）是我們所特

的形式，提供了行動者資源動員的基礎，它的社會功能的扮演（如同 Jordan 象徵功能論裡所強調的），已不是當代社會裡它主要動能之所在。

七、結語

David Jordan《神・鬼・祖先》一書與筆者《重訪保安村》一書，都是針對台南西港地區保安村所進行的民族誌考察，二書觀察時間點間隔超過四十年，形成重要的對照性文本。本章希望藉兩書背後隱藏性視野的對比，一方面以此檢討漢人民間信仰研究理論觀點上的變化，一方面也藉此凸顯漢人地方村落宗教場域所曾經歷過的劇烈變遷。

1960 年代的台灣農村社會，處在國民黨威權時代，農業是當時最主要的生產型態。和諧與整合，不論在現實或是象徵層次，都是一個具有正當性的社會權力之運作與表現形式。在這樣的表象下，結構主義的詮釋框架，對於台灣鄉村社會的生產與再生產，確實具有很高的解釋力。David Jordan 理解漢人民間信仰的方式類似於結構主義，並強調象徵系統的社會功能，本章稱此為「象徵功能論」，確實有助於我們理解一個相對穩定平衡的漢人村落。

四十年來，保安村已歷經劇烈變化，村民大眾共有的核心象

別需要去加以考慮的面向（Hatch, 2006: 82）。「關鍵性」，指的是指組織沒有它就不能操作；「稀少性」則是指在環境中非常稀有（參考丁仁傑，2009a：391-396）。同樣的，今日台灣農村社會裡的宗教實踐，其所能創造出象徵資本的潛力，相較於都市中象徵資本累積的困難，已愈來愈具有著這種資源上的「關鍵性」和「稀少性」。

徵概念也許並未改變，但相關概念所能發生的效果，在範圍與強度上都大大減弱了。還有，過去各類資本高度重疊與未分化的狀況也有所改變。不過另一方面，農村的象徵系統和相關實踐活動，在新的情境裡，相對於都市的各類活動，卻更能夠創造出永續性象徵資本的相對稀少且關鍵性的來源，對比於 Jordan 的解釋框架，我們嘗試用「象徵資本動員論」來解釋今日台灣農村的民間信仰活動，而 Bourdieu 的某些關鍵概念，也被本章引用為可加以參考的反思工具。

最後，有兩個相當關鍵而且是彼此密切相關的問題還有待進一步釐清，一個是關於變遷的原因，一個是關於兩個模型間的相互關係。本章在此對這兩個問題完全沒有觸及[6]，但希望未來能蒐集到更多資料以做更細節性的討論，在此願意先做一些初步的臆測。

（一）Jordan 的象徵功能論和我所提出的象徵資本動員論，顯示出社會變遷所產生的結果。這個變遷的原因何在？除了外來因素以外，是否民間宗教場域本身也有其內部發生變遷的內因？在 Jordan 的想法中他認為（Jordan, 1972〔丁仁傑譯，2012：247〕：

> 這一套信仰系統或許會被削弱，為外力——也就是西化、科學、政治上的偏執等等——所削弱，這些外力認為：這些鬼與神明並不存在（或者說神是一個基督徒），還有：這些神明的事情可能都是自我暗示所產生的幻想等。但是就這個系統的本身而言，它不會因為自己本身的內在不一致，或是

6　感謝《台灣宗教研究》一位審查人，對本章刊載於期刊上的初稿時，所提出的這兩點質詢。

因為它的無法處理漢人社會生活的內在問題而被削弱。而這一點之所以會成立，是因為這個系統有著高度的彈性，而且它能夠與變遷中的漢人社會生活（緩慢的社會變遷並無法將漢人的生活整個翻轉過來）亦步亦趨地緊緊跟隨在一起。

換句話說，Jordan認為，漢人民間信仰象徵系統本身不太可能有所改變，但是它發揮功能的重要性和不可替代性卻有可能逐漸被削弱或被替代，而且這主要是出於外在（西化、科學主義興起、政治力改變等）的原因。

筆者也認為，本章所提出的解釋模型的變遷，主要是外在原因，而這些外在原因，Jordan並未深究，而我們要說，在本章的脈絡裡（多元象徵資本的興起與競爭），這些原因，至少來自於三方面：1. 現代國家出現所造成的中央與地方村落關係的改變（削弱了地方的自主性，間接削弱了傳統象徵結構的應用範圍）；2. 現代政治動員水平的提高（打破了象徵資本為少數人所壟斷的情形）；3. 工業化與都市化一方面產生農村經濟生活的邊陲化，但卻也奇妙地創造了鄉村象徵資本的復甦化（鄉村被視為是保存了「地方性」的最後淨土）。

（二）兩個模型（象徵功能論和象徵資本動員論）都以象徵作為核心，但前者的「象徵」相對穩定且對行動者有某種內化性的影響，後者的「象徵」則變成行動者自覺性地去操弄的符號。但是，兩個模型內又有文化定義類似的象徵符號（陰陽、神鬼祖先、公共性等），那麼，兩個模型間是完全不相容嗎？二者間的關係又是什麼？象徵發揮社會功能的過程，在象徵動員的歷程裡難道已完全不存在嗎？其實這個問題也就是：當象徵被「資本化」，儀式實踐對於行動者來說，到底已具有什麼樣的意義呢？

行動者的儀式實踐到底真是為了取悅神或防範鬼？還是為了展演給他人看以換取其他資源的策略性的行動呢？然而若純粹只為了換取其他資源，行動者還會覺得這種行動是有效的行動嗎（若展演者不相信真的有神鬼，這種展演還能在集體情境中具有影響力嗎？）？

　　簡言之，筆者認為，在漢人的生活世界，象徵功能的歷程，仍是一個無所不在的生活世界的核心，新出現的象徵資本動員過程，包含了個人或團體能動性的大幅提高、資本的高度流動和儀式意義的多重脈絡化，但它也確實會侵擾到傳統世界觀的說服力（為祭拜而祭拜的單純性受到侵擾），但是講到根本處，它仍要以傳統的世界觀（祭拜神鬼祖先、陰陽與社會秩序的調整等）為基礎（若無此共同信仰，將完全沒有可動員的基礎）。兩種模型運作間，處在一種既競爭（資源的競爭）又相互依賴（彼此的「可信性」〔plausibility〕相互依賴）的微妙辯證關係中，或許更多的實證資料（地方情境中，宗教儀式實踐多重脈絡的矛盾、交會與協調等），將能有助於本議題進一步的澄清與說明。

　　總之，保安村地方菁英領導型態的變遷與轉化過程，是本章主要的考察對象，相關資料有助於呈現地方層次行動場域的轉變，以及結構與個人能動性之間的各種複雜關係，並能凸顯本章的理論性重點。不過，有關議題（村落層次宗教場域的時代變遷）的資料呈現，本章還是相當局部，相關的理論性討論仍有待開發，本章作為一個初步的探索，希望能產生一定程度的啟發性，並能激起後續研究者更多的關注與討論。

第三章

村際脈絡中的權力場域
與象徵資本

台南西港保安村的頭人領導型態變遷

一、前言

　　本章繼續延續第二章，二、三兩章中雖根據了同樣的資料庫（保安村的頭人故事），但取捨不同，第二章僅集中刻畫了1970年代與2010年代兩個時間點上的民間信仰場域的變化，尤其是由傳統象徵符號運作相對穩定的農村社區，到今日地方宗教象徵符號具有高度關鍵性與稀少性性質的資源動員的狀態間的對比。第三章中，我們則將比較細緻的討論由象徵功能到象徵資本動員歷程變化背後的四個不同的歷史時期的演變，它們分別是由地主頭人時期、寡頭協商時期、分裂與派系複製時期到政黨意識形態化時期的一個歷史變化。在本章中，對台灣地方政治經濟學的現實，包括地方派系與村落自主性等面向，將會有較為深入的討論。第二章關注於場域的變化，本章則是更關注於場域變遷下，不同資本間的轉換，以及地方頭人格局的變化等議題。

　　本章中，我也會透過田野中所蒐集到的有關於地方村落領導型態變遷的資料，試圖將地方自主性、地方領導型態及地方宗教活動等之間的複雜關係進一步加以概念化。本章中會密集使用「象徵資本」的有關概念。如前所述，「象徵資本」，是指他人對某人所擁有的各類資本的承認，也就是社會賦予個人認可和正當性的具有文化意義的形式，這不僅會隨著時間改變，也很難量化性地加以指標化，不過，經由這個抽象性概念的建構，或許可以讓我們更容易去說明在不同時空中，地方自主性、地方領導型態和地方宗教活動之間的關係。

　　除了象徵資本以外，在定義上，我們還要先有所說明的是幾個本章中會用到的概念：宗教資本：是指對於宗教知識或儀式嫻熟的程度，或是指一個人在宗教組織中位置的高低；地方政治資

本：在地方村落層次，經由正式或非正式位置，所展現出來的政治能力和影響力；超地方政治資本：在超越地方村落層次，經由正式或非正式位置，所展現出來的政治能力和影響力，通常是指國家層級的民代或官員等所展現出來的能力與影響力。我們在結論中將說明：象徵資本和宗教資本間，在不同情況下，兩種資本間或者是緊密連結，或是有不同程度的可轉換性；進一步的，這兩者又都可能與地方政治資本（詳後）或超地方政治資本（詳後）間產生進一步的關係。

　　象徵資本與宗教資本在不同地方自主性的狀態中，具有不同的關係模式，而這種不同關係模式，也反映了不同時期地方頭人的權力基礎，和其權威展現與擴散的格局。本章的目的，即在以台灣西南部一個村落的百年歷史演變，來呈現與討論前述主旨。在討論之先，我們先繞個圈子，由美國小鎮的民主政治經驗來開啟本章，因為美國小鎮民主的例子，會是形成本章概念架構的一個對比性的案例。此處先呈現這個例子，後面則再依序進入本章的主要經驗資料與概念架構。

　　民主政治的基礎，除了制度層面，還需要奠基在一種日常生活中的政治經驗。Tocqueville（2000〔1835/1840〕）在探討美國民主政治史時，曾將美國地方社會自我管理的經驗對比於法國，其中讓他印象最深刻的是，在美國新英格蘭地區典型的那些約有2000到3000人規模的小鎮裡，幾乎是每一個鎮民都熱烈參與地方決策的討論，而且，透過選舉選出的地方小鎮的官員和民意代表，一個小鎮就有20位，經過年年改選，累積的這些地方菁英，成為美國人才培育的溫床，也是全民政治素養的一個基礎[1]。

1　關於美國地方小鎮與民主社會的關係，Tocqueville相關論述主要出現於《美

Tocqueville說（2000〔1835/1840〕：63-65），在法國，即使政府為百姓提供了許多服務，但人民享受這些服務就如同房客一樣。在美國，則人們對其居住的環境，以擁有者自居。住在小鎮裡所擁有的市民權和參與，讓一般市民覺得他們自己是一個地方的擁有者。

簡言之，在美國，小鎮是一個可以對「直接民主」加以直接實習的場所，人民在這個場所裡，學習到如何表達意見和協調利益，並能夠熱烈參與在公眾事務當中；而這個場所裡所產生的地方政治人物，也是更高層次政治菁英的培育所。Tocqueville說：「小鎮之於自由的重要性，就如同學校之於科學的重要性。」（2000〔1835/1840〕：57-58）也就是說，如果一個國家沒有富有活力的地方政府，人民將不能保持其權力上的自主性和獨立性，一個社會的民主自由也就無由達成。

在《美國的民主》一書中，曾有著這樣一段相當理想性的描述（2000〔1835/1840〕：61）：

> 在一個把人民的主權擺在第一位的國家裡，在國家政府中，每一個個人間，形成了一個具有同樣比重的主權，並且也以同樣的程度參與在其中。每一個人會被認定，他與其他每一個人一樣都是已被啟蒙，而且是正直的和強大的。

不過，另一方面來看，就實際的情形而言，Tocqueville也很清楚地指出來，這種所謂「直接民主」或「地方性的民主」，它

國的民主》一書v.1, pt.1第五章（2000〔1835/1840〕：56-93）和v.2, pt.2中的第五章（2000〔1835/1840〕：651-661）。

仍是非常脆弱和不易維繫的（2000〔1835/1840〕：57），因為這個小鎮的民主，他們必須經常和上層的政府交涉，甚至於還需要服從於由上而下訂定的法律，並且也在財政上受到上層政府高度的控制。其實，近代政治學有所謂「無財源提供之強制責任」（unfunded mandates）這個名詞[2]，更是說明了地方直接民主的困難。

　　當然，如同Tocqueville所指出的，民主經驗的形成，有賴於歷史的傳統，美國社會的形成，本來就是由地方政府先開始，而再逐層往上形成郡、州與國家的，這種歷史經驗所形成的民主素養，或許也不是那麼容易能夠轉移到其他地方。

　　不論如何，在前述的討論背景之下，由地方的自主性與民主經驗著手，我想把本章的焦點放在台灣地方社會，並將由地方頭人與領導型態的變遷，以及宗教象徵秩序建構與民間象徵資本建構等的分析角度，來思考有關議題。相關的論旨到本章結論時會更加清楚。

　　以時間向度來說，台灣的鄉村社會，由傳統帝國到殖民統治，再由政黨控制到當代多元化社會，民主社會顯然歷經了重重的奮鬥、啟蒙與落實，然而就基層社會來說，地方性的民主經驗，到底曾歷經一種什麼樣的轉變呢？地方鄉鎮的自主性[3]，它的

2　指中央訂定的政策，地方財源卻要支持相關的費用。這個問題在美國政治場域一直是一個廣受討論的憲政層次的問題。

3　所謂地方的自主性，是指在國家與地方村落的關係中，地方村落仍可自行處理地方事務的權力。通常它包含兩個層面，豁免權（immunity）和創制權（initiative），前者指地方能夠免於來自更高國家權力的監管而自行運作的權力；後者指地方對於居民的行為有自行立法和加以規範的權力，參考Clark（1984）。

性質到底曾發生了什麼變化？地方頭人的產生與領導方式，以及它與上層政府的互動，或是它在地方政治決策裡所扮演的角色等等？這些面向是地方民主政治的一個縮影，也是影響和決定市民社會的性質各種關鍵性的因素，在台灣長時間的時代變遷中，這些面向曾歷經了什麼樣的變化呢？

　　後面，我們將以一個小鎮的田野民族誌為基礎來思考有關議題。一個小鎮的故事雖然只能反映出相當局部性的一個畫面，但背後仍潛藏著種種理論意義和歷史意義上的啟發性，值得我們加以有所省思。

二、象徵資本概念的應用

　　關於Bourdieu的象徵資本、場域、資本的形式等概念，在本書導論中已有詳細介紹，此處我們不再重複。這裡要談的是關於象徵資本概念上的應用的議題。

　　幾個經常被人提到的資本形式（經濟、文化與社會），最早都是出現於Bourdieu在1986年撰寫的文章（241-258）。不過事實上，在Bourdieu理論藍圖還不成熟，而還沒有提出過這三種資本的名稱之前，Bourdieu已經用過「象徵資本」的名稱，集中性討論了阿爾及利亞農民生活裡的非經濟性層面。這個象徵資本的概念，和Bourdieu後來用法裡的文化資本或社會資本概念有重疊性但又不完全一樣，它比較一般性地概括了與經濟資本不同的其他類資本的屬性。簡言之，象徵資本是相對於金錢算計的資本而論的。而後來，Bourdieu僅偶爾會回到這個主題上來做討論。不過在Bourdieu與Wacquant合寫的專著中，Bourdieu最忠實的詮釋者Wacquant曾說（Bourdieu、Wacquant, 1992: 119），象徵資本的觀

念是Bourdieu所提出過的最複雜的觀點之一，Wacquant認為，Bourdieu的全部學說，又可被解讀為不斷努力地探索和追求有關於「象徵資本」的各種形式和效應[4]。

Bourdieu說（Bourdieu、Wacquant, 1992: 119）當我們透過各種感知範疇，認可上述三種形式的資本（經濟、社會、文化）的各自特定邏輯，而把握了這幾種資本，或者，如果我們要說，這是誤識了這些資本占有和累積的任意性也可以，這時，我們就可以說這些資本所採用的形式就是象徵資本。

我認為，簡單來說，象徵資本也就是以一種正當性賦予的方式，以來理解社會既有的，可能只是出於相當任意性而所組成的階層或社會關係。尤其在傳統社會，或許是還沒有認識到，或許是會刻意去拒絕承認現代社會的經濟原則，在這些地方，象徵資本的範疇和可累積性便會相當明顯。Bourdieu說（1990〔1980〕：117-118）：

〔對阿爾及利亞的農民來說〕在傳統社會裡，住民並不會去特別區別工作的生產性與非生產性。……因為這些（小勞動）的勞動生產力很低，所以農民必須避免去計算他花在上面的時間和份量……以來衡量那種工作時期與生產時期（它也是消費時期）間的不成比例性，以保存他在工作本身上的意義；要不然，這會產生一個明顯的矛盾，這會變成一個食物的稀少性很巨大，時間的稀少性卻很小的矛盾。農民的最

4　Wacquant（Bourdieu、Wacquant, 1992: 119）並且指出，在下列出處裡，有Bourdieu較為詳盡的關於象徵資本的討論：Bourdieu, 1972: 227-43; 1977a: 171-83; 1990a: 112-221; 1989a: part5，以及1991e。

佳而且是唯一的過生活的方式，是使用他的時間而不去計算它，是去任意處理他不虞匱乏的部分。

……勞動的發現，建築在生產的一般性的基礎之上，也就是說，自然世界的除魅，讓勞動只停留在經濟的面向。當人們不再需要為秩序付出貢品，行動將完全被導向於經濟的目標，金錢開始成為一切事情的度量。這表示，能夠創造個人與集體性的錯誤認知之「原初性未分化狀態」自此不在。當一概用金錢利潤來衡量時，最神聖的活動自此相反的成為只是一種象徵，也就是說，如神聖這個字常常代表的，缺少具體的和物質性的效用，如在這個字 gratuitous（無償的）裡面所表達的，既沒有利益也沒有用處。

……在一個拒絕承認關於「經濟」實踐之「客觀事實」──以「純自利性」和自我中心的算計性法則為中心──的經濟體系裡，除非是能夠經過一種價值轉換，來讓效率原則被隱蓋起來，「經濟」資本是無法產生作用的。這個否決經濟原則的資本（denied capital）就是象徵資本，它被以一種正當性形式來被辨識，而被誤識為是一種資本（一種認可和承認，這是因為人們可因被承認而能得到某種獲利感），且是和宗教資本一起[5]，被認為是這個社會，這個不承認經濟資本的社會裡，惟有的累積性的形式。

簡言之，在傳統社會，並不只把具有生產性的勞動當作純經

5　引文中所出現的 Bourdieu（1971），是指 "Genesis and Structure of the Religious Field"，這一篇文章的法文版，後來在 1991 年被譯為英文，參考本章引用書目。

濟上的面向，而是廣泛將生產性與非生產勞動都視為生活意義中的一部分，讓生活的方方面面都產生意義感，不然其居民很難去解釋除生產以外他大部分閒逛的時間之小勞動的價值，也只有如此才能讓經濟資本的運作繼續持續下去。當時的社會，象徵資本和宗教資本才是公認的具有社會意義的範疇，自我中心的經濟算計則無法公開運作。但當代社會已將此情況加以除魅化了，前述這種情況已不復見。雖然Bourdieu並沒有講得很清楚，不過現代經濟活動生產力的大增，以及經濟領域運作邏輯的獨立化似乎是除魅化歷程背後的歷史動力。

　　另外，以上引文中要有所補充說明的是，文中所出現的是Bourdieu唯一的一篇較為完整談論「宗教場域」的文章（1991），該文中認為，宗教的主要社會功能，是去正當化社會秩序，以及提供人們在社會秩序中的位置的一個正當化。該文還仔細討論了宗教場域由其他場域分化出來的歷史過程，也討論了宗教場域內部的分化，在Bourdieu討論的脈絡裡，宗教場域，和其他場域一樣，為慣習、資本、實踐以及場域所形塑的結構中的競爭所構成。而關於宗教資本的累積，是指宗教語言和素養的熟練的程度，而在有正統教會壟斷的情況下，人們往往要去消費教會生產出來的宗教資本，並以此來源的資本為累積基礎。

　　學界對Bourdieu的應用相當廣，不過筆者並沒有發現在象徵資本這個層面上有太多人加以討論。張小軍（2001）曾使用Bourdieu象徵資本的概念來解釋民國時期福建陽村地方社會的發展。在張小軍的用法裡面，在其特定的福建陽村的脈絡中，所謂的象徵資本，指的是宗族被一般大眾所感知的形式，而且宗族內部有一種客觀的權力關係，當它以象徵資本的形式存在，它還可以被再生產出新的權力關係，也就是權力的象徵關係傾向於再生

產並強化那些建構了社會空間結構的權力關係。

　　張小軍對話的對象是 Duara（1988），Duara 用國家政權內捲化的概念，用來理解民國時期國民黨政府在華北農村治理上的失敗。內捲化（involution），是指不能以新的方式來治理，而只能用舊的結構的更加延展和精密化的舊的方式來治理。Duara 認為，與晚清國家政權基本成功地將自己的權威和利益融入文化網絡之中相比，民國時期「現代化」過程中，國家政權完全忽視了文化網絡中的各種資源，於是沒能有效地利用和發展舊的信仰及權威，當它企圖在文化網絡之外建立新的政治體系，它無法解決現代化國家財政需求過快與傳統農業經濟的發展不相適應的矛盾（1988: 233-237）。張小軍不同意 Duara 的是，根據他的材料發現，關鍵的問題並不是在國家政權結構在基層治理方式的內捲化，因為當時的治理方式確實已改採了積極的徵稅模式，真正的問題反而在於一種政治文化的內捲化，一個舊的象徵生產體系的複製和延伸。如他所述，「權力的文化網絡（社會資本）在民國時期的變化，主要是受象徵資本的再生產制約的。民國的失敗，主要產生自『文化理解』的失敗（包括曲解和誤解），如果歸納為學術概念，則是『象徵資本再生產（reproduction of symbolic capital）』的結果」。

　　簡言之，透過「象徵資本再生產」的解釋框架，張小軍認為民國時期國家權力侵入基層，權力的更迭，是在舊的觀念和手段下進行的。例如他們進入村落政治舞臺並沒有經過新式的民主選舉。縣裡辦保長訓練班，為的是把老的改下去。顯示了國家進入基層的強制性一面，另一方面，新的鄉紳還是通過各種「關係」，藉著社會秩序的轉型而出現，並不是因為他們本身怎樣的新。張小軍認為，從象徵資本再生產的角度來看，對新文化的誤

解、曲解和舊政治文化的內捲，才是舊文化網絡破壞後沒有可行替代物，以及新制度、新規範無法建立的關鍵。

此外，同樣是引用Bourdieu，河合洋尚（2010）曾比較兩個廣州附近村落划龍舟儀式裡的象徵資本的面向。河合洋尚將市場經濟下的資本分為經濟資本和象徵資本，前者是指追求經濟利潤的金錢，後者指的是名譽和權益，只是間接地追求經濟利潤，它本身是非金錢的形式。接著，他將那些特別突出旅遊觀光形式，以來爭取觀光客和媒體正面印象的舉動稱之為「象徵資本化」，而稱那些「刻意保留地方傳統和保存集體土地權或村民權利」的作法為「身體化」。於是根據其田野考察所得到的結論是：各村落在兩個面向上會各有不同比重的強調，雖然開始強調觀光資源的轉化（「象徵資本化」的發生），但也還是會強調傳統儀式中不能妥協更改的部分，而結果是，「象徵資本化」與「身體化」二者並不是對立的，而有可能並存在一起。

三、保安村農村菁英領導型態的變遷

現在，我要開始鋪陳本章分析主要的材料依據，台灣南部一個小村落保安村近一百年來菁英領導型態的變遷與轉化[6]。敘述的方式會以村中領導人物的事蹟為線索，但實際引導村落故事的主軸，是村落集體決策與主體性構成的一個形態上的變化。

保安村是台灣南部一個典型的單姓農村，1966年時人口為1669人，郭姓占全體居民72.3%，2008年時人口為1245人，郭姓

---

6 保安村是一個假名，本章所出現的人物，除已具有全國性知名度的政治人物外，其餘一概以假名出現。

照片 3-1　村落中神明慶典的場合，也是象徵資本動員、累積與交換極為頻繁的場合，照片中是保安村謝府元帥神明生日的慶典活動，照片中同時出現了西港鄉鄉長、台南縣議員、西港鄉代表會主席、西港鄉農會總幹事、保安村公廟的主委等。（照片攝於2009年6月）

占全體居民57.2%。主要農作物以稻米、甘蔗、玉米、甘藷、胡麻等為主，2010年時，大約有30%的專業農戶，每戶農地平均約0.82公頃。保安村曾是人類學家David Jordan在1960年代末期來台長期從事田野研究的地點，以此地點寫成的民族誌，成為漢人民間信仰研究的經典之作。筆者則在2008-2011之間，對該地點進行重訪，出版了後續重訪性質的相關研究。有關於這個村子更為細節性的描述，參考Jordan和丁仁傑的文章（1972〔丁仁傑譯，2012〕）。不過Jordan（1972）和筆者（2013）都是以民間信仰為考察主題，尚未涉及到漢人村落領導型態與象徵資本等方面的議題。

　　保安村村落菁英長老型態的變化，一方面是台灣鄉村地主階級的變化，一方面也是台灣派系與政黨政治操作方式的一個變化，階段性的轉折，雖受內外政治經濟環境變遷的影響，但和村內產生糾紛的事件與領導人物的性格特質等，往往有著更為密不可分的關係。我們將以歷史時期的變化，分幾個段落來鋪陳保安村這一方面的變化與發展：

照片3-2　村落地方頭人常採取一種較為外顯的方式來自我彰顯，類似於照片中地方頭人家戶門面上，掛滿了匾額，並在其中書寫諸如「造福鄉里」、「功在鄉梓」之類的詞語，這一類情況在鄉間經常可以看到。

（一）日治時代到光復初期（1900-1953）：在地地主家族的
　　　直接領導

　　在日治時代，保正隸屬於警察單位，是無給職。保安村當時分為頂下兩保，而日治末期擔任頂保和下保較久的保正，都是村內的大地主：頂保為郭長恩，下保為郭遠東[7]。

　　郭長恩（1882-1955）：保安村的郭氏有多個來源[8]，有一個主要來源是郭八房（共有八支），大約乾隆中葉1770年左右，郭八房的三房子孫先到保安村開墾。郭長恩生於清光緒八年（1882）。他祖父郭頂時已是村內的大地主。長恩三兄弟光復前未分家，家族農地數十甲，大部分租放給佃農，家中也有請長工。長恩排行老大，除擔任保正外，他還擔任保甲書記（保甲書記是有給職，協助西港庄各類政令宣導與衛生保健）。從日大正九年（1920）到日昭和八年（1933）郭長恩一直擔任西港庄協議會員（類似後來的鄉民代表），此外他也擔任製糖會社的原料委員。

　　比較特殊的是，郭長恩是齋教龍華派的修行人，也是現今西港信和禪寺的創始人之一。他先在佳里蚶寮參加聚會，後來教派分裂，他和一些信眾分出而另在西港市區成立了信和堂（1927年），信和堂今日稱信和禪寺，是目前西港最大也最著名的地方型佛寺。郭長恩經常到信和堂長住，據後人說他一生常常救濟窮困家庭，喪家沒錢下葬時也會出面幫忙，並招集同修為人助念。

7　黃明雅《南瀛大地主誌（北門區卷）》（2009：141-166）一書曾報導過北門地區的大地主，郭長恩與郭遠東均在報導之列，顯示保安村這兩位日治時期的保正，確實是屬於地方上有名氣的地主階級。

8　一部分來自於竹林村的郭八房，另外則有來自西港鄉中社、安定鄉管寮、學甲鎮等不同來源，更詳細的說明參考Jordan（1972〔丁仁傑譯，2012：21〕）。

郭長恩的兒子郭水波擔任過一屆村長和原料委員職務，並擔任過西港鄉公所民政科長，多次西港鄉政界人士邀請郭水波出來選鄉長[9]，但他個人沒有意願。郭長恩的孫子郭光輝（詳後）則是後來在1990到2006年16年間，擔任過四屆村長[10]。

郭遠東（1896-1976）：屬於來自安定鄉管寮的郭氏。郭遠東的爸爸郭文是擁有70甲土地的大地主。郭文有兩位老婆，大老婆協助在保安村負責農田管理事務，二老婆在台南市經營銀樓。郭文土地大部分租放給佃農。兩位同父異母的兒子，哥哥郭遠東，弟弟郭遠威。遠威是西港著名仕紳，曾擔任西港庄助役（相當於現今鄉公所祕書），並是西港庄「市街改正」（日治時代的都市計畫）的重要推手。

郭遠東漢學私塾出身，曾擔任農會組合理事。郭遠東由日治時期到光復初期，長期擔任村中保正，個性威嚴而有魄力，講話很大聲，教訓人也相當直接，是撐起村中大小事務的傳奇人物。他也接手了家族留下來的台南市銀樓，但平日主要還是在村中活動，即使未擔任保正時期，也是村中主要頭人，並長期主導公廟事務。

令人傳頌的佳話是，日本在皇民化末期的「神佛升天」運動中，郭遠東冒著身家危險，在家中藏了兩尊神像，一尊媽祖，一尊郭氏始祖榴陽王。兩尊都是早期由大陸遷台時所留下的神像，前者後來移樽到了西港慶安宮，後者後來則是郭氏宗親會光復後開始運作時全省輪值擲爐主的依據（丁仁傑，2013：137-140）[11]。

　　同住村內郭遠東的遠親**郭遠志（1897-1979）**，在日治時代末期也擔任過兩屆保正，但個性比較溫和，比較有讀書人的性格。

　　以上所提到的這三位村中長老，在耕者有其田政策頒布（1953）以前，都屬於大地主的家族，他們雖也務農，但絕不是普通的農夫，因為他們的生活比一般農民要複雜得多。他們的社會地位與政治角色和宗教角色相互強化，在地方社會農村中維持了一種優勢的地位，而這個優勢地位和其背後家族所擁有的土地與財產等都是相互連結在一起的。

（二）土地改革後的村落菁英集團（1953-1978）：寡頭控制 與協商下的地方民主

　　土地改革後，地主家族力量被大幅削減，在本鄉的土地基礎變得相對薄弱，固定的土地資本也被大幅轉化為流動性的商業資本。隨著台灣都市化與工業化，許多地主家庭子弟紛紛遷出向外發展。

　　不過地主家族仍在某個程度上控制著村內菁英的選拔。村內菁英雖然不見得派出自己家的子弟來擔任公職，但村中仍是由少數菁英集團所掌控。每次選舉總是由幾個家族中的長老來挑選村中能力較強的年輕人來擔任候選人。

　　村長選舉制度雖然是開放性的自由競選，但實際上每次選舉幾乎都是長老協議下的同額競選。這裡有內外兩方面的因素。內部因素，當時村民普遍知識與教育程度不足，任何事情還都是由長老們出面對外處理，雖然經過土地改革，但是頭人與一般村民之間的差距仍然很大，頭人政治的基本治理結構並沒有改變[12]。

12　訪談稿B7。

　　另外一個重要外在因素：威權政府掌控下地方派系的影響。台南西港自光復以後，在歷次地方選舉中，已經形成穩固的郭黃兩派長期對立的情況。如同政治學者陳明通（1995：150）就國民黨與地方派系的關係所指出：「因為國民黨的外來政權屬性，不能沒有本土勢力的支持，又要辦理地方選舉，更需要地方派系代為動員選票，在這種現實政治的考慮下，只好暫時容許地方派系的存在，不過卻先採取局限化、平衡化，經濟籠絡的策略，限制並操控地方派系的發展。」這其中的一種作法是所謂「雙派系主義」（若林正丈，1994：139）：對存有地方勢力的縣市，扶植至少有兩個以上的派系，以收權力平衡之效，使利於黨中央的操控（轉引自陳明通，1995：152）。當時的台南縣，自1970年代中葉以後，已有所謂山派與海派間的長期對峙（陳延輝、蕭晉源，2005）。

　　在鄉鎮層次，統合在海派底下的西港鄉，內部也有極為劇烈的郭黃兩派的長期對峙。郭黃兩派的鬥爭，圍繞在地方選舉席位的爭奪，與地方基層行政機構權力的分享上，包括鄉公所、代表會、農會、農田水利會、調解委員會等，帶頭的是幾位政治人物，參與者則是全面性的，每一個村莊的村民都被捲入。黃派的起源是光復後第一任鄉長黃炭（由鄉民代表會間接選舉，任期1946-1948），後來連任輸給郭泰山，黃炭誓言要報仇並捲土重來，自此西港鄉形成兩股勢力間的對抗，1950年起，台灣全面實施縣市地方自治，鄉長、鄉民代表與村長等都是直選，各級選舉促進了地方派系間的對立。而西港的郭黃兩派勢力，和西港地區19世紀末期因土地紛爭所形成的郭黃械鬥的兩邊陣營間（參考Jordan，1972〔丁仁傑譯，2012：33-40〕），又隱約有著姓氏間之連結或分隔上的連貫性。

　　派系鬥爭中，除了一些人口較多的村落如後營村兩派人馬各有外，其餘單姓村為主的村落，通常全村會是屬於同一個派系，並且在派系競爭的氛圍中，每一個村子通常會顯得異常團結[13]。

　　保安村也不例外，在西港，大竹林、保安村與新復村三個郭姓村，向來是郭派的核心集團，本來各村彼此間就多少都有著郭姓的親族關係，又加上派系對峙下的激發，整個村子顯得相當團結。這種團結尤其會表現在選舉上，各級選舉時，只要村長一聲令下，保安村當地，連買票都不需要，全村80%以上幾乎都會圈選派系所指定的那位候選人。

　　在這種情況下，在村的層次，經過村中長老郭遠東和郭遠志的選找與指定，曾挑選了一位年輕英俊又有頭腦的年輕人郭達擔任村長[14]，而這一做也就是30年（1948-1978），也反映了保安村在派系對峙下的相對穩定與一致性的時期。

　　郭達（1915-1997）：郭達的父親是擁有四、五分地的小自耕農。郭達本來不務農，年輕時就很有頭腦，17、18歲時出外在關廟附近混日子，在當地批甘蔗，僱兩個人在西港賣甘蔗，發了一筆小財。後來郭達又到高雄旗山從事拆橋業，得了熱病昏迷不醒，家人才將他一路拖回老家，之後郭達就留在本村。日治時代，郭達在村中私製紅糖販賣，賺了不少錢，後來郭達娶了海寮世家方姓人家（從事牛犁製作業）的女孩，經濟情況愈來愈好。後來，郭達弄到一張肥料生意特許證，專賣生意讓他賺了不少

---

13 以西港鄉11個村落來說，竹林村、保安村、新復村、港東村傳統上是屬於郭姓派系色彩較重的村；南海村、檨林村、金沙村、劉厝村是屬於黃姓派系色彩較重的村。後營村與營西村，郭黃兩派之間互有高下波動較大，西港村與慶安村則屬於市街區域，派系色彩比較淡。（得自B6的口訪資料）

14 郭達的資料主要來自B8和C4的口訪。

照片3-3　匾額局部：郭達擔任村長達三十年，卸任時村民頒發給他的匾額，書寫「功成榮卸」四個字。1970年代到1990年代之間，台灣村落屬於「寡頭協商與控制下的地方民主」發展時期，各地常有同一村長執政長達二、三十年的情況。

錢，而郭達一有錢就拿來買地。

　　郭達年輕時人帥且人緣也很好，村中長老郭遠志找郭達出來從政，郭達30歲時便擔任了一屆鄉民代表，接著郭達就被選為村長，而由1948到1978年，郭達連續就任了30年村長。郭達擔任村長期間，很會協調事情，全村也很團結。黃郭派系對峙中的郭派，幾次叫郭達出來選議員和鄉長，但是郭達因為不識字，擔心無法做好行政工作，因此始終僅停留在村長的職位。當時每次各級選舉期間，郭派競選團隊都會在郭達家開會，保安村郭達家，儼然是郭派的指揮所。

　　郭達雖擅於協調，但是有時在公共事務上也會採取較為強制性的態度。選舉時全村的配票是一例；又如用水問題上，蓄水池用水的分配，水塔興建時費用的強制分攤等也是一例。不過有一件事則沒有成功，當時全村有公厝，擺置全村公共性的神明，主要有廣澤尊王、媽祖、謝府元帥、觀音佛祖等，不過各角頭也仍

有各角頭所敬拜的神明（並沒有進入公厝），如張姓拜池府千歲，徐姓拜齊天大聖等，郭達曾試圖說服村民，各角頭祭拜的神像，最好是都能統一充入全村共有的神廟中，將有助於全村的團結，也不至於各姓氏拜各姓氏的，但結果並沒有成功，這也埋下來了後來保安村分裂後全村勢力長期分為兩派的伏筆。

（三）分裂對立下反抗性頭人的誕生（1978-1993）

1960年代末期，保安村各姓氏在全村的比例如下（參考Jordan, 1972〔丁仁傑譯，2012：32〕）：

表3-1　保安村的姓氏分布

姓氏	家戶的數目	占所有家戶的百分比
郭	164	72.3
張	14	6.2
黃	11	4.9
徐	11	4.9
林	7	3.1
王	4	1.8
侯	3	1.3
賴	3	1.3
李	2	0.9
謝	2	0.9
陳	1	0.4
丁	1	0.4
鄭	1	0.4
江	1	0.4
蕭	1	0.4
葉	1	0.4
總計	227	100.0%

　　其中的張氏大約在19世紀末期還是居住在西港打鐵庄（可能約有近百戶），後來打鐵庄因瘟疫與水災等而敗庄[15]，人口四散，其中十幾戶遷到保安村，先是向郭姓借地耕種，後來才慢慢穩定下來。徐氏則是由西港堀仔頭庄遷來，可能也是因尋找耕地問題而遷來，目前在保安村已歷經四、五代，有十多戶。張氏和徐氏在村內各自都相當團結，而其凝聚力則經由神明會的組織而更得到了加強（張姓拜池府千歲，是原來打鐵庄的主神；徐姓則拜宗族內的共同神明齊天大聖）。至於十幾戶黃氏間則沒有特別整合在一起。

　　不過，不論是出於哪一個姓氏或哪一個角頭，就整個村子來說，一直到1970年代以前，保安村都仍是相當團結一致的，雖然其中的張姓、徐姓和黃姓有可能對於郭姓的配合僅是表面上的。關於當時的情形，幾乎由每一位村中耆老的口中，我都聽到如下類似的說法：

　　　　村中有任何事情，大家一定口徑一致共同向外。當時在西港或附近，沒有人敢隨便欺負來自保安村的子弟。有一件事情充分顯示了這個情況。光復初期，海寮庄一位拳腳師傅名叫海伯，功夫了得。海伯有一次和孫子在某廟前廣場前看戲，因為人很多，孫子騎在他頭上，擋到了後面的人，後面的人叫海伯不要擋住視線，海伯仗著自己武功高強且有威名，不但不禮讓還回頭打了對方。被打的人來自保安村。三天後，保安村全村糾集一些人去找海伯理論，意見不合又打

15　根據日治時代明治36年（1903）的記載，打鐵庄當時住戶僅存兩戶，顯然大部分已經遷出，轉引自李淑玲（2005：55）。

起來，海伯被打受了內傷，臥病不起經三個月以後就過世了。海寮村在西港地區人口眾多且民風強悍，但出了這件事情也不敢對保安村有什麼微詞。保安村也因為這件事情，其團結之風更是在各村莊之間名聞遐邇。

那麼，一個如此團結的村子，又加上郭黃派系對峙中的危機感所加深的村落內的凝聚力，是什麼原因開始讓保安村這個村子開始有了隙縫與裂痕呢？這一部分的故事我已在前一章中述及，這裡有部分重複，但在現在的脈絡裡，我需要講得更詳細一些。1970年12月12日台灣新生報七版出現的一則小小的地方新聞：

貸款職員虧空潛逃
西港農會存款昨被擠領一空
縣府將協調行庫支援

【南縣訊】

台南縣西港鄉農會主辦貸款業務的職員黃財貫，虧空公款九十餘萬元潛逃，存戶於十、十一兩日擠領存款一百餘萬元，將現款提領一空；縣政府將協調當地行庫，支領西港鄉農會的財務，並勸導會員不要再急於提款。

黃財貫業已向台南地檢處投案，並已由佳里分局借提偵辦。

據縣政府農會輔導課處理該案的輔導員郭金塗表示：黃財貫是用以少報多的方式，向農會套借貸款，自五十五年到五十七年，共套借九十餘萬元，無法歸償，而於日前潛逃。

郭金塗說：西港鄉農會存款額有一千四百萬元，放款額一千兩百萬元，虧空九十餘萬元，並無太大的影響。但是黃財

貫逐年虧空而未被農會發現，顯有失職，縣政府將追究有關
人員的責任。

郭金塗指出：縣政府目前所能做的是協調當地行庫支持西
港鄉農會的財務，並勸導會員不要擠兌，以渡過難關。

黃財貫潛逃的消息外洩後，十日一天之內即擠領存款一百
萬元，將所有現款提領一空。在警方協助勸導下，十一日仍
有許多客戶提款，唯情勢已趨緩和。

郭金塗曾於昨（十一）日前往西港鄉，協助處理善後。

西港的農會，事實上都是由派系力量所把持，信用部主任更
是其中的重要職位。1960年代末期農會總幹事來自於郭派的竹林
村，信用部主任則是由一位村中長老的郭豹（不識字但擁有不少
土地，曾短暫擔任過副村長一職）之長子郭本龍來擔任。信用部
放款部門的職員，是與郭本龍同祖父的族親黃財貫。

農民耕作需要充分資本的周轉，保安村村民小額貸款都是直
接找農會裡的黃財貫來辦理，因為多數農民識字不多，有時直接
就將證件與印章交由黃財貫代辦。連續四、五年，黃財貫以職務
之便，用村民證件進行貸款而作為己用，後來東窗事發，受害者
多是保安村村民，約有三十多戶，總金額高達百萬元。這件事情
本身或許不見得會撕裂保安村，但長老們事後的態度和處理方
式，對保安村政治生態後來的影響確實是十分重大[16]。

黃財貫叔父郭豹是大地主，村長郭達出面加以調停此事，希
望郭豹能代黃財貫賠償了事，也許村民也就可以不再追究。但郭

---

16 農會事件的相關訊息，除簡報資料外，主要來自於B2、B5、B7、C2、C4的
口訪。

豹並不同意。

而農會方面，急著進行切割，一方面向外宣稱說信用部主任與農會總幹事都不知情，一方面則透過法律管道來要求貸款人償還。法院傳喚村中長老，但村中長老也屬於農會派系力量的這一邊，而在作證時說：雖然被冒貸是事實，但受害者和黃財貫之間已經協調好了，上面可以不用介入。後來這事驚動了監察院來進行調查，但監察委員謝崑山本身就出身於西港郭派派系，且事先早被郭派人馬所疏通，官官相護的結果，反而是村民們都敗訴了，甚至需要繼續償還被冒借的貸款。

三十多位被冒借的村民，是由村民**郭大威（1934-2014）**帶頭來打官司的，郭大威並找到了中華日報社地方新聞一位記者協助寫訴狀，[17] 而開始了長期的訴訟。郭大威本身不識字，口才也不好，但富有正義感，耕者有其田政策之前還是佃農，後來勤奮工作也擁有了五、六分地。經過了漫長的訴訟過程，雖然沒有成功，但受害者之間相當團結，並且也對保安村的長老政治開始感覺徹底失望了。後來這一方面的政治資源，流轉到了黃派，黃派介入而推出的郭松山，則順利當選了保安村的村長。

郭松山（1943-2007）

郭松山在村子裡是一個毀多於譽的傳奇人物[18]，也是黃派在保安村得以站穩腳跟的一個轉捩點。當農會事件爆發以後，黃派就和郭大威接頭，希望他能出來選鄉民代表，但他不識字且口才不好，雖然頗有人望，但無法成為檯面上的人物，郭大威曾當選一

---

17 郭大威的資料主要來自 B2 和 B7 的口訪。
18 郭松山的資料主要來自 B6 和 C4 的口訪。

任農會代表，但也僅此而已[19]。

黃派內部的會議決定：「必須要破郭派！」最後，黃派拉攏僅有小學畢業，但口才極好的郭松山出來與老村長郭達競選。1978年村長選舉，郭松山比郭達多出13票，擊敗了任職已有30年的老鄉長郭達。

郭松山跟郭達沒有宗親關係，但和郭達的次子郭全祿則是初中同學，彼此交情很好，郭松山其實平日就常在郭達家走動。郭松山很年輕就離家鄉到外奮鬥，沒有人知道他做過什麼工作，但每次回鄉總是西裝筆挺油光粉面。

有不少關於郭松山的故事在村中傳誦，但都不是什麼好事。譬如說，郭松山知道郭達在台東的一片山坡地上飼養了數百頭羊，郭松山趁管理人疏忽時，領著西港幾位鄉民到台東參觀羊群，號稱自己是養羊大王，而這些羊想要廉價轉手，結果郭松山收了一大筆訂金後便逃之夭夭。又如，郭松山曾請託商家寄賣襯衫，商家勉強答應展示，郭松山之後再請朋友前去購買，買後並不斷向商家誇讚衣服質料有多好，並還想大量訂購云云。商家很高興，於是跟郭松山下了大量訂單，郭松山收了大量訂金後，也是逃之夭夭不見人影。另一件事，佳里國小一位老師，在帶隊學生旅行時遇到虎頭蜂襲擊，老師因保護學生而不幸死亡，留下了遺孀和小孩，當時遺孀得到了300萬的撫卹金，郭松山知道了這件事之後，就想盡辦法接近這個遺孀，事後不但欺騙了她的感情，也捲款逃走。諸如此類故事很多，總之，郭松山是一個頭腦

---

19 農民會員每50名可選出一名農會代表。農會代表的目的是可以由其中互選出九位理事，理事中又將選出理事長，理事長則可以任命總幹事。全西港鄉共選出45位農會代表，保安村通常是選出3位。在農村，農會掌握許多地方性資源與人際網絡，是地方派系必爭之地。

靈活而凡事無所不用其極的人。不過這些事都是後來才被傳出來的，會傳出來，也是因為郭松山在派系間四處遊走，得罪了不少人，早先大部分的本地人並不清楚他的為人。

1970年農會事件以後，保安村已進入紛爭矛盾時期，黃派一直想介入其中。其實郭達在村中執事已久，已有不少反對他的人。黃派找到了農會事件的主角郭大威，郭大威帶領全部受害者投靠了黃派，但郭大威本身卻沒有能力擔任檯面上的人物。黃派繼續找上了長袖善舞的郭松山。黃派知道郭松山有政治野心，也知道他和郭達家私交很好，就拿大筆錢出來要支持他出來選村長，而這也得到郭大威等人的贊同。

郭松山很清楚，保安村除了郭姓的一百六十多戶，張姓與徐姓還共有三十多戶，這些異姓並不是真的服從於既有郭派的指揮。如今加上農會事件的大批受難者，再加上黃派背後的金援，情況大有可為。首先，郭松山趁著張姓宗族內舉辦池府千歲壽誕，和徐姓宗族內舉辦齊天大聖聖誕時，他主動示好並各捐出大額捐款（6000元）來贊助神明會，這給張姓與徐姓宗族很大的好感。接著，郭松山再加上遊說與買票，幾經動員，終於郭松山以多出13票險勝了郭達。至此，村內的黃派便已成形（雖然他們並不姓黃），且完全走到檯面上來了。而在這之後，買票，已經成為了村中大小選舉，兩派人馬都需要去盡力加以施為的必要性元素了。

郭松山當村長（任期為1978-1982）不久，就決定將村內的公廟保安宮予以擴建，一時聲望大振，如日中天。不過又經過了兩年，郭松山收了不少重建費用，廟還是只蓋成了粗胚，但錢卻早已用完，而且帳目不清不楚。支持郭松山的人還是大有人在，但另一方郭派的人馬當然是對他極為不滿。郭松山也就在廟務興

建債務不清楚的陰影中，做完了一任村長。

因為有派系力量的支撐，卸任村長的郭松山，即使公共財務處理上有瑕疵，還是可以以反對黨領袖的角色活躍於村中事務。而且，他又攀上了更高的舞臺。1980年，前西港鄉鄉長，前慶安宮董事長，也是黃派的掌門人黃圖逝世，已是黃派人馬的郭松山協助黃家處理喪事，不但辦理得是井然有序，更是對黃圖極表哀泣悲傷之情。這讓黃圖公子，也是慶安宮繼任的董事長黃慶芳相當感動，也很欣賞，便聘任郭松山擔任慶安宮的總幹事。郭松山做了幾年總幹事，虧空公產不少。但聘用者黃慶芳也有幾分責任，就不聲不響讓郭松山離開。本來虧空的事不會傳出，但郭松山後來又想要轉回去投靠郭派，才讓黃派的黃慶芳老大不爽，將其在慶安宮虧空公款的事全數抖出。但這個時候，郭松山已經跑去佳里和那位小學老師的遺孀住在一起（如前述），暫時離開西港鄉而去佳里避風頭了。

村內派系力量對壘明顯化之後

我們在第三章中曾提到，Jordan書中生動的描寫道，1968年時，當時保安村村中小孩常常掛在口頭傳頌的幾句話，很傳神表達出村中四位具有影響力的人物的名字，反映出村內的決策是如何在少數幾位頭人之間來達成的：

> 豹仔說話有夠大聲 D *gau toa-sia*
> 達仔十分會勸說別人 C *gauko-chia*
> 遠志慢慢騎著他的腳踏車 B *kiachhia ban-ban*
> 遠東會罵人是極為出名的 A *kan-kiau u chutmai*

這四位長老中，遠志、遠東的後人，1990年代以後，多已至外地發展，僅有少數幾戶還留在村子裡；豹仔和達仔的後人雖仍住在保安村內，但都受到農會事件的牽連，其家族，在村內的人望已經變差了不少。

郭松山當過村長以後，雖然口碑不佳，但黃派在村內仍有舉足輕重的影響力，他們想推舉椿腳涂大千出來競選村長，但他卻沒有意願當檯面上的人物。

歷經郭松山村長之後，村子已經瀕於分裂，在雙方都希望村子還能夠維持於一種表面平衡的盼望下，兩派進行了協商。最後，村內黃派人士同意郭派所建議的：由家族背景色彩較淡，且已較無經濟負擔的45歲泥水匠師傅郭德民（1937-）來擔任村長一職。兩任村長任內，郭德民是個平庸無建樹的村長，但他的平庸，也讓村內的派系免於更為劇烈的爭執。

接著繼任的**郭光輝**（1944-），學歷小學畢業，是日治時代保正郭長恩的後人。在農會事件裡，郭長恩家族完全沒有被牽連到。郭光輝年輕時在高雄一代當拳腳師，跑江湖賣藥賺錢，還娶了其師父的女兒，經濟情況相當不錯，雖離鄉在外，仍經常捐款給家鄉的保安宮，並在1985年回鄉定居（42歲），而他個人也有回鄉一展長才的慾望。不過當時村中還另有年輕人想要出來參選，經兩派村中長老共同協商，在郭光輝提出願意拿出30萬捐給公廟保安宮的承諾後，長老們支持光輝出來擔任村長[20]。

原本村中長老的構想可能是：選擇色彩較淡的離鄉者來擔任村長，有利於沖淡村內的派系衝突，但是郭光輝上任後，他的表現卻是一個強勢村長，而且很快的，他成為了郭派在地方上的強

---

20 郭光輝的資料主要來自B6的口訪。

勢樁腳，甚至於他自己就在地方上兼做六合彩的組頭。郭光輝的強勢，一方面固然能夠為村內爭取不少資源（如水塔、排水溝、道路的整修，活動中心的興建等），一方面也產生了爭議，包括安排保安宮成立委員會卻又自兼主任委員，強力控制問事場合的轎手與乩童，強行解除其敵對派系人物郭松山在保安宮管理委員會所擔任的主委職務並解散管理委員會等。總之，在村內，郭光輝有不少反對聲浪，卻仍連續擔任了四屆村長，雖然村內公共建設多出了不少，但是全村共同性的決策卻很難達成（例如該如何讓廟務順利運轉、公廟該如何進行整修、參加刈香的隊伍要請誰來騎馬等〔郭光輝堅持村長也應騎馬，這是過去所未見的〕）。

　　另一方面，往年村內郭派同時擔任村長和鄉民代表的權力集中的情況也已不再了。1986年後，除一屆鄉民代表是由郭派人士當選以外，其他都是由黃派的人士所當選，一屆由郭大威年輕的女兒（就任時24歲）當選，另兩屆則是由郭大威三子郭光武（1968-）（就任時38歲）當選。

　　就整個西港來說，由1970年代中期到1990年代末期，是派系惡鬥最劇烈的時候，代表會與鄉長之間常常爭鬧不休，農會內部也是經常相互對立。甚至不斷傳出諸如暗殺、放火毀損資料、罷會休會、檢舉、相互抵制等事宜，鄉級政治人物也不斷因弊案或毀謗案入獄。即使如西港大廟慶安宮，已是由南寶黃家長期擔任董事長，但每次刈香，黃姓派系的村落和郭姓派系的村落，為了爭「駕前副帥」（保護代天巡狩的王爺的最重要的職位）的職位，總是爭得不可開交，甚至有時結果還以退出刈香慶典為收場（參考Jordan, 1972〔丁仁傑譯，2012：66〕）。

　　保安村的新村長郭光輝很想要有所作為，對外是透過郭派派系的觸角來爭取到村內的建設資源，對內則是希望以廟務的統

整，作為地方整合與團結的一個手段。但是，雖然家族也是村內的望族，他在村內的強勢作風卻招致了極大反對。廟務與村長事務的強制推動，經常招致公開的批評和抵制。

2006年，派系色彩不明顯的郭昆達出來競選，贏了郭光輝193票（485票對292票）而當選，似乎也暗示著保安村的村落政治，不太可能再出現強人政治了。

（四）由派系政治到全面性政黨政治時代的到來（1993年以後）

保安村的村落整合和村落以上各個層次間的黨派生態關係極為密切[21]。細節在此篇論文內尚無法進行深入討論，但至少我們注意到，所謂的派系，在不同層次有不同的內容和意涵，而不同層次間，也有一種連動性的關係，我們先參考表3-2中所列出的台灣各時期不同層次裡的派系結構：

表3-2　保安村與不同地域層次的派系

不同地域 層次的派系狀態 ＼ 發展階段	1970以前	1970-1995	1995-2005	2005以後
村的層次（初級地域）	一派	二派	二派	一黨
鄉的層次（次級地域）	二派	二派	二黨	一黨
縣的層次（縣級地域）	二派	二派	二黨	二黨
全國的層次（非地域性）	一黨	一黨	二黨	二黨

---

21 王金壽（2004：181）曾指出，有關地方派系的研究文獻，雖提出了鄉鎮級派系和縣級派系兩個層級上的區別，但對二者間的關係不是避而不談就是過度簡化。王金壽且以屏東幾次選舉為例，探討了以上這二級派系間的關係。本章目前的保安村研究，也有助於說明台南縣級派系和鄉鎮級派系，甚至於更低一層的村落級派系之間的複雜連動關係。

　　根據表3-2，簡單來說，1945年以後到1970年之間，保安村全村極為團結，全村同屬一派，這個團結也因鄉和縣層次的派系對立的氛圍而更有所強化。1970-1995年之間村的整合產生了分化，但內部的分化引導成為利益上的尖銳對立，更高層次的派系與村落層次的派系，演變成必須以利益交換或分享的方式來維持派系的平衡，整個村子內部已經無法達到由少數長老領導所創造的和諧與一體感了。到此為止，大環境則都還是一黨威權專制的國民黨時代。

　　1995年以後，國民黨威權力量在中央的瓦解，以及地方派系的坐大而擺脫了國民黨的控制，再加上民意的向背和民主化潮流的出現，全國與台南縣都進入了政黨政治的動員模式，鄉的層次的利益導向的派系政治，趁機搭上了更富有正當性的黨的意識形態的對立態勢中。在縣與鄉的層次的派系對立，一旦被政黨化，彼此間已再無合作與妥協的可能了。起先村落的層次，派系仍然壁壘分明，但最終在台南縣已由民進黨擁有了強烈的主導性以後，國民黨原有的派系力量無法創造出村民認同，即使傳統派系仍然有某種作用力，但保安村多數選民當處在派系關係較弱的情況下時，會越來越傾向於以政黨認同作為投票的選擇。

　　我們回歸歷史，就國家政黨政治對於地方派系的影響，這涉及到一連串的連鎖反應。我們一步一步來看：

1. 台南縣的由國民黨內派系對立轉變為兩黨對峙的情勢

　　地方派系政治是國民黨掌握地方的主要工具。我們簡略回顧一下台南縣的地方派系變化。台南縣由1951年到1989年11屆縣長，都是國民黨籍人士當選。國民黨策略性培植地方政治勢力以控制縣政。1951年到1959年學甲庄庄長陳華宗擔任十三年餘的議

長，高文瑞，將軍鄉人，連任六年縣長。二人皆屬北門區，形成北門派也就是海派（陳延輝、蕭晉源，2003：144-146）。

國民黨為制衡北門派，選擇培植新地方勢力以控制地方。胡龍寶政治勢力在農會系統即安定、善化、新市等地區，國民黨加以吸收並加以栽培。1957-1964年胡龍寶擔任兩屆縣長，這股勢力稱為山派，是國民黨派系平衡化策略，或者稱雙派系主義的操作。一般來說海派以教育系統為主，山派以農會為主（陳延輝、蕭晉源，2003：144-146）。

1972年蔣經國出任行政院長，黨務系統以青年才俊策略來整頓地方派系，事實上是以年輕黨工、地方黨部及救國團組織，取代地方派系在地方政壇的運作，這是一種「派系替代」策略。派系替代的同時，是整頓舊派系，1972年台南爆發六甲農地重劃弊案，海派縣長劉博文去官下獄。接著國民黨提名高育仁當選縣長，這也形成國民黨內的第三勢力，高系勢力主要以和其互動良好的民意代表、鄉鎮長或地方意見領袖為主（陳延輝、蕭晉源，2003：147）。

國民黨整頓海派結果是派系的大反彈，轉而支持非國民黨參選人。吳豐三因此當選，無黨籍的勢力漸漸成形，很大一部分和國民黨內部派系的倒戈有關，1981年，反對勢力與違紀參選的國民黨員合作（蔡四結競選縣長），鬆動了縣政長期被國民黨勢力主導的局勢。國民黨在派系平衡與派系替代策略之間來回進退，但是當扶植的派系力量本身已經坐大，國民黨對其往往產生失控而無法處理的狀況。幾次脫黨進選的候選人或是能當選，或是捲走相當的票源，即為明證。

民進黨雖然沒有組織動員的力量，但一方面與國民黨內部分裂的派系相結合，一方面提出符合農民利益的訴求，創造出一種

社會正義的形象，譬如說1992年的立委選舉，民進黨的幾位候選人就以抗繳水利會小組會費及爭取老人福利金為訴求，就得到了選民的回響[22]。又如，1993年市長選舉，民進黨參選人陳唐山率先提出發放敬老津貼的訴求，主張65歲以上的老人每月5000元。終於，1993年，台南縣選舉民進黨推出陳唐山，相對於國民黨提名的黃秀孟。一舉擊敗了國民黨，在縣級的層次創造了政黨輪替的發生（陳延輝、蕭晉源，2005：221-312）[23]。

　　在中央層級的部分，國民黨的威權形象也產生動搖。1993年

---

[22] 提名三人就有兩人當選：魏耀乾、蘇煥智，得票率為38.58%（陳延輝、蕭晉源，2005：154）。（台南區五席立委，國民黨民進黨各得兩席，國民黨違紀參選蘇火燈得一席）。

[23] 經常參與鄉長助選工作的B3，他對台南縣由國民黨轉變為民進黨的描述相當生動：「其實會變民進黨是蘇煥智有很大的因素，蘇煥智當選立委的時候，因為以前我們在吃水有水租，水租要繳錢嘛，比如說我今年吃水要繳2000、6000，蘇煥智當選立委他認為這個不合理，他就要廢除，廢除對這些農民有很大的利處，吃水不用錢啊，他是民進黨的立場嘛，然後他就大張旗鼓他就叫一些農民：你就不要繳租，把租單都交給我。他一肩扛起這些租單去抗議，就順理成章過去了。然後陳唐山是因為他發5000塊的老人年金，他本來是要發四年，結果他上任了以後沒辦法發四年，他就發四個月吧……所以說蘇煥智也是個遠因，然後近因是陳唐山發老人年金，所以順理成章，大家都……因為一個月有5000可以領，比養一個孩子還好，養孩子都是回來討錢的，所以順理成章大部分的人不管什麼人就會……這是民進黨給我們的啊，不會講說市政府編預算給我們的，大家認為是因為蘇煥智讓我們不用繳水租、陳唐山給我們老人年金。現在國民黨要翻身很難了嘛，現在在南部，包括現在國民黨上次選舉提高1000塊，他們也沒有認為是因為國民黨，覺得如果不是陳唐山的話現在沒有這筆錢，還是這樣子認為，錢會增加也是因為當初民進黨爭取來的，現在才有可能增加，而不是因為國民黨給我們的，那時如果沒有陳唐山的話，現在也不會有這筆錢給我們。老一輩的人的思想就是這個樣子。」

國民黨十四中全代會上，發生了主流非主流之爭。接著「新黨」成立，國民黨正式分裂。此外，十四全代會舉行的中常委選舉，原任高育仁未被列為規劃名單而落榜，工商界的高清愿也沒有當選中常委。政治資源的分配不均，也動搖了台南縣的國民黨基礎（陳延輝、蕭晉源，2003：155-156）。

　　綜合來說，國民黨威權力量在中央的瓦解；地方上國民黨執政過久，利益糾葛太深；縣級地方派系力量的坐大與分裂；民進黨掌握民意所提出的全民福利措施；以及候選人個人特質的影響（國民黨黃秀孟無法整合地方，民進黨陳唐山的形象出眾）等，這幾個因素相互作用與加強，是台南縣層次的一個政黨輪替的背景因素。在全國的層次，則國民黨的分裂和民進黨的崛起與成長，是全國性的創造兩黨政治發展的大的時代框架。

2. 西港鄉民進黨的崛起

　　1986年民進黨成立，黨外力量有了黨的組織。1993年民進黨的陳唐山當選縣長，成為台南縣政治生態的一大變化。西港鄉處於郭黃兩派長期鬥爭中，基本上執政的優勢經常在郭派，而黃派處於在野的力量多。但每次縣議員、國大代表或立法委員的選舉，黨部還是會盡量整合郭黃兩派，而共同支持國民黨推出的候選人（有時較接近郭派，有時較接近黃派）。在更高層選舉層次（縣級以上）時，郭黃兩派必須要做某種利益的交換，才可能團結在一起，但有時基於政治強勢，已答應的交換卻有可能在事後否認，這就會發生極大的政治衝突[24]。

---

24 西港派系的有關訊息，以口訪A2、A3、A4、B3、B5、B6、C2、C4、C5為
　 主要資料來源。

　　在縣級黨部的協調下，郭黃兩派願意共同支持西港後營郭派的謝崑山參選省議員（並當選），但後來本可續任農會總幹事的黃派蔡西倉[25]，卻被郭派加以阻擾，甚至以透過省議員謝崑山加壓省農林廳和地方農會的方式來阻止其續任。這件事情造成黃派的大反彈。

　　在過去，以上這種情勢的發展頂多也就是再一次造成國民黨內部的派系之爭，但現在在民進黨已公開存在甚至是取得台南縣政權的情況下，黃派由前鄉長余慶明帶頭，不但集體退出國民黨，還加入了民進黨。

　　這件事，起先郭派還非常高興，認為自此可以獨享國民黨資源。然而在兩黨政治全國性的對立中，加上台南縣已開始了民進黨的長期執政，整個帶動了地方民意的導向。國民黨傳統組織動員的力量，在西港，尤其是在僅剩的郭派之下，於是走上了日漸萎縮之路。而黃派人物看起來在地方上是較具氣勢，不過實質上也是已經被納入兩黨對立的態勢裡了，不再擁有地方派系的自主性。

　　對於鄉級派系雪上加霜的是，2010年，台南縣升格改制而屬於大台南市，鄉長改為區長並成為官派，鄉民代表會也完全取消，鄉級地方派系已沒有操作的舞臺。2013年當我訪問郭黃兩派的掌門人，兩位都提到了派系瓦解消融的情況。而2010後西港、

---

25 新任農會共有9位理事，5位郭派，4位黃派，郭派有權替換之前屬於黃派的總幹事蔡西倉，但是省政府當時另有一條規定，總幹事評鑑特優可得以連任。黃派認為已和郭派在之前省議員選舉謝崑山這件事上和郭派達成某種協議，郭派理應放手讓黃派總幹事蔡西倉續任，但沒想到郭派事後不答應。黃派人馬去省政府請願，希望蔡西倉能留任，郭派卻又透過省議員謝崑山施壓農林廳來阻止黃派蔡西倉的續任。資料來自於對A4的口訪。

七股、佳里三鄉鎮所共同構成的選區，其所選出的三位縣議員，竟然都是民進黨籍。民進黨之下的黃派人物在西港地區，顯然是具有較高的氣勢，不過當然，黃派實質上也已被納入更高層次的兩黨對立的態勢裡。至此，傳統鄉籍的派系組織力量，雖不至於是完全萎縮，但作為爭取資源與組織動員的政治基礎大為削弱。

我們拿這五位候選人在保安村的得票率做一比較，參考表3-3：

五位候選人中，余榮和（國民黨）與陳朝來（民進黨）是佳里在地人，有黨團和地方派系力量的支持，皆是尋求連任。方一峰、蔡蘇秋金（前任縣長蘇煥智的親戚）、蔡秋蘭三位則都是西港後營人，方一峰為郭派所支持，蔡秋蘭為黃派所支持，蔡蘇秋金為民進黨提名，但地方派系色彩比較淡薄。由候選人的票數看來，我們發現：

（1）派系的力量並非全然沒有作用，但是有大量的派系票流失了，而且這個流失主要是流向民進黨。譬如說以郭派為主的四個里，在新復里與港東里，候選人方一峰仍然能拿到多數，但在同是傳統郭派村庄的竹林里與永樂里，方一峰的選票卻只有17%和18%，反而是里內所占比例較少的黃派，和黃派所相連結的候選人蔡秋蘭，在竹林里得到了39%，及在永樂里得到47%的票數，這和候選人蔡秋蘭個人的經營固然有關，但更和西港鄉民因政黨認同的改變，而想要選擇投給民主進步黨的候選人的意向的改變有關。顯然的，國民黨仍能在派系的基礎上鞏固自身的票源，但這同時，民進黨的候選人卻能在派系動員以外，還大幅向外擴張。

（2）對台南縣的選民來說，當在沒有派系關係的牽連下時，會傾向於以政黨認同來做投票的選擇，而這個政黨認同還會是以

表3-3　2010年台南縣改制後第一次市議員選舉台南市第五選區各候選人得票數
（資料來源：台南市選舉委員會）

	1 方一峰 中國國民黨 西港後營人 （郭派）	2 蔡蘇秋金 民主進步黨 西港後營人	3 余榮和 中國國民黨 佳里人	4 陳朝來 民主進步黨 佳里人	5 蔡秋蘭 民主進步黨 西港後營人 （黃派）	總和
	4,293（29%）	3,204（21%）	1,100（7%）	1,797（12%）	4,573（31%）	14,967
西港（郭派）						
1竹林里	163（17%）	235（25%）	53（6%）	124（13%）	375（39%）	950
2永樂里	141（18%）	140（18%）	52（6%）	88（11%）	369（47%）	790
3新復里	291（36%）	144（18%）	81（10%）	37（5%）	255（31%）	808
4港東里	495（46%）	116（11%）	60（6%）	112（10%）	285（27%）	1,068
西港（黃派）						
5南海里	337（21%）	403（25%）	109（7%）	232（15%）	507（32%）	1,588
6檨林里	251（22%）	254（23%）	35（3%）	281（25%）	296（26%）	1,117
7後營里	482（43%）	214（19%）	29（3%）	54（5%）	336（30%）	1,115
8營西里	410（43%）	155（16%）	49（6%）	46（5%）	284（30%）	944
9劉厝里	171（17%）	218（22%）	119（12%）	240（24%）	238（24%）	986
10金砂里	55（9%）	167（26%）	15（2%）	56（9%）	342（54%）	635
西港（市街）						
11西港里	597（27%）	515（23%）	256（11%）	227（10%）	641（29%）	2,236
12慶安里	900（33%）	643（23%）	242（9%）	300（11%）	645（23%）	2,760
佳里	4,596（14%）	6,896（21%）	8,118（25%）	8,667（26%）	4,626（14%）	32,903
七股	2,834（19%）	3,939（26%）	2,016（13%）	3,222（21%）	3,260（21%）	15,271

民進黨為主要認同的對象。譬如說對於七股地區的選民來說，五個候選人都不是七股人，他們在七股地區也都沒有派系上的牽連，結果得票數卻顯示，三個民進黨的候選人的票數都較高（分別是蔡蘇秋金拿到26%，陳朝來21%和蔡秋蘭的21%）。

　　總之，在傳統派系仍然運作之處，某些村落中的選民已有部分鬆動；在派系力量較薄弱處，或派系與候選人間並沒有較長遠連結關係之處，則已完全被政黨觀感或政黨動員所取代，對台南的選民來說，則幾乎是完全流入了民進黨。

（五）凋零農村與政黨政治下的村莊領導

　　進入了政黨時代之後，我們再來看一看今日的保安村，主要會是由哪些人來加以領導呢？今日保安村，各種大小事務的推動，有四個人扮演了較為重要的角色。村長郭昆達，保安宮管理委員會主委**郭光武**（1968-），總幹事王學勇，重建委員會主委郭泰文等。其中郭光武是卸任鄉民代表，因為改制後頓時失去政治舞臺，重回到村裡協助村務的推動，出於其人脈、社會關係與地方聲望等，當然極為有利於村莊事務的推展，他和傳統保安村的領導人物在型態上較接近，我們暫不多談。

　　下面，我們想要著墨比較多的，是另外三位村內的領導菁英，他們介入村中事務的方式，都是過去所不曾發生過的，這也反映出今日鄉村領導型態的一個劇烈的蛻變。這三位的故事我們已在第二章中有詳細交代，這裡盡量不要再重複其細節，但仍保留一些重點式的說明。

　　首先是重建委員會主委**郭泰文（1942-）**開始[26]，一個移居到板橋而奮鬥有成的企業家，但因為一些特殊歷史淵源，讓他和家鄉的紐帶極為緊密，甚至於讓他情感上帶有很強的民進黨的色彩（由黃派派系所孕育出來的黨派情感）。整體來說，出於父親在村子中的身分（黃派的椿腳），個人在外發展的經濟上的基礎，以

---

26 郭泰文的資料主要來自口訪所得（B4）。

及他在村中已累積的聲望，使得郭泰文逐漸成為村內重要活動時的檯面上的人物。

郭泰文事業重心在台北，對於地方事務的參與主要還是金錢上的，每年的捐款總有數十萬元。不過他在台北的工作經驗，也會帶來新的活力和視野給保安村。譬如說，他總覺得保安宮廟容破舊需要重建，便提出建議，但主委認為村民多老邁以及重建之費用龐大而遲遲不敢進行。但郭泰文還是不斷提出這件事來，認為廟宇代表地方形象和村民認同，無論如何應該加以整修。後來當管理委員會改組，新任主委並力邀郭泰文擔任重建委員會主委，保安宮廟宇重建的工作才開始如火如荼地展開。

郭泰文雖然工作在台北，也積極參與民間社團如曾擔任台北縣獅子會會長，但他真正的榮耀感和滿足感，還是來自於他的回饋鄉民而能得到村民認同。郭泰文自己認為，一個南部的小孩，又沒讀太多書，而能夠在這個行業賺到錢，是因為他有信用並且勤奮，而且還常蒙南部同鄉照顧他的生意，他的內心非常感恩。用他自己的話來說，能回饋鄉里，正是一件令他自己所深感高興的事。

摘要而言，我們看到，對於郭泰文來說，原鄉的宗教活動，提供了他在都市奮鬥中經濟資本的累積之外，所難以獲得的，或是說即使獲得卻難以加以累積或傳遞給下一代的象徵資本。原鄉宗教活動參與，讓郭泰文得到村民的認同和肯定，這是促使他回鄉參與背後最重要的動機。對保安村來說，由村子以外，才有可能得到較為大量的經濟資本。而對於郭泰文來說，他由村子裡所累積的象徵資本，只能在原鄉裡做累積與轉換，出了原鄉，他很難將這種象徵資本轉換為經濟資本，換句話說，郭泰文以這種方式所累積的象徵資本，沒有經濟上的轉換性。可是，另一方面看

來，當郭泰文以經濟資本轉化成特定地域情境裡的象徵資本時，這有可能在另一種形式上（在村中公廟建築物上留住名聲），來永續保留住他的經濟資本所能具有的象徵性意義，也就是在另一種形式中，創造出了經濟資本的可累積性與可傳遞性。

當郭泰文藉由關心原鄉的宗教活動而努力爭取村落裡的象徵資本，現任村長**郭昆達（1950-）**卻是要刻意避開對於村中宗教事務的過度涉入。我們先簡單介紹其事蹟[27]。

2006年起擔任村長的郭昆達，是一個既無家世背景也沒有從政經驗的素人村長。他小學畢業就出外至台南擔任學徒和從事各種行業，包括榨油、鑄造業等等，歷經艱辛，後來擔任泥水匠師傅，三十多歲就舉家搬回故鄉居住，但工作仍在台南市。

雖然自己土地不多，但出於豐富的社會經驗，在母親教導下，郭昆達很快成為一個擅於經營的農民。他在自己的田地上經常變換作物，也參與契作。而他也買了大型農業器械，幫其他農民代耕，通常一分地收費在800-1000元之間，他會幫人代耕數十甲田地。很快地他成為村里少數的「做大嗇」（耕作土地範圍較大的專業農民）的農家了。

郭昆達本身過去對村里的派系政治毫無興趣。不過因為村中廟會訓練陣頭的過程中，與村長郭光輝意見不合產生爭吵。而郭光輝作風強硬霸道，也與不少村民結怨，但是因為他爭取資源的能力很強，也是郭派裡面忠誠的樁腳，每次選舉都還能獲得連任。在郭光輝的第四任任期時，部分村民（主要是張姓）慫恿郭昆達出來競選，種下了其參政的因緣。

而在外部來說，1993年，這剛好也是民進黨陳唐山當選縣長

的時候，屬於國民黨的郭派確實氣焰已在西港下降不少。總之，出於賭氣的心理，50歲出頭的回鄉壯年郭昆達，在郭光輝反對者的慫恿之下，出來競選村長，而一舉選上了村長。

郭昆達連任兩屆村長，個性溫和而消極，他不過問廟務，外部也沒有很強的人脈，行事上也沒有任何派系色彩。不過村中倒是和諧平安無事，雖然私下的批評者不少，但目前也沒有人想去跟他爭取村長的職位。

摘要性來說，對郭昆達來說，他本人似乎並無太大的政治野心。壯年回鄉定居後，純粹出於社會經驗與個人能力上的好勝心，在相當意外的情境中他當上了村長。然而郭昆達在當上村長之後，卻刻意不過問廟務，而將廟務完全回歸於管理委員會來處理。

兩相對比，和前述郭泰文的想法完全相反，郭昆達竟刻意拒斥與宗教活動所可能帶來的象徵資本相連結。而這一點雖受村民批評，他竟也真的刻意維持了這種分際。這似乎顯示，在現代國家的政治體系裡，村長的職位竟然可以只是單純政治官僚基層體系裡的一個工作，而不必然是具有象徵意義的，同時兼具政治、宗教、文化與社會關係多重角色的地方頭人。

另一方面來說，當村級派系的資源已無法有助於向上的政治流動，村落層級的政治活動似乎愈來愈顯得無利可圖。村落層級象徵資本的增加（如前面郭泰文的例子裡所顯示的），竟然已成為在地政治人物村長之所不感興趣的元素。這固然和村長的個人性格和野心有關，但實在也是地方村落政治的萎縮與邊緣化之後，或是說當村落已被完全納入現代國家體系之後（而喪失了自主性、獨立性、完整性）的一個疏離性的發展。

相對於村長的刻意不碰觸宗教事務，又加上城鄉經濟階層的

差異，讓重要的經濟資本提供者往往不住在村內。在這些情況中，地方事務的維繫，顯然需要另一類實際嫻熟地方宗教事務者來加以操辦。我們所討論的王學勇，就是這樣一個地方型人物。

王學勇（1955-）是村中大小事務實質的規劃者[28]，目前擔任保安宮總幹事，崑山電子科畢業，在村中算是知識分子。王學勇並沒有很強的家世背景，父親由安定鄉定居保安村做長工。家中沒有擁有任何農地，他個人長期在西港附近的公司擔任會計職務。目前已退休，太太在西港市場經營服裝店，他個人相當熱心於地方事務，幾次村民希望他出來選村長或鄉民代表，但他不願意出來當檯面上的人物。

王學勇的發展，主要是來自於他在西港鄉綿密的人際網絡，使他幾乎是一個在郭黃兩派之間都吃得開的人，但也因為他並不是真的屬於任何一派，又加上家族在西港扎根並不深，使他只願意居於第二線的幕後。

1980年代郭派的代表人物謝英昌，他的二老婆和王學勇的媽媽是好朋友，使王學勇很年輕時就介入於郭派，當了謝英昌的助選員。王學勇年輕時也參加救國團，在救國團中認識了黃派色彩較重但後來擔任鄉長的余維祥，二人因為志趣相投成為好朋友，王學勇甚至後來兩度擔任余維祥的競選副總幹事。

在何慶輝擔任代理鄉長時期，黃派掌握了調解委員會，但也受到郭派強烈的抵制，在派系爭執中，黃派挑選個性溫和的郭派王學勇擔任調解委員，因為他是兩派都能接受的人物。在派系糾葛中，王學勇持續擔任西港鄉調解委員會委員達17年，也算是個異數。

---

28 王學勇的資料主要來自口訪所得（B3）。

　　王學勇善於文書管理與行程規劃，在西港地區有很豐富的人脈。王學勇富有責任感，卻沒有很強的政治野心，加上做人十分熱心，逐漸成為村莊實質的領導人物。他連續七年擔任保安宮的總幹事，並總籌保安宮的重建以及兩次刈香的繁瑣事務。如果根據他自己的說法：

> 　　他們就一直叫我回來選村長，……但是剛好那個時候要上班，不方便。我的想法是說，我沒有要當職務，但是我會幫忙作一些事情。譬如說二十年十五年以前，村裡面有喪喜事，那個時候沒有像現在葬儀社包辦，我就會招集十幾二十個來，哪一家有什麼事情，就我去從頭到尾我幫忙。……有的家屬會帶一些東西過來，我說不可以這樣子，因為我們真的是村裡幫忙，我的意思是說，我在這邊長大，有些事情我會自動去幫忙。……可能是個性，可能事情我都會做比較好一點。……
>
> 　　那時郭光輝當選主任委員，我就做常務監察人。因為我媽媽在，不讓我選。但很多事情都是我在做。……沒有收入啊，還是要捐錢，因為我們這樣一點一點心力，得到大家認同。

　　摘要來說，我們看到，王學勇有處事能力和豐富的社會網絡，不過他的出身背景不是直接屬於特定派系，卻又能在各派系之間遊走而相當吃得開。近五年來保安村宮廟大小事宜，幾乎都是由他一手操辦，在操辦過程中他累積了聲望，也具有能傳達號令一呼百諾的威望。雖然村中一直有人勸他出來選村長或做鄉民代表，但他始終不願意當檯面上的人物。他在村中累積的人望，事實上已比現任村長還要高，筆者好幾次看到他曾在公眾前，當

面責備現任村長沒有將事情處理好。

但是，為什麼王學勇僅僅停留在宗教場域裡進行實踐，而且都還是幕後總幹事的工作，可以說是僅累積了數量有限的象徵資本，而刻意保持著僅是檯面下的人物呢？王學勇和村長一樣，都是自我設限的地方頭人。王學勇雖然在郭黃兩派系間關係都很好，但由他的出身背景看來，原並不屬於任何派系。而村中僅有四戶為王姓，且毫無關連，這也不是一股可以做後臺的力量。

王學勇在村中是高學歷階層，過去長期擔任公司專業管理人，近期才退休而熱心協助村中廟務，也就是開始更積極專注於那種最能生產出象徵資本的地方公共宗教事務，而它所帶來的實質權力與威望，事實上是比擔任村長一職還更有分量的。筆者推測，以他長期從事專業工作的背景（公司管理階層裡的一員）以及身分上（王姓家戶）的局限性（這也反映在王學勇母親對他從政的消極勸阻上），以及他目前的年紀（60歲），都使得他並沒有對政治工作產生更上一層樓的野心。王學勇所更關心的，似乎比較偏重於過去王家在村子裡所不曾具有過的威望和影響力的建立。已由專職工作退休下來的王學勇，除了象徵資本的累積以外，似乎並不希望再擔負其他實際的責任。而當村長刻意去逃避關於宗教事務的操辦，這個空餘出來的空間，也使得王學勇有可能長期以宮廟總幹事的角色自居，而來做一個雖說是幕後，卻是有實權和實質聲望的地方廟務工作的活躍者。

四、分析與討論

本章擬以一個村落百年來的歷史，來呈現台灣村落層次地方領導型態的長期變遷。而本章的分析焦點，將會擺在象徵資本的

形式和運作，以及它和宗教場域之間的關係上。

　　宗教場域和構成地方象徵資本運作方式的村落領導，雖屬於不同場域，但兩者之間既分隔又息息相關，甚至於可以說二者間有高度的相互轉換性和相互挪用性。而這一方面議題的討論，不僅有助於我們去理解漢人民間社會的基本形式與內容，更可以幫助我們說明，在歷史時空變遷中，我們要如何來理解村落的地方自主性？相關內涵在本章最後將會顯現得更為清楚。我們先以一個表格來摘要本節的分析：

象徵資本與宗教場域

　　如前所述，象徵資本，是相對於經濟資本（金錢或財務的實質擁有）的另一種可以被社會集體所感知的形式。它大致上指的是一種由他人處所得到的認可和承認。不過，隨著歷史時空的不同，象徵資本的內容、累積的形式，以及它可能與其他類資本之間進行轉換的方式等都會有所不同。當一個個人或是一個行動體，在某個特定場域中會占據某個位置，這個位置，有時會被附加某種公眾性的承認和信賴，這大致上也就是我們所最常見的一種象徵資本的形式。

　　而宗教場域和象徵資本之間的關係是什麼呢？宗教的主要社會功能是正當化社會秩序，而在此同時，它也同時將某些人們在社會秩序中的位置加以正當化了。宗教雖然是一種集體性的而且是公眾性的形式，但過程中常會有詮釋權與儀式執行資格上的壟斷，這種壟斷與獨占的性質，正是導往宗教資本累積與傳遞的關鍵，就此而言，我們可以說，宗教資本，也就是一種有關於宗教知識與素養的累積，而它通常是通過壟斷和經常性的操練而得以提升，而且前者比後者提升的速度會更快。

表3-4　村落領導型態與地方的自主性

有關於村落中資本與場域性質的變化　村落領導型態	象徵資本的型態	象徵資本與宗教資本的關係	村落的自主性
A 地主頭人時期（1900-1953）	統合性本身就具有正當性的基礎，但與上層政府間有間隔	象徵資本與宗教資本間未分化	象徵世界與中央政府的理想世界趨同；村落統合，但也是被少數長老所控制
B 寡頭協商時期（1953-1978）	統合性本身就具有正當性的基礎，地方政治人物有可能向上流動	地主階級的式微，長老形式改變，象徵資本與宗教資本間也開始分化；派系對立情境下，造成宗教資本與象徵資本間等價，且轉換相當直接	地方以派系為媒介平臺，而能擁有某種自主性，但操控權仍僅在少數人的手中
C 村的分裂以及鄉級派系在村級的複製時期（1978-1993）	對立本身對兩邊都會具有正當性，村中領導人物透過派系而能向上流動	派系對立情境下，造成宗教資本與象徵資本間等價，且轉換相當直接	派系媒介下的地方自主性；但村落本身已處於分裂狀態
D 政黨意識形態化時期；各類資本連結上的零碎化（1993-迄今）	地方象徵資本與其他類資本間分裂嚴重；象徵資本部分被吸納到政黨意識形態當中	象徵資本需經過宗教場域轉化後方能具有持續性與累積性；地方各類資本的連結性薄弱，只有宗教資本具有完整性	地方主體性的想像增大；各類資本高度分裂；鄉村由在地住民與都市移民共治

　　當宗教資本被私人加以挪用，這就開始成為一種象徵資本的形式，將有助於個人在社會體系中獲得承認和得到位置上的正當性。宗教資本和象徵資本雖然意義不同，但宗教場域中的角色扮演，是一種公眾性和具有信用性的形式，它可以正當化個人在社會裡的位置。宗教資本一旦被移轉到個人的聲望與信仰場域，它將被轉化成為一種具有累積形式和可傳遞形式（傳遞給當事人的家人）的象徵資本。

台灣鄉村領導型態的百年變遷

　　扣緊本章的資料來看，在台灣實施耕者有其田政策（1953）之前，在村落層次而言，地方菁英的財富主要來自於本村所擁有的土地，這時，經濟上的地主身分和政治上的地方領導者身分二者是一致的（如保安村的郭長恩與郭遠東）。

　　當國家機器採取某種間接治理的方式來面對地方，地方菁英集團與上層政權之間，隱約有一種隔絕性（中央政權相對於地方是另一套外在的政府體制，如日本殖民政權或國民黨政府，即使如清代政權，國家之於地方，也是有統治上的距離的）。而地方長老雖是國家行政體系的一部分，但他更是本村居民的一部分，地方長老經濟上的地主身分和政治上的長老身分，使他對村民有一種道德上的跟社會性的義務。村落處於相當整合性的狀態，內部人際連結在血緣關係與地緣關係上相當密切，村內的宗教地位與政治地位也相對一致（政治頭人和宗教事務執行者相當一致）。

　　耕者有其田政策使土地擁有受到限制（每人擁有土地約不得超過三甲），地主的下一代不可能再靠土地的經濟資本來轉化成象徵資本、社會資本或文化資本，有能力外移的下一代紛紛外移發展。不過，村莊在新的國家體制（全國由國民黨威權政府所控

制，但在地方治理方面，則以地方派系來作為選舉動員的基礎）裡，出於地方派系的存在，它仍維持著某種整合性，而且它還能以派系為管道向上延伸，透過少數菁英頭人，而能與黨國體制做垂直性的連結。

某種程度來說，出於派系在地方的活絡，地方有一定程度的自主性；但是就村落的層次來說，當它被吸納在鄉級以上的派系活動時（如保安村被吸納在西港鄉的黃郭兩派鬥爭中），村落本身卻是喪失了它的獨立性。在這一個時期，村落層次地方的領導，通常不是由那些原先的地主家族子弟所直接出面，而是由這些地主家族中的長老們所出面協商與選擇的，選擇的人選則通常是有出外經驗、年輕有活力且儀表較為出眾的人，來擔任村長或鄉民代表的人選，人選既經派系認可，往往在村內也是同額競選且高票當選的情況（如本章所提到的郭達），這也就是所謂「寡頭協商下的村落民主」。這，一方面是因為地主家族本身子弟多已向外發展，需要另謀人才；一方面是因為，派系對立與競爭中，各派系都需要有競爭力的人選來加入派系。

鄉級派系對峙中，村落的團結相當強，但是，一旦當村落出現了重大裂縫（如保安村的農會冒貸案），在外力介入之下（鄉級層次派系對於村的介入），裂縫必然無可彌合，並且會被政治化成為鄉級層次派系在村級層次的複製（如郭松山的出現，體現了黃派在保安村的茁壯）。村級層次內兩派對峙，影響所及，會成為在兩個方向之間劇烈的來回擺盪，也就是：或是引發風波的強人性格者的出現（如郭光輝），或是完全妥協無作為的和平者（如郭德民）的出現，前者想要重現傳統秩序的統整性而不可得，後者因兩派的妥協而得以上任，卻無法有任何積極性的作為。

地方性情境裡的關係與派閥，在漢人社會裡本是無所不在的，不過，因為地方選舉以及國民黨治理手段之所依託，它讓民間既存的派系更有所發展與連結，並且也使其增添了極大的政治屬性。

派系是一種社會系統，如果以其交換與互動頻率來看，可以將較常做內部交換的區塊視為是一個派系社會系統，於是，我們可以將鄉的層次和縣的層次的派系視為是兩個不同社會系統（如西港鄉的郭黃派系是一個系統；台南縣的山派海派則又是另一個系統）（即使說兩個系統間互動相當頻繁）。而當時國民黨所使用的培養地方派系的策略，是一種「雙派系主義」的平衡策略，我們大致上也可以發現，幾乎任何一個縣級區域，內部的兩級社會系統中，通常每級兩個社會系統內部都各有兩個主要的派系。

大致來說，台灣選舉制度底下的派系社會系統或社會制度，是這種至少有兩級派系制度所並存，而且每級派系內又以兩個派系為主的運作體系。雙級派系之上，則是一黨專政的權力分配體系，黨可以利用各級派系內雙派系間的平衡與鬥爭，以及二級派系之間的交換，而達成利益分配和權力鞏固的任務。

對村落來說，鄉級派系固然可能有助於單一村落更團結（以與另外派系的另一些村落相抗衡），但當村落分裂產生，這反而會深化分裂使其不可挽回。就地方政治而言，派系制度創造了鄉級以及縣級的政治人物，這一方面確實是提高了村落或鄉鎮的自主性和榮譽感。但另一方面來說，當權力不再是為維持村落本身的自治性與獨立性而操作，反而成為導向上層權力的一個管道時，派系所創造出來的象徵資本，與作為村中長老領導的那一種為公眾福利盡心而所獲的象徵資本，二者間便有著相當大的分歧性。而且，派系對立生態中，地方型領導的象徵資本，會逐漸匯

聚成擴張性的、派系競逐者之強人似的風格與操作能力這一類的展演模式，而再也不是僅局限於村子本身的地緣性，以作為象徵資本展演的場所了。

政黨國家（民主化和政治參與的提升會促成政黨政治的發展）雛形出現以後（1986年民進黨成立，1993年民進黨陳唐山當選台南縣長），「一黨（國民黨）二級（鄉鎮級與縣市級）」的派系體系逐漸轉化，鄉與縣二級派系，或是萎縮或是被黨所吸納。而鄉級派系，因為台南市的改制（廢除鄉長與鄉民代表的民選制），鄉級派系頓時失去操作的舞臺。同時，經過政黨政治的洗禮與操作（政黨對立中以鮮明政黨立場來吸引選民，並呼籲選民擺脫派系桎梏）之後，國民黨成為大時代趨勢中顯得相對保守的舊勢力，民進黨在台南縣終能爭取到農業區域廣大農民的政黨認同（積極面是以免田賦和老人福利為訴求，消極面則以「換人做做看」以替換國民黨作為主要民主訴求）。即使派系仍是地方社會重要的政治勢力，但政黨認同（因為無法掌握地方派系，民進黨更著力於政黨認同與政黨對立性的經營模式）成為新的動員平臺，每每在城鎮區（社會關係網絡較鬆散）、或派系萎縮處、或兩派勢均力敵時、或原本派系力量就較為薄弱地區，發揮出關鍵性的作用。

雖然鄉鎮級派系力量逐漸萎縮，不過，在鄉鎮級層次，對於停留在國民黨裡的郭派和轉向民進黨的黃派，其意義差別很大。黃派的政治人物，一轉身成為民進黨的戰將，即使在不需特別動員原有派系網絡的情況下，仍能維持原有政治舞臺（如蔡秋蘭），派系實質上是經過轉型（更以檯面上的政治人物為中心，而不是以綿密的網絡為主體）與意識形態化（派系與黨的認同合流）了。對郭派的政治人物（如方一峰）而言，國民黨的派系力

量（農會、水利會、教育系統、軍警系統等）固然相對可靠，但在民進黨風起雲湧而處於極為強勢的這個台南縣市的大環境之下，國民黨這個標籤卻成為其動員群眾的一個包袱。

在村落層次來說，固然因此或許可以由鄉鎮級派系裡解放出來，並經由新興的政黨認同而將全村團結起來。但實則不然，這尤其反應在村莊層次地方菁英角色的零碎化與分殊化上面。我們看到，在村落層次，鑲嵌在社會網絡與歷史傳統中的象徵資本，依然穩固而具有延續性。然而，除了象徵資本以外，鄉村資源相對於都市資源，在各方面都是相當匱乏的，包括經濟資本與人力資本的匱乏（農業的式微和青壯人口的大量外移）等等。而當傳統村落內原本整合性的資本形式，經濟資本與象徵資本之間往往連結相當密切，也就是地方菁英往往同時具有經濟、行政、宗教與聲望上的影響力，當前農村社會的各類資本之間卻是相對分離的，相應的各種角色彼此之間不再高度重疊，而有各行其是的情況（如地方事務由村長郭昆達、廟務管理者王學勇與大額捐獻者郭泰文三人來承擔）。

而國家行政權對地方已進行了更強的滲透，而使得地方原具有其相對自主性的行政權被邊緣化了。表面上國家對於基層社會的自主性是賦權的，例如說提高了農民的福利權和鄉村的文化權，但實質上它卻是取消了地方獨立的行政權（例如鄉長改由官派，廢除鄉民代表的存在，以及將西港鄉財政納於台南市，而使其沒有獨立向中央請款的資格等等）。

政黨認同感的提升（全村村民多數認同民進黨），固然也提升了鄉村村民對於政治的熱情，但這是一種難於做資本形式轉換的情緒狀態，除了創造一種超越性基礎外，並無法提供實質運作與社會流動的平臺（缺少實質性的網絡或管道），村莊層次既有

的派系資源，在替換成或是被擴散為政黨認同以後，並無法有助於村民獲得其他類的資本，也無法有助於村落菁英的向上流動。

在歷史演變過程裡，我們也看到了不同歷史階段選舉動員模式上的差異。我們可以以四種動員模式來看，先區分為：1.關係動員；2.資源和利益動員；3.意識形態動員；4.潮流與觀感動員。以此為分析基礎，進一步來說：

A.傳統社會關係下的派系動員，主要是以既有的派系社會網絡為基礎（關係動員），只有部分是出於利益交換關係（資源和利益動員），而且多半還是以既有社會網絡關係為基礎的利益交換。

B.在村落內部產生分裂以後，利益導向的派系動員，尤其是買通關鍵少數的方式，愈來愈是選舉致勝的重要策略之一，這時候，傳統社會關係仍占一定比重，但純出於利益交換關係的考量（資源和利益動員），也開始占有了愈來愈大的比重。

C.隨著政黨政治雛形的開始，和媒體介面的更為多元與普及化，多出了兩種動員模式：意識形態動員，和潮流與觀感動員，不少傳統社會網絡關係下的動員，即使其基礎仍在，但已被意識形態動員與潮流與觀感動員二者所撼動。

D.隨著政黨意識形態更為深入人心，意識形態動員為主的現代政黨政治更為深入，選舉過程中，關係動員與意識形態動員同時都發揮了重要作用，意識形態動員的效果，甚至往往還勝過傳統關係動員。

不過，要精確計算出各項動員模式所占的百分比，其實相當困難。我們倒是可以用一種示意圖的方式，把四種不同的動員模式，在圖面中有所概略性的呈現。

A

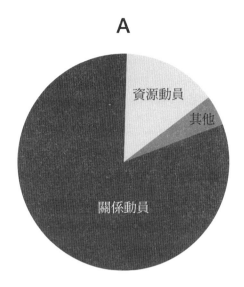

圖3-1　各種動員模式的組合：傳統社會關係下的派系動員

B

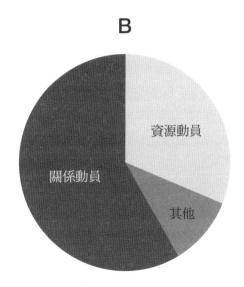

圖3-2　利益導向的派系動員：買通關鍵少數

C

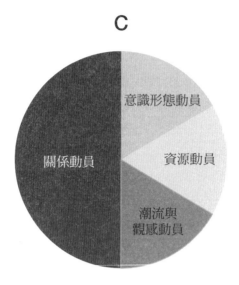

圖3-3 新動員模式的出現與重組

D

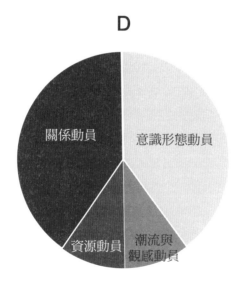

圖3-4 意識形態動員為主的現代政黨政治

宗教資本與象徵資本

在延續性的地方傳統中，民間信仰（地方性的拜神活動與各類慶典）代表一種具有永恆性意義的地方實踐。在固定而歷史綿延的空間當中，民間信仰中的宗教資本，具有可累積性、可傳遞性以及再生產性。對每一個村落來說，民間信仰形構出來了一個在歷史傳統沉澱中的實踐場域。不過，當民間信仰活動在表面上看起來具有一種永恆的超越性，但其超越性的建構本身，卻更大的受到了政治經濟生態的影響。

表面上看起來，民間信仰是地方開放性空間裡村民所共享的象徵資本，而並不是由少數人所獨占。不過，民間信仰的基本精神固然是共享與開放，但是它內部的分配卻不是成比例的。過去，在傳統社會之權力集中與菁英壟斷的情況下，主要是有頭人來承擔宗教活動的操辦與帶動，這將同時增加了頭人宗教資本與象徵資本的累積。或是更準確來說，對頭人而言，**象徵資本（SC）跟宗教資本（RC）之間並沒有分離**，宗教活動的操辦和對神明的護持，是頭人在村落中居住所具有的道德義務與社會義務中的一部分（例如郭遠東在日治時期冒著生命危險來保護媽祖與榴陽王神像）。一般村民對於宗教活動的參與，和頭人比起來，其所累積的宗教資本與象徵資本是相對不成比例的。在這一個歷史時期，**宗教實踐和頭人政治格局間，相互增強其正當性，或者應該說這二者尚未分化，本就是一體的**。另外，**地方政治資本（LPC）**也是屬於其中未分化的一部分，但是出於國家與地方權力上的分隔，地方頭人並無法直接獲得**超地方性的政治資本（TLPC）**。於是我們可以看到，如圖3-5：

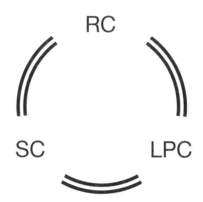

圖3-5　保安村在地主頭人領導時代（1900-1953），各類資本間所呈現的關係

　　也就是在象徵資本、宗教資本與地方政治資本間，處於一種未分化的狀態，而這些資本的集中，體現在少數地方望族及其子弟上，他們通常也是地主階層。

　　後來，土地改革以後，財產不再唯一由土地而獲得，村落中的階層關係起了很大變化，各類資本間逐漸產生分化，經濟資本與地方政治資本間也已無必然關係，象徵資本和宗教資本也不再由少數家族所獨占。不過，在資本分化中，不同類資本彼此間仍有很高的相互轉換性。這個轉換性的基礎，在於國民黨外來政權利用地方派系而來進行治理，賦予了地方頭人壟斷地方各類資本的可能性，也給予其向上流動的機會。於是，在一黨威權統治的「統合主義」治理格局下，雖然各類資本間已產生分化，但各類資本間有頻繁的轉換與流動。地方宗教活動，在派系政治格局下，具有表現派系實力的象徵性意義，宗教資本可幾乎以等價兌換為象徵資本和地方政治資本，而這個地方政治資本，經由國民黨的派系管道，也有可能做向上轉換，也就是成為超地方性的政

治資本（如中央級民代）。相關情況可以用圖3-6來表示：

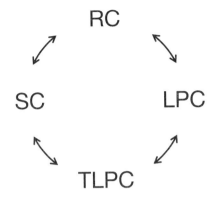

圖3-6　保安村在派系寡頭協商時代（1953-1978），各類資本間所呈現的關係

　　也就是說在一黨威權統治及地方派系平臺的運作基礎上，宗教資本、象徵資本、地方政治資本與超地方政治資本之間，具有頻換的流動與轉換關係。

　　不過，當進入鄉鎮級派系爭執的白熱化時代，村落本身的宗教活動固然仍是相當單純，但鄉鎮級層次一旦進入激烈的稀少性資源的競爭，競爭本身將會影響宗教活動的公眾性意義，使得公開宗教活動中的角色扮演，本身就是派系實力展示中的一部分。譬如說由1970年代中期到1990年代末期，每次西港刈香活動，黃姓派系的村落和郭姓派系的村落，為了爭「駕前副帥」的職位，總是爭得不可開交，甚至當爭奪失敗時，有時結果還會以退出刈香慶典為收場。換言之，派系激烈爭取各類資本的累積與擴大，這會造成：在公眾展演的場域裡宗教角色的扮演本身，已成為一種等價象徵資本的增加。**宗教資本與象徵資本之間能夠輕易**

的做轉換，且都是派系資本極大化目標裡的一個等價的元素。以圖形來加以表達，情況會和圖3-6中有些類似，不過在這個派系競爭白熱化的階段，在公開性展示的派系對峙中，象徵資本與地方宗教資本之間的關係會更直接，二者幾乎不用作任何轉換，而都反映出同樣的政治與文化意涵，我們會以圖3-7來加以表示：

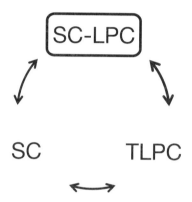

圖3-7　保安村在分裂期及鄉鎮級派系複製於村落時期（1978-1993），各類資本間所呈現的關係

　　簡言之，宗教資本、象徵資本、地方政治資本和超地方政治資本間，有頻繁的轉換關係，而在地方脈絡裡，在各種社會關係運作和展示的場合裡，象徵資本和地方政治資本間幾乎就等同於一件事：地方上的面子也就是地方上的政治實力的展現。

　　接著，進入了當代社會，工商業社會中，經濟資本固然可作為象徵資本的基礎，但出於人際社會關係與網絡的變化很大、活動空間亦不像鄉村中來的固定，這讓經濟資本對於象徵資本的轉化，不易累積也缺少永續性。相較之下，對於都市移民來說，一種較快的創造象徵資本的方法，將會是由贊助與參與原鄉的宗教

活動，來讓自己的社會與文化地位得到承認，並得以累積和傳遞
給家族。也就是藉由進入歷史與地方傳統中的永續性與累積性，
可以較快速與便捷的獲得其象徵資本。反映在圖形上，我們可以
這樣說：地方宗教的實踐，是最具有象徵資本意義的活動，該類
活動本身，幾乎可以同等的轉換為象徵資本的累積。但是這個累
積本身，在政黨政治崛起而派系政治已愈來愈式微的情況下，將
不再與地方政治資本，也不再與超地方政治資本間有一個必然性
的連結。如圖3-8所示：

圖3-8　保安村在兩黨政治時期（1993-迄今），各類資本間所呈現的關係

　　簡言之，也就是，當代的鄉村，宗教資本幾乎等於全部的象
徵資本累積的形式，但這個累積，不再和地方政治資本或超地方
政治資本間，有直接或明顯的轉換關係。

村落象徵資本形式的變化

　　總結以上的討論，我們大致可以對村落象徵資本形式與基礎
的變化做一個摘要。村落的象徵資本，是指由村落情境中所獲得
的有關於個人地位的承認與贊同。村莊脈絡裡的象徵資本，和村
莊的整合性、派系的狀態、村內社會階級的情況等都有關係，這
些因素都影響了村內領導階層獲得其正當性的手段與結果。而這
個情境裡的象徵資本在形式與內容上的變遷，也反映出村落領導
型態的變化。

　　在傳統社會，村落的整合性本身就具有某種正當性。村子的團結，也反映出菁英長老在地領導的有效性與正當性。後來，當地方鑲嵌在國民黨的「統合主義[29]」（corporatism）或是「恩庇主連結網絡」（patron-client networks）裡，村落整合加上垂直性的權力來源，這成為地方領導菁英主要象徵資本的來源。以上兩個情況中，象徵資本價值的創造，都和某種獨占性有關，前者，來自於村落長老的地主階級身分及由此衍生出來的對村民的道德與社會責任；後者來自於一黨威權結構的認可及核准，且授予其代表性的獨占。而根據台南選舉委員會的資料，保安村由1950年到1973年長達24年之間，村長都是一人同額競選的情況，也反映出這種整合性的狀態。

　　不過，村落雖是屬於統合主義結構中的一部分，也是統合主義結構中的重要元素地方派系裡的一部分，它卻還不是一個獨立的派系體。如前所述，台灣大約由1950到1980年代間，地方派系的社會系統主要有兩個社會層次，鄉的層次和縣的層次。在相關運作模式裡，地方派系的基本單位往往是在鄉鎮層次而不是在於單一村落。而鄉鎮層次派系的對立，一旦擴散到村落本身，且又當村落本身出現了統整上的裂縫，鄉鎮層次二元對立派系對於村落的滲透，將會打破村落原來透過獨占性而所產生的象徵資本。鄉鎮層次的派系，進而將會是村落層次分化的一個促進因

---

29 政治學者Phillipe Schmitter對於統合主義（或者譯為整合主義）（corporatism）的定義為：「統合主義可界定為一種利益代表系統，在此系統中，所有組成分子組成有限數目、單一、強制性、非競爭性、層級性及功能分化的團體，並由國家機器所認可及核准，且授予代表性的獨占，用以交換對它們的領導人之選擇及需求、支持之表達的控制。」（1974: 93，轉引自吳文程，1995：146）。

素。

　　結果是，村落分化後會有兩批不同的地方菁英擁有領導資格
（各屬於不同派系），原本主要是因村落階級身分壟斷而所創造出
來的象徵資本，也開始轉移其基礎和正當性的來源了。接著，於
是在村落層次，統合與對立，隱約成為了不同的象徵資本庫。

　　對立之成為新的權力來源，有其歷史與社會淵源，大致說
來，對立之正當性的基礎，在內部來說，是訴求於更公平的資源
分配和更透明化的決策過程，在外部而言，則是來自於它具有鄉
鎮級派系的連結性，可以讓原本沒有政治流動性的新興自耕農
（由佃農變為小自耕農者，或由小自耕農變為較大自耕農者），有
向上連結的可能。對立的發生，一方面和社會階級結構的轉變
（地主階級沒落和小農階級與工商階級的興起）有關，一方面則
是「恩庇主連結網絡」下，少數村落頭人或頭人家族壟斷利益過
久而產生了各種弊端的結果。一旦象徵資本庫的單一來源被打
破，便開始出現了更為激烈的象徵資本的競爭（反映在派系對峙
下的地方選舉過程中）。

　　而關於宗教資本的擁有（嫻熟與操辦地方宗教事務），在村
落層次，固然必定會創造個人的象徵資本。不過，一旦宗教資本
和地方派系情境連結在一起。宗教資本與象徵資本間的轉換，變
得更為直接，甚至於宗教資本本身，就是派系實力展演的一部
分，它不再需要經過複雜的轉換，直接就等於個人地位與權力之
象徵資本的競逐與展演。

　　進入政黨國家之後，宗教場域與象徵資本間的關係再度發生
變化。在意識形態對立與新的政黨認同的動員過程中，鄉級的地
方派系形式有所縮減，縣級的地方派系則被吸納到兩黨對立的對
峙中。一般鄉民的政治想像，有更大的成分投射在縣級或全國級

政治人物當中，反而和村鄉派系原有的網絡連帶間關係變得相對減弱甚至是形式化。至於村級的政治人物（主要是指村長），已無法太多地由政治權力這個層面來獲得或擴張他的象徵資本了。

雖然鄉村的象徵資本庫變得薄弱，以及它的「可交換性」變得大大降低。然而，在兩個方面而言，當它和宗教場域相聯結，這將會有助於該象徵資本成為更有效與更具有累積性的象徵資本。第一方面，對於村落的都市移民來說，藉由贊助與參與原鄉的宗教活動，來讓自己的社會與文化地位得到承認，並得以累積和傳遞給家族。也就是藉由進入歷史與地方傳統中的永續性與累積性，經過宗教場域的轉化，能夠更快與更有效創造出個人象徵資本的可傳遞性與可累積性。第二方面，對於一個村莊的住民來說，當其各類資本的擁有變得更為零碎與分離，而僅有由宗教場域中累積與創造的象徵資本更具有累積性與可傳遞性，這反映在鄉村中各類資本的擁有與集中不再是聚合在少數領導人之上，而是會分別集中於不同的人身上，各角色之間的聯繫性也相對薄弱，不過宗教活動所創造出來的個人權威，卻又能比其他類資本具有更大的持久性與影響力，此外，各類角色中象徵資本的創造，與政治愈來愈脫離，往往還必須經由宗教場域中的活動與實踐來加以轉換和有所累積。

村落層次的地方自主性

不管是在哪一個歷史時期，在漢人社會，村落層次的地方自主性，或是說，相對的地方自主性或主體性，都是確實存在，但卻也是相當脆弱而不容易維持的。

在清帝國體系或是日本殖民政權裡，在程度大小不一的間接統治的治理格局裡，地方確實能夠自我維持著某種主體性和自主

性，村落的經濟資本與象徵資本統合在一起，地方長老是地主階級、政治領導者、也是宗教活動主持者。不過，這種地方自主性，經過少數菁英或頭人來領導，是地方上的寡頭統治，很難說是完全的民主化。

1949年以後的國民黨統治，這是一種統合主義式的一黨威權治理，地方領導成為一黨專政下「恩庇主連結網絡」裡的一部分。地方領導需要經過黨的認可，並成為全國性黨的選舉機器的一個基層，當地方與上層透過黨或派系連結，也讓這些地方菁英有了向上層流動的可能性。地方的自主性也許並沒有提高，但是菁英階層的向上流動，經由派系媒介，創造了新的可能性，地方所能擁有的象徵資本庫，也大大的有所擴展。

不過，因為派系的結構，不是以村落為基本單位，而是以鄉鎮級和縣市級為主，起初尚能讓村落的整合性與凝聚力間接有所提升，但透過派系運作的政治資源競奪，讓村落內的領導集團始終是相互維護，經過一段時間，村子稍有人事裂縫，極易擴大，甚至很容易就被更高層的鄉級派系所滲透與分化。更何況，地方派系所促進的村落整合，完全是以政治資源的爭取為訴求，並沒有較為崇高或公眾性的實質意義。

至於外在政治經濟的大環境，更是一層一層地減弱了村落的獨立性與自主性，工業化所創造出來的都市擴張，始終是以鄉村的邊緣化為代價，村中青壯人口大量外流，尤其是原來具有濃厚象徵資本的地主家族，後代更是紛紛出外發展。對於地方發展影響甚大的一個近期發展則是在2010年，台南縣升格改制屬於大台南市，鄉長改為區長並成為官派，鄉民代表會也完全取消，鄉級地方派系至此已沒有太大可操作的舞臺，雖然這也許不是原來各方面想要將地方性都會升格為全國性直轄市的主要目的，卻實質

上產生了瓦解鄉級地方派系的效果。

　　Tocqueville在《美國的民主》一書曾指出來（2000），美國地方小鎮的政治參與，是全民政治素養的一個基礎，人民由其中學習到如何表達意見和協調利益，也熱衷於參與競選地方官員和民代，地方小鎮所產生的地方政治人物，更經常有可能成為政府更高層次的政治菁英和領導者。這裡面，在同一個憲政體系下，既看不出來地方小鎮與全國層次的政治，在象徵資本（個人地位的正當性）的累積或象徵秩序的建構下有什麼明顯的差異，甚至於就政治資本的累積（政治能力的學習與累積）而言，地方層次政治資本與超地方性的政治資本間，二者的價值也是相同的。反映在式子上，如圖3-9所示：

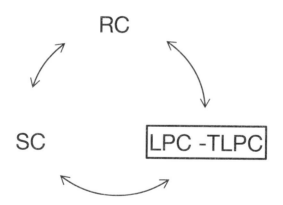

圖3-9　Tocqueville所描述的19世紀後半期間美國新英格蘭地區小鎮民主經驗中，各類資本間所呈現的關係

　　簡言之，這個圖和圖3-6其實相當類似，不過在美國地方民主的經驗中，似乎地方政治資本和超地方政治資本間的轉換與交流，非常流暢與容易，而幾乎就是同一件事。

　　對比而論，雖然台灣歷史上任何一個時期的漢人社會，在政治參與和人員流動上，都並不曾達到如美國民主經驗裡的那種廣泛的政治參與和參政經驗的連續性，但在象徵資本的建構上，透過民間信仰地方主體性的創造與維繫，它確實也曾建構出來了某種類似性的平臺，也就是具有聯繫地方與中央，以及創造地方自主性與認同，並且可能銜接各種資本間的轉換與流動的平臺。雖然說這個平臺只存在於一種象徵意義上的層次，而不是一種實質社會網絡或政治結構的層次。

　　這個平臺，對漢人地方社會而論，以民間信仰場域（地方宗教場域）為基礎，我們看到，相對來說，至少，它曾達成了以下的功能和目的：

　　（一）民間信仰形構出來了一個在歷史傳統沉澱下的實踐場域，在地方持續性的與具有累積性的社會關係與權力空間裡，宗教場域中的角色扮演，正當化了個人與家族在地方空間裡的社會位置，於是，地方民間信仰場域創造出了地方象徵資本運作的相對獨立的場域，有助於地方象徵資本的累積、傳遞與再生產等都不受到太大的干擾，即使歷經不同的時代變遷，地方宗教場域與象徵資本間的連結，都仍是相對穩定而未被削弱的；

　　（二）在這種可累積與傳遞的形式裡，它也提供了各類資本可以做轉換的平臺，而在不同時空中，轉換的比例或形式可能會有所不同。或者是：

　　A.宗教資本與象徵資本間尚沒有分化（長老寡頭統治時期）；或是

　　B.已分化但兌換率完全相同（兩派派系競爭激烈時期）；或是

　　C.現代國家發展成熟與都會化情況明顯，而農村處於相對邊緣化，此時就鄉村移居都市的移民而言，由地方宗教場域中獲得

的象徵資本，已成為能讓都市經濟資本具有象徵價值的重要媒介，以及對鄉村在地居民來說，宗教場域中獲得的象徵資本，也已成為地方各類資本零碎化情況下，唯一還能具有完整性的資本形式。而在 C 時期，經濟資本與宗教資本與象徵資本，三者之間的兌換率與可傳遞率等等，將會是一個值得加以討論與分析的新課題。

不過，即使漢人民間信仰場域創造出以上的互動基礎，但我們已清楚看到，今日的鄉村，除了宗教場域下的象徵資本外，各類資本的存在已是相對匱乏而分離，還有，鄉村層次的資本連結形式，雖提供都市移民累積其象徵資本的可能管道，但它本身並不能擴展到都市，整個來說，即使當鄉村宗教場域有其獨立的來源，以來產生具有累積性與可傳遞性的象徵資本，這可能有助於地方自主性的維繫，但這畢竟仍是相對隔絕而不能延展到全社會的。

即使說，我們認為不同歷史傳統中會累積出不同的民主傳統，但台灣基層宗教場域中所創造出來的象徵資本，有多大的可能有助於漢人社會民主傳統的建立與擴展？雖然這個問題很難回答，但的確在其背後所仍欠缺的許多民主社會應該具有的元素（更廣泛的地方參與的形式、村落應具有各類資本的豐富性與連結性、地方應保留獨立的行政權、避免村落政治成為派系政治資源累積的平臺等），以及歷史發展中所不斷出現的各類歧路（寡頭統治、鄉級派系的滲透、政黨認同的對峙等），都是我們所不能不去注意到的，這也是本章寫作的一個主要的目的。

本節最後，摘要本章的發現，我們發現：象徵資本和宗教資本，在不同情況中，這兩者間或者是緊密連結，或是有不同程度的可轉換性；進一步的，這兩者又可能與地方政治資本，或超地

方政治資本間能產生進一步的關係。象徵資本與宗教資本在不同地方自主性的狀態中，具有不同的關係模式，而這種不同關係模式，也反映了不同時期地方頭人的權力基礎，和其權威展現與擴散的格局。在本章討論的素材中，我們大致呈現出以下幾種不同的歷史情況，如表3-5所示：

表3-5　不同環境因素下的地方自主性及其結果

中央與地方的 連結模式 / 動員水平	介面連結	系統連結
低	傳統中國的間接治理	統合主義（corporatism）治理模式（地方則為派系政治）
高	以直接民主為基礎的介面性連結（19世紀美國新英格蘭地區的情況）	泛意識形態的政黨政治

　　這個表中我們所要講的是，漢人地方村落的自主性，不是一個恆常的定數，而是隨著國家統治結構而改變，這個改變，也會影響地方內部的自我治理與地方領導型態。出於討論上的便利，我們會以兩個面向，來理解不同的地方自主性的運作格局：中央與地方的連結模式（或者是介面連結，或者是系統連結）；動員水平（或者低，或者高）。所謂中央與地方的連結模式，是指中央政府如何和地方社區連結在一起，介面連結（facet connection），是指中央盡量不干涉地方，只停留在介面上的相互接觸；系統連結（systematic connection）則是中央與地方已連為一體，彼此在系統運作體系中相互扣連，中央也在多方面穿透於地方，這顯然

是現代國家興起以後所出現的情況。至於動員水平，是指政治體系的運作，或者僅由少數人參與（動員水平低），或是說多數人都被納入到政治機器的運作當中（動員水平高）。

　　兩個面向相交叉，可以得到四種狀況，介面連結與動員水平低：傳統中國帝國時期的間接治理的情況，國家沒有能力直接控制地方，直接向地主、長老或族長收稅，長老政治則是村落內部的自我治理形式，僅少數家族或人物涉入政治；同樣是介面連結但動員水平高：美國 19 世紀新英格蘭地區的社區經驗，地方有很高的自主權，國家對此予以尊重（因為美國的歷史經驗與民主傳統，本就是由下而上的），而地方市民彼此間水平較整齊，人人也熱衷於政治事務；系統連結與動員水平低：例如國民黨威權時代，現代國家對於地方的控制，表面上具有民主形式，採取了統合主義的治理方式，也就是存在數目有限的功能分化團體，並經由國家機器所認可及核准；由地方的角度出發，則經由地方派系，來將地方的人才與國家相連結，在這種表面上看起來具有地方代表性的國家機器中，動員水平只是局部性的而未達到全民動員的水平；最後，系統連結與動員水平高：當代台灣的政黨政治，國家對地方的穿透愈來愈深入，行政權由國家全面掌控，地方只有少數財政與賦稅上的自治權，不過經由政黨政治所創造出來的熱情與參與感，達成一種全民動員的狀態。

　　最後，摘要性來看，對應於前述這四種不同情況，各有不同的資本轉換平臺，這已詳細出現在本章的討論之中，我們可以進一步將表 3-5 和圖 3-5 至圖 3-9 間連結起來，做一個統合性的摘要，這會如表 3-6 所示：

表3-6　不同環境因素下的地方自主性及其反映在各類資本關係與轉換模式上的結果

表 3-6 所顯示的，是本章相關發現的一個精簡的摘要，以文字來說明，也就是：象徵資本和宗教資本，在不同情況中，這兩者間或者是緊密連結，或是有不同程度的可轉換性；進一步的，這兩者又可能與地方政治資本，或超地方政治資本間產生進一步的關係。象徵資本與宗教資本在不同地方自主性的狀態中，具有不同的關係模式，而這種不同關係模式，也反映了不同時期地方頭人的權力基礎，和其權威展現與擴散的格局。至於地方自主性的狀態，則主要取決於不同時期國家與地方之間的關係，以及政治參與歷程裡動員水平的高低。當國家與地方經由介面來連結時，地方自主性可發揮的空間較大，但即使在這種情況裡，仍有動員水平高低之別，若動員水平低時，這個地方自主性，有可能

是僅由少數人來壟斷地方自主性下的地方領導權威；當國家與地方是經由系統連結時，地方自主性確實會受到很大的滲透和干擾，但系統連結卻也在某個程度上創造出地方人才的向上流動，以及各類資本間垂直性的流動，同樣的這也會因動員水平高低而產生不同結果，動員水平低時，地方會流於派系治理，但一旦當動員水平提高，這會產生更廣泛性的民眾參與，將能創造出基層民眾一定程度的參與感和主體性（經由政黨認同的形式），雖然實質行政體系操作上是地方自主性的萎縮，但在民眾的觀感上，卻會覺得這是一種地方權力與自主性的提升。

此處，我們還可以進一步去討論，在不同型態地方自主性下，地方宗教活動所可能帶有的內涵。這可以參考表3-7。其中的意思其實很簡單，是把各種情境與民間信仰活動之間的關係加以描述性地並列出來。

我們以民間信仰活動可能具有的幾種產生影響力的方式來看：

A1.宗教網絡所帶有的公共性的特質，這在介面連結時，因為地方宗教活動承載了地方自主性的動能，所以它會特別強；A2.地方性宗教網絡關係可能轉換為地方政治資本或超地方的政治資本，同樣是出於介面連結，讓地方性宗教網絡具有某種地方上的代表性，而能夠在政治機器中，轉換為政治資本，有時它僅能轉換為地方政治資本，但在系統連結時，它可以轉換成超地方的政治資本。

B.地方宗教活動能促進統合性的意識形態，當地方與中央具有一種系統連結的性質時，地方宗教活動能促進中央與地方的統合感。

C.主持宗教活動這件事本身能創造個人政治資本，這已在

A2中表達出來，不過，隨著動員水平的不同，讓這個轉換的場域內涵相當不同，在動員水平低時，更大的一部分是存在於少數頭人之間的協商與交換，而來進行資本的轉換，動員水平高時，則往往是透過公眾性的展演，展現出個人的權力與魅力，進而在暢通流動的平臺中，經由達成公共性服務的社會形象，去創造地方政治資本或超地方政治資本轉換的契機。

D1.宗教活動產生國家的情感認同，這和B有些相近，但更直接反映在參與者的情感層面，也就是參與地方宗教活動後，對國家有著更大的認同和向心力；D2.主持地方性宗教活動反映個

表3-7　不同型態地方自主性下宗教元素所帶有的不同意涵

動員水平 ＼ 中央與地方的連結模式	介面連結（A1）（A2）	系統連結（B）
低（C）	A1 宗教網絡反映較大的公共性 A2 地方性宗教網絡關係可能轉換為地方政治資本 C 宗教資本與地方性政治資本間有高的可轉換性	B 具有統合性高的意識形態的形貌 C 宗教資本與地方政治資本和超地方政治間有可轉換性（大部分是存在於少數頭人之間的協商與交換）
高（D1）（D2）	A1 宗教網絡反映較大的公共性 A2 地方性宗教網絡關係可能轉換為地方政治資本 D1 宗教活動創造國家認同 D2 主持地方性宗教活動反映個人對公共事務的熱心，個人有機會將宗教資本轉換為地方政治資本或甚至超地方的政治資本	B 能作為中央與地方統合性意識形態的基礎 D1 宗教活動創造國家認同 D2 主持地方性宗教活動反映個人對公共事務的熱心，個人有機會將宗教資本轉換為地方政治資本或甚至超地方的政治資本

人對公共事務的熱心，進而在動員水平高的情境裡，個人有機會將宗教資本轉換為地方政治資本或甚至超地方的政治資本。

我們再將這幾種可能，對應到表中的四個象限裡，如表 3-7 中所呈現：

於是，不同歷史情境傾向於創造出地方宗教元素不同面向上的政治影響力，在表 3-7 中，兩個面向的交叉，則得出不同的綜合性的結果。簡言之，不同歷史情境（介面連結與系統連結 VS.高或低的動原水平）引導出不同的社會文化環境，而讓地方宗教以不同方式發揮其作用（A1、A2、B、C、D1、D2 等），創造出它與政治之間的關連性。我們在此並未窮盡所有的可能性，但以幾個重要面向的說明，希望能啟發性的就有關議題提供初步的探索。

五、結語

在某個程度上來說，本章是屬於 David Jordan（1972）保安村田野民族誌的一個重訪。David Jordan 所描述的 1970 年代的保安村，還是一個超自然體系與現實社會體系都相對穩定而少劇烈變化的小村落。在研究立場上，Jordan 雖強調象徵體系對於社會體系的調節作用和功能，但他反對結構功能論之認為象徵體系和社會體系中有一種對應性的關係的說法，Jordan 反而認為，超自然體系有一種相對穩定性，能獨立而不受制於社會變遷。

Jordan 雖然沒有說明得很清楚，不過我們大致可以想像：一個社會，經由鬼（失序）與神（秩序）這類結構主義式的概念元素，有可能幫助村落村民面臨現實人生的混亂，而得以對社會關係重新有所掌控和得到協調。簡言之，永恆的一種形式上的想

像，是漢人面對自然處境的武器，也是漢人社會得以維持千年不墜背後的自我協調和再現的微妙機制。而在這樣相對穩定的超自然結構下，能動者雖然並沒有完全隱而不見，但他所能採取的行動，是在相當有限可能性的劇本中去進行抉擇，而其行動上的效果也大致可以被預期。

本章並沒有承襲Jordan之對於保安村超自然象徵體系的考察，而是把焦點放在村落內的菁英領導型態上，但本章卻也由另一個側面檢視了漢人民間村落的象徵與功能面向。

Jordan所描述的1970年代末期的保安村，在本章的描述中，正值國民黨一黨執政下，村落所正處在的那種寡頭控制與協商下的相對封閉與穩定的時期。在那之後，依據本章所述，保安村先是經過鄉級派系在村落的複製，以及村落的二元分化；接著，都市化間接促成的農村生產體系凋零中，保安村又經過了政黨政治下的意識形態的洗禮（幾乎全村村民都漸歸屬於民進黨的政黨認同）。

種種衝擊中，保安村處於分化且資源分配更為分散的情況，某種程度來說，相對於過去村落各類資本重疊與集中，甚至於是既定不變與世襲性的情況，這的確是開始出現了，利於行動者來改變其處境的社會行動場域。不過，地方自主性一方面確實是提高了（地方傳統受到全國重視），另一些方面卻也是降低了（國家剝奪了地方的自治權）。新的行動場域則是多層次的，是位於國家、都市與鄉村之間的既分隔又相互連接的行動上的可能性。更頻繁的資本轉換和資本互補，跨越村落與都市之間不斷地發生著。只是，就村落層級的地方菁英所擁有的資本形式而論，明顯出現零碎化與分散化的情況（單一個別菁英很難同時擁有豐富的象徵資本和經濟資本）。

　　對照於 Jordan 所描繪的保安村，我們還不能說：在目前，漢人傳統的象徵結構已經失靈或失去功能了。但是我們可以說：比起 Jordan 所描述的保安村中的地方菁英，相對而言，地方行動者的社會位置顯得更不確定和更具有流動性；傳統社會裡原來是鑲嵌在地方公眾場域裡的象徵資本的創造與累積，以及象徵資本和其他類資本間的高度重疊性，已歷經了極大的變化；傳統社會裡象徵資本所具有的一種世襲性和長期累積性，也已經大大減弱了。

　　也正是在前述所描述的這種情況下，那個曾經是有效的，結構主義式的對於相對穩定之漢人社會的詮釋與理解，還需要經過補充與修正，而今在那個依然相對穩定的超自然象徵結構之外，實踐場域的輪廓顯得更為鮮明與直接，實踐場域參與者的來源更廣泛，並且場域中也出現了更為頻繁的轉換和交互揉合的價值創造的過程。

　　本章的分析還停留在相當初步與探索性的層次，在理論或經驗材料上，也都還有許多不足之處，但這個試圖整合宗教場域、象徵資本與地方自主性的分析主軸，在漢人地方社會與民間信仰研究等領域裡，筆者個人認為，這將是一個相當值得繼續加以努力，而且是富有啟發性的研究方向。

附件3.1　本章出現主要人物列表

出現於文中時期	人物
1.日治時代到光復初期	郭長恩（1882-1955）：大地主，日治末期保安村頂保保正，並擔任保甲書記； 郭遠東（1896-1976）：大地主，日治末期擔任保安村下保保正，光復初期亦曾任村長； 郭遠志（1897-1979）：郭遠東遠親，曾在光復初期擔任過村長
2.土地改革後的菁英集團	郭達（1915-1997）：1948-1978年之30年間，長期擔任保安村村長，並曾任一屆鄉民代表
3.分裂對立下反抗性頭人的誕生	黃財貫（1943-）：1970年西港爆發的農會冒貸案時虧空公款的農會職員，為郭豹家族中的一員； 郭豹（1906-？）：1970年代保安村長老，曾擔任一屆副村長，擁有土地約十甲； 郭松山（1943-2007）：1978-1982擔任保安村村長，是黃派推舉出來與郭派作對的人物 郭大威（1934-2014）：西港農會冒貸案時的受害者，因為其他村民爭取權益而受到敬重，並被拉攏到黃派這邊，後來也是保安村民進黨重要樁腳，曾擔任一屆農會代表； 郭德民（1937-）：1983-1990間擔任兩屆保安村村長，屬於郭派，但個性較溫和，是派系妥協下郭黃兩派都能同意的人選，但平庸而無特別建樹； 郭光輝（1944-）：郭長恩後人，1990-2006年間擔任四屆保安村村長，也是郭派和國民黨在保安村的樁腳
4.意識形態化時期	郭光武（1968-）：郭大威三子，曾擔任一屆西港鄉民代表，屬於黃派； 郭昆達（1950-）：2006年迄今擔任保安村村長； 王學勇（1955-）：現任保安宮總幹事，1990迄今擔任西港鄉調解委員會委員； 郭泰文（1942-）：保安宮重建委員會主任委員，家住板橋，曾擔任台北縣獅子會會長

附件3.2　訪談人列表（號碼即代表訪談資料的編號，除A外，其餘皆為假名）

A 村級以上的政治人物	A1 陳玉賢（約60歲）現任西港區區長
	A2 程昆同（約60歲）前西港鄉鄉民代表會主席
	A3 郭華堂（約85歲）曾任西港鄉民代表會副主席，現為郭派掌門人
	A4 余慶明（約80歲）曾任西港鄉鄉長，現為黃派掌門人
B 保安村村中頭人等級人物	B1 郭昆達（63歲）現任村長
	B2 郭光武（45歲）前任鄉民代表，現任保安宮主委
	B3 王學勇（58歲）現任保安宮總幹事
	B4 郭泰文（70歲）現任保安宮重建委員會主委
	B5 郭常（85歲）村中長老，曾擔任農會代表，並曾競選鄉民代表（落選）
	B6 郭光輝（70歲）曾任四屆村長，國民黨在保安村的主要椿腳
	B7 涂大千（約70歲）曾任保安村農會代表，民進黨在保安村的主要椿腳
	B8 郭全祿（70歲）保安村老村長郭達的次子，曾擔任一屆鄉民代表，並曾參選西港鄉鄉長（落選）
C 其他	C1 謝山海（63歲）（日治時期保正郭遠東的外孫）
	C2 郭福遠（70歲）日治時期保正郭遠志的次子
	C3 郭本章（65歲）（日治時期保正郭遠志的長孫）
	C4 郭經國（64歲）保安村老村長郭達的三子，曾長期在西港農會任職
	C5 黃志德（63歲）曾任西港鄉農會信用部主任，西港鄉祕書

第四章

父系社會中的靈性權威的發軔

系統內的救贖與超系統的救贖

一、前言

在父權社會裡，家庭義務的完成，是有助於個人社會生命得以達成不朽（也就是具有父權社會中的家族身分，並在祖先牌位和族譜中留名）的一個重要步驟。

換句話說，漢人父系社會裡，家庭角色的完成，會是個人經由符應於父系系統內的運作原則，而得以達成社會性生命不朽的重要途徑。這個途徑，也可以說是個人得以取得社會所公開承認的身分和地位的基礎。

而在個人有此家族性的身分基礎後，得以再進一步進入地方公眾生活中，進行象徵資本的積累，這個資本積累的平臺，在傳統地方大眾社會裡，也就是Duara所講的「權力的『文化交接銜接叢』」（Duara, 1988）。它是傳統地方社會運作最基本的媒介平臺，平臺中創造了正當性、公眾性與秩序，產生了地方菁英階層，也構成了中央政府介入地方的通路（一方面藉由冊封制度進入地方信仰系統，一方面透過地方菁英的中介來徵稅和吸納地方人士的忠誠）。政治權力如果不經過這種文化認知與地方社會關係的包裝，似乎是不可能發生深入作用的。

以上的說明，形成了理解傳統漢人大眾社會象徵資本的主要背景。然而，本章中所要談的，是這些說明裡所無法涵蓋的靈性權威的概念。

為什麼嚴苛的父權社會裡，竟然允許違反父系規則的人成為靈性的大成就者？也成為具有普世性意涵的救贖提供者？而這甚至不會形成系統自身維繫的最大的危機？這背後在其哲學與倫理關懷的基礎上，也許早有根源，這已如同本書第一章引述Hick（1999〔鄧元尉譯，2001：8-9〕）對軸心時代的討論裡得而呈現。

簡言之，也就是不滿足於主流社會，與它產生分歧，並帶有更高超越性的靈性領域，早在公元前數百年的軸心時代即已成形，並在世界各地發展成為獨立性的文明力量。

不過，本章中想要做的是，扣緊漢人社會的神話故事，在象徵與社會心理層面，對這個問題進行進一步的對焦。我們將要指出，漢人文化型態中，出於父系社會文化心理層面的內在矛盾，既要求成員遵守父系規則，又造成成員極大的心理壓抑，更有大量父系社會陰影下的人格與角色困境得不到出口（不能完成父系角色的兒子與女兒），這輾轉產生另一種超人角色的存在，超人角色本身是與父系社會斷裂的，但這斷裂本身，卻成為其超能力的來源。不過，一旦成就超人，他（她）並不是就脫離父系社會，他（她）反過來會成為救贖者，不僅拯救自己的祖先，還能對全人類施予拯救。而謹守父系身分與割斷父系身分，兩種形式都出自於漢人的文化型態裡，並得到大眾的認可，這發展成為象徵權威與靈性權威。兩種權威間權力的來源和內容不太相同，後者有一種更高的超越性。

這種權威來源的雙重性，是在漢人父系的結構性因素裡所孕育出來的，也在各類神話與民間傳統中看到其表現。本章中會比較四組神話故事主題（父子、父女、母子、母女）。而在各類親子關係的神話的背後，我們並不是看到一個父系權威對於作為子女的個別男性與女性主體全面性的壓制，反而是，一方面看到當階序中的弱勢（子與女）與父親產生某種緊張性時，能以某種方式展現出超越性和超能力；另一方面，我們也看到那些與父系繼嗣群連結產生了斷裂性的逸出者，當透過某種超越性或超能力的展現（甚至於這種超越性與超能力的出現，正是因為其與父系繼嗣群的斷裂而所產生），仍能與父親或母親產生新的連結性，並

也以此而發揮了更為深刻的救親的功能。

　　我們幾乎可以這麼說，我們看到，神話故事情節中的被壓迫者和斷裂者（與繼嗣群發生斷裂）的事蹟，激發出了讀者的認同，使其在父系社會中，在即使毫無利益的情況下，仍可能產生主體性和轉化世界的想像。而作為文化外來者的佛教，在經過了漫長的文化互動之後，也在此成為了父系社會裡，建構主體化歷程中不可或缺的重要元素，而在一個更為辯證性的層次，這穩定了社會體系，也為佛教自己找到了父系社會中的一個可繼續存在，而且同樣是可以不斷被再生產出來的位置。

　　本章將嘗試經由對幾個漢人神話敘事的對比性分析，經由兒子與女兒的主體性建構的角度，以來說明漢族父系社會的內在矛盾與系統再生產的過程與屬性，並對各種二元親子關係中主體性的形構提出分析。在父系家庭結構之下所投射出來的各類表達慾望之挫折與和解的神話故事或文學作品，以親子關係來說，它至少有父子、父女、母子和母女四個主題，本章強調，這四個主題，必須被放在一起來加以討論與分析，而不能分開來看，而本章實際的素材，則來自目連、妙善公主、哪吒和光目女四個故事在民間神話敘事裡的歷史演變和實質內涵。

　　本章問題意識的出發點，最早來自於對 Steven Sangren（2000）*Chinese Sociologics*（中譯本《漢人的社會邏輯》〔丁仁傑譯，2012〕）一書中第八章的閱讀。該書曾擴張馬克思主義物質生產的概念，將之引申到文化主體的生產，並經由整合了心理分析層次的實踐理論著手，而處理了集體與個體間的辯證性關係。

　　筆者深受啟發的是該書第八章〈父系模式慾望生產裡的父與子：對於《封神演義》哪吒故事所進行的基礎性分析〉。在該章中，經由哪吒神話故事的分析，Sangren 就漢人父系模式家庭機

構中的情感糾結和「主體化過程」進行了分析。Sangren自陳，該章的書寫，起源於他對於哪吒故事的迷惑，他注意到，即使哪吒有著接近於弒父的舉動，但是：「像這樣一個如此反叛性的人物……在這個如此強調孝順的文化裡，卻是如此的被人祭拜和熱愛」（Sangren, 2000〔丁仁傑譯，2012：338〕）。

照片4-1　哪吒神像：腳踩風火輪，手握乾坤圈，身負混天綾，是哪吒神像上常有的形象。（檔案提供：中央研究院民族所數位典藏）

　　結合了精神分析與神話敘事分析的研究取徑，Sangren指出，中

照片4-2　2005年以後，電音三太子席捲全台，哪吒三太子的形象，更由民間信仰擴散到大眾媒體與流行文化當中。如同Sangren所述：「像這樣一個如此反叛性的人物……在這個如此強調孝順的文化裡，卻是如此的被人祭拜和熱愛」，這引發了他的研究興趣。哪吒故事的流行，確實是反映出漢人父系社會，集體性與人格之生產與再生產過程裡較為複雜性的一面。

國父系結構，並不在於僅是生產馴服而已，而是產生出來了各種壓抑性的和慾望未完成的文化主體（個人）。而這一方面的訊息，往往在民間通俗流行的各類神話故事裡，可以找到蛛絲馬跡。譬如說，以封神演義中的哪吒故事為主，再加上民間通行的妙善公主的神話故事為依據，Sangren 指出：

> 我指出，中國所獨特生產出來的「關於中國兒子或女兒的獨特的孝順情感」，這是「父系的」、「從夫居的」家庭機構所特有的，但它和「家庭系統」本身的規範結構間，卻並不是完全相協調一致。……「中國」的文化主體（包括中國的兒子和女兒）的生產，導致了人們對於社會規定之角色，在情感與慾望層次，產生了內在性的抵抗。在中國脈絡裡，兒子想要有自主性，他想要逃脫於社會所要求的「應對父親有強烈認同」的規範（這也是一種對父親的服從）；女兒，相對比之下，她想要的是：被那個「排除掉了她」的父系體系所重新加以包含和承認。……出於它們在中國流行文化裡是普遍存在著的，我們也可以合理地假定，這些故事不只是反映或再現了這些經驗，就如同最近的文學理論所指出的，讀者與觀眾不只是被動地消費文章與消費敘述；消費的動作，辯證性地來講，也是一種生產的行動，在選擇文章去閱讀，以及在文章中建構出意義的這些層面上，讀者（或閱聽者）用文章跟敘事，來符應於他們自己的企圖，和符應於他們自己的意識與無意識。（Sangren, 2000〔丁仁傑譯，2012：330-336〕）

Sangren 在《漢人的社會邏輯》一書中的第八章，便是以慾望挫折的角度，檢視了父子（哪吒）與父女（妙善）神話；而在

同書第七章的另一個脈絡（討論男性對女性價值剝削的問題）裡，Sangren則檢視了目連救母的神話故事。他說：

> ……中國父系意識形態，它同時承認了，但也拒絕了女性的生產力。……血盆儀式的意象是，將兒子作為他媽媽的生產者；兒子的儀式性行動，讓媽媽轉化成一個神聖的靈魂。在這個意義上，這個儀式構成了關於性別典型的「異化的意識形態」，在其中，真正的生產者（媽媽），被呈現為她兒子行動之儀式結果上的產物（她因而獲得永生和由被譴責裡所解放出來）。簡言之，這是一個父系社會裡面「將女人的生產力表現為是來自於男人所衍生出來的」那種廣泛傾向的一個典型例子。（Sangren, 2000〔丁仁傑譯，2012：314-315〕）

雖然相關主題還未全面性的有所開展，但Sangren在書中的一個角落裡，已提醒我們去注意到神話敘事與文化人的人格生產之間的關連性，他說：

> 哪吒故事的焦點所關注的是父子關係，我舉的另一個故事的例子，則強調了另一種基本雙邊關係，在這一方面，本章分析了妙善公主的故事（以父女衝突為故事主軸）。在另外的論文裡，我則開始思考目連的故事（以母子雙邊關係為主軸），以及媽祖與其他角色間的故事。將這些故事放在一起考量後，我們可以由這些故事中，認識到那些構成了與家庭、社區以及國家有關的「屬於中國人之性別與人格」的可加以進行分析性理解的豐富場域。（Sangren, 2000〔丁仁傑譯，2012：314-315〕）

照片4-3　農曆九月九日是哪吒三太子誕辰，大量信眾前往新營太子宮進香，並有眾多三太子乩童雲集。而口含奶嘴，頭套「乾坤圈」，是三太子乩童常有的裝扮（照片攝於2008-10-6，新營太子宮前）。

　　本章深受Sangren觀點的啟發，也覺得由幾組民間流行的神話故事裡，可以提供豐富的對漢人之性別與人格屬性等加以進行理解的豐富場域。不過，筆者認為，Sangren雖提出了一些基本問題意識，也對漢人家庭內部幾組二元關係（父子、父女與母子等）之對於人格形成和慾望糾纏的文化模式提出了一些初步的詮釋。然而：（一）在神話敘述的分析裡，Sangren對各神話原來的歷史演變毫無著墨，因此對於文化脈絡中主體生產與神話敘事之間的關係，缺少一個貫時性與互動性的說明；（二）漢人親子關係中的四種二元性（父子、父女、母子和母女）應該被一併加以考慮，並加以進行內部的分析與比對，以有助於對其背後所牽涉的更為深刻性的議題有較為系統性的說明；（三）建築在第二點

的基礎上，我們或許還可能來進行進一步概念化的工作，以將人格、家庭與社會機構之間複雜的連結機制，放在一個更為整體性的解釋框架之中。

簡言之，本章一方面相當贊同 Sangren 所給予的漢人流行神話故事的文化位置，也很欣賞他能夠經由神話敘事，而得以進入家庭脈絡裡的「主體化過程」的討論，但筆者認為，Sangren 所提供的分析還相當初步，許多議題還有待進一步的釐清與開展，本章寫作最主要的動機即在於開發和開展這一方面的相關議題[1]。

本章中所討論到的神話故事主題，既有的研究相當多，不過本章主要對話的對象還是僅針對 Steven Sangren，尤其是他的結合心理分析與實踐理論而討論漢人父系結構中的人格生產，這是其研究取徑中比較獨到之處。不過，近年來，的確也開始有愈來愈多的研究，試圖整合心理分析與社會心理學層次，而深入到相關主題。這一方面，本章需要先做一個簡短的回顧。

首先，在母子關係方面，Alan Cole（1998）以 Ahern（1978）和 M. Wolf（1972）依據台灣田野素材中所提出的漢人子宮家庭（uterine family）中的母子情結為心理基礎，而透過救母故事主題，尤其是目連救母故事在中國歷史上的演變，而來探討所謂「佛教宣傳」（Buddhist propaganda）——經由出家人書寫和偽經製作，創造符合於世俗需要和能創造在家出家共生結構的佛教——的歷程，這個歷程建築在提出有關於母子關係的新論述，佛

1　延續《漢人的社會邏輯》一書中對漢人父系社會人格生產的分析，Sangren（2017）就理論與內涵予以更為周延化，而出版 *Filial Obsessions* 一書，書中視漢人父系同時是一種慾望生產模式和制度性的幻想形式，並對漢人家庭中的男性與女性有進一步的心理與文化層次的討論，其基本論旨與本章中所引述的《漢人的社會邏輯》一書中的有關章節是相互一致的。

教菁英於是成功建立了佛教版本的孝順，而將地獄救母定義為最終極與最高的孝順，這進而也調和了出家與父系社會繼嗣模式的矛盾。另外，David Johnson（1989）所編的關於各地目連救母流行版本戲劇形式的文集，則是另一個重要文獻，讓我們看到這個主題故事在中國各地民眾層次的實質影響力（經由儀式過程而正當化了父系家庭結構）和影響模式（透過戲劇和喪葬儀式）。根植於中國人對鬼的畏懼，讓目連故事的戲劇形式具有了極大的強度，事實上書中記錄的多個戲劇展演，也正是作為控制惡靈的驅趕儀式而存在著的。Johnson（p. 31）歸結道：「中國文化之展演的關鍵處，是來自於儀式的關鍵性。……儀式背後更帶有著中國的基本性質，這讓我們反思到語言本身的一些特性：強調行為而非教義，強調權威而非邏輯，強調歷史而非理論」。

其次，在父女關係方面，後面我們還會提到 Glen Dudbridge（1978），他曾翻譯了部分妙善公主故事的重要文本《香山寶卷》，並指出妙善故事的核心在於對宗教禁慾與俗世原則間矛盾的解決，而這個解決則有助於該故事在中國的流通與普及（pp. 74-84）。更近期則有 Idema（2008），不僅完整翻譯了兩本寶卷（《香山寶卷》和《善才龍女寶卷》），並做了長篇導論，對寶卷的形成歷程和思想進行分析，並將之與西方基督教女聖者進行比較，導論中指出，《香山寶卷》的作者有意調和佛教個人救贖理想與儒家孝順德行間的矛盾，並透過中國傳統主義者的角度來正當化了佛教。而在寶卷故事中，經由女兒的犧牲，父女一起升天，Idema 指出（2008: 26-27），因為是與父親一起成就，這其實在某種程度上也還是在勸導女兒接受婚姻，犧牲自己來成就父權家庭，這也可能說明為什麼觀音後來有可能演變為送子觀音的形象。Idema 的這種看法很突出，但總之，當 12 世紀父權社會在中

國已牢牢確立的時刻，寶卷故事的重點，在於調和佛教與家庭倫理，而有助於佛教在大眾層次的普及化。

接著，在父子關係方面，最重要的是 Meir Shahar（2015）的新作，提供了哪吒神話故事的心理分析，和有關故事演變的歷史考證。書中第一部分在討論 Freud「伊底帕斯情結」（Oedipus）於哪吒故事中的適用性。雖然西方的「伊底帕斯情結」，出現在弒父和對母親的情慾占有上，但若將之放大解釋，視之為起源於性的禁忌所產生的代間衝突，那麼哪吒故事也會是「伊底帕斯情結」的一種既普遍性又具有文化特殊性的形式，而其文化特殊性則是反映在父親對兒子的相當直接的暴力性上。哪吒故事表面披上了孝順的外衣，實質上則是兒子讓度自己肉體給父母的一種極端「伊底帕斯情結式的」的模式（Shahar, 2015: 18-38）。而 Shahar 也指出，哪吒故事中的父親是雙重的，哪吒孝順的對象，也包括了精神上的父親，也就是佛，這比肉體上的父親還要重要，而以這種方式，一方面讓佛教得以適應於中國家庭，一方面也讓佛教保持了其優越性（Shahar, 2015: 142-144）。

談到心理分析，更完整的來看，Sangren（2000，丁仁傑譯，2012：330）的研究取徑，很大一部分延伸自 Freud 對於「伊底帕斯情結」的經典性分析，而想要探討「『文化人』生產以及『性別人』生產的『主體化過程』裡，在中國的個人身上，慾望之未完成（或許是不可能完成）的一種內涵」

這一方面，在文學界，1970 年代到 1980 年代末期，中國曾掀起所謂「佛洛伊德熱」（Gu［顧明棟］, 2006: 164），大量文學批評經由精神分析的角度而對中國文學進行了研究（如 Wang, 1991-1992；余鳳高，1987），而也有反對者指出，「伊底帕斯情結」是引申自歐洲傳統的理論，對非西方文化傳統來說，其適用性令人

懷疑（如Johnson and Prince-Williams, 1996）。

晚近，Gu（2006）經由父親情結、母親情結、兒子情結與女兒情結等四個次主題，大量檢視中國古典與現代文學，而對這個問題提出了較為全貌性的看法。由文學再現的分析中，Gu認為，「伊底帕斯情結」（父、母、子女間的三角情感糾結）仍有某種普遍性，但是另一方面，家庭結構的文化差異將會使它以不同方式出現在文學中。

例如說依據Francis L.K. Hsu（許烺光）（1981），雖然同樣都是以父權家庭為主的社會，但西方家庭是一種以個人為基礎的實體，即使每一個個人要服從於家庭利益，但仍享有其個別自由，但中國家庭則為集體導向式的，每一個成員必須為家庭犧牲個人利益或甚至是生命。

在這個基礎上，Gu（p. 180）發現，一方面，在古典中國文學中，類似於西方文學裡的「伊底帕斯式」衝突的確很少見，而且更少表現為對異性雙親的情慾的占有。但在某一個程度上，Gu認為，這可能只是反映出，根植在儒家道德系統的中國文化，有更強的壓抑性，而且因為儒家倫理與道德價值的系統化，在歷史年代上，它發生得甚早，因此中國人在這一方面的表現顯得相當隱晦。甚至於，儒家道德系統產生了，也許是世界上關於家庭，和家庭中的個人行為的最系統化的道德規條，儒家道德規條讓小孩在很小的年紀就對其社會角色產生認同。中國小孩很早就知道他們在家庭和社會中應以什麼樣的適當的位置來行動（p. 188），也之於「伊底帕斯情結」的情感表達不明顯。甚至於，Gu進一步指出（p. 189）今日學者已經發現，其實大部分的「伊底帕斯情結」都沒能在童年時期完全解決，但這也不見得就會讓成人無法有健康的生活。換句話說，如果中國小孩的「伊底帕斯情結」很早就

被強烈壓抑和限制，它有可能被隱藏在心智極為深沉之處。

結果是，Gu指出，「伊底帕斯情結」在中國文化裡，它是一種被遮掩狀態下的情結，而且更複雜的是，這種被遮掩的形式還會處於零散分布的狀態。Gu也發現，中國古典文學作品裡，父親、母親與兒子間「伊底帕斯式」的三角關係，在這個隱藏性與分散性的表達裡，有可能是父子衝突，但更有可能是媽媽、兒子與媳婦間的三角衝突，兒子對母愛的不滿足，女兒對愛與婚姻的不正常排斥，男孩對嬸嬸、繼母或甚至是媽媽的婢女的情慾等等（p. 189）。

簡言之，不論如何零碎或隱藏得多深，古典與現代中國文學中，仍然可以發現到「伊底帕斯情結」的主題，而通常是輾轉經過儒家道德的影響後，它會表現為一種類似於雙親要求孝順，和小孩努力完成孝順的形態，以來表達出各類有關於占有、恐懼、不正常忌妒和犧牲等的表現。而當早期社會心理學家Guntrip（1961）提出，中國社會應不能被直接稱之為是充滿了「伊底帕斯情結」，而應是「家庭情結」，Gu（p. 190）則進一步用了「孝順情結」，來指稱中國家庭裡的人格矛盾與型塑。以上的心理分析上的議題，尤其是有關於兒子和女兒在父權社會裡，到底各自面臨了哪一種慾望挫折上的問題，以及神話中如何折射出這種慾望，會是我們最後討論的重點。

二、歷史演變中的神話敘事：父子與父女

為了讓後面的分析和討論更有依據，這裡先對Sangren所較著力於其中象徵內涵的哪吒與妙善的神話故事有所鋪陳，但以下神話敘事的鋪陳，並不完全遵循Sangren，不過對於Sangren所曾

特別強調之處，筆者也會稍作說明。

父子關係：哪吒

封神演義裡面第一個出現的主要人物是商紂，因其苛政與敗德，逐漸喪失民心；另一方面，要出面解救百姓的周文王陣營裡，第一個出現的人物並不是姜太公，而是在第八回裡所出現的哪吒，所以他是一個先行者，一位以預示天運將要開始變動的重要角色而來出場。

哪吒的師傅叫太乙真人[2]，Sangren（丁仁傑譯，2012：346-349）詮釋說，哪吒有兩位父親，一個是很權威式的父親就是李靖，另外一位太乙真人，雖不是生父，但在象徵意義上其實是更為真實的父親，是具有慈愛與超越性格的一個父親，而且這個父親的存在，不具有父權的壓迫感，是父權社會中子女想望卻得不到的另一種完美父親形象的投射。

太乙在道教裡面是一個很特殊的詞，這個乙就是壹的意思，可是「壹」僅是靜態性的，這個「乙」則是動態性的。「太乙」就是一個超級動態性的統一的意思。哪吒的媽媽懷孕三年生不出來，後來是道士來其夢中，將一物往其懷中一送，隔天晚上哪吒媽媽就生了。哪吒出生的時候是一個肉球的狀態，他爸爸李靖將球劈開才讓哪吒生出來。很奇怪的是，哪吒一出生就帶著法器出來，包括一塊紅布和一個金鐲子，這是出生帶出來的。後來當他

2　在《封神演義》中，太乙真人是玉虛十二金仙之一，是元始天尊的弟子之一。道教中另有神格極高的太乙救苦天尊，全稱是「東極青華大帝太乙救苦天尊」。就名稱來看，《封神演義》中的太乙真人，也許就是借用了道教中太乙救苦天尊的稱號；可是就職能和層級來看，道教中的太乙救苦天尊比《封神演義》中的太乙真人還高超很多，二者指涉應該是有所不同。

照片4-4　古典善本書裡腳踩風火輪、手拿火尖槍，與群敵大戰而毫無懼怕的哪吒形象。（檔案提供：中央研究院歷史語言研究所傅斯年圖書館典藏）

又成為蓮花的化身，又多了風火輪和一個火尖槍，最後他的四樣法器也就是：紅綾布、乾坤圈、風火輪、火尖槍。

　　哪吒性格中藐視一切，七歲的時候去海邊游泳，看龍王的小孩不順眼，先把夜叉神打死，又抽龍王小孩筋骨，說是要給爸爸綁弓箭用。東海龍王找李靖算帳，李靖知道了很生氣，但哪吒並不真的認錯，他乾脆自殘其身，把骨肉都還給父母，斷絕父子關係，然後要自己去與龍王算清這筆帳，不牽連父母親，這種廢除孝道的行為，是透過身體極大的自殘或甚至是自殺來加以完成的。

　　在封神演義的敘事中並未出現自殘行為中的骨與肉的區別，不過更早的一些佛教典籍中（如《五燈會元》、《景德傳燈錄》等），則有析肉還母，析骨還父的說法（二階堂善弘，1996：289-290）。

　　哪吒與父母斷絕關係後，成為孤魂野鬼。後來他天天向母親託夢，請媽媽幫忙蓋一個廟，結果他媽媽受不了，不得不去幫他蓋了一個廟，廟蓋在翠屏山。因為靈驗，信眾與香火愈來愈多，香火累積中，新的香火所創造出來的肉體也慢慢成形。

　　後來當李靖聽說了這個廟，知道是哪吒在添亂，就去把廟給毀了。這讓哪吒再生的希望也破滅了。哪吒找李靖算帳，認為其間已斷絕父子關係，李靖不應再去破壞他的廟。這時哪吒師傅太乙真人出現，跟李靖說：這就是你李靖的不對，哪吒已還你骨肉，你為什麼還要毀他的香火廟呢？

　　有助哪吒身體成形的廟被打破了，太乙真人乃幫助哪吒用另外的方法來成就法體，用蓮花二支，荷葉三片，鋪成天地人三才，然後用先天法氣運九轉，然後讓哪吒的魂魄由蓮花瓣中成型。成型後的哪吒已是蓮花身的仙體。簡言之，前前後後有兩個哪吒，一個是原生肉體的哪吒，一個是之後經過太乙真人的幫助而在蓮花裡重生的哪吒，後者是不會死的。

　　後來木吒跑出來跟哪吒對打，二哥跟哪吒說，你要認你的父母親，哪吒則說李靖根本已不是他父親，而說出了幾乎是所有漢人神話故事裡面最劇烈否認父親的一段話《封神演義：上冊》「剖腹剜腸，已將骨肉還他了，我與他無干，還有什麼父母之情？」（陸西星，2012：133）。

　　對於以上神話的詮釋，Sangren 認為（丁仁傑譯，2012：356-357），父系體系本身是一個慾望的制度化，在慾望制度化過程裡面會出現一些矛盾。父系體系中，讓男性產生一種想要獲得激進的自主性的慾望。當（父親亡故以後）兒子在祭拜父親的時候，事實上是把自己再生產成一個「家長式生產者」。兒子去拜父親，事實上是因為他想要成為父親，所以在祭拜父親的時候，事

實上是準備讓自己成為一個新的家長。這是一種主體能力生產的形式。

這裡面當然產生一個矛盾，就是父親跟兒子的一種權力上的矛盾。就此而言，Sangren 認為，哪吒的故事反應了漢人男性主體之激進自主性，與順服者二者之間的矛盾。簡言之，一個男生將來要繼承父親，成為男性的主體，可是眼前卻是被父權壓制，一方面創造自主性，另一方面又和父系的架構間有矛盾，Sangren 點出了哪吒故事裡面的這樣一個主題。

哪吒故事的歷史演變很值得一提，這一部分 Sangren 在《漢人的社會邏輯》一書中則完全沒有講到。哪吒的名字本身在漢字上沒有特別意義，顯現其非漢族的來源。其實他原來在印度叫 Nalakuvara，kuvara 是多聞天王，Nalakuvara 也就是多聞天王之子的意思。多聞天王是 Shiva 底下一個很重要的護駕，他知識淵博、財產豐富，所以也是一個財神（二階堂善弘，1996：287-288）。

在唐代，毘沙門天的信仰極盛行，他的太子在跟毘沙門天有關的經典中常常出現，並開始固定下來了「哪吒太子」的名稱，及毘沙門天王五太子中之第三太子等事（二階堂善弘，1996：288）。到了宋代，哪吒的故事又有改變，如前所引述「析肉還母，析骨還父」說法的出現。但那時候所強調的將骨肉還給父母的說法，重點在於表示：一個人為了追求真理可以連自己的身體都不要，甚至斷絕跟父母親的血緣關係（二階堂善弘，1996：290）。但後來的強調點卻有所改變了，如在封神演義故事中，強調點變成了父子間之對立相剋。

在元代，哪吒又變成了道教的神，多聞天王的名稱也變成了李靖，哪吒變成了李靖的兒子，這是元代時的形象的浮現（二階

堂善弘，1996：291-296）。到了明代，封神演義故事將哪吒在民間的形象給定型化了，哪吒，在封神演義中又被稱為是靈珠子，他是姜子牙的先鋒，展現出傲慢自大，並且還追殺父親，這近乎是一個「成人版」的哪吒故事。

封神演義故事中，李靖和哪吒之間的衝突並沒有真的得到化解。最後是燃燈道人給了李靖一個金塔以制服哪吒。後來到了明代末期和清代，哪吒又被福州地區納入法教而成為了五營裡的中壇元帥（李豐楙，2003）。

清代後有各種哪吒故事的版本，包括歌仔戲、平劇的版本等。有時還會把東海龍王寫成一個壞人，然後和哪吒交手過的幾個人，都變成興風作浪的妖怪，哪吒是為了除暴安良才跟這些壞人打架。簡言之，世代衝突的問題，被解析成為是出於哪吒的正義感而和父親產生衝突，甚至於有些版本中，李靖和哪吒有了大和解，兒子終於知道爸爸的苦心，李靖也原諒了哪吒（Witt, 2013）。

父女關係：妙善

玄奘（約596-664）將Avalokiteśvara譯為「觀自在」，然而這個譯名的普及度遠不如「觀音」或「觀世音」。「觀音」或「觀世音」源於avalokita和iśvara形成的複合詞，意為「觀世間音聲者」（于君方，2009：62）。「觀音」的本意比較接近於一個人眼睛低頭垂視觀看世間，因為已經悟道了，祂已看透世間人事的事情，所以是一種悟道之後的喜悅和自在，可是中國人似乎沒有太強調這一方面，反而將「觀世音」理解為是：為了聞聲救苦而和芸芸眾生發生關連的菩薩（于君方，2009：19-20），觀世音變成一個救苦救難的菩薩，祂低頭垂視是為了要解救天下蒼生。

　　從十世紀的新造型「水月觀音」（此觀音兼具兩性特徵）開始，宋代（960-1279）以後的中國藝術家逐漸將這位菩薩刻畫為女性。此外，最晚自明代（1368-1644）開始，就出現描繪五身、三十二身或五十三身觀音的整組畫像。佛教從外來宗教逐漸演變為中國佛教，觀音菩薩也同樣轉變為中國的「慈悲女神」（于君方，2009：33-34）。

　　觀音在中國的在地化，最明顯反應在妙善公主故事的流通上。妙善故事較早的版本是《香山寶卷》，那是北宋時期（1100年前後）河南汝州（Dudbridge, 1978〔李文彬等譯，1990：7-12〕）所流通的一個版本。後來相當通行的版本則是《南海觀音全傳》，這是在明萬曆年間所印。

　　依據《南海觀音全傳》（西大午辰走人，2008重印）中的敘

照片4-5　民初民間流通小說版本《大香山全本》的封面。觀音在中國的在地化，最明顯反應在妙善公主故事的流通上。妙善故事較早的版本是北宋時期（1100年前後）河南汝州所流通的《香山寶卷》。以《香山寶卷》為基礎，出現了各種地方性的妙善公主的小說與戲曲，妙善的剜眼斷臂是故事中的高潮，也是繪本中常出現的意象。（檔案提供：中央研究院歷史語言研究所傅斯年圖書館典藏）

事，妙善的父親是妙莊王，妙莊王沒有兒子但有三個女兒，他希望他的女兒通通都能夠招贅。當大女兒、二女兒都結婚招贅了，唯獨這個妙善潛心向佛就是不願意結婚。妙莊王非常生氣，判了她死刑，在臨刑前她被一隻大老虎給叼走了。

大老虎大概是要救妙善，妙善此時感到人生飄渺，心情十分悲傷，然後遊蕩到了地獄裡面。當她在地獄遊蕩時，因為她學佛也學了很久，她就跟地獄裡的餓鬼、畜生道等講經說法，結果地獄一下子就空了，大家都得了道。獄卒趕緊跑去跟閻羅王報告，說這樣不得了，有妙善在地獄裡面，大家聽了就都得道成仙，地獄馬上就空了，閻羅王看不是辦法便叫妙善重回人間。

妙善回到人間以後，她聽說妙莊王病重。妙莊王生病有很多原因，其中最主要的理由就是因為迫害他女兒，德行上的敗壞導致生病。妙善於是化身成一個老人，跟妙莊王說，你需要派人去香山找一個老先生，他的手和眼睛可以做藥引子，你服了這個藥引子之後病就會好。妙莊王一開始不相信，但後來派使者去了之後，真的有一位修道者在那邊，修道者還真的就把眼睛和手割下來給使者帶回去，妙莊王服用之後病也就好了。

妙善在割下自己的手臂、挖出自己的眼睛的同時，馬上就變身成千手千眼觀音。之後，妙善很快復原，後來父女見面之後就大和解，出於妙善超渡的法力無邊，後來妙莊王也成道了。

Sangren（丁仁傑譯，2012：362-369）說，漢人社會中，女兒和兒子的處境完全不同。兒子的焦慮是出於父親和兒子之間權力上的矛盾，女兒則是擔心被放逐，女兒覺得她永遠不會被家裡當作自己人，而是被當成外人。女兒因此希望能回歸原生家庭，得到一種結構性的被承認。

甚至於，也如圖4-1裡所呈現，男人的一生和女人的一生，

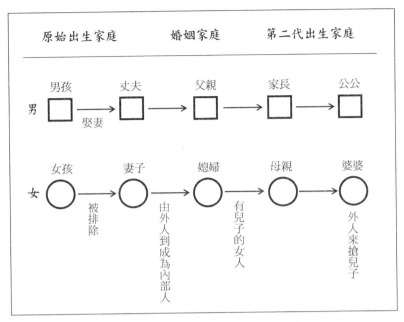

圖4-1　男人與女人跨越不同家庭類型裡的生命過渡

在歸屬結構和在心理感受上，都呈現出極大的對比性。男人在歸屬感變化不大的情況下歷經生命過渡階段，女人則是不斷面臨被放逐和處於競爭性的狀態。例如說在從夫居和父系繼嗣社會裡，男生由出生家庭中出世，成為男孩，娶妻生子成為父親，等到自己的男性小孩又娶妻，在新的屬於下一代的出生家庭裡，當事人則成為公公，家庭始終和自己同姓氏，個人也沒有遭遇到親情紐帶的競爭者。對女孩來說，則長大嫁人，先成為異姓的媳婦，遷移至另外一個家族，兒女姓氏上也和自己不相同，等到兒子結婚，媽媽好不容易以生物性關係所建立起來的母子親情紐帶，又面臨了外來女人的搶奪。簡言之，在結構上與在心理感受上，男

人在跨越不同家庭的生命史發展中，都是屬於內部人，女人在跨越不同家庭的生命史發展中，則始終還是個外部人。父系從夫居的社會裡，女性的「被永遠放逐」的結構性的狀態，顯然是根深柢固的。

也正是女兒這種「永遠被結構性地放逐」和希望能「永遠得到結構性地被承認」的心理，在妙善神話故事的敘事裡，似乎是得到了一個諒解和化解[3]。

簡言之，根據Sangren的分析，中國家庭裡，兒子想要的是

---

3 事實上，在西方也有所謂的父女故事，但展現為和妙善公主非常不一樣的主旨。Dudbridge（1978: 79）曾提出了這個文化比較上的可能性，但並未就妙善公主故事與李爾王故事的差異性進行實質探討。莎士比亞根據民間傳說所改編而成的李爾王裡，李爾王有三個女兒，他跟三個女兒說：「我今天要退位了，要把財產分給大家，請大家先來描述一下我的偉大」。結果老大、老二努力誇獎父親，小女兒卻拒絕讚美。李爾王本來是最喜歡小女兒的，但因不願讚美父親，而被趕走，也沒有分到國土和財產。相較之下，妙善的被趕出去，是因為她不願意聽從父親的命令去執行父系社會裡對女性結婚的要求，但李爾王故事裡，是當女兒不願意對父親表達諂媚，讓父親的主體性感到受傷，才憤而趕走女兒。而當妙善公主的故事是以父女和解收場，李爾王的故事則是以悲劇收場。李爾王在聽信了老大、老二的讒言之後，幾乎將財產全數分給兩位女兒，最後卻被兩位女兒遺棄，但他又無臉見三女兒。後來當二女兒叛國，反而是三女兒和其夫婿回頭來試圖解救英格蘭，但三女兒最終還是戰死，當李爾王抱著三女兒的屍體痛哭，並幾近成為瘋癲狀態，這是故事中最經典的一幕。李爾王故事中，李爾王身旁一直有一位弄臣，不斷對李爾王的判斷與想法進行冷嘲熱諷，這呈現為對自認理智的李爾王的嘲諷。西方神話故事中父女關係的衝突，暗示著理智與權力直線發展後的悲劇性和諷刺性，這和妙善公主故事中父親的壓迫，與女兒透過自毀來尋求父親的承認並最終得到和解與被接納，在主旨與精神上有很大的不同。前者是理性與權力直線發展上的悲劇；後者雖以世俗性智慧的限制出發，但最終展現為超越性追求與家庭關係的和解。

擁有自主性，他想要逃脫於社會所要求的「應對父親有強烈認同的規範」；女兒相對之下，她想要的是，被那個「排除掉她」的父系體系所重新加以包含和承認，可是這在現實上是不可能的。以上這些情況，構成了父系體系框架底下的兒子和女兒慾望形構的方式：兒子永遠幻想著自主性和逃脫；女兒因為會被趕出去，所以她永遠想像在她們出生的家庭裡面，能夠獲得，或是想像著有一個永恆性的位置。

三、歷史演變中的神話敘事：母子與母女

　　Sangren 在《漢人的社會邏輯》一書中第八章的分析焦點，主要放在父權體制下兒子與女兒抵抗的形式，以及情感與慾望的糾結，其題材則是出自於哪吒和妙善公主的神話故事。而 Sangren 在書中第七章，則是非常簡短地提到了目連救母的故事，以作為輔助說明：父系社會裡，會如何漠視母親自然性的生產力，並將其當作是受到汙染和等待救贖的，甚至於最後只有透過男性的兒子出面，才能夠淨化和拯救母親。Sangren 認為，這反映出父系社會裡對女性的系統性的剝削，以及可進行生產力累積（透過剝削女性，並將之轉移給男性）的異化性的形式。

　　此處，筆者一方面相當同意於 Sangren 這一部分的簡短說明，但另一方面覺得，當 Sangren 著力於分析家庭關係中父子與父女的衝突後；當他另以目連救母作為一種母子關係的體現時，Sangren 並沒有將這幾組漢人家庭內的二元關係（父子、父女、母子和母女等）共同放在一個更大的分析性框架裡來加以比對與相互參照，就此來說，他的分析仍只是相當局部而不完整的。

　　我認為，在父系社會中，父親與兒子或父親與女兒的關係，

確實如Sangren透過哪吒與妙善的神話故事所提示，呈現的是一種緊張和衝突性的關係。受隸屬的兒子和女兒，一方面順服於父權，一方面卻以不同方式來宣洩其不滿，或是來超越這種關係，並進而創造出受隸屬者的主體性。

但是，另一方面，若不是針對父親，而是針對於母親時，相較之下，兒子和母親之間，或是女兒和母親之間，似乎並不呈現出這種上對下之間的矛盾和衝突性，反而在神話故事裡我們將看到，母親對子女，不僅不呈現為壓迫，反而往往是倒過來，在母親並未對兒女施以壓迫的情況下，已陷入為等待救贖的弱勢，而接著，會是兒子或女兒，將會對敗德或無能的母親伸出援手施以救贖。

現在，分析上，我們如何能把這一部分母子與母女間的情感與慾望糾葛，和Sangren已做過精闢分析的父子與父女間的矛盾，共同放在一個對照性或連續性的參照框架裡，將會是有利於我們去理解漢人社會家庭格局中的人格型塑的重要依據。

而我們也注意到，在兒子拯救母親或女兒拯救母親的這種階序倒錯關係裡（子女比母親還有能力），其中的兒子或女兒，往往並不是一般情況下的兒子和女兒，而通常是那些已和父系繼嗣群體紐帶發生斷裂性關係的子女，而他們通常是在這個紐帶斷裂之後，再回過頭來和那些原來和他們有著密切生物性連結和情感紐帶的母親，重新發生一次新的具有宗教超越性意義的連結（也就是媽媽在敗德之後在地獄中等待被救援，而子女則對其施予救援）。顯然的，雖然同樣還是處在父系社會的框架與結構當中，但當階序中的上層由父親換成了母親，這時候，親子二元關係中的核心要素已不是雙親對子女的壓迫，而是子女如何倒過來向母親伸出了拯救的援手。

我們想要問的是，若加以整體性地比較，拿漢人民間信仰神話故事裡的父親與子女的關係，和母親與子女的關係相對照，在各類反映出漢人親子二元關係的民間神話故事中，其背後是否有一個相貫通的結構性的運作原理存在呢？或是說，由其中是否可以讓我們看出來：文化內涵生產出個人人格或慾望結構的基本過程是什麼？這一方面的問題相當值得我們去做進一步的反思，而它也是Sangren的討論所還未盡周全與完整之處。

為了讓我們的討論更為完整以及分析上更為全面，這裡，想要就Sangren並未多所發揮的母子與母女關係的神話故事，先進行一些素材性的補充和說明。

母子關係：目連救母

目連救母的故事在漢人社會傳播相當普遍，也有各種文學與戲劇流傳的版本。摘要其歷史演變，如同陳芳英所述：

> 盂蘭盆經，在早期的目錄裡載為失譯，唐以後才署名為西晉竺法護譯，據一般學者推測，很可能是產生在中國，梵華合作的經典。……佛教初來之時，出家捨親被視為大不孝，因而阻礙了佛教的傳播，僧徒們為調和世間道的儒家之教，與出世間道的佛教，極力強調佛教之孝，在大量翻譯佛家教孝經典之餘，也融合儒釋的孝道思想，創立新經，盂蘭盆經遂應運而生。……到了唐朝，目連救母故事的發展，呈現了第一個高峰。當時，講唱變文的風氣十分盛行。……而目連巡行地獄，與道家的泰山冥界頗相近似，更和唐代盛傳的「地藏十王經」的十王信仰混合……當變文在宋初被禁之後，目連故事就衍為寶卷和戲劇兩個系統，繼續流播。……

目連戲的搬演，是目連救母故事發展的另一高峰。（陳芳英，1983：1-5）

　　大致來說，目連，也就是佛陀弟子中神通第一的目犍連，其名雖出自印度，但目連救母的故事，則是出現在西晉竺法護所譯，而在印度並無所見的876字的《盂蘭盆經》裡。由於其故事情節符合中國的孝道倫理，它更開始歷經了漫長的本土化與通俗化的過程。唐代出現了目連救母變文，被加入了大量地獄情景的描寫，宋以後，目連救母更成為民間廣泛演出的戲劇。明朝鄭之珍根據這些內容重新編纂了一本《目連救母勸善戲文》，流通極為廣泛。清代以後，目連戲還被放入釋教的喪葬儀式裡，道教的打城儀式，則也部分吸納了其中的精神。

　　《盂蘭盆經》記載，目連雖有神通，當他知道母親在地獄受

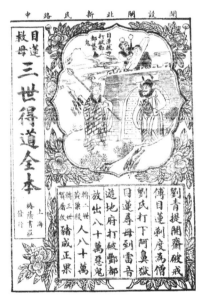

照片4-6　民初民間流通小說版本《目連救母三世得道全本》的封面。目連救母故事裡最鮮明的片段，是目連為了尋找母親，而一一看到十種地獄裡的酷刑慘狀。而想要打破地獄救出母親，是故事中主角最殷切的焦慮的來源。（檔案提供：中央研究院歷史語言研究所傅斯年圖書館典藏）

苦，也毫無辦法加以解救。佛陀告知目連，即使靠個人神通也無法解救其母，而是一定要靠供養全體僧人，累積施主功德，並靠僧人集體念經加以超渡，才可能救人於地獄之中。當目連之母得到救渡，目連請示佛陀是否以後人人可用此法來救渡親人，佛陀說可以，這於是構成了中元節供養高僧以超渡祖先的一個原型。

目連救母裡的精華片段，是目連尋找母親，而一一歷經各種地獄酷刑慘狀的情景。其實原來在印度，地獄只有一個，地獄之王閻羅王也只有一個。但宋代以後，地獄的概念在中國有所演化，十八層地獄（獄政單位）的概念大概是在宋代出現，而管理地獄者，又變成了十位，也就是十殿閻羅（司法單位）的概念。在中國，地獄概念的演化幾乎和目連救母故事的演化是亦步亦趨相互扣連在一起。

《盂蘭盆經》中所載，修行者目連，因禪定中看到母親在地獄受苦，他才想要去救渡母親。但是到了明代以後通行的各類地方戲曲版本裡，情況倒過來了。目連是因為知道母親因敗德與犯戒被帶到地獄受苦，為了有神通和功德以去救母親，他才發願修行，也就是他是為孝順而出家（參考陳芳英，1983：37-38），因為知道母親在地獄受苦，所以他才去西天找佛陀修行，然後他得道後立刻進入地獄去救母親。

《目連救母勸善戲文》中所載，目連的母親原也是個大善人，和目連之父一起打齋施飯，供僧養佛，但在先生過世後，因為聽信弟弟讒言，才開始打僧罵道，甚至殺狗破戒，終因造業過多而被五鬼擒至地獄。

關於女性墮入地獄的描述，宋代又出現了一個僅有486字的血盆經，它未載於大藏經，但在民間則流通甚廣，也創造出了血盆地獄的場景。過去的十八層地獄中並無血盆地獄之名，但有了

血盆經後就出現了血盆地獄。那是女人因經血和生產等，所造成的血水汙染，因為血水流入河流，當河水被用來清洗宗教器物，有褻瀆神明的結果，因此女性死後必須進入血盆地獄受罰。

而釋教中通行的打血盆儀式，子女為母親超渡，就是要打破血盆地獄讓母親得渡，法師也會著目連服裝，再現其救母的劇情。儀式中，法師用錫杖打破血盆地獄，之後子女要喝一杯血盆酒，道士會問道：「你要不要喝這個血盆酒！」當子女喝下血盆酒，也就是表示：血盆酒是母親受汙染的來源，母親為了生小孩而受汙染到地獄去，小孩現在則必須分擔母親受汙染的痛苦與罪孽，所以要喝血盆酒分擔母親的汙染（劉美玲，2011：41-46）。簡言之，這是子女在公開的儀式裡承認母親，也在公開儀式裡分擔母親受汙染的來源，經過這個歷程，母親才可以得到救贖。Sangren指出這是在父系社會裡面，將女人的生產力表現為男人延伸出來的一個典型例子，這種認知也是極為異化性的一種意識形態（Sangren, 2000〔丁仁傑譯，2012：314〕）。

母女關係：光目女救母

母子關係之後，也許我們應該進一步來考察漢人民間信仰神話中，有關於母女關係的故事，但是大致上做一檢查，令人驚訝的是，前面所討論的三組關係（父子、父女、母子）皆有相應的極為普及化的民間神話故事，唯獨母女關係，雖有相應的故事，但普及度完全不能與前三類故事相比。這一方面的問題極其值得探討，筆者個人認為，這主要是出於父系社會再生產框架中，經由母女關係脈絡而得以產生出個人主體性的文化旨趣，已被預先遮掩與排除了，這一點將會在下一節中有所討論。

不過，不能否認的是，即使沒有通行極廣的戲劇或小說形

式，在某些故事中，也仍存在著母女關係的主題。這裡，我們主要的依據將是《地藏菩薩本願經》第四品中光目女的故事[4]。有趣的是，這個故事的情節和結構，雖然比目連救母的故事簡單得多，但大致上和目連救母的故事中所強調的孝順以及救母的行為，有著極大的類似性。

《地藏菩薩本願經》中文本出現的年代，可能比《盂蘭盆經》中文本還要晚一些，署名是唐于闐國三藏沙門實叉難陀所譯（莊明興，1999：130-137）。據日本學者羽溪了諦之推定，本經乃成立於中亞之于闐。另據松本章三郎之研究，本經或為仿照淨土經典敘述阿彌陀佛之本願，以地藏十輪經為骨架，後經學者增補而成之偽經（釋星雲，1988：2918）。因為本經內容所敘述之地獄景況與地藏菩薩之性格，甚能融合民間之通俗信仰，故廣為普及，尤以明清之時為然（釋星雲，1988：2918）。

總之，和目連救母神話有著類似的情節，但主角換成了潛心修佛的女性，而不是出家而具有神通力的男性，但他們同樣面對著因敗德與破戒而淪入地獄裡的母親，最後同樣是因為一片孝心，而得以讓母親脫離地獄和得到救贖。同樣的文化主題，平行線般出現在不同的地方，但後續的發展有些不同，母子的神話大放異彩，母女的神話則僅存在於典籍中，雖也為佛教信徒所廣為閱讀和持誦，但並未真的進入通俗性的戲劇與小說、甚至是地方宗教的儀式操作裡。

光目女是地藏菩薩多次前世中的一次前世，經裡是這樣敘述的（參考《新譯地藏菩薩本願經》）：過去有一位羅漢，他用自己修行的福德教化眾生。有一天羅漢遇到了一位名叫光目的女人，

4　感謝黃淑芬女士提醒筆者注意到光目女這個母女主題故事在地藏經中的出現。

準備了飯食來供養這位羅漢。羅漢問光目女有何請求？光目女說她一直替過世的母親求福，不知道我的母親現在投生到哪一道？羅漢靜坐入定替她觀看，見到光目女的母親在地獄之中受到極大的痛苦。羅漢問光目其母犯了何種罪業？光目說其母生前好吃海鮮，因此常造殺業。羅漢告訴光目女，她可以用最虔敬的心，誦念清淨蓮華目如來的名號，然後請人塑造繪製這位如來的形象，這麼一來她和她的母親都能獲得福報。光目聽了羅漢的話，立即捨棄自己心愛的東西，請人繪製佛像，虔誠供養。

後來光目在夢境中看到一尊金光閃閃的佛身，佛身告訴光目說她的母親不久之後會誕生其家中，那嬰兒出身後才剛感受到飢餓和寒冷時便會說話。不久，家中的婢女果真生了一位男孩，出生還不到三天就會說話，嬰兒哭著跟光目說：「生死造業的因緣果報都是我自作自受，我是妳的母親，長期待在黑暗中，自從和妳分別以後，果然墮入地獄裡，承蒙妳替我修福，如今才能再次投生成奴僕，然而我壽命短暫只有十三年，之後又要墮入地獄之中受苦。妳有沒有什麼辦法能幫助我脫離，免於遭受苦難呢？」

光目聽完後對著天空發誓，祈禱母親脫離地獄，十三年的壽命結束以後也不用繼續受苦，如果母親能脫離三途惡道、低賤的地位及女人之身，她願意在之後百千萬的劫數中，救濟超渡受罪的眾生，等到所有眾生都受到應該受的業報且成佛後，才輪到自己成佛。光目發誓完畢後聽見清淨蓮華目如來告訴她：「光目，妳有大慈大悲之心，能替母親許下如此宏大的願望，我預見妳的母親在十三年的生命結束後便能脫離因果業報，投生梵志，享有百年壽命；之後降生到無憂的淨土，壽命無盡；再接著，成佛後廣泛超渡眾生，受她超渡的眾生如恆河的沙一樣多。」

除了光目女的故事外，《地藏菩薩本願經》第一品裡，還有

一個較為簡略但內容極其類似的婆羅門女的故事，她也是地藏菩薩的一次前世。婆羅門女和光目女一樣，知道母親魂魄墮無間地獄，乃變賣田產，辦香花供具，供養覺華定自在王佛。因其孝心設供修福，其母終得以超生天界[5]。

四、父系權威與父系繼嗣群的性質

父系繼嗣群脈絡底下的各種二元性關係

在以上各組神話的背後，我們並不是看到一個父系權威對於作為子女的個別男性與女性主體全面性的壓制，反而是，一方面看到當階序中的弱勢（子與女）與父親產生某種緊張性時，能以

5　需要作補充說明的是，非常感謝一位審查人提醒筆者注意到民間戲曲中的女兒拯救母親的故事主題，審查人引述的例子是 Ellen Judd（1994）的報導。Judd 曾討論具地方傳統的湖南黔城高腔目連戲，在國家禁演近五十年後，1989 年開始又重新大規模進行演出的政治與文化意義。該地目連戲是在中元節前後，長達十多天的一系列戲曲表演的地方盛會，曲目中不僅有目連救母、還有目連前傳、侯七殺母、匡國卿盡忠、耿氏上吊、香山等這些曲目。Judd 指出，這些戲曲，透過不同的人物性格和劇情，而共同呈現出孝順的品德，以及圍繞在孝順品德上而形成的各種衝突和模稜兩可的處境。Judd 提到，在演出目連前傳之前，常會演出〈香山〉這個曲目，故事中，女兒聽到了媽媽對於作為女人和母親的痛苦的感嘆，這個女兒乃發願修佛來回報和拯救她的母親。感謝審查人提醒筆者注意到 Judd 所報導的這個民間戲曲裡的女兒拯救母親的故事版本。我們發現，這個故事大致上還是和光目女救母故事的主軸類似，而且也依然是複製了目連救母故事的主題。換言之，仍然如同本章中所指出的，即使佛經或地方戲曲中零星存在有母女故事的主題，但所強調的透過修佛以達成終極性孝順的宗旨，則往往和目連救母故事如出一轍，故事中並沒有特別凸顯出母女關係的內在特質，這類故事也少有能達到如同妙善救父或目連救母這類故事在民間的普及性。

某種方式展現出超越性和超能力；另一方面，我們也看到那些與父系繼嗣群連結產生了斷裂性的逸出者，當透過某種超越性或超能力的展現（甚至於這種超越性與超能力的出現，正是因為其與父系繼嗣群的斷裂而所產生），仍能與父親或母親產生新的連結性，並也以此而發揮了更為深刻的救親的功能。

　　讓我們先來說明父系繼嗣群脈絡底下所產生的四種主要二元性的親情糾結關係：父子、父女、母子、母女。雖然在現實上，這是四種二元性關係，但分析性地來看，則是有好幾組二元性關係（共12組），參考表4-1：

表4-1　父系繼嗣群脈絡下的各種二元性連結關係

父系性權威連結的性質 ＼ 父系繼嗣群的狀態	實質化了的父系	具有潛在性危機的父系
父系性權威內在性連結	父—子	父—女 父—（二度斷裂女） 父—（自行斷裂子）
父系性權威虛擬性角色連結	（社會性母）—子	（社會性母）—女 （社會性母）—（二度斷裂女） （社會性母）—（自行斷裂子）
生物性連結	（生物性母）—子	（生物性母）—女 （生物性母）—（二度斷裂女） （生物性母）—（自行斷裂子）

　　表4-1中所謂的「實質化了的父系」，是指兒子的出現，讓父系繼嗣群的運作，有了一個啟承轉接的延續性，父系性的對象與功能，可以說是進入實質運轉的狀況，因此我們稱之為「實質化了的父系」；至於「具有潛在性危機的父系」，是指：兒子未出現

而女兒出現，或兒子拒絕進入婚姻體系等，讓父系繼嗣群的啟承轉接出現了斷裂的可能性，雖然這種危機也許不會立刻發生（仍有可能在未來透過收養或納入招贅的女婿來化解），但潛在的斷層危機卻已經出現。以上這些詞語，並無價值判斷之意，而是純以父系社會運作上的功能面向為基準，而提出了這些名詞。

在表 4-1 中，就父系性權威連結的性質這一方面來看，我們分成了三項：父系性權威內在性連結，是指與父親的連結；父系性權威虛擬性角色連結，是指與「社會性母」的連結；生物性連結，是指與「生物性母」的連結。其中，雖然在人身性的層次，父系性權威連結，只有父與母的區別，但是在分析上，就母親這一部分，可以將母親區分為「社會性母」和「生物性母」。因為出於母親在父系體系裡的複雜性，她一方面是出自於強烈的生物性連結，但這種連結性，在父系權威的陰影下，又往往被父系社會所刻意地壓抑或貶低，因此當以生物生產者的角色來看待母親時，她雖不至於被壓迫，但至少是被刻意漠視的，就此而言，她是一位「生物性母」，也是父系社會中的弱勢階層；不過另一方面，母親卻又同時是父系社會角色的執行者，雖然說這種角色的執行，往往是當父親在場的情況下而來加以輔助，就這一部分來講，則母親既是一位擁有婦德之被稱頌者，也是一位父系體系的協助執行者，也就是一位「社會性母」。表格中的子女，則區分為子、女、二度斷裂女、自行斷裂子等四種，其意涵我們會在後面再加以討論。

而為了讓討論單純化，我們也設定，本章中的討論都是限定在單一兒子或單一女兒的情況，因為，我們只有如此來討論這個單一兒子或單一女兒對於父系繼嗣群的影響，才能保持推理邏輯上的單純性，否則，譬如說當一個已經具有兒子的家庭又增添了

一個女兒時，顯而易見的，在父系承接已經為前面的兒子所「實質化」的前提下，女兒的存在就不會讓父系繼嗣群出現「潛在性的危機」。不過，要討論現實情況無限的複雜性是不可能的，我們也只能先鎖定其中最基本的邏輯和互動關係，以能較清楚地來澄清複雜現象背後最為核心的心理機制與情感狀態。

現在，我們要試著將前述四組神話故事背後的關係模式放在表4-2與表4-3中來做討論。

表4-2　「父系性繼嗣群」脈絡中的親子二元性關係

父系社會權威的人身性來源 父系繼嗣群的延續	（生物性母）		（社會性母）		（父親）	
	母子關係裡的母親	母女關係裡的母親	母子關係裡的母親	母女關係裡的母親	父子關係裡的父親	父女關係裡的父親
子						
女 （一度斷裂：自身祭祀群連結斷裂，但能幫助其他祭祀群連結繼續）						
女 （二度斷裂：拒絕進入婚姻交換體系之女）						
自行斷裂祭祀群連結之子						

首先，討論表4-2。表4-2中的橫貫軸是父系性權威的人身性來源，這可能是父親，也可能是母親，但其實又不僅是父親或母親兩個範疇而已，更精細來講，如前所述，當母親有生物性與社會性的區別，因此就有可能有生物性母、社會性母與父親三個範

疇。而因為父系社會中雙親對待子女的方式不同，因此每個範疇內部還要進一步加以區分，可以分成母子關係裡的母親、母女關係裡的母親；父子關係裡的父親和父女關係裡的父親。

以上區分後，會產生各種情況，而將其排列，由生物性母親裡的親子關係到父親下的親子關係，大致上有一種父系性權威愈來愈強的情形。不同關係裡的父親和母親，會激發出父親或母親之執行父系權威的意志，但是就母親而言，如同表4-1所顯示，有所謂生物性的母親和社會性的母親，由這種差異裡，會在排列順序中出現一條虛線，出現在生物性母與社會性母之間，在虛線右方，有較明顯的父系性人身權威在施展，而且是愈右邊愈強烈，虛線左方（生物性母範疇下）則不然，這個虛線的存在，對我們理解後續將要討論到的各類二元性親子關係而言相當重要。

表4-2中的縱貫軸是與繼嗣群的延續與斷裂性，第一格、當有兒子存在時，繼嗣群的延續性自然是得到保障；第二格，女兒的存在，雖不能延續原生家庭中的繼嗣群，但在外婚後，至少能有助於其他繼嗣群的延續，也就是在婚姻交換體制中，幫助家族盡到了社會責任，至少是讓自己的家族在社會上「有面子」，我稱這時候的女兒為「一度斷裂」（與自身繼嗣群連結紐帶相斷裂）；第三格，如果女兒拒絕出嫁，也就是拒絕進入婚姻交換體系，在「一度斷裂」的基礎上，雖然對於自身繼嗣群的延續，效果上已沒有差異，但實則是讓自己家族的社會責任有所缺損，可以說：既已是女兒身，卻還選擇不嫁，等於是讓家族在社會上極無面子，我稱此為「二度斷裂」；最後，第四格，原本是讓繼嗣群已得到延續的兒子，卻選擇自行斷裂，這種情況應該是父系繼嗣群所最不能忍受的。

縱貫軸由上而下，隱約呈現出：斷裂性之對於父系繼嗣群所

產生的危機逐漸遞增。而縱貫軸中第一格之後，有一條虛線的存在，分隔開了兒子與其他類屬，表示著「有著繼嗣群連結」和「與繼嗣群產生不同程度斷裂」之間的重要分別。

依據表4-2，橫軸有6種可能，縱軸有4種可能，兩相交錯應該會有24種二元性關係；更且，神話故事中所顯示的親子關係，雖然都是雙方面有所互動的，但有時主要強調的是父母一方對子女單方面的壓迫性關係，有時則是強調子女一方對於父母之拯救與解脫上的協助，因著方向與性質的不同，24×2，所以各類關係應該就有48種之多，這其中當然也有可能一組二元關係裡同時有壓迫與救贖的雙向互動。

本章四個神話故事背後所反映的親子二元關係的性質

理論上，每一種關係，或同時兼具的多種關係，都可能經由某個神話敘事來表現，並獲得某種社會共鳴，但實際上，可能只有部分類型的敘事在文學形式或民間傳說故事中流通，而其中又只有極少數敘事會獲得較大和較為廣泛的社會共鳴。我們試著將其放在表4-2中來呈現，而進一步得到表4-3。

表4-3將本章討論中所出現的四個故事對應在父系社會中各類的親子二元性關係上，四個故事中有三個是極為流行且頗獲社會共鳴的神話故事，而其中一個故事又同時表現了父系權威的壓迫和子女對於雙親的救贖（因此會以兩條方向不同的線來代表），表4-3中出現了連結各類親子關係的五條線。

落實於表4-3，四個神話故事分別為：表現母子關係的目連救母；表現母女關係的光目女救母；表現父子關係的哪吒故事；表現父女關係的妙善公主故事等。表4-3中我們各用一根線條來表達其中的一個故事，唯獨妙善公主的故事，父女關係中同時有

表4-3　本章四組神話故事投射在「父系性繼嗣群」脈絡上的性質

父系社會權威的人身性來源　父系繼嗣群的延續	（生物性母）		（社會性母）		（父親）	
	母子關係裡的母親	母女關係裡的母親	母子關係裡的母親	母女關係裡的母親	父子關係裡的父親	父女關係裡的父親
子						
女（一度斷裂：自身祭祀群連結斷裂，但能幫助其他祭祀群連結繼續）						
女（二度斷裂：拒絕進入婚姻交換體系之女）						
自行斷裂祭祀群連結之子						

壓迫與救渡關係，因此用了兩根線條來表達。我們用線條的指向性，來表示這種二元性關係的性質：當父母一方指向子女一方，這是一種權威的壓迫關係；當子女一方指向父母，這則是一種救渡關係。

統合性的來講，本章引述的四個神話故事，呈現出兩個敘事主軸：一個敘事主軸是有關於壓抑與對抗，而其所要對抗的對象主要是父親（其中的母親又都是處於模糊或軟弱的狀態）；另一個敘事主軸是有關於繼嗣群連結斷裂者，反成為父母的救贖者的一種倒錯性關係。

第一個敘事主軸，體現在兩個故事裡：哪吒故事中的父子矛盾與衝突；妙善公主故事中的父女矛盾與衝突。第二個敘事主軸，體現在三個故事裡：目連救母故事中的兒子拯救母親；光目

女故事中的女兒拯救母親；以及再一次出現的妙善公主故事中的女兒拯救父親。

就橫軸來看，父系性最直接的來源當然是父親，並呈現為一種權威與壓迫，這也就是垂直虛線之右的作用力。

至於母親的角色，在現實中經常是曖昧不清的，雖然分析上可以區別出「社會性母」和「生物性母」，但在人身性的位置上，一個母親一定是同時帶有著生物性和社會性的雙重面向。而社會性母與生物性母的交疊，在實際情況中會以何種比重和方式出現？端視各種背景條件。當有父親在現場（如妙莊王身旁的母親），或是當父系繼嗣群延續的議題變得迫切的時候（如當面對繼嗣群中兒子與媳婦這個新的家庭單位出現的時候），「社會性母」的角色會變得更鮮明，甚至於母親有可能成為協助父親進行壓迫的一個來源。

但無論如何，「社會性母」角色的鮮明化，通常是在父親在場的情況下才會出現。這時，母親是以父系性權威執行的幫凶或搭配者而出現。而因為父親已經在場，神話故事裡的有關於父系權威壓迫的劇本，母親通常只是個配角，甚至於母親出於角色上的混淆，當母親游移於「社會性母」與「生物性母」之間，將表現為父系權威壓迫的一個缺口或是權威執行上的一個混亂製造者。分析性的來看，表4-3中，我們所選擇的幾組神話，並沒有以表現「社會性母」下的親子關係為主題的敘事結構，顯示了「社會性母」在社會共鳴性歷程裡的缺席。

另外，較為純粹的「生物性母」的角色，在我們所列舉的幾組神話故事裡，主要是以「被救贖的對象」而出現的。「生物性母」總是成為被救贖者，也成為「與父系繼嗣群斷裂的子女」，展現其超越性和超能力的場域。而神話故事中的母親，往往是在

父親缺席的情況下，而被凸顯出一個較為純粹的生物性母親的角色。這個純粹的生物性母親的角色，在神話故事裡，則是創造出了深刻的情感渲染性。相對於子女因曾選擇了與繼嗣群斷裂而產生過極大的撕裂性，現在當透過與生物性的親情紐帶再連接的動作，創造出一種劇情上的張力，在重新將人們帶回與母親的生物性連結的同時，也讓斷裂者有了一次戲劇性的展演其超能力的機會。

　　簡言之，在我們所列舉的這幾個在民間極為通俗和富有影響力的神話裡，母親的壓迫並未進入敘事當中，母親反而往往是以被救贖者而出現的。在光目女救母與目連救母的故事裡，那個等待被救贖的母親，她的社會性母親的身分，常常是失職的，反而讓那個先驗性的純粹生物性母親的身分，成為了親子關係的焦點。而兩個故事裡，母親淪入地獄的原因，一概是出於其行為敗德和破壞佛戒。

　　在我們所舉出的各個能引發共鳴的神話中，在面對自己的親生子女（面對媳婦時當然又是另外一種情況）時，「社會性母」的面向很少被強調，也就是通常母親並未以壓迫者出現，而是以被救贖者而出現。我認為這是一個很值得探討的議題，我認為，就引發共鳴性這一點而言，這一方面顯現出，父系社會情境裡，神話敘事結構裡的父系性壓迫，往往還是會透過父親來體現，而不是母親；另一方面也顯現出，在神話敘事結構裡，當母親被放在母子連結或母女連結的處境時，相較於其社會性母親的角色，可能還是生物性母親的情感連結性，會被擺在一個更為鮮明性的位置。當然，這些說法都未經驗證，可能還有待蒐集更多相關的神話敘事來進行分析與討論。

　　至於就縱貫軸來看，一條橫的虛線切割開來了兩個範疇：與

繼嗣群有所連結與延續的兒子；以及虛線以下的「一度斷裂之女」、「二度斷裂之女」、「自行斷裂繼嗣群連結之子」。而在我們所選取的四個神話故事的敘事裡，第一個故事、哪吒故事裡的子對父，具有潛在完備性的父系繼嗣群中的兒子，在尚未成立家庭之前，與父親的權威產生了衝突；第二個故事、光目女，她是一位選擇進入「二度斷裂」之女，但因為只是出於一個平凡家庭，當她的已經處於「一度斷裂」情境下的女兒的身分，又進一步發展成為「二度斷裂」，而在父親於故事中已經缺席的背景下，她的「二度斷裂」的身分，在敘事結構中是被冷處理的，整個故事的敘述重點完全擺在了她發願拯救母親的這一部分；第三個故事、目連救母，和光目女故事類似，也沒有特別強調目連出家身分對於父系繼嗣群斷裂所可能會產生的危機，不過故事中比光目女故事更為強調了目連的超能力；第四個故事、妙善，敘事的重點中，透過妙莊王愈來愈為嚴厲的談話與作為，乃極為強調了妙善之「二度斷裂」所對家族和親情所產生的一個撕裂性的結果，不過最後，妙莊王反而是因為妙善之斷裂，而得以被解救，妙莊王與發生斷裂的妙善間，也得到了再連結和大和解。

　　在父系社會中，與繼嗣群的斷裂，不管是出於主動或是被動，都是被有所貶抑或責難的。但是我們在神話敘事結構裡卻看到，或者是這個斷裂被刻意地淡化處理或忽視（如目連或光目女的故事），或是它反而成為了主角產生超能力的根源（如出家修行），並以此斷裂性為基礎，有可能為自己和父母來獲致永恆而終極性的救贖，而這也就幫助這些斷裂者創造出與父系繼嗣群的再連結，甚至讓他們成為父系社會中的孝順典範。而且，往往是斷裂過程中愈大的緊張性與撕裂性，愈能成就出孝親典範的超越性與神聖性。

母女關係相應神話故事的單薄

　　我們可以發現，令人相當驚訝的是，在漢人社會裡，當親子二元關係中的四種關係裡，有三種關係（父子、父女、母子）皆有相應的極為普及化的民間神話故事，唯獨母女關係，雖有相應的故事，但普及度完全不能與前三類故事相比，甚至於，光目女的故事，開始流傳時期比目連救母故事還晚一些，敘事結構似乎是完全模仿了目連救母的故事，她虔心修佛但卻並未選擇出家，敬佛行為和孝親行為幾乎是相互一致且相互增強的，整個故事的結構張力比較小，但所強調的透過修佛以達成終極性孝順的宗旨，則和目連救母故事如出一轍，不過故事中並沒有特別凸顯出母女關係的內在特質。

　　但是，母女關係難道不是親子關係中極為基本的一種關係嗎？為什麼漢人父系社會親子關係的矛盾中，四種關係裡有三種關係（父子、父女、母子）皆有相應的極為普及化的民間神話故事，唯獨母女關係，雖有相應的故事，但普及度完全不能與前三者相比，甚至於，其故事結構看起來不過是母子故事的翻版與複製呢？

　　我們注意到，父系社會框架裡，母女關係中的母親有可能是社會性的母親，也有可能是生物性的母親。在社會性母親的情況下，母親一方面執行著父系社會權威強制者的角色，一方面也擔憂自己在父系繼嗣群中的位置無法透過生殖來完成（未能生兒子）。而在這種情況下，我們要說，當母親面對著女兒時，很可能會出現一種「交互無主體性」和交互欠缺性的情況，這是在漢人文化世界裡，很容易就能理解的一種情況。這種「交互無主體性」難道不是一種極大的慾望挫折的來源，而可能會被投射到神話敘事中，並進而取得極大的社會共鳴嗎？

　　要回答這個社會心理層次與象徵層次的問題，很難用經驗性材料加以確實檢證，但至少有幾個層次的說明會是高度相關的：第一個層次，關於母女關係的象徵性表達，有可能會因為女性缺少表達工具而使其顯得匱乏；第二個層次是指父權社會中母女關係的象徵性表達，因為充滿了內在顛覆性，於是一開始就已被排除；第三個層次是，在前兩個前提下，即使有各類母女關係的象徵的表達，但往往仍是以父系的角度出發，而並不能彰顯出真正的「前伊底帕斯」（pre-oedipal）的未被父系所汙染的真實的女人對女人的母女關係。

　　第一個層次，跨文化比較來說，父權社會中母女關係象徵性表達的薄弱或缺乏，是有其社會性的基礎的，這一點正如女性主義心理分析學家Irigaray所指出的（1993: 113-114），父權社會中，女人只是作為男人交換關係中的象徵來被使用，女人本身或女人間關係的內在素質未能達成象徵，女人自己也不會運用象徵。當女人沒有辦法進入象徵的分享和命名。結果是，母親與女兒的關係裡，彼此間相互的吸引力，在象徵中完全被隱藏了起來。女兒、妻子以及母親間，沒有能夠表達其關係的符號，沒有任何可用的語言，能夠幫助女人逃脫於與男人的同一性，或是女人間不合宜的相似性（被父權社會所定義出來的相似性）。簡言之，當各種象徵性再現已完全被男人所使用，女人缺少能夠發展出女性對女性關係的象徵性再現的能力，女性只成為了關連於男人的一種交換價值，女人已無法發展出自己的意義。在父權社會的社會文化操作邏輯裡，女兒無法根據她的母親來定位自己，二者都沒有名稱、意義和自己的性別，二者都無法透過彼此來建立身分認同（Irigaray, 1985: 143）。出於這些象徵分享和命名的欠缺，母女故事的主題也變得相對稀少。類似的，事實上，最近即

有研究指出，考察多個歐洲國家當代的文學發展與文本後發現，關於母女衝突關係的女性書寫，在1970年代以前非常罕見，要直到1970年代以後才開始陸續出現（Giorgio, 2002）。母女關係的象徵性再現與表達，似乎是一條漫長的解構與探索之路。

　　關於第二個層次，它和第一個層次所談的象徵有關，但焦點放在心理內在機轉的層面，也就是，父權社會中母女關係的象徵性表達，因為充滿了內在顛覆性，於是一開始就已被論述排除在外，這裡我們先要引用 Judith Butler 討論 Freud 時的一段話（1997: 23）：

　　　　當慾望被了解為是被管制、雙重返回（doubled back）、或者被禁止，這是什麼意思呢？對慾望的反照，將慾望吸納入了反身性當中：我們會看到在 Hegel 的理論中，這一點如何起了作用。但是有另一個層次的禁止，它發生在自我反身性的迴路以外。Freud 區別了壓抑和預先關閉（foreclosure），壓抑的慾望也許在禁止的情況下仍能夠存在，但被排除的慾望，則被嚴格禁止，而經由某種預先性的遺失，而構成了主體。……

　　　　重要的是，Freud 將高昇的良心和自我指責，視為是憂鬱症的一種，也就是一種「無可化解的悲傷」的情況。對於特定形式的愛加以預先關閉，這說明了憂鬱症是根植在主體中的（於是它永遠會對主體的基礎產生分解和破壞的威脅性），而它說明了一種未完成與無可化解的悲傷。由於未被承認以及未完成，憂鬱症是主體權力意識（意識到它能夠完成什麼，而在這個意義上，也就是它的權力）邊界之所在。憂鬱症將主體斷裂，標示了主體意識所能容納的界線。因為

主體沒有，也沒有辦法，對遺失的部分進行反照，這個遺失標示了反身性的界線，它超出了（並且限定了）其反身性的迴路。這種預先關閉，也就是遺失，它開動了主體，而且並以解體來對其進行威脅。

換言之，真正的母女關係，那個在沒有父權扭曲的前提下而發展的母女關係，正是主體權力意識邊界之所在，而且甚至於不存在於慾望管制的迴路之中，因為觸及到這個主體，會連主體自身權力的來源也受到挑戰。某種預先的遺失，構成了主體，母女神話主題的發展，是這個遺失的一種結果。

相較之下，很顯然的，要解放父權社會中的母女關係，也就是去除男性所造成的母女間的「交互無主體性」，這所可能產生的母女這個主題，不會像是神話中就父子、父女和母子關係裡的，僅是要對父權所造成的壓抑進行對抗，而反而是還要更徹底排除父權或繼嗣關係的存在，而這一點，對系統內的關係和對個人角色認知來說，都將是極具顛覆性的。於是，即使說母女關係的緊張性，可能會是父權社會中極大慾望挫折之來源，但從一開始，它就被預先排除了，連被壓抑都還談不上。而進一步的，這種排除，在相當程度上，甚至於有可能正是漢人主體建構過程之邊界之所在，也是漢人文化憂慮症中的一個重要的根源（至少對女性來說）。漢人普及流通的神話故事中，母女關係緊張性表達的有關主題的缺席，似乎在一定程度上說明了這一點。

父權社會造成了各類人格上的壓力，神話故事中表達出來了父系社會中的壓迫、衝突與斷裂，但最終則表現為超越性的化解或重新連結，但其中主題或者是壓迫與和解，或者是斷裂與超越，主題背後的主軸仍是父權社會的占有與壓迫，以及在承認占

有與壓迫的前提下，而得到超越性的和解。母女故事有可能成為承載這類故事的素材嗎？而母女故事中的人物要達到重新連結，有沒有可能會對父權社會造成更為顛覆性的效果呢？這就連結到我們第三個層次的問題，即使確實還是有少數母女關係象徵性的表達，但似乎並不能彰顯出真正的「前伊底帕斯」的未被父系所汙染的真實的女人對女人的母女關係[6]。這是什麼意思呢？

首先，我們已經看到，光目女的故事，敘事結構和目連救母故事很相像，都是透過修佛以達成終極性孝順的宗旨，這讓我們高度懷疑光目女故事有可能是模仿目連故事而來。不過，兩個故事中也有不同，不同的是，光目女虔心修佛但卻並未選擇出家，而且也沒有打破地獄去救母的英雄式和史詩般的歷程，更沒有母子相會的戲劇性情節，故事的張力與感染力比目連救母已經小了許多。父系社會中母女關係的情感特質並沒有被描寫，甚至於連女性作為父系繼嗣群的潛在的斷裂性也沒有被強調，整個重點落在：能夠救出母親離開地獄的唯一且終極的孝順之路，實踐方式就是修佛。或更完整地說，當生物性的母親因敗德淪入地獄（社會性母親的角色也不清楚，因為故事中母親並未壓迫光目女），女兒要救母親，只有靠修佛敬佛這一條路才有可能。

和目連故事相同的是，目連與光目女都是無法承載家族繼嗣以進行孝道的身分，最後則都以佛教而達成了救母的功能，這清楚的是父系社會框架中的對抗與超越的基調。

另外，當生物性母親成為了有罪待解救之人，它產生了極大

6　也如同女性主義人類學家Moore（1988: 1-2）對1970年代前之人類學論述的批判，認為它存在有三層的偏見：一、田野工作中對特定區域中男性主導性質的過度理解；二、對研究對象中女性群體的從屬性的偏見；三、用西方社會內不平等的男女階序關係的性質，去想像非西方社會中男女互動的本質。

象徵符號上的情感張力，這個主題在目連救母與光目女故事中都是重要焦點，兩個故事中的母親都是以生物性的母親來訴諸情感和懇求救贖，社會性的母親出現在開場，但到中場以後因墮落而渴望救贖的時刻，則完全回歸到無助卻又與小孩有血緣連結的生物性身分。而小孩，不管是男性或女性，在已經割斷了父系身分（目連）或是未被給予父系身分（光目女）的情況下，反而回過頭來，基於生物之情的悲憫，用佛的超能力（自己的或是佛的相助），而達成了終極的孝順。

母親，經由生物性母的象徵，而不是社會性母的象徵，幫助父系社會建構了「超越性孝順」（繼嗣連結斷裂後仍可能，或是說必須要透過繼嗣連結斷裂才可能達成大孝）的可能性，這保障了佛教的「社會位置的正當性」，也消極保障了父權社會系統的正當性（孝順美德仍是不可忽視的第一美德）。母親的身體（生物性母的符號），在象徵層次再一次被消費，而且是以相當卑微而負面性的生物性母的面貌而出現（敗德之母），而以此反差的存在（母親由至尊淪為至濁），來成就極為超越性的終極的孝順（只有修佛能解此至濁）。

這些象徵，對一個父系社會來說，乍看之下是反常的（強調尊卑與階序的父權社會，怎麼會把母親降低到完全生物性的位置而隱藏其社會性的位置呢），但由主體性建構的角度（詳後），在當由階序較低的小孩的角度去建構與理解孝順時，這樣的象徵卻是具有極大的共鳴性的。這也可以說是父系象徵的內在權威性（父親與社會性母都具有極高權威）的局部性的讓渡，而讓兒子和女兒的主體性得以去發展，生物性母的複雜的象徵歷程（母親由至尊淪為至濁），則作為了這個讓渡中的一個犧牲品。

簡言之，光目女故事背後母女關係的表達，雖然給女兒創造

了解放之路，但其實仍是以父系的角度來理解。真正的母親的內在特質，女兒內在的感情需求，以及真正的母女關係的內在特質，在光目女的故事裡是匱乏的。

本節在三個層次上，說明了漢人社會中母女關係象徵性表達的匱乏與貧乏。不過，雖然在傳統華人社會中沒有看到母女神話的流行，但是在現代社會的一些情境裡，當父系社會的背景被淡化，母女神話，或是說母女關係的象徵性再現，尤其是在父親缺席下的「生物性母」與女兒間的和解與重逢，卻是有可能成為富有社會共鳴性的新神話。其中之一，Amy Tan（譚恩美）1989年出版的《喜福會》（*The Joy Luck Club*），小說中關注了舊金山的四個華人移民家庭，他們在社團「喜福會」裡打麻將、聚餐，四個家庭背後三位母親和四位女兒彼此分享了她們的故事，故事的主題，都是母女關係的重建。而在這個現代母女的和解裡，男人只是背景。這個和解關係，是脫離了華人社會而到了美國之後的移民社會裡才得以重建的，也讓中國成長和美國成長之兩代不同的生長經驗的女性，在男人缺席的情況下，得到一個化解，母女之情也才能得到一個疏通、化解與協商。這是一個沒有男人存在之現代新移民社會裡面之母女關係重建的現代神話。

其中之二，當代台灣出現了另一種母女相認之神話的場景，這也是父權或儒家社會裡不易見到的情況：母女關係之想像性的化解。神話主題出現於當代台灣極為流行的集體起乩與通靈運動「會靈山」（丁仁傑，2005）：信徒以小團體，集體朝聖至特定的一些母娘廟，並以靈體來會見母娘，這些母娘神祇被認為是「先天母」，是宇宙初生人類未投胎之前的，具有源頭性意義的母親。雖然會靈不限男女，但會靈場景中最常見的畫面就是母女相認，常常可見在一些母娘廟中，女性信眾對著前面的母娘神像泣

不成聲，這種母女關係當然不純粹是一個生物性關係的母女，不過，這是以生物性關係而進一步加以純粹化和超越化的想像，是在無父權概念汙染下的母子關係（這裡同時包括了兒子和女兒，但母女間往往會有更強烈的情緒性宣洩般的展演）的絕對性的合一與圓滿，內中當然已無所謂的母女間的「相互欠缺性」。不過，這種所謂「先天性」的關係所創造的母女的圓滿，當然也只能是想像的，而且也是在當代「去地域性」的高度流動的社會情景裡，才較有可能去蔚為一股流行的宗教運動。

照片4-7　當代台灣極為流行的集體起乩與通靈運動「會靈山」：信徒以小團體，集體朝聖至特定的一些母娘廟，並以靈體來會見母娘。會靈場景中常見的一種情境是母女相認，女性信眾對著母娘神像泣不成聲，表達出和「先天母」重逢時的複雜情緒感受。

五、系統再生產、主體性與神話敘事

如同本章開頭所述，Sangren 自陳，他對於哪吒故事的興趣，起源於這個故事的流行，讓他很困惑，即使哪吒有著近乎弒父的舉動，但是：「像這樣一個如此反叛性的人物……在這個如此強調孝順的文化裡，卻是如此的被人祭拜和熱愛。」（Sangren, 2000〔丁仁傑譯，2012：338〕）。

在他的結論裡，雖並沒有直接再回到對於這個問題的回答，但大致上已提供一些側面性的解釋。筆者再度引用他的話：

> 被神化人物所激發出來的這類行為對抗的例子，雖然很普遍，但對我來說，相對於他們的或許可以被暫時稱之為是「表現出宣洩」的這種特質，對抗也只是次要的。哪吒對於父親的憤怒，以及更為精細的一面，哪吒爸爸對於哪吒所對應出來的同樣的情感層面；妙善對於婚姻的厭惡，以及更為精細的一面，她的爸爸對妙善的離開他而所產生的那種愛恨交織的情感，這些都是中國讀者和聽眾們馬上可以理解的情感元素。的確，這些情感，對於一個中國爸爸、兒子或女兒來說，都是他們內心感覺裡面重要的一部分。就此來說，像這類的神話，可以說，對於漢人親屬之情感性的內容，既加以表達了出來，又給予了它某種形式，進一步的，這對於「漢人親屬系統之被理解為是一種制度性的框架」來說（在其中，漢人「被生產了出來」），它也成為了其中一個重要的「構成性的元素」。（Sangren, 2000〔丁仁傑譯，2012：376〕）

簡言之，由此看來，父權體系確實讓個別主體受到壓抑，而

且這種壓抑是系統性的，處在社會結構中的特定位置，就會產生特定行為上的框架限制和情感上的壓抑。但是社會體系並非採取完全單方面的壓制，仍有許多層面是有可能「表現出宣洩」的，但這種宣洩，並還沒有上升到行為對抗的層次。譬如說在神話敘事層面的表現就尤其明顯，而這些神話，對於社會體系特定角色背後之情感性的內容，既加以表達了出來，又給予了它某種形式，進一步的，這也形成社會體系漢人親屬系統「制度性框架」中重要的「構成性元素」之一。

不過，宣洩和對抗的界線在哪裡？在保有社會系統的壓迫性形式的同時，又能讓系統不斷得以再生產其不平等性的真正關鍵處在哪裡呢？我們前述有關父系體系神話格局與敘事的分析，是否有可能提供我們一些回答問題的線索呢？

在進入實質問題討論之前，我們先引用 Bryan Turner 摘要 Max Weber 有關父權體制觀點時的一些話：

〔對 Weber 來說〕父權制可以被簡單定義為：在家戶中主人可以加諸在隸屬對象（太太、小孩、僕人等）上的個人權力。家長的權威奠基在孝順的規範上，而經由親子關係和日常生活的例行性程序所強化。家長是由人際依賴關係中所創造出來的，並且接著又強化了這種人際依賴。……

主人的權威具有習俗性和傳統性，有關規範通常會透過訴諸於神聖而得以得到支持。不過，值得注意的是，主人日常性的權威來自於廣泛的來源：女兒與小孩所被認定的贏弱、日常習慣、意識形態、以及奴僕在家戶之外的缺少權力等等。更且，家長的權力並非是絕對和不可質疑的，而是有限制的和有不確定性的。

　　家長的權力會被習俗和傳統所檢驗。基本上，如果說家長要訴諸於傳統以作為其權威的基礎時，這時他就不可以公然忽視傳統而公開的剝削其隸屬者。第二個關於家長在政治上的脆弱性，來自於一個簡單的事實，隸屬者的人數往往大大超出家長的人數，他們有可能集合起來去反對家長的權力。此外，當家庭或家戶經由自然擴張或征服而有所擴展時，家長權力會轉換而成為一種父系世襲制度，Weber 稱之為「家長型支配」的特出例子。這種例子中，家戶內的權威，經由給予家中的兒子或其他依賴者某些土地或裝備，而讓此權威得以分權（Weber, 1968, Vol.2: 1010）。因為這個控制經由分散而得以產生一種擴散性，互惠性的關係而非依賴性的關係就變得更為關鍵，這產生了對於原始家長原來直接而沒有限制的權力的進一步限制。（Turner, 2008: 124-126）

　　簡言之，父權體制中的家長的權力，並非絕對和不可質疑的，而仍然有某種限制性、不確定性，和脆弱性。限制性來自於，這個權威並非家長可以一廂情願而任意而為的，這個看似依賴性的關係，仍會透過習俗和傳統加以檢驗與約制；不確定性來自於這個關係背後始終存在著的潛在的矛盾與衝突，人際依賴關係的背後，如果不能維持某種利益上的平衡和意識形態認知上的習慣，衝突仍隨時有可能會發生；最後是脆弱性，因為家長的人數少於從屬者的人數（家戶內或跨家戶的總和來看都是），所以家長權力的基礎是脆弱的。

　　而在這種限制性、不確定性和脆弱性當中，宣洩和對抗的界線在哪裡？由最簡單的事實來看，根據 Weber，隸屬者的人數往往大大超出家長的人數，他們有可能（跨家戶）集合起來去反對

家長的權力，這當然是完全符合於對抗的定義了；但我們也可想像得到同樣方向（抗拒服從與參與系統）但卻沒有如此強烈的作為，應同樣符合於所謂「對抗」的定義，這些作為可能包括：家戶內的從屬者集合起來反對個別家長；個別從屬者在行為上反抗家長；個別行為者在家戶內雖不直接反抗，但行為完全不符合於從屬者的行為模式（不願意停留在假想的互惠性關係和依賴關係中進行互動）。在以上這些「對抗」形式中，雖不如從屬者直接進行跨家戶的合作而進行集體性的反抗那麼具有顛覆性的直接結果，不過一旦相同行為模式有所蔓延，各家戶間且繼續相互感染，便有可能產生集體性的顛覆結果。

　　然而宣洩就不同了，宣洩僅是透過象徵或敘事，表達或表徵了父權社會框架中種種限制性、不確定性和脆弱性，但在行為指向性上，不僅並未導向於前述種種對抗性的形式，甚至於它反而是創造出了其他的形式，讓從屬者獲得了某種想像性的利益或主體性，進而，即使在有著諸多緊張性和不滿，仍繼續保持著參與系統，或至少是，雖與系統局部區隔卻仍不否定系統的社會性意義（認知到：系統作為多數人的生活方式，並無被整體性替換的必要），這構成了一種「另類的系統實踐」，讓被壓迫者或「與主流群體斷裂者」在其中有一個位置，使其仍有可能繼續與系統發生關連，甚至得到滿足感，卻不致於直接否定系統的正當性。

　　而檢視表4-3，由代表各類關係線條的性質來看，其主角，多是來自於與父系繼嗣群斷裂者（除了哪吒故事以外），而故事中的權威來源，則多來自於父親，至於生物性的母親，則呈現為另一被指向救贖對象，我們將其示意性的表示在表4-4中：

　　表4-4中有四個陰影區，或者是A.「父—子」，B.「父—『二度斷裂女』」；C.「『生物性母』—『二度斷裂女』」；D.「『生物性

表4-4　本章四組神話在「父系性繼嗣群」脈絡內所出現的主要位置

父系社會權威的人身性來源　／　父系繼嗣群的延續	（生物性母）		（社會性母）		（父親）	
	母子關係裡的母親	母女關係裡的母親	母子關係裡的母親	母女關係裡的母親	父子關係裡的父親	父女關係裡的父親
子					A	
女（一度斷裂：自身祭祀群連結斷裂，但能幫助其他祭祀群連結繼續）						
女（二度斷裂：拒絕進入婚姻交換體系之女）		C				B
自行斷裂祭祀群連結之子	D					

■ 壓迫的來源　　▨ 協助救贖者

母』─『自行斷裂連結之子』」。我們看到，陰影區背後，表現出了某種內在的系統性：如果我們想像這是一個座標的話，那就壓迫來源來說，（A與B）必然會出現在表格x軸（父系性權威的人身性來源）的最右邊；就協助救贖者（C與D）來說，則必然是來自y軸的下半部（C與D）。也就是壓迫者必然來自父親；而能夠讓親人得到永恆救贖的人，必然是來自與父系連結有所斷裂者。陰影區分別位於圖中的左下方與最右方，在圖中相對遙遠的最右方與左下方的較長的斜線距離裡，也形成神話故事主題中內在性張力的主要來源。

其次，如果說把這個圖形看成是x軸與y軸的座標的話，座

標排列上的意義就相當明顯了[7]：x軸上的愈右邊，其壓迫性就愈強，像是說父女關係裡的父親，所產生的壓迫性就會比父子關係裡的父親來得還要大，雖然說對被壓迫的當事人來說，壓迫性愈大不代表所激起的反抗或不快會來得愈大；y軸的愈下方，其與父系繼嗣關係之間的斷裂性就愈嚴重，雖然說女性的斷裂與男性的斷裂，其讓父系社會家族內部產生緊張性的時機並不相同。

　　而在以上的認識之下，我們也可以進一步開始去討論有關於系統再生產、主體性與神話敘事等方面的議題了。

　　在討論之先，筆者想先借用一下 Adam Yuet Chau（2013）的討論，以來說明何謂主體性。Chau 曾依據 Louis Althusser（1972）詢喚（interpellation）的概念（現代國家如何透過意識形態，讓子民內心主動產生一種投入於國家的感情與實踐），和 Michel Foucault（1977）「治理性」（governmentality）的概念（國家如何將個人從屬於某套特定的行為方式，而這些行為方式對治理者來講是可預期和可接受的，被治理者也主動內化此套方式而成為自我治理的狀態），而進一步定義出了一個新的概念「宗教主體化」（religious subjectification）：透過各種治理性的場所，來創造出對象的過程，可以被稱為「主體化」，……若發生在宗教領域就是「宗教主體化」。或者說，也就是，「系統」與「個人」之間的互動所產生出來的某種人（也就是說某種「宗教人」）。

　　接著，Chau 指出，每一個宗教傳統都有兩個面向：其一為建構該傳統的概念、符號、儀式的系統；其次，人們發動利用這個概念、符號、儀式系統的機制，並與此同時被該系統所發動利

7　即使說這個排列是來自我們的假設，但將假設予以圖示後，則更清楚幫助我們看到不同關係背後所假設性存在的壓迫或反饋的性質所在為何。

用。後者，也就是前述Chau所謂的「宗教主體化」：「系統」與「個人」之間的互動所產生出來的某種人。而在各類宗教活動中（如Chau所曾提出過的五種「做宗教」的模式（modalities of doing religion）：（一）論述／經典模式；（二）個人化─修行模式；（三）儀式模式；（四）即刻的處境─實踐模式；（五）關係性模式（神與人的關係和人與人的關係）等，Chau認為其中的「個人化─修行」（personal-cultivational）模式，和宗教主體化的歷程會特別相關，在其中，人們往往會付出長期的，而且通常是自我規訓的，一種自我轉化性質的努力，並希望能獲得此世或（和）彼世的利益。

此處，筆者一方面相當贊同Chau所提到的「主體化」概念，並且認為這個概念的確極有助於我們全面且深入地去瞭解社會系統與個人互動的動態性的原理，一方面筆者卻也要強調，其實Chau所提出的五種「做宗教」的模式裡，也許並不只是「個人化─修行」這一種模式會和主體化歷程產生關連，而是，幾乎每一種模式裡，通常都有著，而且往往還是必須要有著某種「主體化」過程的發生，才能讓宗教傳統有所落實，並能在不同的歷史脈絡裡不斷得以再繼續。

而在此，雖然神話只是一種論述的形式，而不是一種身體化的或者是行為實踐的形式，但是當某些神話之敘事結構中不再是一種單方向規範性的論述，而是一種充滿了人際關係衝突和情感複雜性的敘事結構時，它就已帶有了一種能喚起主體性的潛能。而且，放在神話演進的過程裡來看，有些神話曾歷經時空演變而出現了不同的媒介形式，並在版本不斷演變與累積中仍有著一致且連貫性的主軸，這時，在歷經社會共鳴性的淘汰與選擇，以及多樣且具有通俗化形式的流通之後，某個或某類神話，就已經開

始具有了更廣泛的社會心理基礎，和更強烈的情感的感染力，這時，它的敘事結構和敘事形式，似乎就已和宗教主體化的歷程，緊密交織在一起了。

尤其，我們注意到，前述討論的幾個神話，其主角，或者是父系社會中的隸屬者（兒子和女兒），或者是與父系繼嗣群斷裂的成員，他們在故事中卻往往能具有對抗的能力，並能進一步在人生過程中產生超能力。這類敘述主題，已讓系統中的被壓迫者，即使處在被壓迫關係和利益矛盾中，仍可能具有一種想像性的利益，和想像性的轉化世界的能力，這終而有可能賦予主角結構性情境類似的閱讀者，在情感投射過程中，產生強烈的自我認同與生命意義感，並從而創造出堅定、執著與負有道德使命感的主體。

這些系統中的受壓迫者，或是系統邊緣的實質或潛在的斷裂者，經由神話故事的投射，有可能重新獲得自己在體系邊緣或體系外圍的生存的價值，而最終，不但未成為顛覆體系的來源，反而在主體實踐中，創造出人格體系[8]與社會體系之間更密切的連結性。

而我們也注意到，封神演義故事中，雖然父子發生了劇烈衝突，但哪吒終究並未弒父，即使說李靖的權威壓制不住哪吒，但最後透過燃燈道人所給予李靖的金塔，終究能將哪吒壓制，甚至於最後，哪吒的反叛性格，仍讓其成為了正義之師中最有實踐能力的先行者。妙善公主的故事中，同樣的，過程中充滿了衝突，

8　Talcott Parsons 與 Edward Shils 共同出版的《邁向一般行動理論》（1954）一書中，提出三類行動體系——人格、社會和文化體系。人格體系是個別行動者的「需要傾向」（need-dispositions）；社會體系為兩個或兩個以上行動者之間的互動關係（也參考 Hamilton, 1983: 102）。

最後卻是以大和解收場，妙善甚至成為了孝順行為的最為極致的典範。至於光目女與目連，因為佛教修行人的立場，使其脫離了與原有繼嗣群間的連結關係，但是經由修行，卻又都創造出了他們獨有的超越性和超能力，這種超越性或超能力，終究能被用來拯救母親，這成就了孝順的美德，也在一個道德性的層次，更穩固化了社會系統。

結果是，我們幾乎可以這麼說，我們看到，神話故事情節中的被壓迫者和斷裂者（與繼嗣群發生斷裂）的事蹟，激發出了讀者的認同，使其在父系社會中，在即使毫無利益的情況下，仍可能產生主體性和轉化世界的想像。而作為文化外來者的佛教，在經過了漫長的文化互動之後，也在此成為了父系社會裡，建構主體化歷程中不可或缺的重要元素，而在一個更為辯證性的層次，這穩定了社會體系，也為佛教自己找到了父系社會中一個可繼續存在，而且同樣是可以不斷被再生產出來的位置。

不過，更細緻地討論會注意到，主體化歷程本身，到底在多大程度上可以說是呈現出了個人的能動性呢？它在內在心理的層次該如何來被理解呢？為什麼個人甘心臣服於受箝制的自我，而這個自我又有什麼內在慾望上的矛盾性呢？這一方面的議題仍有待深究。此處，筆者必須提到 Judith Butler（1997）的分析，在其著作《權力的精神生命》裡，Butler 整合了 Nietzsche、Freud、Foucault 和 Althusser，不過，不是用 Foucault 所使用過的 subjectivation 一詞，而是更尖銳地使用了 subjection（服從性歷程），來看待自我既被外在權力所主宰，卻又是必須經由權力才能成型的雙重弔詭性。

Butler 指出（p. 16），自我被外在的權力所主宰，這是權力讓人熟悉且讓人痛苦的一種形式，但是若沒有權力，就不會有主體

的形成，權力同樣提供慾望存在與發展的條件。不過，如果權力的條件要持續存在，它們必須被重申（reiteration），主體恰好是這樣一種不斷重申的場所，而這種重申的重複從來都不只是機械性的。

Butler 指出，「意識的內在生活，也就是良知，不只是由權力所塑造，它也是權力施加於主體上的形式，於是人根據對社會存在的渴望，而產生對『服從性歷程』（subjection）的渴望，於是既召回又利用了對依賴的渴望，而出現為既是『服從性歷程』之權力的工具卻也是它的結果。」（p. 20）簡言之，人類原始的依賴（例如對親情的依賴），在自我內部，成為了渴望權力的源頭（希望透過被管制而找到存在），但也讓自我本身成為了權力施為的對象。

進一步的，「當主體把服從當作存在的承諾而加以追求，為了抑制慾望，一個人把他自己製造為一個反身性的物件，反身性成為慾望被規則性地納入自我反省的迴路中的工具，反身性中，慾望來回往返的累積，這產生了另一個層次的慾望（another order of desire），也就是：對這個來回往返本身的慾望、對反身性的慾望，以及最終，對『服從性歷程』的慾望。」（p. 22）簡言之，人類陷入了自我反身性的迴路之中，這已是另一個層次慾望，主體化正應該被放在這樣完整的脈絡裡來被理解。

於是，我們似乎可以這樣說，前述所討論的神話敘事，正是呼應了華人社會結構底下自我的「服從性歷程」中的內在對話，也是華人社會權力體系下自我掙扎於自我反身性迴路的慾望的投射。

六、結語

　　目連救母、妙善公主、封神演義（尤其是其中的哪吒）等等神話故事，都是在華人社會中廣為通行並具有高度社會共鳴性的神話故事。這其中的每一個神話故事，都已累積了不少研究，來針對其歷史演變和象徵邏輯進行分析。不過，各類研究中，少有學者把這些不同但卻都是反映親子二元性關係的神話故事，拿來進行比較性和整合性的分析。少數的例外也就是本章所大量引用的 Sangren，他將哪吒神話和妙善神話放在一起，以來說明中國父權體制下，男性與女性之慾望與情感結構上的異同，不過，他雖然提出了一些極具有啟發性的研究方向，但因為僅限於神話素材中父子與父女關係的比較與討論，因而仍顯得片段，理論上的統合性也還不夠。

　　延續 Sangren 的分析，我們加入了光目女救母的神話故事，補充了目連救母故事的一些細節，並將四個故事整合來看，將之納入到一個更抽象的分析架構裡（如本章中的圖表所呈現）。另外，我們也將各神話故事的歷史演變過程放入考量，以開展有關討論與分析，並期望能更清楚地說明社會結構、神話敘事與社會共鳴性等因素之間較為漫長的相互影響和相互扣連的歷程。

　　本章中所討論的這幾組神話，大致上反映出父系繼嗣群體在歷經漫長歷史與文明過程中所沉澱下來的一些，特別具有社會學意義，並導向於家庭角色的神話故事。但神話中的主角，既非符應於常模狀態下的人物，亦非順服於既有的角色規範，卻能夠在如此強調孝順和強調男婚女嫁的文化氛圍中，成為極具有社會共鳴性的敘事題材。

　　在父系家庭結構之下所投射出來的各類表達慾望之挫折與和

解的神話故事或文學作品，以親子關係來說，它至少有父子、父女、母子和母女四個主題，本章強調，這四個主題，必須被放在一起來加以討論與分析，而不能分開來看。而在象徵意義的指涉和研究方法的操作上，所謂的放在一起來看，這是什麼意思呢？

首先，我們注意到，四個主題間，的確有著表現方式的類似性或是說功能上的類似性，都展現為慾望的挫折和超越，最後則都以衝突的化解或親子共同達到救贖而收場，由這種共通性裡，我們看到了父系社會中親子關係神話投射的內涵、作用，以及神話敘事與人格形成間的密切相互扣連性的關係。

其次，將四個敘事主題放在一起來看，這也等於是幫助我們由父系社會家庭神話再現模式中，看到了不同主題間的某種內在的連續性或系統性的差別性（詳後），例如參考本章中的表4-1到表4-4，我們清楚看到，這個內在連續性或系統性的差別性，可以經由兩條軸線及其交叉關係而呈現。這兩條軸線是：A.父系社會中父母角色模式展現上的差異，這會由生物性母、社會性母而到父親；B.子女與父系繼嗣群的斷裂性的程度，這會由兒子、女兒、拒絕進入婚姻交換體系的女兒到出家的兒子，依序而言斷裂程度越來越大[9]。

9　不過，在實際運作時，很難說拒絕進入婚姻交換體系的女兒和出家的兒子，哪一個與繼嗣群間的撕裂的程度更大，因為理論上兒子拒絕結婚的自行斷裂，固然對繼嗣群成更大的破壞性，但當考慮到父權社會在本質上給女兒的自由，會大大少於給兒子的自由時，以及在有多個兒女的情況時，它的答案可能就會相反了，將會是拒絕婚姻的女兒比出家的兒子，來得與繼嗣群間的撕裂程度更大，或是說女兒要拒絕婚姻會比兒子選擇出家更難。因為：一、當女兒被父權社會嚴格管束，兒子在這一方面的人身自由還是比較大的（有更大自我實現的可能，雖然說選擇出家是極大的違抗，但不像女兒連違抗的基礎點都沒有）；二、假設兒女很多，那長子以外的兒子要出家，這對繼嗣

　　而在A與B這兩條軸線之間，出於A之父系權威的籠罩以及B之繼嗣群斷裂的危機，兩條軸線間的拉扯，產生不同程度的緊張性與衝突性，而有時也會呈現為對父系權威有弔詭性質的倒錯性（如父親倒過來被女兒所拯救），而這種緊張性、衝突性和倒錯性，在神話敘事裡，最終往往會是由佛教，或有時是為仿佛教的道教（如燃燈道人授與李靖托塔來制服哪吒）而加以化解或超越。

　　第三，前面提到系統性的差別性是指，雖然各種主題間有程度上的連續性，但也呈現出系統內的某種性質上的斷裂，譬如說表4-3橫軸中的虛線隔開了繼嗣群的延續，這一條線一開始就隔開了女兒，這是一種基本差異；而在虛線以下一度斷裂女、二度斷裂女和自行斷裂子三種範疇，就一度斷裂女（一般情況下的女兒）而言，沒有任何神話故事是由該處出發，表示神話故事主題裡並沒有提供她想像自我超能力和創造自我主體性的敘事。換句話說，兒子與女兒在主體性想像之語境上的差異：A.兒子不需改變身分，就可以在父子關係為主軸的神話中，經歷自身慾望挫折、轉化與超越（或和解）的想像，女兒在正常身分裡，則是找不到這種神話主題[10]的投射；B.在神話的父女主題中，女兒必須

群來說還是可以勉強忍受的，但女兒拒絕進入婚姻交換體系，則不僅是對家族進入經濟或象徵資本交換體系來說是一大損失，也是讓家族因拒絕與他人進行婚姻交換而產生出了「丟臉」的結果，這在一個集體主義的社會，反而是家族所更不能忍受的（譬如說，可以這樣講，當家中老么兒子要出家，這是家族自己的事，那家族自身看開一點也就算了；但當家裡的小女兒不結婚，這涉及不將自己的女兒與別的家族進行交換，這是一件讓家族在社會上丟人現眼的事情）。

10 至於為什麼沒有這類神話主題，這的確是一個很重要的問題，這可能和本章前述所討論到的漢人社會中有關於女性內在特質彰顯之表達的匱乏與貧乏有

歷經再一次斷裂（成為二度斷裂女），才有可能創造出超越性與昇華的可能，而這種父女關係，偏偏又是造成家族內極大的衝突與緊張的，也就是必然會伴隨父親對女兒的主動壓迫與割裂，這也不像母子主題中的，兒子即使選擇斷裂，但也並不會面臨親子關係的撕裂，反而從一開始的出發點，就是以大孝來出發[11]。

　　換另外一個角度來講，當佛教（或受到佛教思維影響的集體意識）成功創造出神話，來為出家這件事，找到了其在家族社會中的正當性，這本是在為出家這件事建立位置，但意外的，卻給父權社會兒子和女兒的自由意志和主體性，找到了想像性的出路，只是，即使如此，這個想像的出發點或內容，對兒子和女兒是相當不同的，神話主題中，有在家的兒子[12]（充滿反叛性的哪吒）也有出家的兒子（目連），卻只有出家的女兒（妙善），或至少是潛心修佛虔誠而近乎出家的女兒（光目女），顯示女兒主體性的想像，在父權社會裡沒有太多出路，出家的想像，似乎是綑綁嚴密的父權社會裡，女兒尋找真正有著內在自發抉擇性意義之主體性的，唯一且有效的出路[13]。

關，但限於篇幅，相關議題只能有待後續再做探討了。

11　例如說如前所述，在目連救母歷史較後期的版本裡，目連出家的初衷，就是為了要獲得超能力，以來去拯救已淪入地獄中的母親。

12　當然，我們也可以說哪吒故事不是佛教故事，不過就其將佛教抬高到一個超越性的位置這點，其意義仍是接近的，如最後制服哪吒仍是靠所謂燃燈道人的托塔，而太乙真人的性格，也具有佛教超越性般的色彩。

13　這一點似乎可以局部地解釋，為什麼當代台灣佛教僧團的構成，有如此高比例的比丘尼，而這甚至已是東亞地區的獨特現象（參考筆者，1999：389；中村元等，1984：1091-1093；江燦騰，1995：471-479；釋恆清，1995：173）。我認為，由前述神話結構的對比中，我們也看到了部分原因，這可能和漢人社會中女性出路的狹隘，以及社會變遷中女性的新處境有關。嚴密的

　　第四，我們也發現，存在四個主題背後所共有的一種歷史演變節奏上的類似性。就以上四個神話故事在中國歷史上的流通與演變而言，有趣的是，我們發現，除了光目女在佛經中的出現，以及之後僅在佛教信仰圈內流通外，其他三個故事，大致都歷經了四波類似的變化：第一波、大致發生在魏晉南北朝至唐之間，神話故事中的主角開始出現在「變文」（佛教通俗化的民間文體）當中，而這些主角原來或者是印度佛教經典中的人物，或者是在印度佛教經典中不太明顯但在漢譯的經典中則被確立出來的人物，現在，經過「變文」的洗禮，他的角色與性格已開始帶有濃厚的本土化的特徵；第二波、出現在大約是宋元之間的寶卷的形式裡，這個角色出場背後的時空背景，都得以更為全面地本土化了；第三波、出現在宋元的話本或明清小說形式裡，敘事中突出了角色互動的複雜性，以及人物性格中帶有矛盾與緊張性的部分；第四波、大致出現在清代，小說中的主角被地方宗教儀式所納入，而它的效果是，人物背後有關的情感與認同面向，在一個俗民大眾化的層次，產生了更深刻的身體化的效果。

　　父權社會中，女性（不管是幾個女兒）比男性（一個兒子以上的情況）還更不容易選擇脫離於家庭的身分，自然女性出家人會較少。但一旦當父權家族的束縛力鬆動，佛教的公共形象愈來愈好（如當代台灣的人間佛教），當女性獲得更大的自由來建構其主體性，卻仍無法由父系社會的身分中得到任何想像性的滿足時（如神話主題中有預留兒子想像的空間〔哪吒〕，女兒卻似乎只能在出家或修佛身分中得到超越），女性出家，尤其是高學歷女性出家之可能性的大幅增加，這在華人社會的文化裡是很可以理解的。當然，女權的擴張，也可能經由父權社會所認可 M. Wolf（1972）所提出之漢人子宮家庭（uterine family）中的母子紐帶的鞏固來完成，不過這一方面仍僅是遵循父權社會的遊戲規則，一方面必須依賴於兒子的出現和配合，它並非現代社會女性主體性擴展和建立的主要選項。

　　第五，當我們把四個主題放在一起比較對照來看，特別會凸顯出母女關係敘事表達在漢人社會裡的貧乏與匱乏，一方面它僅是高度複製了母子關係的表達，一方面其在敘事的流通和散布上，又呈現為極大的匱乏性，這使我們看到了父系社會中母女象徵表達上的空缺性。正如 J. Butler 曾指出，將特定形式的愛加以預先關閉，反映出主體權力意識邊界之所在，也是文化憂鬱症的重要來源。漢人社會中的這個議題，不論在象徵或是心理分析層次，過去都沒有學者探討過，經由神話故事四個相關主題的比較，我們看到了這個現象的存在，並提出了初步探索，其實質深層意義還有待未來繼續有所探索。不過，我們也要指出，在父權陰影之下，母女主題的表達相當匱乏與貧乏，但是另外一種母女主題，純粹經由法律創造的母親與女兒的故事，也就是婆媳故事，雖然沒有流通極廣的神話故事，但各類地方傳說這類故事卻是相當豐富，尤其是：孝順的媳婦得到福報，不孝的媳婦受到天譴等這類主題的民間故事，早已多到大家都已耳熟能詳的程度。顯然的，這類故事無法創造出女兒或媳婦的主體性，卻營造出婆婆至上的權威與正當性，在結構的對照上，它與本章討論中的母女神話主題有何比較上的意義，這是本章所尚未觸及的課題，還有待未來做比較與探討。

　　第六，我們發現，在神話裡，一方面社會性母的角色往往是曖昧不明，或是在子女與父親之間的兩邊交互往返的模糊身分，而往往不是權威的施予者。另外，母親的生物性母的角色，往往也不是全面性的彰顯，而帶有更多不潔、敗德與無助的形象，而被刻板印象式描述成是有待被救贖者[14]。這讓人聯想到 M. Wolf 曾

---

14 Sangren（1983）曾對漢人宗教中的女神象徵：觀音、媽祖與無生老母提出分

提出「子宮家庭」的概念，以有別於「父系家庭」，這看似彰顯了女性主體性的可能。但事實上若仔細探究，我們會發現，這個子宮家庭仍是籠罩在父系權力結構的陰影底下的，譬如說 M. Wolf 討論裡的子宮家庭，基本上只有母子關係，也就是當沒有男性來做媒介，也就沒有權力產出的可能，母女關係似乎是完全沒有位置的，所以說這個子宮家庭，始終並未獨立於社會父系之外來運作。甚至於，在我們的神話敘事象徵投射的結構裡，我們發現，子宮家庭式的（如母子與母女）與父權家庭式的情感投射（父子與父女），它們在象徵上是高度相互合作的（來成就父系的權力），相較於父權家庭，子宮家庭的象徵（利用兒子和女兒對於生物性母親的內在情感基礎），甚至於還更多和在更大程度上，更根本地擴展了父系社會的基礎，也創造出了兒子與女兒的主體性。

總之，本章只是一個初探，漢人親屬系統的框架，顯然不僅是如表面看起來的，僅是單面向的對於父權和孝順規範的強調，而更是一種多面向人格和情感結構的型塑，我們由四個神話故事的分析，側面性地展現了這個情感結構的內涵，也因此而對社會體系再生產的原理與歷程，多了一層更為辯證性的理解。而當將

析，並指出：和男性神明表現出現實社會裡的官員權威的角度不同，女性神明的表徵，會和現實社會裡所認定的女性特質完全相反，而有著絕對完美的形象。但是，現在在母親與女兒的神話敘事裡，母親卻又再度回到了一個被汙染者的角色，女兒，則是以聖潔的形象出現，並且最終也真的具有了超能力，顯然的，在反映父系社會親子二元關係性質（母子關係中的母親待拯救，父女關係中的女兒具有拯救能力）的神話脈絡裡，女性角色又回到了二元分化性，會以純潔的女兒與受汙染的母親的方式來呈現，這和女性神明通常一定會具有完美性質和聯結功能的象徵投射又有所不同。

神話中四個主題共同加以檢視與對照，也讓我們對漢人家庭結構中權力的投射模式或想像邊界，有一個更為整體和深刻的瞭解。不過，作為初探，本章所引發的問題，可能比實際所能解決的問題還要多，有關議題還有待更多理論性的反思與實證性的檢證。但就漢人文化土壤中靈性權威的發韌與開展性，本章經由神話主題而所進行的分析，已讓我們得以一窺漢人文化形貌中一個極為重要的側面。

Part II

民眾宗教意識中
靈性權威的當代擴張

台灣新興宗教中所反映的
民眾宗教意識及其靈性觀

一、前言

　　第五章到第七章，將涵蓋靈性資本，尤其是來自於民眾宗教意識中的靈性資本的課題。

　　首先，第五章是對台灣新興宗教與新「宗教性」變遷的一個理論與經驗性的回顧，嘗試將社會學的新興宗教研究文獻與漢人社會的歷史文化和當代台灣政治經濟發展背景脈絡相結合，並以五個1990年代在台灣興盛發展的新興教團為背景，觀察靈性資本在當代的累積、交換與可做公開展示的新現象。我們所考察的五個新興教團，各教團背後都預設了：修行過程中，個人可能直接與「法身」或「自性」或「上師」（上師就是「法身」與「自性」的代表）相應，而得以產生現世開悟的狀態，並得以體驗超越現世與彼世的一種無所不在的「非二元性」（non-duality，東方宗教思想界定下的當下的圓滿）。不過各教團以不同方式具象化了這個過程的內涵。在各個教團背後，我們看到與漢人傳統民間信仰（重感應靈驗）的密切關係，連結到道教內丹（身體氣脈的修練），以及和佛教密宗（即身成佛）、禪宗（頓悟），甚至於是華嚴天台思想（念念中有大千世界、大千世界與個人相融）。這也是進入現代工商業社會舞臺後，新興教團極為蓬勃發展的實況，各教團領導人在新的供需形式變化之下，配合漢人既有的內在宗教發展邏輯，試圖將傳統宗教法門加以普及化的結果，也呈現出了目前我們觀察到的當代台灣宗教市場。

　　在第五章中我們發現，各教團對於個人此世能夠獲致修行成就的許諾或期望，經由教主的展演，與修行體驗的分享，使得「信徒對修行方法所產生的信心」、「教主的權威」、「集體服從性的氛圍」，產生了某種相互增強的關係。這種相互增強性，也在

與傳統宗教修行法門彼此銜接的修辭中，具有了歷史性與集體性。簡言之，過去，在漢人世界的民眾生活裡，特殊的修行方法與集體性的修行經驗，以一種模糊的靈性資源的想像，被涵蓋在宗教神通或靈驗，以及具有公眾服務情操等的屬性裡而被社會大眾所理解，但不是以靈性本身而被認可或承認。進入當代，靈性資源，那種通常是經由地方社會網絡、佛教、道教和民間信仰中所界定出來的超越性，慢慢出現了超出各方來源的超越性的基礎，並融合科學性的語言，成為大眾社會中可被辨認的靈性資本的形式。在這種形式裡，民眾宗教權威，以具有豐富靈性資本的形式而展演。其功能，由傳統社會的可以超越父權限制的救贖者與救贖提供者的面貌，導向於資本主義都市新生活裡，有助於成員適應現代社會的真理與方法的提供者。

　　第六章中則提供了當代台灣日月明功的案例，而由克里斯瑪的常態性出發，並輔以「高付出需求團體」的概念，不僅提醒我們避免過度單一地將日月明功視為是一個心靈控制和洗腦的場所，也能幫我們正視這個事實：在這個團體中，許多成員都是主動全心投入，以追求其家庭和自我成長，其領導者也是在這些目標圍繞中而慢慢增長其影響力。日月明功團體中，成員參與時間長，內部互動緊密，空間的隔絕性高，領導者高度涉入學員日常生活並具有管教的權威，學員之間出現了「整理」與「分享」的相互監督與批判的聚會形式，以及領導人對學員出現了體罰的管教方式等。但日月明功以上這種種特徵的出現，背後曾經歷發展階段上的累積和變化。關於成員參與日月明功的心理因素，本章嘗試提出「修復式依附」（修復個人在社會中、出於結構性原因所造成的人生態度層面與情感依附層面上的缺憾）的說法，即成員選擇一個具有雙親形象般的領導者，和具有親密社會關係的團

體氛圍，來作為解釋他們之所以加入和得以持續參與的主要因素。

　　而由日月明功的案例，由經驗材料中，彰顯出了理性化影響中較為深層的一些面向，也就是由理性所帶動的：個人對自主性的渴望、開放性成長空間的建構和擬似溝通歷程中所產生的非預期性的相互監督等，這些都凸顯出理性實質內涵（而非只是技術性操作）之對現代宗教團體運作所產生的較為深刻的影響。而該章中所發現的：傳統父權家長制所造成的依附缺憾感和慣習性的互動模式，之與現代理性的實質性的扣連，顯示出了傳統社會結構與現代理性之間更複雜的相互鑲嵌與加乘的作用，和這些作用所進而導引出來的特定時空裡的「高付出需求機構」，這也是克里斯瑪新的常態化的一個歷史歷程。新浮現出來的靈性資本的概念與實踐，愈來愈會是當代民眾宗教生活中的一個重要面向。

　　第七章，以清海教團為例，我們將把焦點放在新興宗教團體的宗教敘事與動員過程。我們發現，整體社會靈性場域的崛起，仍然部分會依附在傳統宗教論述的認知框架裡，不過，不同信徒會以不同認知方式，而進入到新興宗教的場域當中。該章中我們特別指出了「老修行」與「新原理探索者」這兩群人的背景和宗教發展路徑上的差異。我們將指出，對靈性場域的具體了解，也應該放在這兩群人分殊性的發展路徑裡來被理解。

　　事實上，民眾宗教意識或是說大眾主義的崛起，是觀察當代台灣宗教所不可或缺的一個前提，它所涉及的宗教教義與實踐模式上的內涵，是指在宗教詮釋與權力分享上，與僧侶導向或菁英導向的教義與組織模式截然不同的一種取向。僧侶導向是指解釋權與儀式權會壟斷在宗教專職者身上，而且重視文本性的教義，宗教專職者與平信徒間的分別是截然不可跨越的；菁英導向是指

重宗教知識與邏輯，和教義論述模式的系統性；大眾主義則是指重視情感性、治療性甚至是巫術性，並且傾向於盡可能跨越在家與出家間（或是說俗人與宗教專職者之間）界限的藩籬。

如同日本新宗教學者Susumu Shimazono〔島薗進〕（2004）所述，在前現代的社會，歷史宗教（世界文明史中的基督教、伊斯蘭教、佛教、道教或甚至是所謂的儒教等）受限於菁英分子的文化，並且在這些社會的宗教文化中，菁英宗教（同時包含僧侶導向與菁英導向），以一種享有霸權之不可動搖的傳統的形式而存在。菁英宗教的形成中，會去拒絕民眾的宗教，並且它會持續努力去擴張其在民間的影響力。過去，這兩種宗教形式（菁英宗教與民眾宗教），在一個共生的意義下，二者彼此可以相互補充，也因此，民眾宗教仍然可能有其根基，並且得以部分繼續持續其自身的形式與傳統，不過，它在相當程度上仍是被菁英分子所壓抑著（島薗進，2004: 164）。

現代情境，包括市場經濟、國家政府的成長，都市中心的文化氛圍等，讓菁英與大眾之間和平共存平衡性的關係瓦解了。既有宗教的歷史，很大的一部分是取決於這兩者之間的擺盪，或者說菁英的宗教是否能維持其優越性的位置？或者說民眾宗教是否能夠成功擺脫於菁英宗教的框架之外？而當在其中，如果說菁英宗教仍牢牢維持著其霸權時，它的能量（也就是指人員與物資的動員）卻仍主要是榨取自民眾宗教的，這時候，就整個宗教場域來看，某種來自大眾性需求的庸俗化的過程，也會廣泛滲入到民眾的私人領域中（島薗進，2004: 164），也就是說菁英階層為了廣納來自民眾的資源，也不得不允許某種來自民眾的巫術性與情感性的宗教需求，即使說表面上看起來，菁英宗教仍較占有優勢。

不過，進入現代社會，菁英宗教已對民眾宗教愈來愈無法管

控，由民眾宗教中跑出來的各類宗教運動也隨之開始出現；同時，當代知識菁英愈來愈脫離宗教意識，由西方至東方，知識分子都是推動當代世俗化力量的推手，也就是支持著「現代化中的世俗化」（將理性精神帶入世界，並減弱宗教的影響力，這又和大眾性的庸俗化不同），結果是，這造成了民眾宗教需求的另一種不滿足，並且，以一種對立於當代菁英文化（如同發生在美國、韓國和日本的情況）的一種反抗性的姿態，許多蓬勃發展的新興宗教活動出現了（島蘭進，2004: 164）。這些新興教派活動，至少在當代台灣的脈絡裡，可以被視為是由菁英文化中解放出來，並且也是對抗於知識分子的世俗化力量，卻又能調適，或是說能有助於一般大眾去調適於當代環境的一種民眾宗教的發展形式。

如果以民眾宗教、菁英宗教和社區宗教之間既重疊又競爭，以及以民眾宗教在當代社會的擴張等這些問題來觀察，我們或許可以用底下的圖5-1與圖5-2來做描述性的說明。

首先，我們可以訂出漢人宗教的座標軸，一個是個人面向，這會由著重於「個人情感紓解與身心療癒」的面向，發展為文化認定中所理解的非常具有「靈性的廣度與高度」的面向。另外一個軸線是宗教的集體面向，這可以由非常基本的「社會功能需求」，例如說人群整合和自然環境中的集體生存等面向，到延伸成為一種已經具有超越性性質的，重視為公眾而利他與付出的「公眾性的道德關懷」。

而在這兩個軸線的交會中，我們或許可以看到民眾宗教、菁英宗教與社區宗教的相對位置。例如說，在傳統社會裡，民眾宗教主要出於個人生存與社會功能的需求，是一般民眾日常生活中非常實際的憑藉。在個人面向上，它較難以在靈性的廣度與高度

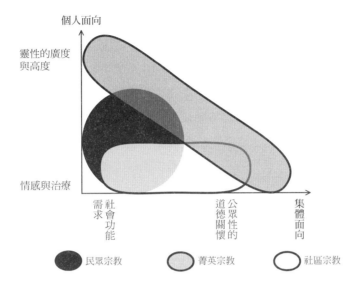

圖5-1　傳統社會中三種宗教型態間的分布與重疊

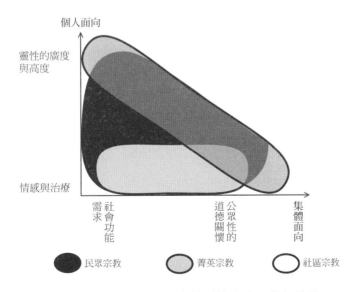

圖5-2　當代社會中三種宗教型態間的分布與重疊

上有太深刻的發展，在集體面向上，它則更多出於集體生活功能上的需求，而較少發展出超越性的公眾道德關懷的層次。而社區宗教，出於集體生活的需要，它會和民眾宗教有相當部分的重疊，不過出於集體導向上的差異，其在公眾性的指向上，可能會帶有更強的公共道德關懷上的色彩。

到了當代社會，出於前述所講的一些歷史性的社會學上的原因，也許菁英宗教和社區宗教在整體社會中並沒有太大變化，但是整個宗教場域，則起了相當大的變化，這尤其表現在民眾宗教發展層面的擴張上。

這個擴張，一方面表現在民眾宗教有了更大的獨立性，而不再受到菁英宗教的壓制。一方面表現在民眾宗教的活動力與影響範圍，甚至於它的正當性，在全社會裡都得以大幅擴張了。而另一個特色則是，出於民眾文化層次與教育水平的提高，民眾宗教在內容上，得以以自己的方式（論述與身體實踐上的新內涵），而在靈性的高度與廣度，以及公眾性的道德關懷層次上有所發展。這是我們透過圖 5-1 與圖 5-2 兩個示意圖中，所要加以呈現的，由過去到現在，宗教場域的內在結構，與分布狀態上的一個變遷。

台灣民眾宗教的內容，尚須經過經驗性的資料蒐集與分析。借鏡日本新宗教的發展經驗，日本的民眾宗教，有幾點發展特徵特別值得注意（參考島薗進，2004: 53-127）：

（一）20 世紀開始，日本的新宗教，尤其是 1920-1970 年之間成立的新宗教團體，有約 68.5% 的信徒比率，有著屬於法華經系統的佛教的根源（日蓮宗），這不僅是因為佛教曾是德川幕府時期的國教，更是因為有著其他教義與歷史演變上的根源，那是因為 13 世紀時，日蓮對於法華經的詮釋與實踐（「唱題」式的教法

的簡化、末世論的強調、反儀式主義、宣揚法華信仰的團結國家的作用），已經為大眾主義、在家主義、經驗主義、現世救贖的操作和國家主義等，都已經鋪好了路，以致在20世紀進入工業化和都市化的情境，有大量法華經系統的新宗派產生（善鄰會、靈友會與創價學會）。而這其中最主要的靈友會和創價學會的差異是：前者混合了法華經信仰與祖先崇拜；後者則在於強調每日生活實質轉變的重要性，並突出了「生機論」（vitalism）的作用與現世幸福的可能性。

（二）大眾主義所帶來的新宗教的主要特色就是現世（this-worldly）取向。回歸到大眾的日常層次，相對於拒斥現世而尋求來世的救贖，新宗教更傾向於重視現世生命的價值，並且提供了解除現世苦難的希望。新宗教的強烈吸引力就在於現世得益的保證，比如透過信神或佛陀，因而解除了由貧窮或疾病而產生的問題。許多人受到新宗教的吸引，就是因為其保證巫術性的儀式可以治癒疾病。

（三）由民眾日常生活倫理價值出發的宗教團體，在社會組織與宗教活動的一個明顯特徵就是，有大規模的民眾參與，民眾也在團體中有著積極主動性，並經常扮演了領導性的角色。地方團體的活動是由近親關係及同儕成員組成，日常生活的問題都以宗教用語來理解，由全體成員一起分享並討論。每一位成員在團體期待下，都要積極參與團體活動，並宣揚他們的信仰。神職人員與平信徒之間並沒有明顯的劃分，個人的宗教進展取決於努力與能力，而非個人的社會階級或背景。事實上，在新宗教中，支持地方活動並且產生無數領導者的最有力量的社會組成，經常是中年家庭主婦，她們常因較低的社會地位而受苦，但在宗教經驗中得到了自我認同，並進而在新宗教中，有著高度熱情的投入而

扮演了重要角色。

　　當然，當代台灣的民眾宗教（丁仁傑，2009a），內容與形式至今尚未經學界系統性地分析與討論，不過，我們也觀察到，和日本主要由法華系統來承載的民眾宗教的發展，有著基本立足點上差異的是，台灣的民眾宗教，有它很大一部分，是更平均瀰散在各類新興佛教、一貫道和許多新興宗教當中，也有部分分布在「新時代運動」（New Age Movement）鬆散的靈修網絡當中。而在台灣當代社會民眾宗教文化的傳播裡，在一個相當程度上，民眾宗教意識，通過美學意象、消費模式和特殊的宗教感，也在行動者身上創造出了虛擬的身心統合性，而將消費模式、美感和自覺意識巧妙包裝在一起。靈性資本的累積、展演與交換，已頻繁出現在當代台灣民眾宗教活動的場域當中。

　　目前本章的主要書寫方式，在於將西方學界有關新興宗教的宗教社會學討論，與台灣當代漢人社會宗教發展現況相聯結，並以漢人「宗教性」作為一個討論上的焦點，一方面希望能有助於更深刻分析當代台灣各類的新興宗教現象；一方面也希望本章所提供的幾個台灣重要新興宗教團體的案例，有助於本書有關主題性的觀察與反思。

　　筆者個人對於新興宗教的討論，主要是來自筆者對台灣新興宗教長期研究中所獲致的一些看法，但它必然帶有某種主觀性。而且，由個案研究中所引導出來的宏觀性推論，仍需要經過進一步的統計資料來加以驗證，這也是本章目前所較欠缺的。

　　就名詞來說，「新興宗教」是一個使用廣泛但卻也是相對性的名詞，無論在任何時代或任何地點，當舊有的宗教無法跟上時代或是無法充分滿足信眾要求時，就可能有被統稱為「新興宗教」的新宗教團體產生（Wilson, 1982: 124）。也因此，新興宗教

研究的範圍可以說是相當廣泛，任何對於教派分裂與誕生的相關研究，都可以被看作是新興宗教研究。

不過，在宗教社會學學術場域中，「新興宗教運動」（New religious movements）則是一個非常專門化，而且是有特定學術關懷的研究次領域（參考Bromley, 2007），它尤其和歐美1960年代以來的新興宗教熱潮有關（Lewis, 2004a; Saliba, 1995: 8-11）。本章將扣緊這一個特定的宗教社會學學術發展場域來做回顧，並試圖將之連結到當代台灣新興宗教現況和相關研究成果，希望能作為有助於更廣泛思考台灣社會與文化發展的一個學術參照背景。

在西方來講，「新興宗教」（New religions）專指二次戰後的一個新的研究趨勢，這一方面是出於學術圈，一方面也是出於媒體，在1970年代以後，為了區別出在組織型態與構成方式上，跟西方傳統的基督教較為不同的大量「新宗教」的出現，而所出現的相關名詞的標示。

在名詞演變上，New religions這個詞的應用，起初和日本社會發展情勢有關。日本在19世紀末、20世紀初期就有天理教、黑住教等這些教派，在日本媒體統稱為「新興宗教」，但是因為「新興宗教」（shinko shukyo）這個詞在日本逐漸帶有負面性的指涉（並非日文字面本身帶有負面意涵，而是媒體界習用的用法中，已將「新興」視為是新興起和新出現，而有較低等、不成熟和違反正統的意思[1]），1960年代以後，學界漸改以「新宗教」（shin shukyo）這個名詞來稱呼這些教團，希望至少能在某個程度上淡化原詞中的負面意涵（參考 Inoue Nobutaka,〔井上順孝〕

---

[1] 感謝黃約伯博士提供我關於「新興」宗教與「新」宗教在日文脈絡裡，詞意意涵上的說明。井上順孝（1994）的參考文獻則由黃博士所提供。

1991：6-7；或井上順孝，1994：166中的說法）。

　　後來「新宗教」所對應的英文New Religions或New Religious Movements被引入美國學術界（參考Lewis, 2004b: 3中的說法），目的在以較為中性的稱呼取代1960年代歐美新聞界常用的Cults（膜拜教團）這個詞。1980、90年代以後，「新興宗教運動」（New religious movements）大致上已經成為宗教社會學界較為固定的表達方式。

　　宗教社會學界一般在談到「新興宗教運動」，通常不會指涉馬丁路德1512年宗教改革後初期基督教劇烈分裂的那一段新興宗教發展史，而主要是指涉二次大戰以後全球化宗教場域裡的新發展，包括東方宗教大量傳入西方、後殖民時代的宗教融合、還有全球化宗教傳播介面的出現等。不過在學科發展過程中，宗教社會學也會回過頭來檢驗19世紀以前出現的各類新宗教團體，像是Mormonism、The Shaker、Christian Science、Jehovah's Witness等等（例如參考Daschke and Ashcraft, 2005; Partridge, 2004）。由於新興宗教是由許許多多的宗教團體個案所構成，不少研究都是透過「個案研究」的研究方法，從組織層面或社會心理層面來檢視新興教團。

二、「宗教性」（religiosity）的變遷

　　「宗教性」係指「宗教信仰的某種心智或情感結構」，對它的相關研究所關心的是：社會結構改變或主流宗教組織的變遷，所造成的宗教信仰心智結構或信仰形式的相應變化方式為何[2]（Barker

---

2　更精確來說，Johnson（2007: 99-106）回顧有關文獻而指出，在研究取向

and Warburg, 1998)？舉例來說，西方社會分化所造成的「私人化」，宗教退出公領域而成為私人性的選擇，但這也接著創造出以自我探索為中心的所謂「自我宗教」（Heelas, 1982: 73）的出現，這正是西方當代一個重要的「宗教性」變遷的面向[3]。另一方面，平行於「自我宗教」發展的趨勢，東方宗教所重視的個人靈修層面，也剛好填補了「自我宗教」形式中所需的內容（相信自我具有神聖的性質），這些發展呈現出來了西方「宗教性」的一個當代變遷趨勢。簡言之，在宗教社會學領域裡面，曾經將西方當代「宗教性」變遷的有關解釋，和東方宗教文化傳播到西方的內容相連結在一起，而在傳統基督教，神跟人之間的界線是相區隔的，但在東方文化裡人卻可能變成神，一旦當這樣的東西輸入到西方，對於基督教來說衝擊很大，當然也是西方人「宗教性」

上，社會學家有兩種定義「宗教性」的方式，或者由「宗教團體隸屬的面向」，或者由人們「行為或態度的面向」。而關於以「宗教團體隸屬的面向」來定義「宗教性」，又有兩種作法：一、考察人們宗教團體身分的變化（如浸信會、福音派、靈恩派等宗教身分的變化）；二、考察人們核心宗教教義認知性質的改變（如考察「堅信耶穌復活」基督教信仰者比例上的改變）。至於由人們「行為或態度的面向」來定義「宗教性」，則通常有幾種常用的指標：儀式參與程度的多寡、私人生活中祈禱的頻率、自我評估宗教在個人生活中的重要性等等。Johnson（2007: 104-106）也提到了兩位研究者所使用過的「宗教性多面向指標」中所涵蓋的「宗教性」的面向：一、Fichter（1951, 1954）所建構的多層面的天主教徒的概念（根據這幾個面向來綜合定義出何謂積極的天主教徒：是否常參與教會彌撒、是否送子女去教會教育機構、是否參與教會次級團體、個人宗教興趣的強度等）；二、Glock and Stark（Glock, 1962; Stark and Glock, 1968）用以定義出「宗教性」的綜合性指標則使用了四個面向：經驗性、儀式性、意識形態性、功能結果性等。

3　其實，早在Durkheim（1951: 336-338, 1969）的著作中，已經討論過這種當代個人主義形式宗教的性質與內涵，參考Westley（1983）。

上一個革命性的變化。又如印度瑜伽中對身體經驗的強調，和各類東方禪坐方式的引入等，這些被引入於「宗教性」中的個人靈修層面，都是西方人當代「宗教性」變遷中極為顯著的面向（Barker, 1998: 18）。

　　另一個常被提到的所謂「宗教性」的劇烈變遷，來自於基督教「五旬節宗」（Pentecostalism）的蓬勃發展，這主要是指以某些特定聖經經文為依據，產生了不需神職人員做媒介，個人可以直接為聖靈所充滿，而所產生的「口說異聲」（glossolalia）現象。這種現象已廣為流傳，成為特定教派的標誌，或甚至在某些地區成為流行廣泛的宗教運動。由於它提供了信徒極高的自我認同並對個別信徒產生了極有效的靈療效果，「五旬節宗」很快成為當代普遍流傳的一股潮流，尤其是對於社會弱勢或低階層者尤然。「五旬節宗」的「聖靈充滿」現象，和聖經壟斷性詮釋權的被解構，以及民眾可能開始具有主動追尋更直接救贖管道的社會條件等都有所相關。在基督教來說，這雖不是全新的現象，但過去信眾的身體體驗，被制約在聖經的詮釋系統下，不太可能被過度強調這一個層面。當代這種「聖靈充滿」經驗追求的普及化，又被稱作「靈恩運動」（Charismatic movement），幾乎已成為全球性的發展，在基督教內，可以說是帶來了一股劇烈的「宗教性」變遷的趨勢（Hunt and Hamilton, 1999）。

　　以上，大致舉例說明了「宗教性」變遷的幾個可能來源，也顯示出，理解「宗教性」的變化，是研究當代新興宗教現象的一個主要的切入點。

世俗化過程的不同層次，及「宗教性」變遷的「內因性」源頭

　　更細膩來說，就「宗教性」變遷的性質來看，可以經由引發

變遷的來源，來加以分析性地區別。而我要在此區別出「內因性」和「外因性」兩種不同引發「宗教性」變遷的來源。「內因性」，出自於社會結構改變所產生的信仰結構的改變，例如說世俗化過程發生在個人層次後所創造出來的個人信仰形式和內涵的改變，像前述所提的「自我宗教」就是一個明顯的例子。至於「外因性」，來自於某些人群社會位置的改變所產生的宗教功能和需求上的改變，譬如說，全球化歷程中某些族群團體之社會位置的改變，有可能激發出該團體新的宗教旨趣，這一點我們後面會再有所說明。此處，內與外，不是指位於個人之外部或內在，而是指位於宗教內涵或活動方式的較深層內在或是較為外緣，這種認定，當然是出於研究者的主觀，但這種區別方式，的確有助於現象上的理解和觀察。

　　我們先談談這個有關於世俗化過程的不同層次，以及它和個人「宗教性」變遷之間的關係。一般而言，認為「世俗化」好像就是指宗教影響力在社會上的消減，但事實上這個議題沒有那麼單純，因為世俗化有不同的層次，有宏觀的層次、中層組織的層次和個人的層次。在宏觀層面看來可能是整體社會的世俗化，但卻也有可能讓某些個人對於宗教產生非常強烈的投入。世俗化過程不同層次的影響，有時會在現象上表現為相當矛盾性的結果。

　　比利時社會學家 Dobbelaere（2002）曾細膩地將世俗化歷程分為三個層次來看。就宏觀的層次也就是整個社會的層次來說，世俗化是指社會分化。社會分化造成什麼結果呢？就是「自主化」（autonomization），這是指各個領域的自主功能化出現，政治、經濟、藝術都產生「自主化」，都由宗教裡面分立出來。政治上有現代國家，經濟上有市場機制，教育也產生世俗性的教育體系。當各領域有所獨立，宗教的角色變成一種「放任性的」（laicization），

也就是各領域自行操作而宗教既不會也不能加以干涉。

在中級的層次，世俗化會造成社會組織運作方式的變化，這會產生每一個次領域依據「功能理性」（functional rationality）來操作的情況。Dobbelaere 把這稱為「社會次系統的『整體社會化』」（societalization of the sub-system），社會有一種內在要求，每一個領域內在會去追尋一種「功能理性」，「功能理性」開始貫穿到每個次領域中，每個領域都獨立起來後，各次領域間的距離會拉大，不過整體社會每一個次領域都開始出現相似的為「功能理性」所貫穿的情況，所以這也是一種「社會次系統的『整體社會化』」。當宗教團體處在這種發展趨勢中，每個宗教組織也要追求內部的「功能理性化」，也就是追求效率與功能性的管理，這產生一種「內在性世俗化」（internal secularization）的現象。例如說，一個顯著的例子，慈濟功德會在發展歷程中，自1990年代以來，就已經開始愈來愈著重於資訊系統化操作和科學性的管理（丁仁傑，1999：321）。可以說，當代各類宗教團體，為了適應社會變遷和市場競爭機制，在還沒有被社會淘汰之前，自己會先開始做自我改造。於是，即使說我們看到社會上很多宗教團體的復甦，但是，這不見得就是表示全部都是關於宗教力量的復甦，當我們考量到「內在性世俗化」的現象時，宗教團體復甦本身，卻也有可能被理解為是整體社會世俗化歷程裡的一部分。

而一旦每一個宗教團體都要發展它組織上的獨立性，在功能分化之中，每一個宗教團體就需要去特別凸顯其在當代社會所扮演的無可替代的宗教性的角色，Dobbelaere 稱此現象為「棟梁化」（pillarization），這表示社會分化中，宗教團體會重新建立其社會位置，以成為世俗化潮流中對抗世俗的象徵資源的源頭。宗教團體一方面進行了「內在的世俗化」，一方面對外卻成為整個社會

對抗世俗化的「棟梁」。

　　若將焦點放在微觀層次，也就是比較個人性的層次，顯而易見的，當宗教退出公眾生活，基督徒可能愈來愈不去上教堂，這在歐洲確實是如此。不過不上教堂並不代表不信教，在私人化歷程裡，人們可能會以不同於既有的方式，自由吸取各類傳統來揉合出自己的宗教生活，如進行各類禪修與瑜伽修練等，傳統宗教組織的力量變成不太能約束個人了。

　　另外，在個人層次方面，一些複雜的現象可能會存在，其中有一個歷程叫做「區隔化」（compartmentalization），也就是指我們在心智與情緒上可以坦然無礙作出自我區隔，譬如說一下子上教堂，一下子拚命賺錢，一下子拚命消費和娛樂，個人可以安於這種多重性，這是整體社會「功能分化」歷程，輾轉滲透到個人人格與心智結構的一個結果，讓我們內在的人格結構，有一種重新組合的可能性。

　　簡言之，由前述討論裡我們看到，那種由社會整體看起來是帶來世俗化效果的力量，它在不同層次卻有可能有不同的作用方式，而不見得會產生完全一致化的結果。各層次的作用如何？各層次間的作用又如何相疊、相減、相加、相複合或相互影響？仍需要透過相關研究在理論性與經驗性層次有所釐清。

外因性的「宗教性」變遷

　　「宗教性」變遷的「內因性」原因，出自於社會結構改變所產生的信仰結構的改變。雖然說世俗化（或社會分化）過程不見得必然使個人信仰減弱，但它的確會造成個人「宗教性」的變遷，這是一個重要的「內因性」的變遷來源。

　　相對於這種社會結構的變化，全球化權力配置關係的改變所

產生的宗教生態的改變，也會改變「宗教性」的組成和內涵，我稱此為「外因性」的力量，而其作用力的方向，和「內因性」因素所造成的某種「自我宗教」的發展（見前述），二者之間幾乎是通往矛盾的方向。

簡言之，也就是在全球化的變遷和衝擊下，會造成族群式或集體式的宗教出現，一些族群將更可能會經由宗教為媒介來作為全球化情境下自我標識的手段，我稱此種發展趨勢為「民族宗教」（ethno-religions）的發展[4]。

這裡，借用 J. Friedman（1994）在《文化認同與全球過程》一書中的架構來做一說明，Friedman 認為，全球化或全球體系的擴展，在世界歷史上其實是不斷在發生著，如過去羅馬、伊斯蘭教、基督教、佛教，或甚至是中國世界的強大，其實都具有全球性文化體系的樣態，其中也都曾經歷某種全球體系變化的內在循環性歷程：一種中央文化霸權與地方傳統間交互興替和拉扯的情況，參考圖5-3。

不論我們是否贊同於這個「全球化歷程曾在歷史上不斷重複性的出現」的命題，不過，至少我們可以同意的是，當代的資本主義好像也進入了一個全球性的循環中，當統合性的文化霸權之正當性正在走下坡或正經歷轉型，地方族群在這種情境裡，開始出現了各種新的文化過程，以在中央同質化文化權威的衰微中，找出對抗之道。

相對來講，我們看到，「文化」這個概念，在當代全球化世

4　在「民族宗教」（ethno-religions）這一名詞下，共享或企圖共享同一宗教之民族或族群的範圍或界線，要視不同社會或國家脈絡中，個別政治經濟情況與歷史發展背景而定，而且其界線也處在經常性的變動中。

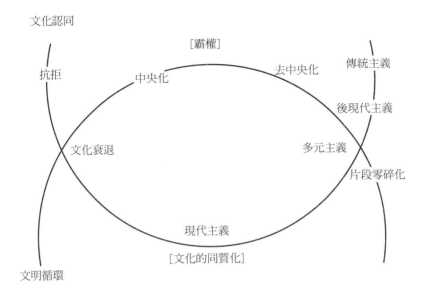

＊本圖主要參考自Friedman（1994:39）。

圖5-3　全球性文化體系中中央文化霸權與地方性傳統文化間的交互循環性發展歷程

界裡產生了劇烈的變化，它不再只是指涉著傳統的世界觀，而更成為創造認同的符碼。在全球化這個文化霸權的競爭裡面，本土化的崛起將創造新的文化認同，而宗教顯然在這種「文化認同」的強調中會扮演著重要的角色，於是在「外因性」的作用力之下，也就是當族群需要經由宗教為媒介來作為全球化情境下自我標識的手段時，「民族宗教」的發展乃愈趨蓬勃。

　　歸納來說，我們看到，當代「宗教性」的變遷，有來自於「內因性」的，也有來自於「外因性」的變遷來源，這兩股力量有時候甚至會出現矛盾性的作用，較為「私人化」的宗教需求和頗為集體性的文化標識上的宗教展演，將不斷交互作用影響著當

代人群「宗教性」的內涵和表現上的形式。

世俗化促成多元化競爭宗教市場的出現

　　「世俗化詮釋典範」強調宗教在當代的衰落，但事實上其效果卻也可能剛好相反，因為世俗化造成宗教的多元化，宗教多元化之後，不像過去可能只有一個宗教權威壟斷（如西方中古世紀時期的教會），而會開始出現相互競爭的狀態，也就是一個「靈性市場」（spiritual marketplace）的出現成為可能，宗教團體間越是競爭也就造成個別宗教團體愈發活絡性的發展。

　　「靈性市場」的概念暗示，在競逐信徒過程中，宗教團體會越來越商業化，相對來講也會創造出越來越多的宗教商品，這種商品化現象，對應在人的身上，也就是一種「靈性追尋者」（spiritual seeker）的出現，人們將習慣於四處去尋他所要的宗教商品。

　　這一方面，Roof（1999）曾由美國二次戰後嬰兒潮這一代的生長經驗來看待美國二次戰後某一個時期（約在1960年代末期以後）的宗教勃興，Roof不把世俗化當作一種長期的過程，而僅將之視為某種歷史時期的變動。二次戰後當美國開始更趨富裕，加上民主社會的變遷，一整批嬰兒潮的成長經驗，和美國的富裕和民主化發展間相伴隨，在這一批嬰兒步入青少年後，伴隨著創造出一個具有市場取向的宗教生態，這種觀察，也進一步解釋了美國當代宗教場域的多元化現象。「宗教市場」的解釋，構成了有別於世俗化模型的另外一種宗教社會學觀點，更具代表性的有關於「宗教市場模型」的一般性討論，來自於Finke and Stark（1992），他們由供給面來解釋美國歷史中兩次宗教「大覺醒」（the Greak Awakening）時期中的宗教復甦現象。這和Roof的研究取向稍有不同，但都是強調「宗教市場」中的競爭所產生的活絡

化現象。Finke和Stark的歷史研究和後續的相關討論（如Finke,
1997），提供了「宗教市場」相關概念之比較完整的討論。

三、宗教與社會的關係：觀察新興宗教發展的重要角度

　　談到新興宗教，有必要回歸傳統宗教社會學裡有關宗教團體
發展與分立的基本探討。宗教社會學領域中既有的解釋宗教分裂
與興起的模型，以所謂的「教會─教派」（church-sect）這一組基
本對立結構及其衍生類型，來觀照新興宗教團體所可能具有的基
本性質，這主要是根據觀察西方特定歷史發展時期宗教發展所得
出來的概念架構。Weber（1963: 60-79）指出，「教會」（church）
是一個制度性的統一的宗教組織，大家一出生就生活在這樣的一
個制度性的宗教環境裡面。「教派」（sect）則是一個教義上的異
端組織，是一種社會上的少數，但是是一種有選擇性的志願參
與，信徒相信他們是唯一可以獲得真正救贖的對象。

　　後來，Johnson（1963）提出了一個單面向的定義，僅以宗教
團體與社會主流價值間的關係這個面向，來定義某個團體是屬於
「教會」或者「教派」。這裡，根據這個「宗教團體對於社會主流
價值所採取的反應或態度」之判準，或許我們可以對於新興宗教
重新進行分析性的歸類，兩位學者的說法值得一提：一個說法是
學界在1980年代末期採用極為普遍的Wallis的說法（1984: 9-39），
將新興宗教分為三類：拒斥世界、肯定世界和適應世界（world-
rejecting, world-affirming, world-accommodating），拒斥世界者如
Krishna學會（ISKCON）、神的子女（The Children of God）、統
一教等，肯定世界者如超覺靜坐（TM）、創價學會、山達基教會

等，適應世界者則主要包括各類新興靈恩運動團體。

　　另一個說法來自於英國宗教社會學者Bryan Wilson，他想活化「教派」這個概念，他覺得這個概念可以被放在更大的脈絡去談，也有助於對新興宗教採取跨文化比較性的分析。Bryan Wilson單獨拿出「教派」這個概念，並嘗試把他由基督教發展史中歸納出來的教派類型學，應用在部落社會與第三世界國家，其名著《巫術與千禧年》（*Magic and the Millennium*）（1973: 18-26）中，採取寬鬆的定義，不以教義為唯一標準，而以與社會既存秩序的反彈——包括對正統宗教傳統的排斥和新救贖管道的追尋等等——來定義所謂的「教派」，他並以此定義大規模分析了非西方國家中各種新興教派的宗教活動。

　　Wilson說，在社會學的意義上，而不是由教義上的區別來看，我們可以把「教派」定義為是：「在各類主流性的宗教傳統中，所產生的分離性的少數派的運動。」這樣子，我們就可以把這個概念文化的限定性降至最低，而得以更普遍觀察在不同文化裡新興宗教所滋生的各類運動（Wilson, 1973: 11）。而在這樣一個討論基礎上，Wilson乃進一步對非西方的各類新興宗教活動做了初步的分類，包括：皈依型、革命型、內向型、操控型、法術型、改革型、烏托邦型（conversionist, revolutionist, introversionists, manipulationists, thaumaturgical, reformist, utopian）等等，更詳細的討論可以參考丁仁傑（2013：498-507）。

　　Wilson的模型有助於我們觀察世界觀的不同所產生的不同宗教組織型態，很適合作為考察新興宗教發展內在邏輯的一個基本對照框架。

四、新興宗教研究背後的主要理論關懷

研究新興宗教，背後出於宗教社會學研究領域裡幾個相當重要的理論性關懷：

（一）「實質理性」（substantive rationality）和「形式理性」（formal rationality）之間複雜關係的探討（Hervieu-Léger, 1998: 28-29）：引申 M. Weber 的討論框架，宗教似乎應被歸類為是「實質理性」，科技應被歸類為是「形式理性」，這兩種力量在現代世界裡的交會會有什麼結果？雖然事實上我們知道，科技不是單純的「形式理性」，科技背後仍會有其「實質理性」的基礎。不過，不論如何，當「形式理性」過度發展，而缺少了「實質理性」的內容時，人類處境會如何？這的確是一個重要的理論性議題。人類會完全被科技宰制嗎？還是人類會重新去尋找社會基礎裡已漸漸流失的「實質理性」？新興宗教研究也許可以幫助我們考察當代社會裡「實質理性」和「形式理性」之間的關係和變化。

（二）宗教場域的變化和各類信仰的蓬勃發展（Hervieu-Léger, 1998: 30-31）：就現代性跟宗教的關係，也許現代性不是消滅宗教，而是創造新的意義追求的形式，這新的意義追求的形式也許不會發生在現代社會裡的邊陲地帶，反而是會發生在現代社會裡的核心地帶。歐美的新興宗教往往發生在社會的中上階層、高教育程度者、專業階層、醫療人士、科技人士和老師等類人的身上，有這些人口學特徵的人，往往是新興宗教最大的購買群，顯現現代性和宗教之間一方面可以並存，一方面也有一種互相補充的關係。傳統的意義框架被現代性挑戰了以後，新的意義體系能夠更適應於這個高速變動的社會，但它仍然和宗教高度相

關。考察新興宗教正是在考察當代宗教場域的變化以及各類新興意義體系的性質。

（三）現代性的區域性差異問題：很多研究發現，世俗化的過程在各地區差異很大，以歐洲來說，長期以來真的看到了一個世俗化的發展趨勢，在其主流社會裡，上教堂的人數的確急速下降，而很多來自東方的術數則開始廣為流行，並產生新的地方性實踐，在歐洲很多國家例如義大利、法國都看到這個趨勢。可是在美國，這種長期世俗化的趨勢就沒有出現，反而隨著二次戰後嬰兒潮的成長經驗，宗教愈來愈活絡，新教堂一直興建，教會學校也一直增加，即使說確實有不太上教堂的現象，但宗教信徒的人數卻反而增加了，查看美國的宗教普查資料，發現每個團體的參與人數下降了，但總合起來的總教會成員人數卻是增加的。有研究（Sasaki and Suzuki, 1987）比較歐洲、美國和日本三個地區的世俗化現象，結果發現在歐洲確實發生某種長期性的世俗化，在美國則僅能說是某種中長程的波動，有著起起伏伏的現象，但是日本的資料則顯示其宗教發展並不曾顯現出衰落的跡象。不過方法論上Sasaki與Suzuki也強調，不同地區應以不同指標來測量宗教的興衰，像是在日本，就不能用上教堂或去會所的方式來測量，而是用宗教身分和宗派歸屬來判斷。整體看起來，在遵循各自的國情之後再去比較各地區的世俗化發展，有些區域確實發生長期的世俗化，有些區域則只是中長程的波動，有些區域宗教發展則根本不受世俗化過程（如都市化、教育普及等）的影響。新興宗教現象的考察，有助於觀察一個地區面臨世俗化過程的各種中長程的社會與文化反應。

（四）當傳統宗教制度沒有辦法再控制住個人的行動和信仰的時候，個人開始自由地去採借一些象徵、符碼（symbols）或指

涉（references），以來創造自己的信仰意義（symbolic pool），於是宗教復興的本身，很有可能是現代性發展邏輯本身的一部分，而不是去挑戰現代性，這背後的理論性議題顯然需要新的概念去加以解釋。進一步來說，我們需要重新思考宗教的定義。過去認為宗教是一種神聖與救贖，但事實上每一個世界宗教和每一個社會都有不同的定義。此外，由傳統社會到現代社會，宗教這個意義系統有沒有什麼差異？例如愛國主義是不是宗教？宗教的形式是什麼？現代宗教的形式裡，超越性的座標有所改變，不見得是神聖的彼岸，像是陳淑娟（2007）的研究就提到，台灣「新時代運動」信眾所追求的是個人的轉化，而非終極性的救贖，「新時代運動」是不是帶來了一種新的宗教形式？當不再有統一的教會的形式去定義救贖的時候，宗教場域中可能會出現新的變化？或者也有可能有所謂「世俗性的宗教性」存在？「宗教」也許只是一個「隱喻」（metaphor）（Hervieu-Léger, 1998: 38-39），不完全限定在超自然層面？如果我們要去了解當代宗教與傳統宗教的區別，以及宗教滲透、蔓延和擴張的現象，宗教定義的問題必須被重新拿出來加以反省，討論新興宗教，將有助於我們重新省思宗教定義的問題。

五、台灣新興宗教發展的時空背景

　　台灣新興宗教發展顯然有自身長遠的文化與社會背景。以歐美來說，是從1512年馬丁路德宗教改革以後，才掀開了更為劇烈宗教分裂與創立的序幕的開展。在中國，民間產生的教派分離性的導向則起源得相當早，由明成化至正德年間羅清創立了無為教（1482年）起，以無生老母為救贖之母，並有獨立的教義，這在

漢人宗教發展史上有著劃時代的意義，因為當地方能夠自組教團，漸漸擺脫為官方所承認的佛道兩教的牽制，並能打破教派間的界線，和破除出家人神聖權威的壟斷，將特別有助於新興教團的出現。

　　大致上15、16世紀開始，正統宗教權威的壟斷，在西方或東方都受到打擊，傳統的宗教團體或專職人員慢慢無法壟斷神聖的權威，這時就有可能更廣泛出現新興宗教這樣的發展趨勢。

　　正統宗教權威一旦受到挑戰，我稱此為「媒介性救贖模式的打破」（丁仁傑，2004：238），也就是平信徒不再需要透過神職人員的轉介來獲得救贖，其結果和反應是連鎖性的。像是從馬丁路德開始反對天主教之後，後面會有接二連三的反對者出現，產生連鎖性的反應，路德教本身也會面臨新的反對者。到了現代社會，這些反應又更激烈了，歷史長期下來，其實有一個一脈相傳的演變。

　　在漢人社會裡，出於印刷術的出現與普及、民眾書寫與閱讀能力的增加和民間經濟能力的提升等，自唐朝以後各宗教的發展就開始了民間化的道路，「媒介性救贖模式的打破」也早在許多教團中發生。宋明理學興起後，文化思想的下放，讓平民百姓日用民生的層次，也被賦予了道氣而充滿正當性，許多宗教團體有可能透過扶鸞的方式來創造自己的經典，甚至去批判或對抗佛教。明朝中葉以後已經開始有大量新興教派的活動，例如羅教、無為教、大乘教、八卦教等，但因為政府一直持續打壓，所以在地方性脈絡中教派名詞一直經常變化。這些教派有自己的經書，自己的祕密儀式，平常只是一般性的宗教聚會活動，可是在政權出現矛盾或民不聊生的時候，往往有可能演變為革命性的運動。

　　民間教派有教義的融合，能創造自己的經典，也會產生出自

己內部的階層。這個階層的產生，有的是根據個人傳教的成果，有的是根據修行的程度和年限，有的是根據捐獻的程度。又如經典的印製，仿照佛教經書的形式，這些民間教派團體可以印出非常精美漂亮的經典而廣為流通。相較之下，在西方，只有一本主要的經典聖經，但在漢人文化圈裡，各類扶鸞善書有可能變成聖經，突破了神聖的壟斷權。

　　不同民間教派的背後通常有其依循的獨立傳承，一般來講，明清以後這些教派或多或少都與白蓮教有著教義與師承網絡上的關連性。在這種關連性下，Naquin（1985）還注意到，為了適應不同的地理與政治環境，在18世紀至19世紀初期的中國，民間教派逐漸發展出兩種不同的基本型態，前者是所謂的「念經型」（sutra-recitation sects），後者是所謂的「打坐型」（meditational sects），前者有較具體而活躍的經常性聚會，其中經典誦念常是聚會活動中最重要的部分；而後者結構鬆散，以打坐和練功為主。這兩者在經典運用、口述傳播、儀式、組織結構、成員社會背景，和與一般俗民民間信仰間的關係等特質上皆有所差異。基本上，「念經型」教派，屬於民間虔誠性修行傳統的一部分，佛教長期以來就有一些虔誠的在家眾食齋念經，並常聚在一起相互支持以增強修行的效果，他們有時甚至禁絕自身的性生活以來模擬一種出家的情境，這種趨勢在民間教派中逐漸有了類似性的發展。這類教派的出現是民眾宗教虔誠性的自發性表現，信眾宗教生活於是已經與一般民間信仰間有所區隔，並加入了有別於民間信仰的神明來加以崇拜。信眾有定期聚會，彼此有一定的互動關係，聚會時不外是虔敬念經和共享齋飯。許多信徒漸具有專業宗教人士的水平，可自行舉行儀式，甚至可為他人舉行喪葬禮儀。而因為虔誠行為本身常也代表更多功德的累積以及更大靈力的獲

得，況且又加上在漢人世界中美好的彼世與健康長壽的此世常是可以同時來加以追求的，這些因素的配合當然也就增廣了「念經型」教派的社會吸引力。Naquin 所說的「打坐型」教派，其內部活動除了打坐外還包括武術、氣功、醫療等等，它較前者出現得晚，信徒多為中國北方識字不多的農民，組織結構鬆散，內部橫向的互動較少而以直線的師徒關係為主，通常並沒有固定聚會時間和場所，亦無固定經典，不會特別強調素食，而較強調打坐、運氣或練功等對於身體和延長壽命上的效驗，而這些修練常被認為是人類與自然及超自然界間達成平衡性的一種修持。教主通常被相信有特殊的能力和出身，個人的參與教團常被認為是與有著終極救贖性功能的神明有了直接連結。為了有助於打坐或練功，有時教內也存在著字數不多的祕密咒語來讓信徒持誦。教團要求信徒應在日常生活中有良好的行為（根據儒家的仁義禮智信或是佛教的慈悲等），這被認為是行善，可帶來功德並有助於個人解脫。平日教團對於教義的實質討論不多，而把重點擺在打坐與持咒上，除了打坐的程序以外，其他的儀式過程有簡單化的趨勢。這類教團以打坐技術與咒語的傳授為主，參與教團主要的目的也就是在學習這些內容，信徒相信這些內容可以有助於此世身心的增長，也有助於達成未來的解脫。Naquin 所舉的例子，屬於「念經型」的教團有羅教、紅陽教，屬於「打坐型」的教團有八卦教。這兩種類型間最主要的區別在於救贖工具的差異上，「念經型」教團強調文字經典的傳遞及其與「既成宗教」傳統的連續性，入教有一定程度上的基本要求，信徒的生活在某些層面上模擬著出家人的戒律形式但卻又加以適當地簡單化，信徒的參與乃是民間宗教虔敬行為的高度表現。而出於共同的宗教追求，信徒間的橫向連結一般而言也較為緊密。「打坐型」教團所強調的則

並非個人的虔敬面向，而是救贖工具的方便與立即見效，尤其是在個人體驗、醫療與身心健康方面等的效果上。宗教傳承的連續性主要反映在師父（也就是教主）與法脈或是某種功法武術間的嫡系傳承上，而非經由文字經典的傳承來決定，信徒的參與不需經典的研讀也不需教義的嫻熟，事實上教義本身形式上也是相對簡單，通常只包含打坐、氣功或武術的方法，和簡易咒語的誦念，這種簡易性於是使其可以吸收大批知識與宗教背景較貧乏的農民。

筆者（2001）在一篇研討會論文中曾對「清海無上師世界會」信徒的自我敘述來加以分析，而發現，傳統社會中這種二分法式的宗教參與模式，到了當代台灣社會，二者間的界限已經顯得很模糊，對信徒來說，往往同時重視身體感應也重視教義內涵，也就是方法的簡易與否已不是區別修行模式的主要理由，這和印刷術的普及與民眾教育程度提高等因素間應該都很有關係。

討論到這裡，我們先停頓一下，而先直接跳躍到二次戰後的國民黨威權時代。解嚴以前，國家基本上是不許可新興宗教的創立，但對於宗教卻不是採取完全禁絕的態度。相對於共產黨的無神論和大陸所發動的文化大革命，國民黨刻意要樹立自己文化正統的地位，乃以傳統中華文化的代言人自居，它適度保留了地方宗教活動的自主性，並對其中有助於政權正當性維繫的部分予以承認，這種作法，在地方層次已提供了傳統漢人宗教文化繼續得以保持活絡的環境。

當時，對於某些大陸遷台的官員或民意代表，國民黨也會特許其成立一些新興宗教團體，以維繫某種宗教自由的形象，例如天德教、天帝教、軒轅教等都是這種情形。而一貫道雖然被稱為是非法團體，但其實不少黨政官員也信仰它，國民黨曾幾次加以

鎮壓和動員媒體加以攻擊，但嚴格講起來，都還只是間歇性的掃蕩（宋光宇，1983：9-10），並不是長期持續性的鎮壓，某種程度還能默許其在地方上的存在，甚至後來當國民黨與黨外競爭激烈時，國民黨還要透過一貫道來交換選票（宋光宇，1983：39-42），這也有助於一貫道在1986年正式取得合法的法律地位。

　　國民黨統治結構在1970年代以後開始鬆動，原本受到監控的教派團體逐漸開始大幅成長，新的教派團體也陸續出現，傳統民間信仰亦出現由地方到全國性的發展。1980年代初期開始，新興的宗教發展趨勢已受到不少學者的注意和研究，當時廣被注意到的宗教團體，在教派方面有一貫道、天德教、天帝教、弘化院、太原靈教、軒轅教等；在民間信仰方面有十八王公廟的熱潮；介於教派與民間信仰之間的則有行天宮、慈惠堂和鸞堂的蓬勃發展等；此外基督教方面亦開始出現如新約教會和聚會所等本土性教會的發展[5]。

5　在這一個時期，威權統治結構中，歧異多樣且具有挑戰主流權威正當性的宗教團體，吸引了學者的注意。1980年代中期，出身於長老教會的學者董芳苑注意到了當時台灣新興宗教活動的充滿活力及其中與民間宗教文化相接軌的部分，他並歸納了六點解釋當時台灣新興宗教發展的原因：社會危機的影響、民族意識的激發、現世安逸的嚮往、原有宗教的反動、來世極樂的期望、宗教天才的發明等（董芳苑，1986：205-227）；帶有自由主義思想的社會學家瞿海源，由長老教會與一貫道等議題出發，關心政治迫害中的宗教自由的問題，同時他也嘗試由本土性宗教環境裡，去討論台灣新興宗教可能有別於西方社會新興宗教的特殊屬性：一、全區域，二、悸動性，三、靈驗性，四、傳播性，五、信徒取向，六、入世性，七、再創性與復振性等（瞿海源，1989：234-239）。人類學家李亦園對傳統漢人儒家文化框限下的帶有較濃厚道德意涵的宗教活動比較認同，而把新興宗教看作是脫離於傳統文化約束的巫術化與商業化的過度發展（李亦園，1983）。鄭志明（1998a，1998b，1999，2000）對各種教派活動陸續從事田野調查，對其教義與組織層

　　1987年台灣解除戒嚴，在這之後人民團體可以自由成立，各種原本就活絡發展的民間宗教活動，可以以教團方式在全國各地出現，驟然之間新興宗教團體得以公開發展，在各種原來僅以搭配國民黨統治結構而存在的中國佛教會和中國道教會等宗教團體的背景中，新興宗教團體顯得更為活躍和具有更強的動員能力。而在威權社會解構、工商業社會裡傳統道德秩序崩解、都市生活出現新型態，和民眾亟需要在日常生活中重新建立生活秩序感與意義感等情況中，透過口耳相傳以及宗教團體的大型造勢，以個別人物為中心，出現了幾個中大型新興教團，主要以教主言論與教主神通力的展演為核心，建構新的經典，產生自身獨有的動員管道與組織運作模式，並運用各種媒體形式來進行傳播和建立公共形象，這在1980年代末至1990年代初之間，造成了堪稱台灣所出現過的最集中和最為鮮明的一波新興宗教熱潮，其中活躍的團體有：清海無上師世界會、真佛宗、印心禪學會、宋七力顯相協會、太極門等等；另外在佛教陣營裡，以類似的活動模式與組織型態，也在同時間產生數個教團的快速成長，包括：佛光山教團、慈濟功德會、法鼓山、中台禪寺等，不僅宗教的入世路線愈益鮮明，刻意以社會慈善與服務來拉近與信徒的距離，宗教所採取的宣傳與組織手段也愈益靈活，不再消極被動，同時在家眾與出家眾間的關係重新組合統整，教團內的權力關係也有所改變。

　　面提供文獻資料，並將各種教派活動與傳統漢人民間的儒家傳統和三教合一傳統相扣連在一起。這一時期的研究中，瞿海源（1989）曾使用「新興宗教現象」這個名詞，試圖較中性的涵蓋隨著工商業社會出現，和政府威權鬆動中所出現的各種新興宗教活動，後來這個名詞已廣為台灣學界所共同使用，但概念指涉的具體界線在哪裡並沒有得到共識。

　　雖然仍需要更多歷史性的佐證與說明，但我們大致上可以這樣說，漢人歷史中，傳統政治治理模式對於宗教場域的治理，基本上是給予地方性民間信仰適度的自理權，給少數宗教團體有限制性的發展權，但卻又禁止有全國性動員能力的宗教團體的存在。如果這種說法成立的話，那麼這種治理模式，一旦在進入現代國家與現代市民社會的新情境時，將出現極大的政策上的模糊地帶，以及出現各種民間活動與法律間相互理解上的矛盾。一旦宗教團體過為快速成長與膨脹，在整體社會僅是有著相當模糊的宗教自由的想像中，會產生：政治層面的治理與控制、宗教應屬於公共財的民眾期待，和信仰自由的基本人權三個面向之間的嚴重矛盾。1996年，新聞媒體陸續對宋七力、妙天禪師、中台禪寺、清海無上師及太極門等團體進行揭露性的報導，某些則後續進入司法程序，官方開始採取了所謂「宗教掃黑」行動，以加強對宗教事務的行政監督管理，後續並提出「心靈改革」的口號試圖「導正」社會風俗。而政府積極推動「宗教立法」，在各方宗教團體無法取得共識的情況下，始終沒有成功。

六、當代台灣新興宗教場域

　　在西方，當傳統基督教受到挑戰，從路德宗教改革開始，就有各種教團出現開始批判傳統教派的保守或缺少真實生命體驗等，相對地，組織上面的力量被削弱後，過去被壓抑的周邊非基督教的宗教傳統像巫術、禪修、瑜伽等，這些被壓抑的東西就開始如雨後春筍般出現了，而且它們甚至也會學習基督教的組織形式以去自我維繫和擴張。（如圖5-4）

　　漢人的社會情況當然很不同，我們後面實例的說明，也希望

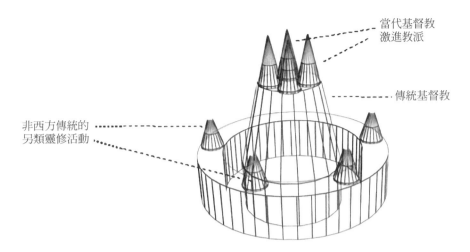

圖5-4　當代西方新興宗教：「當代基督教激進教派」與「非西方傳統的另類靈修活動」

能凸顯出這種差異。放在歷史脈絡中，應該由儒釋道三教開始說起，我們注意到，從一開始，當傳統歷史上講儒釋道三教，各教有非常精緻的部分，但也有相當民間化的東西，儒釋道當然有各自歷史的傳統，但互相影響，到唐朝時三者就交融在一起，主要是從唐太宗李世民開始，採取了三教並重的立場，因為他不希望宗教分立造成政治上的衝突。政治手段上，明太祖朱元璋也是強調三教合一，其背後的目的則是在肯定既存的政治秩序，實際上則是以儒教三綱五常為核心，再輔以嚴密控制中的釋道以暗助王綱（丁仁傑，2004：361-370）。

　　儒教、釋教、道教、民間信仰這四個範疇，大致在唐宋朝時就已各自確立了其基本的形式和內容（Gregory and Ebrey, 1993: 1-45）。在論述唐宋時期的宗教發展時，Gregory 與 Ebrey（1993: 12）稱此為四個不對等（unequal）的傳統，前三者不同於後者的

是有著階層化的制度型態與專業神職人員[6]，及特殊的文字性的經典，並宣稱自身超越了地域性的信仰和宗教活動。不過這四者之間的互動實質上是相當密切的，Zurcher（1980: 146）以金字塔的三角錐體來做類比，其中儒釋道三者各是一個錐體，但彼此間有著共同的基底，愈接近基底的是各宗教尚未與民間信仰間產生分化的部分，也是廣土眾民主要的信仰模式，愈接近錐體的尖峰處則是各宗教專業階層所嫻熟的屬於各宗教所獨有的一面，而錐體尖峰處屬於宗教菁英的部分，與基底處屬於俗民大眾的部分彼此相互流動滲透，有著雙向的交流關係。

　　唐宋以後，中國歷史上出現了「三教合一」的發展趨勢，一開始只是各教間的交流和相互競合，明中葉以後，更跳躍性的產生了融合三教教義卻又不屬於三教之民間教派的蓬勃發展。剛剛提到的羅教，1482年就出現了，它創造出來了無生老母這樣的概念，可以說是民間流通的多方概念間的綜合，也是各教民間化之後重新匯聚而成的一個新的結晶。

　　到了當代，漢人文化脈絡中，新興宗教可以說是在民間教派的基礎上，進而在新的社會條件和需求下，所發生的進一步的新發展。這整個在漢人文化史中宗教發展上所出現的連續性與斷裂性，和西方社會的情況又有所不同，我們嘗試以圖5-5來表示。

　　除了以上的宗教融合的歷史背景，在此同時，還有一個關於民眾宗教信仰邏輯的變化必須被說明。在漢人宗教發展史過程中，我們先不談佛教與道教，而就更廣泛的大眾性宗教信仰來說，有一個由民間信仰到民間教派到新興宗教的既斷裂又連續的

6　就儒教來說，是指在功能上有著類似於神職人員性質的專業宗教人員（Gregory and Ebrey, 1993: 38）。

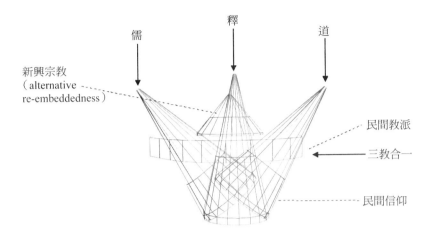

新興宗教
（alternative
re-embeddedness）

儒

釋

道

民間教派

三教合一

民間信仰

圖5-5　當代台灣宗教發展生態：新興宗教和「傳統以三教合一為主的民間教派」間關係密切

發展過程。我們可以參考圖5-6、圖5-7和圖5-8。

　　最簡要來說，傳統地方性的民間信仰，一方面用父系社會的基本原則創造出來了現實社會的秩序，一方面則將在世時未能得到父系社會身分者定義為製造紛亂的鬼，最後，再透過定義出那些完成了「道德上的超越性」的鬼為神，以來克服或驅趕鬼，而最終創造出來了社區的信仰與整合中心。在這個系統裡，人追求死後有人祭拜，人與神之間，也有一種交換互惠性的結盟關係（參考Jordan, 1972），但還談不上追求個人永恆救贖這一方面的道德性考量。

　　但是後來，明朝中葉以後，出現了各種民間教派，它融合了儒釋道三教學說，打破專業宗教階層的壟斷解釋權，而開始產生自身獨立的教義和經典，更發揮了末世論的思想，很快成為民間自組教團的典範。其體系中相當重要的一點就是，經由救贖神的

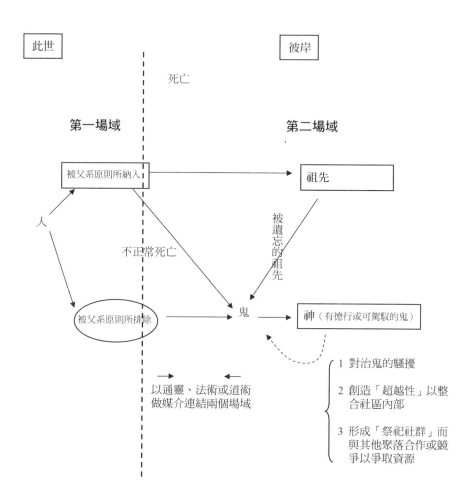

圖5-6　漢人民間信仰體系的基本型態

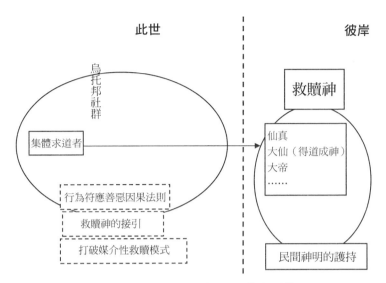

圖5-7 漢人民間教派的基本型態

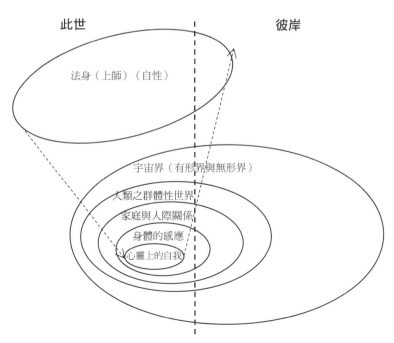

圖5-8 當代台灣漢人新興宗教的基本型態

幫助，在道德性烏托邦社群的範疇內，個人可以憑藉自身行善或道德提升，而得以成仙成聖（丁仁傑，2009a：87-95），不過不管怎麼說，成仙成聖的發生，是在信徒「歸空」以後才出現的。

漢人社會明清以後，民間印刷出版的普及、民眾書寫與閱讀能力的增加和民間經濟能力的提升等，更是造成民間教派的普及化（丁仁傑，2009a：87-95）。民間教派創造出自己的救贖神，信徒並相信個人或家族在教團修行框架下的積德與行功，有可能在彼世得到救贖。不過，漢人社會教派性的宗教活動，長期受到政治的控制與壓抑，在漢人社會裡，大量民間教派，相較於同時期的西歐、日本和印度，較少有機會可以發展到組織規模的成熟階段（參考Overmyer, 1976〔劉心勇等譯，1993〕：76中的說法）。

而台灣1980年代末期解嚴前後，在工業化與都市化發展中，建築在原有民間教派的基礎上（打破專業階層壟斷），開始出現了教義上更強調邏輯性、更重視普遍性救贖概念、對現實日常生活世界加以肯定，以及對個人此世修行所能達成的境界有更高自我期許的各類新興教團（換句話說，此世即可得到救贖，並且悟道的力量可以達於由人際關係到全宇宙等不同層次，而且這種開悟的可能性，是普及於每一位日常生活世界中的俗眾身上的）。這也就是前述所提到的1980年代中期以後台灣所大量出現的各種新興教團。

而當這些新特性，落實在宗教實踐的層次時，比較集中而具體的表現，則是教團中的「教主崇拜」的出現，因為：（一）教主的「絕對權威」使教內其他階層的權威都被相對貶低，反而間接造成信徒間一種更為平等的關係；（二）當神聖權威較密集集中在一個個人身上時，宗教權威更不受既有單一宗教傳統的限

制，而以教主個人具有創造性的言說，和豐富的宗教經驗為出發點，教義論述可以更有彈性地和現存的主流性論述，也就是有更好的基礎來和科學，以及和其他全球性流行的宗教傳統相連結；（三）當宗教權威密集地集中在一個個人身上時，更有助於產生一種超越性的權威，這將能引發出一種能超越文化傳統而具有更大普遍性和可能具有更廣泛之全球連結性的潛能（丁仁傑，2009a：396-402）。

　　然而教主崇拜只是屬於教團操作上的結果，更實質的特點，還反映在各教團獨特的修行法門上，往往會包括下列要點：（一）此世成佛的保證（往往是與真理的直接相映，和採取頓悟的方式）；（二）以現世可驗的實證實相為證據；（三）現實日常生活作為真理「內在性的蘊藏處」。這些教義特徵，不平均地展現在不同的新興教團上（詳後）。

　　總結這些線索，我嘗試畫了一個示意圖（圖5-9），其中右邊圓形區塊可被稱作為新興宗教的「熱區」（hot zone）[7]，這一塊區域是各種歷史與文化力量交織的結果，而促成了當代台灣新興宗教的熱絡發展。

　　圖中上半部是個弧形，A線：也就是西方霸權所產生的同質

7　這個「熱區」的概念，有些類似於Campbell（1972）所說的「宗派氛圍」（cultic milieu）：「在當代西方社會環境中有一種「宗派氛圍」，一種特別有可能產生新興宗派的社會背景與時代氣氛」。觀照台灣，1980年代以後的台灣，似乎也出現了某種類似於「宗派氛圍」般的社會環境，它當然是奠基於與西方不同的文化與社會基礎，但確實也有部分是導因於全球現代性所促成的新的宗教氛圍，我們使用「熱區」的概念，藉由「區塊空間」的想像，希望能更具體指陳出它背後所存在的幾股雖然是有相關性，但歷史來源並不完全相同的彼此相交會在一起的歷史發展進程。

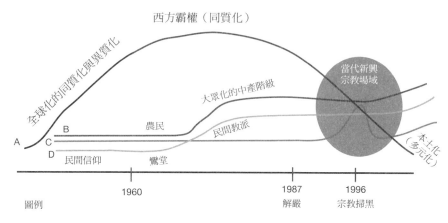

西方霸權（同質化）

全球化的同質化與異質化

大眾化的中產階級

當代新興
宗教場域

A

B

C

D

農民

民間教派

民間信仰

鸞堂

本土化
（多元化）

1960

1987
解嚴

1996
宗教掃黑

圖例

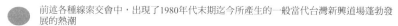

——— A 西方文化霸權的衰弱與本土文化在地球崛起之軌跡

——— B 宗教需求形式的變化：由農民的宗教，演變為中產階級內具有某種大眾化形式的宗教

——— C 供給層面：主要取決於這個社會是否能夠培養出宗教專家或教主以來創立新宗教

——— D 漢人民眾宗教的發展邏輯：以傳統民間信仰與民間教派形式為基礎的傳統漢人宗教，
　　　以此為基礎而會以什麼樣的形式來有所轉化而能跟上時代的新需要，演變歷程為民間
　　　信仰→鸞堂→民間教派→新興宗教

前述各種線索交會中，出現了1980年代末期迄今所產生的一般當代台灣新興道場蓬勃發
展的熱潮

**圖5-9　多重發展趨勢交織中所形成的當代新興宗教發展的熱區（示
意圖）。本圖試圖呈現在現代性與全球化進程中，當代漢人社會所出
現的特別有利於新興宗教蓬勃發展的市場利基點之所在。不過，圖形
中的刻度並沒有比例上的意義，而只是以示意圖的方式，來呈現在進
入台灣新興宗教高峰發展期時（1990年代前後）所發生的各種趨勢
走向相交會的軌跡。**

化的作用，這和本章早先圖5-3中所引用Friedman圖中的曲線是
相同的一條線，這條線的弧度，由左邊到右邊，經過高點，慢慢
延伸下來，非西方力量開始逐漸恢復生機，各地本土文化開始崛
起，西方霸權的衰弱與各地本土力量的崛起互為消長。

　　B線：需求形式的變化，傳統社會是農民的需求形式，即民間信仰中的與神明互惠交換性的形式，現在變成了中產階級的形式（幾個可能出現的特徵：工作倫理融入宗教態度中；普遍性救贖神概念更清楚的浮現；現實日常生活世界的肯定；教義的討論更精細化；個人對自己此世修行所能達成的境界有更高的自我期望等[8]），但又還不是那麼精緻，因為現代化的力量是被推動的，所以是一些都市移民到都市之後，所出現的比較大眾化的中產階級的形式。

　　再來，C線：供給層面的改變，過去除了佛道以外的民間宗教結社也就是民間教派，但是被政治高度壓抑，不能自由進行供給，等到宗教政策開放以後，在高度需求中供給量當然也大幅提升；不過在1996年政府忽然採取宗教掃黑（討論詳後），許多教團受到波及，也影響後續新教團的發展，雖然各教團不少仍繼續有所活動，但活動力已大幅減縮，這造成供給曲線的下掉，要數年後才能開始慢慢再回升。供給曲線到底下滑多少當然還需要實際數據的檢測，但我們可以示意的方式，以較劇烈下滑的坡度，來反映出宗教市場當時所可能出現的一種變化情況。

　　D線：是民眾宗教的發展邏輯的變化，我們前面已經提到，從民間信仰到扶鸞的形式，宗教行為上有較細膩的東西出現，接著是民間教派，慢慢地，又有新興宗教的形式出現，信徒對自己的修行更有信心，而且修行的法門更細膩，上師和信徒在互動上會更自由，這整個是站在漢人民眾宗教發展邏輯上的一個變化。

　　如果接受我們前述的推論，那麼我們可以說，不同的社會力

8　這些特徵的描繪，主要是參考Weber對於中產階級者宗教性格的描繪，參考Weber（1963: 97-99）。

量，大概在1985年左右開始交織在一起，一直到現在，需求和供給的曲線將來可能還會再上升，因為經過1996年政府的宗教掃黑，與媒體對於新興宗教的大量負面報導後，壓抑了供給，但民眾的實質需求可能還大過於目前的供給，因此供給層面可能還會有發展空間。只是在未來，可能宗教組織的型態還會有所改變，過去台灣解嚴前後興起的宗教組織，剛好替代傳統權威的崩潰，像清海教團、妙天等教團等，很容易發展成規模較為龐大的新興宗教團體；而當現代社會愈來愈趨於個人主義化，像藏傳佛教或氣功這類規模較小的修行團體，其形式可能會愈趨於普及化。

七、幾個台灣新興教團的舉例說明

　　如前所述，教主崇拜只是屬於教團操作上的結果，更實質的特點，還反映在各教團獨特的修行法門上，往往包括以下要點：（一）此世成佛的保證（往往是與真理的直接相映，和採取頓悟的方式）；（二）現世可驗的實證實相為證據；（三）現實日常生活作為真理「內在性的蘊藏處」。這些教義特徵，不平均地展現在不同的新興教團上。以下，我將簡要回顧幾個1980年代中期開始發展至今，在台灣最具有社會影響力，但也引發了諸多社會爭議的代表性的新興教團，教團的選擇，除了希望能考慮到各面向的均衡呈現以外，一方面是因為各教團所曾吸引到的信徒人數確實都相當可觀，而具有某種代表性；一方面也是因為這幾個教團經常被媒體界視為是台灣當代新興教團的主要代表，但卻又最被加以汙名化，在這種情形下，本章刻意選擇這些教團作說明，是希望在透過本章的說明後，更能夠凸顯出外界對於新興宗教，因採取過度輕忽的態度而忽略了其實質所具有的內在可信性（丁仁

傑，2014c）。在這些考慮下，五個教團的選擇，希望能同時具有相當的代表性和方法論上的策略性。限於篇幅，以下的回顧相當簡短，是以能有助於達成本章分析上的目的為主，回顧中將主要對焦在各教團的修行法門，這也是過去研究中所不曾被深入揭露過的面向。

清海無上師世界會：透過觀音法門進入更高的宇宙空間

　　1986年創立，它使用了印度瑜伽的修行方法，並成功賦予其漢人社會中的新面貌。該教團教義核心被稱為是：觀音法門。觀音法門包含「觀音」與「觀光」兩部分，分別以向內觀視「光」和觀聽「音」的兩種打坐方法，來試圖與假設存在之宇宙源頭的

照片5-1　清海無上師世界會，以向內觀視「光」和觀聽「音」的兩種打坐方法，來追尋超越性神祕體驗的修行法門。照片為2011年5月該教團舉辦大型活動時的活動看版。

光流和音流相連接，教法中並傳授五個咒語來保障信徒有可能在打坐中自由穿梭於五個不同的宇宙空間，其背後以一套「音流的物質構成論」和「層級式的宇宙論」為論述基礎，其起源則是印度北部19世紀以來已經普遍流行的「音流瑜伽」（Surat Shabd Yoga）。

參與清海教團的信徒，必須經過祕密儀式「印心」，平日在進行「觀音」靜坐時，不得讓非信徒觀見其打坐方式，信徒並被要求每天至少要打坐兩個半小時，並嚴格遵守五戒，包括吃全素。「觀音法門」背後帶有印度瑜伽思想中強烈的「人神合一」色彩，這一點和其打坐法門中較易感受到的「神祕體驗」，一方面可能與台灣民間重視神通感應的文化相連結，一方面也提供給都會不屬於傳統社區的人更直接簡易的靈修管道（丁仁傑，2004：第五章）。

宋七力顯相協會：相信分身照片的真實性

以開悟境界為理想，並透過大量「分身」相片為宗教物件。參與者的目的，在追求屬於自性光明的神祕境界，這個神祕境界的達成，也就是開悟，將會以「分身之實體出現」的方式讓信徒得到印證，因此，讚嘆法身的圓滿和分身的殊勝，成為該教團活動的核心形式。

基督教耶穌的復活，強調聖靈重生，佛經《華嚴經》、《法華經》與《維摩詰經》中則大量記載所謂「真實法相」裡的美好世界，這些都成為宋七力教團的理論基礎。教義中認為個人達到開悟境界後，法身俱足，將自然流露出「分身」。個人法身所在是「本尊」。個人悟道後，「分身」有可能在自己不知情的情況下出現在任何地方。如果個人能有自覺地引領「分身」在某些空間中

照片 5-2　法身宗，又稱宋七力顯像學會，以教主「分身相片」為宗教物件來表達開悟者能遍在於宇宙中的殊勝狀態。照片為該教團廣為流通的宋七力分身照片之一例，翻拍自宋七力（2010：172）。

出現，這即是個人心智力大幅增長的徵兆。一般人看不到「分身」，只有覺知開悟者能看到，但是有時照相則能照出「分身」。更有趣的是，「分身」，不只是一個「相」，而是可以有溫度、能對談、可觸及的「實體」，因此有可能會出現那種「本尊」與「自己的分身」相互在一起喝茶的情況。相信「分身」照片的真實性，並且個人也追求「分身」境界的出現（也就是個人法身已進入永恆不朽的狀態），是該團體的核心信念（宋七力，2010）。

台灣禪宗佛教會（印心禪學會）：將身體的色身，轉化成法體

妙天以「在家身分」的禪宗第85代宗師出現。作為一個新興教派，印心禪學會結合了禪宗的立足點和道家身體修練的方法。更具體來說，也就是以「教外別傳」的立足點，創造出了既能打破出家形式，又能夠直接進入禪定境界的許諾，並且配合道家氣

功與密宗心輪的觀想，而達成了一個新的整合性且有次第的修行體系。「印心禪法」是這個體系的名稱，「印心」，表示了這是能打破表象，超越文字，而且只要個人身心禪定到達某一境界，就能與法性（或是師父、自性）直接相應而獲得的「心法」。因此「印心」所表達的同時是：開悟的境界、既遵循程序又直通本質的方法，和出於是法脈之所在而所具有的獨特且唯一的加持力等三重意義。

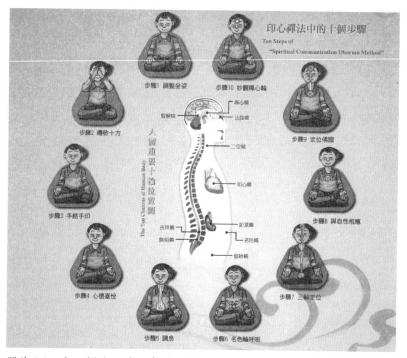

照片 5-3　印心禪法，透過身體肉身的媒介，而在進入禪定時，直接通達清淨的狀態，並進入法身的超越性。照片翻拍自「中研院民族所博物館新興宗教展示區」內展示圖版中，所呈現出來的印心禪法的主要內涵（原始來源：來自於該教團教內各種宣傳品的一個綜合）。

　　印心禪法的修習過程是以禪坐與觀想為手段，目的則在追求超越表面形式直通本質式的頓悟經驗。最主要的禪坐方法是關於身體十輪的觀想與導引，而淨化每一個輪中所帶有的業障，所謂的「將身體的色身，轉化成法體」，便能達成身體與心靈隨時處在禪定清淨狀態下法身具足的狀態，並能超越時空限制。以貫注身體十輪為內涵的禪坐，分為三個主要階段：初轉法輪、三心定位、法輪常轉。其中初轉法輪中的以「名色輪」（臍輪）呼吸，讓生命與先天之氣相聯結，是「初轉法輪」中最關鍵的一個環節（妙天，2004）。

佛乘宗：由經驗瀰漫貫穿世間的法性中直接進入開悟的狀態

　　1980年代末期由緣道（羅雷）成立的新興宗派。1993年羅雷過世前後，這個團體已成為至少四個分立的教派。修行法門強調由經驗瀰漫貫穿世間的法性中直接進入開悟的狀態，這裡面同時包括了幾項原則：打破身心二元或心物二元，而創造出神祕主義式的一體性與一元性；實修實證這個一體性或一元性後將進入開悟的狀態。具體來說，如緣道在〈佛乘宗法要序〉文中第一句所述：佛乘宗為頓入大自在實相理體，圓證一心，即生肉身成佛之圓頓法門。這一個基本原則，其所產生的社會性意義：（一）更徹底地打破了宗教身分的階序；（二）日常生活成為瀰漫著神祕主義氣息的了悟過程；（三）宗教修行的效用立即可以證實，而且是出自於自行流露，不需借重任何外力。

　　教團中強調「十大一如」的綱目：「大自在王佛為眾生佛性之本元，諸佛法身之總理體，統物理界、精神界之一如，法界萬有皆由之變異生化而然，其身心體、相、智、德、理、事、能、用、時、空之十大一如，與法界同一理量。」這是一種打破心物

照片 5-4 佛乘宗揭櫫「十大一如」的綱目，將宇宙界各面向統合在能打破「二元主義」的神祕性的總體掌握中，其結晶則是反映在該宗所尊崇的法身佛化身「大自在王佛」之形象上，照片中為「中研院民族所博物館新興宗教展示區」中所陳列的「大自在王佛」佛像。

二元的神祕主義式的總體掌握。實際修行的方式，有屬於心理層面的「八大加行」（加行〔preparation〕）和屬於生理層面的「九段禪功」兩個部分。簡言之，該法門相信有效操持教內傳授的方法，可以改變身體與心理經驗，而在現世進入悟道的喜悅與超能力（善性，2008）。

真佛宗：民間信仰的多神崇拜、淨土宗成佛的許諾和密宗的與本尊相應而成就

這是盧勝彥比照西藏密宗制度而建立教主宗教權威與修行次第的一個本土新興教團。真佛宗自身定位為佛教密宗，並採取了一種更為普及化和簡易的參與形式（可以隔空皈依）。1975年開始，盧勝彥開始寫作有關於靈魂性質和宗教修行法門的書籍，1982年開始自立宗派，以密宗法門（其中以密宗「四加行」法為

照片5-5　真佛宗，比照西藏密宗的修行儀軌來進行修持，而以蓮花童子作為修持的根本傳承上師。本照片攝自「中研院民族所博物館新興宗教展示區」中所陳列的「真佛宗法壇」，由真佛宗教內的上師所擺設。

日常基本功課；進階則接受灌頂和修習更高階的密宗法門）為主要修持依據。在真佛宗中，「法」，也就是「儀軌」，既是召請神明相助而產生靈驗效果的儀式性行為，也是身心自我調整的一種瑜伽修練。在其種類繁多的法中，最核心的是「上師相應法」──以觀想與供養根本傳承上師（蓮花童子，其化身也就是蓮生活佛盧勝彥），來作為自我成就的一種法門。簡言之，這些法在形式上同時包含民間信仰的神明崇拜、淨土宗（蓮生童子將會接引信徒到西方極樂世界）以及密宗（透過與宇宙佛力間的感應來即身自我成就）的多重特色（丁仁傑，2004：附錄三）。

　　以上，初步總結來說，類似圖5-8所呈現的，這幾個教團背後都預設了：修行過程中，個人可能直接與「法身」或「自性」或「上師」（上師就是「法身」與「自性」的代表）相應，而得以產生現世開悟的狀態，並得以體驗超越現世與彼世的一種無所

不在的「非二元性」（non-duality，東方宗教思想界定下的當下的圓滿）。不過各教團以不同方式具象化了這個過程的內涵，如清海教團強調禪坐中的實證；宋七力教團強調開悟者所能看到的法相化身的真實；妙天教團強調：打破名相，直通本質式的頓悟；佛乘宗強調：殊相與總相的統一，以及「生機性的」「內在無處不在性」之「非二元性」；真佛宗則是一種將民間信仰與密宗「即身成佛」修行法門的聯結。我們嘗試以表5-1來表達各修行法門之間的異同。

表5-1 台灣五個新興教團修行法門的相似性與分殊差異性

各教團背後基本關懷上的相似性：
各教團以特定方式來體驗一種「無所不在」的「非二元性」（non-duality），並以這種特定方式作為主要的修練依據。

清海無上師世界會	強調實證（重個人身體實際驗證）
宋七力顯相協會	強調實相（相信開悟後產生具體分身相片的證據）
台灣禪宗佛教會	打破名相，直通本質，頓悟（重頓悟性的身體感應）
佛乘宗	強調殊相與總相的統一，以及「無處不在」之「非二元性」所具有的一種生機蓬勃的性質（重個人與外界宇宙十方的匯通與感應）
真佛宗	民間信仰與密宗「即身成佛」修行法門的聯結（重神佛護佑、以身體與宇宙神力的相應為法門）

在各個教團背後，我們看到它們與漢人傳統民間信仰（重感應靈驗）和道教內丹（身體氣脈的修練），以及和佛教密宗（即身成佛）、禪宗（頓悟）、甚至於是華嚴天台思想（念念中有大千世界、大千世界與個人相融）等之間的密切關係，這也是進入現代工商業社會舞臺後，在新的供需形式變化中，以及漢人既有的內在宗教發展邏輯的基礎上，各教團領導人試圖將傳統宗教法門

加以普及化以後，所出現的當代台灣宗教市場中新興教團極為蓬勃發展的一個實況。這一部分可以參考圖5-10。

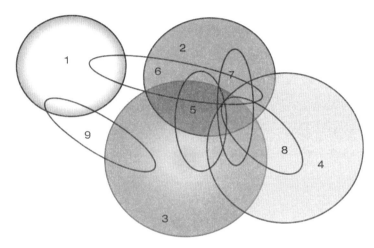

1.民間信仰：對治鬼的騷擾，與保護神結盟，超渡祖先
2.禪宗法門：反規則，直通本質，頓悟
3.密宗法門：親身修證，即身成佛
4.天台、華嚴神祕主義：殊相與總相的合一，宇宙內無所不在的「非二元性」
5.清海無上師：實證
6.宋七力顯相協會：實相
7.妙天印心禪學會：心法相印，直通本質
8.佛乘宗：「內在性／非二元性」的生機化
9.盧勝彥真佛宗：民間信仰中加入密宗修行體系

圖5-10　本圖呈現各教團修行法門與傳統宗教修行方式（民間信仰、禪宗、密宗與天台華嚴神祕主義）之間的某種關係。也就是每一個新興教團事實上都綜合了幾種傳統宗教修行方式，這些傳統方式如民間信仰的與神明結盟和追求靈驗、禪宗的直通本質與反對僵化的規則、密宗的親身修證和即身成佛、天台華嚴思想的強調宇宙與個體間在神祕境界上的統合等。各教團統合這些傳統方法後而又各有所強調，本示意圖嘗試表達出這種修行法門上的綜合性，以及新興教團與傳統宗教間的連續性。

　　總結來說，各教團對於個人此世能夠獲致修行成就的許諾或期望，經由教主的展演，與修行體驗的分享，而讓三者：信徒對修行方法所產生的信心、教主的權威與集體服從性的氛圍，產生了某種相互增強的關係。這種相互增強性，也在與傳統宗教修行法門相銜接的修辭中，具有了一種歷史的與集體性的有效性。

八、結語

　　本章提供了一個有關當代靈性場域在台灣興起的理論與經驗性的考察，經由對台灣新興宗教與新「宗教性」變遷的文獻回顧，我嘗試將社會學的新興宗教研究文獻，與漢人社會的歷史文化和當代台灣政治經濟發展背景脈絡相結合，並以五個 1990 年代在台灣興盛發展的新興教團為背景，觀察靈性資本在當代的累積、交換與可做公開展示的新現象。

　　在第五章中我們發現，各教團對於個人此世能夠獲致修行成就的許諾或期望，經由教主的展演，與修行體驗的分享，使得「信徒對修行方法所產生的信心」、「教主的權威」、「集體服從性的氛圍」，產生了某種相互增強的關係。這種相互增強性，也在與傳統宗教修行法門彼此銜接的修辭中，具有了歷史性與集體性。

　　簡言之，過去，在漢人世界的民眾生活裡，特殊的修行方法與集體性的修行經驗，以一種模糊的靈性資源的想像，被涵蓋在宗教神通或靈驗，以及具有公眾服務情操等的屬性裡而被社會大眾所理解，但不是以靈性本身而被認可或承認。進入當代，靈性資源，那種通常是經由地方社會網絡、佛教、道教和民間信仰中所界定出來的超越性，慢慢出現了超出各方來源的超越性的基

礎，並融合科學性的語言，成為大眾社會中可被辨認的靈性資本的形式。在這種形式裡，民眾宗教權威，以具有豐富靈性資本的形式而展演。其功能，由傳統社會可以超越父權限制的救贖者與救贖提供者的面貌，已愈來愈導向於資本主義都市新生活裡，有助於成員適應現代社會的真理與方法的提供者。

第六章

成為高付出需求機構

日月明功中的成長追尋與情感依附

一、前言

本章是一個有關於日月明功的個案研究。本章試圖要去說明，一個原本出於正向成長為目標的社會團體，成員間已漸形成場域內靈性資本累積的規則，建築在既有的象徵資本的前提上，領導者也被賦與了極大的靈性資本的認可。但是，經過了一些非預期性的組織發展歷程，這個團體對學員個人參與的要求，愈來愈具有了獨占性，甚至於這種獨占性，最後竟非預期性愈來愈侵害到個人自主性的保持。透過本章中的案例，我們也將開始思考，在基層民間，克里斯瑪領導者的出現與擴張背後之微觀動員的歷程，以及其對於成員所代表的實質性意義。

本章中為了幫助說明，我們也借用了德裔美籍社會學家 Lewis Coser（1974）一個較少被人引用過的社會學概念「高付出需求機構」（greedy institution），並以有限但是現象呈現上大致相當一致的資料，透過組織層面和參與者心理層面來說明有關議題。

日月明功案是2013年發生在台灣彰化的一件震驚社會的社會事件。2013年6月，詹姓婦女在一個團體內部，以管教與戒毒的名義，和其他成員一起將自己的小孩詹生毆打和拘禁致死。此案在2013年年底經媒體廣泛報導和社會大眾關注。歷經一年審理，2014年12月9日彰化地方法院宣判，八名被告，依傷害與私行拘禁致人於死罪，該團體領導人陳巧明重判13年，詹母判4年6個月，其他六名參與者也被判處6個月到4年不等的重刑。2015年8月27日台灣高等法院二審改判，罪名均改為私行拘禁致人於死罪，陳巧明與詹母刑期不變，其他被告則有加重者也有減輕者。2016年3月10日，最高法院三審定讞，基本上維持二審判決。

　　這個案子中，有許多引發爭議的地方：發生地點彰化和美默園，是台灣近代大文豪陳虛谷所建的莊園，教主陳巧明則是他的孫女；日月明功中的參與者不乏建築師、工程師和高中老師；參與凌虐詹生的幾位高中老師中竟有多位是清水高中輔導老師；而死者媽媽也是涉案的重要被告，這又涉及管教的合理界線何在？以及為什麼媽媽會完全採用團體內的管理方式而無其他作為？到底團體成員的心理狀態為何？這些面向又會讓人進一步聯想到祕密教派或教主崇拜等等的社會敏感性議題，而媒體一面倒的報導，也是以揭發祕密教派和邪教的角度來看待此案。

　　因為發生了將學員拘禁致死的社會事件，日月明功是一個高度受媒體與網路環境所關注的社會團體。本研究希望能對此團體

照片6-1　默園的正面：默園建於1929年，是近代台灣文學大文豪陳虛谷於彰化縣和美鎮所蓋的莊園，占地約5000坪，屬於改良式巴洛克洋樓式建築。（照片攝於2014年6月間）。

進行經驗性考察和具有社會批判性意義的理解。事實上，案發後傳播媒體與網路中所述，有部分真實但也有許多錯誤，但大致投射出人們對於所謂「新興宗教團體」常有的想像：洗腦、宗教狂熱、教主崇拜、組織監控等等[1]。事件發生後，該團體早已解散，另一方面，因為該團體原就有與社會相對隔絕的特性，社會事件與法律審理過程中更讓學員產生退縮和防衛心理，甚至於學員本

1　對於各類有著克里斯瑪領導人，且作風較為奇特的新興教派，外界最常對其產生的近乎直觀性的反應，大概就是：這些人一定是被洗腦了。的確，洗腦說（brainwashing）是心理學、法律判決和媒體界對於新興教派最常有的一種看法。洗腦說最早來自對集權國家處理戰犯方式的討論，後來則被心理學家和社會心理學家（如Singer, 1979; Zimbardo and Anderson, 1993; Zimbardo, 2002），拿來解釋新興宗教運動中的皈依現象。心靈控制或是洗腦說中認為，透過特殊持續灌輸的過程，個人喪失了自主性，無法獨立思考，而讓原有的信仰或思考模式瓦解。學界所提出的心靈控制或洗腦說，經常被媒體所引用，這類見解也常在法庭上成為保護孩童監護權不受宗教團體所掠奪的重要依據。但是，社會學界對洗腦說多持反對立場。Richardson（1985）認為，如果洗腦真的能夠奏效，那新興宗教的發展應是驚人的，但事實不然，不僅新興宗教的招募率並沒有想像中高，信徒的參與能長期持續的比例又更小。Barker（1984）以她長期研究的統一教為例指出，洗腦說完全無法解釋為什麼許多參加招募聚會的人卻沒有成為信徒，也無法解釋在所謂洗腦的環境中，還是有那麼多成員主動退出。Barker（1986: 335-336）直接指出，用洗腦說來解釋美國青年對新興宗教的參與是毫無說服力的，它可能只是「反洗腦者」（deprogrammer）為了想要更正當介入新興教派而所產生的理論想像與偏好。不過，在社會一般性的層次，洗腦說畢竟還是相當具有影響力，Zablocki（1997）就指出，雖然主流的社會科學期刊多數研究報告不支持洗腦說，主要根據是洗腦說背後所根據的資料基礎通常不夠嚴謹，也缺少精確的概念和系統性的觀察；但是，這類說法仍充斥在非主流性的學術期刊文章當中，也充斥在媒體和各類法律文件當中。簡言之，支持或不支持洗腦說，在宗教社會學領域和一般大眾心理學或媒體領域間，存在著完全不同的看法和立場。

身也會開始重塑自身對於該團體的相關認知。種種情況都讓該團體的原貌很難被再還原。

　　而該案的法律審理過程，在台灣司法史上，雖已可以說是少見的詳盡而仔細（一審開庭19次，一審中每次開庭常是耗時整天；二審則開庭6次）。法庭雖已試圖還原事件本身的真相，但在法庭攻防中，仍有許多事實未能充分呈現。而且，法律僅能在法律的框架內就行為結果的面向進行裁判，並無法完整討論日月明功及本次事件的所有層面。更何況法院長期審理中，固然曾詢問各個成員介入於團體的心理過程和參與拘禁詹生時的角色，不過在解釋這些高學歷成員的涉案時，本案法官幾乎完全是借用了彰化基督教醫院精神鑑定報告中的說法，以「權威順服」的詮釋角度來解釋這些人的「犯罪」。彰化地院在一審判決當天所公布的新聞稿中，有一段節錄自判決書中的文字如下：

　　　〔陳巧明外〕其餘被告都是成年人，理應有獨立判斷的能力，為何會相信被告陳巧明所言，相信如此荒謬的情事，本院於審理時囑託彰化基督教醫院鑑定，該院認為本案被告均無精神障礙，而從相關社會心理學實驗與理論（包含狂熱教派、從眾行為、資訊式社會影響、規範式社會影響、路西法效應、團體迷思），充分說明被告等人在本案出現的心理機轉，且另闡述被害人在默園已久，在此從眾及團體的壓力下，令其努力猜測，並順從默園的期待，而做不合理的陳述，以求默園諒解。因此，就本案的社會心理影響而言，本案是你、我陷入這個情境中，都有可能發生的行為，正如同哲學家漢娜鄂蘭所提到平庸的邪惡的概念：「⋯⋯這裡的討論重點，不在於替Eichmann（中文譯名：艾希曼或邁菜的士

兵、柬埔寨的高棉盜匪、波士尼亞的東正教派）找尋藉口，
重點是，我們可能會很輕易地就把他們的行為解釋為瘋子的
行徑。然而，比較有意義——但也比較駭人——的解釋方式
是，他們的行為其實是平常人面對不平常之社會影響下，所
產生的行為。但我們怎麼知道大屠殺、邁萊事件及其他大規
模暴行不是出自喪心病狂的惡人，而是因為加諸於這些人的
強大社會影響？……」，就此，本院認為，邪惡的本身，在
於無法思考。而前述鑑定報告明確指出：心理學的研究證
實，人類的心理狀況，除了精神疾病外，特定的社會因素確
實仍會大幅影響一個人的正常判斷，其程度有時會讓人難以
理解。

這樣的論點——特殊集體情境造成了人們失去判斷能力，而
產生了嚴重的犯罪行為——固然捕捉到了部分真實，提供了對於
被告心理學層面的解釋，也有助於提供法官量刑的理論依據（至
於加重或減輕，則視法官對於罪責追究看法上的差異而定），但
對於有效而立體地去理解這個團體，並沒有太大的助益，對於這
樣一個歷史已近30年的團體來說，更忽略了其內部微妙的互動歷
程。

基於此，本案發生以後，筆者由2014年5月以後，開始展開
對日月明功團體的資料蒐集，包括對於初審大部分和二審全部開
庭的旁聽（最高法院三審則並無公開可旁聽之程序），法律資料
的蒐集（起訴書與判決書等），以及對於陳巧明和多位信徒的訪
談等（詳後），希望能就法律考量以外，認真探討該團體形成與
發展背後的社會心理學面向。

本章主要根據的一手資料為一審起訴書，一審、二審、三審

的判決書和法院新聞稿，兩位詹生家屬和五位學員的訪談紀錄
（男性兩位、女性三位），約兩年間的地方法院和高等法院的旁聽
筆記（共約近二十次），和多次被拒絕接受訪談但仍在電話中得
到的珍貴訊息等。除此以外，筆者曾在三審定讞後與陳巧明進行
過三次訪談（2016年6月至8月間），每次訪談近兩小時，訪談逐
字稿超過百頁，大致上呈現出陳巧明對自己、相關學員和團體發
展的看法。但因陳巧明表明不願意公開逐字稿的意願（但並未拒
絕我陳述她的一些想法），因此若有需要且不涉及敏感處，行文
中這一部分將以轉述大意的方式來呈現。比較遺憾的是，願意受
訪的學員僅占極少數，幾位在學校擔任輔導工作的教師也均不願
受訪，以致許多議題的討論是在資料高度缺乏下所進行。

　　由於該案之審理，目前已經三審定讞，任何學術討論和訪談
資料並不會影響判決，但對該團體的討論，確實會造成對相關當
事人和團體參與者的心理衝擊。本人現階段對於日月明功的研究
和論述，當然仍會具有某種程度倫理上的爭議性。在無可避免的
爭議性下，底下的討論，除了領導人陳巧明、詹生、詹母，以及
日月明功和巧明舞藝的名稱外，將不會出現任何其他人名。

二、高付出需求機構

概念上的定義

　　由外界來看日月明功這個團體，的確，學員似乎近似於被洗
腦與受到心靈控制，但是，這樣的看法，忽略了對參與者意圖和
心理狀態的理解，沒有注意到這個團體集體互動的微觀性質，以
及沒有注意到這個團體在目標與手段之間辯證性發展的複雜性。
為了更適當描述這樣的狀態，本章將嘗試借用Coser（1974）「高

付出需求機構」（greedy institution）這樣的概念來進行輔助性的說明。

　　英文的 Greedy，顯現出組織貪婪地要吃掉個人的味道，雖然語意呈現上很生動，但也帶有負面性的意涵。原作者 Coser 使用了此字，不過討論中並無明顯的負面語氣，似乎想中性化其詞意，只是用以表達組織對個人的獨占性。不過，Coser（1974：1-10）卻也的確曾提到，greedy institution 對現代社會中個人的自主性是一大侵害。在筆者一時找不到更好的詞來描述組織對個人的獨占現象，本章還是暫時借用了 Coser 這個概念來幫助說明，並將和此概念有關的社會政治經濟背景（與現代性有關的）一起帶進來以進行後續的對話，以來讓日月明功團體的現象和性質，有可能得到更為深刻的理解和分析。而在一時還沒有產生新的概念而必須借用既有的概念，和為了讓 Greedy 這個字的負面意涵盡量減輕的情況下[2]，筆者會將 greedy institution，翻譯成「高付出需求機構」，並將 greediness 譯為「需求成員的高付出」。

　　以下，我們先對 Coser「高付出需求機構」的學術概念，進行必要文獻上的鋪陳。這個概念的產生，有一個先前的背景，也就是 Goffman 較早所提出的「全控機構」（total institution）。Erving Goffman（1961〔群學翻譯工作室譯，2012〕）在《精神病院》

2　本章文字在期刊接受審查時，一位審查人建議筆者應以「貪婪機構」來譯出 greedy institution 這個名詞，以凸顯 Coser 所強調的這類機構會對於個人自主性產生侵害的層面。筆者一方面雖部分同意審查人的意見，一方面也認為，若譯為「貪婪機構」，中文字意雖然相當鮮活，但其分析性的意涵反而會不夠清楚，甚至於會過分渲染這個概念的負面性，這也不完全是 Coser 的原意。兩相斟酌，目前本章還是暫以較為中性的說法，以「高付出需求機構」，來對 greedy institution 一詞進行翻譯。

（*Asylums*）中指出：有一類機構，將一群人予以科層體系式的管理，而這群人的生活跟一般人的日常活動區隔開來，其控制方式是將睡眠、工作與休閒活動完全限定在一個機構內（Goffman, 1961〔群學翻譯工作室譯，2012〕）。在他的書中，又將社會中的「全控機構」列舉為五大類：（一）專為照護失能而沒有傷害性者而設，像是老人院、孤兒院等；（二）收容失能但對社會具有威脅性的人，像是：結核療養院、精神病院等；（三）為了保護外面的社群，而隔離那些被認為有蓄意傷害性的人，如：監獄；（四）讓人能夠在其中從事一些特殊勞動，而這些工具性的目的就是其存在的理由，如軍營、船艦等；（五）讓人遠離世俗的地方，這些地方通常也用來從事宗教方面的訓練，像是寺院、修道院等（Goffman, 1961〔群學翻譯工作室譯，2012〕）。

　　Goffman 在「全控機構」的概念中，分析了被收容人與監督人的生活形式，並強調，出於管理人的意圖，其中會產生不可避免的科層體制的區隔和操弄。他也分析了受收容者在機構中所產生的非正式地下生活文化與對抗性作為。Goffman 提出「全控機構」這個概念，一方面在微觀性地觀察這類區隔性的機構中的特殊互動模式，尤其是互動歷程中自我形象的建構與調整；一方面也是在了解先進工業社會中這種社會控制過程的運作機制。

　　Goffman 指出，在當代社會控制科技下，有可能將某些人進行科層體制式的隔離管理，24 小時將這些人放在限定的場所中，他們沒有家庭生活，並與外界社會隔絕。而全控機構內部，也會分離出區隔分明的管理者與受管理者間的界線，而受管理者往往有較為負面性的自我形象（Goffman, 1961〔群學翻譯工作室譯，2012：13〕）。

　　然而，Goffman 的概念顯然有模稜兩可之處，這出於他概念

中「全控性」（totality）的多重可能與歧義性。被控管固然有可能是被強迫性的，但是當出於某些目的而自願進入到一個嚴密管理的團體中，這種全控機構會和那種非自願而被強迫管理，產生很不一樣的意義，但是在概念上Goffman並未加以區別（如同前述所提宗教場所自我訓練的例子，也被Goffman當作全控機構來看）。正如Delaney（1977）對泰國佛教僧院的研究發現，在當地佛教寺院中，即使組織對個人的掌控非常嚴密，但事實上寺院在物質資源與權力資源上，能為個人所使用，並能保護個人不受國家和嚴酷的社會環境所傷害，而且寺院中的修行者對自己也能維持著較高的自我意象。

　　另外，Goffman預設家庭結構和全控機構問是一種矛盾的關係，因為家庭結構，也就是那種個人能擁有私領域的生活型態，將能夠對抗全控機構對個人全面性的要求。這種觀點也大受挑戰，Davies（1989: 79-80）指出，事實上在前工業社會，工作與居住地間往往很難區別，工時上往往也沒有限制，這表現出一種很高的「全控」性質，而這些性質卻是發生在家戶情境裡的，而不是在所謂的「全控機構」當中。如果是這樣，我們要怎麼理解家戶中的「全控性」呢？而家庭，又真的有可能是能夠拿來對抗「全控性」最好的武器嗎？例如說，甚至於我們還注意到，一篇個案研究（Sardenberg and Donnellan, 1977）中顯現，在一個姊妹會組織中，內部具有高度控制性，然而這個控制性的來源，不是別的，正是出自於一種擬親屬連帶中所創造出來的性質[3]。

3　某種程度上，正是要與Goffman「全控機構」的概念作對比（Coser, 1974: 5-6），並希望能避免Goffman「全控機構」概念背後對組織權力過度的想像，在Goffman提出了「全控機構」概念十三年後，Coser提出了「高付出需求機構」的概念，用來指稱那種對成員有極高的要求，而且是完全占有性的

回到「高付出需求機構」的概念，在定義上，Coser（1974：6-7）指出，「高付出需求機構」：

> 對成員有一個總體性的要求⋯⋯要將成員生活圈裡的人格完全占有。團體要求著成員完全且不可分割的忠誠，也要在團體的範疇內來包含成員之所需，而減低其他競爭團體對成員角色與地位的宣稱。它們對個人的要求是無所不包。⋯⋯〔和全控機構不同〕「高付出需求機構」通常不是以外部性的強制來加以標識，相反的，它傾向於經過自願性服從和忠誠與主動投入的手段來形成。

「高付出需求機構」裡，組織對個人參與的要求，具有一種獨占性和不可分割性，這種性質，的確會對個人出現嚴密控制而讓個人人身自由受到剝奪，而使其在現象上看起來，和Goffman所提出的「全控機構」：以科層制嚴密管理而將某些人與外界相隔絕，有某種類似性。不過，回到定義指涉本身，這兩個概念間雖有定義內容上的某些重疊性，但亦有明顯的差異性。重疊性的部分：它們背後所隱含的社會脈絡，都是指在個人主義價值觀和

組織。不過，在「高付出需求機構」中，組織對成員並不是以強制為手段，而是機構會涵蓋整個的人格需求，而得以來獲得成員無條件的順服與參與。他們要求成員對團體有高度的認同，而希望完全占有成員，並削弱成員與其他團體之間的關係。和全控機構相比，「高付出需求機構」並不使用物理性的暴力，而主要是經由心理壓力和社會神聖化的效果來規訓成員。而當「全控機構」著眼在組織對於個人的完全囚禁和無所不在的控制；「高付出需求機構」則著眼在成員自發性忠誠的發生、相關運作形式及其後續的結果，雖然同樣是分析著嚴密控制的組織，但對組織運作機制和成員社會心理狀態，兩個概念背後有著相當不同的前提和預設（參考筆者，2016：233-235）。

互動模式已成為社會運作主流的背景下所出現，因此兩種機構都造成了對於當代個人自主性空間的侵害，但值得探討的是，這兩種機構又都是現代性本身所操作和醞釀出來的產物；而定義內容上有差異的部分：「高付出需求機構」所對焦的面向，是指組織對個人投入有一種全面性的要求；「全控機構」則指涉的是發生空間上的一個隔絕性和全面的監控性。參考圖6-1[4]。

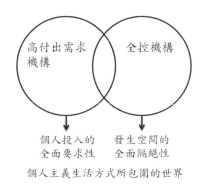

圖6-1　「高付出需求機構」與「全控機構」的重疊性與差異性

　　簡言之，「全控機構」更多關注於：空間隔絕之前提上所產生的心靈拘禁與人際互動效果，「高付出需求機構」則更動態地注意到：以自發性參與為前提下，組織如何發展成為了對個人生活有了全面占有性的非預期性的後果，但當討論到機構對個人自主性的侵犯時，討論的脈絡，都是以當代社會個人主義生活方式所包覆的世界為背景。

4　圖6-1的製作，是參考了Davies（1989）一文中的兩幅圖（兩種機構間的重疊性和兩種機構的結果）而繪出。

不同社會分化情境中組織對個人的「付出需求」

Coser（1974: 1-10）在幾個段落裡曾提到，所有團體都會有要求忠誠與完全付出的潛在傾向，但是，傳統社會低度分化，成員身分較固定，大致屬於數目相當有限的親屬或地域團體；現代工商業社會高度分化一個人的日常活動也牽涉到較多團體，於是現代社會已產生一種規範，承認個人的自主性與自由，也承認個人日常生活空間的分割，甚至立法系統也會規範工作與休假時數，以保障個人不被特定組織所占有。

Coser（1974: 1-2）認為，在未分化的社會裡，團體對個人的獨占性是相對薄弱的。要到社會間有了初步的分化，不同類型團體間要相互競爭，爭取成員的歸屬與忠誠，才慢慢開始出現所謂的高付出需求團體。不過，要直到高度分化的多元社會裡，才真正發生團體間對人員之情感與資源較為激烈的衝突與爭奪（也參考筆者，2016：233-234）。

而要更精確界定「高付出需求機構」這個概念，Coser（1974: 4）說，在概念上，因為現代社會的分化結構下，隱約有規範性的需求，不允許單個團體獨占個人的忠誠度，在這種情況下，對比出某些團體之違反常軌而對成員有過多要求的貪婪性，才使得「高付出需求機構」的概念討論變得更有意義。簡言之，他指涉的「高付出需求機構」的特質，可能在任何時代都會出現，但嚴格說起來，我們還是要將其放在多元分化的社會脈絡裡去討論它，才能凸顯其理論意涵。

不過，Coser在討論一開始時做了前述概念的開場之後，他在實際分析這個概念時，卻跳過了當代時空，而以理想類型建構的方式，任意由歷史上的各個時間的各類機構（東方社會裡的太監、西班牙回教地區法庭中所任用的猶太人、18世紀法國王室中

夫人的角色、耶穌會、各類教派、革命分子，甚至是家庭主婦等），說明所謂「高付出需求機構」的種種特質。這些不同歷史時期不同文化傳統中的許多案例，各具有「高付出需求機構」定義裡的某些面向，綜合起來，產生了它的一般性類型，但這個一般性類型，歷史上並沒有能完全對應於這個概念的歷史實體。

另外，Coser在討論君王統治和教派團體時，曾多處引用Weber官僚體制的有關文獻，例如說父系統治者如何利用體制外利益無牽掛的游離者來為自己服務，教派中的克里斯瑪領導者又如何來控制其成員，但Coser並未精確地在概念上來說明父系家長制之於「高付出需求機構」上的作用，Roth（1977: 633）認為，這是Coser在引用Weber比較社會學時的一個缺陷，以至於造成了概念上的不夠精確（簡言之，父系家長制的性質，不是「高付出需求機構」的概念所能說明清楚的）。

不過，即使Coser在引用歷史證據來說明組織的「需求成員的高付出」時相當任意，並未區分不同時代社會結構性質上的差異，但我們仍可以發現，Coser在某些地方已隱約指出，社會分化與「高付出需求機構」之間，不是一種直線性的關係，而是一種內外環境變化中所產生的一種辯證性的發展。在社會低度分化時，看起來團體對個人的壟斷性較高，也就是團體對個人的忠誠度要求較高，但其實不然，因為組織專門化的程度也比較低，對成員刻意的占有性並不高；等到社會分化成多類團體，譬如說有親屬團體、地域團體、宗教團體等區別，這時團體間會彼此競爭有限成員的資源與情感歸屬，「高付出需求機構」的型態也就出現了，筆者認為，這時的「需求成員的高付出」，它更可能是來自對於成員情感歸屬的占有（源自於前述所謂「父系家長制」的特質），而不是來自於團體專門化的內在需要；等到社會高度分

化，各類團體愈趨於專門化，個人在其中的表現被要求達到極致化，個人對團體的參與不能散漫而前後不一致，這在內在邏輯上，對於個人的忠誠度與付出，有了一種更明確的「需求成員的高付出」（greediness）傾向，但弔詭的是，當社會高度分化，除一些初級團體外，更多了各類工作團體、政治團體、志願參與團體等等，多類團體分割了個人的生活空間，社會上反而醞釀出某種要求，或者是有法律依據（如工時的限制）、或者是有不成文規範，不能允許單一團體對個人自主性的生活空間有太大的獨占性，於是當內外不同力量間產生相生相剋般辯證性地結合，這又會形成一種相當矛盾而時有緊張性發生的情況。

除了現代組織內在一致性的要求以外，Coser 對於為什麼在分化社會中，即使公共規範會要求團體不能對個人有所獨占性時，社會上還是會出現各種「高付出需求機構」，Coser 書中也並未詳加說明，而僅在一個段落中（1974: 4）指出，這可能大致上是因為某些團體有著烏托邦式的訴求，仍想要對抗外在世俗性的主流價值，而想要刻意維持一種團體內與外的界線，以讓成員不為外在環境所混淆或迷惑，而產生出這種與社會主流規範所相反的「高付出需求機構」。

如前所說，「全控機構」這個概念著眼在組織對於個人的完全囚禁和無所不在的控制；而「高付出需求機構」這個概念則著眼在成員自發性忠誠的發生、相關運作形式及其後續的結果等等，雖然同樣是分析著嚴密控制的組織，但對組織運作機制和成員社會心理狀態，兩個概念背後有著相當不同的前提和預設。但很奇怪，或許是因為 Goffman 所創造出來的「全控機構」的意象，更具有戲劇性效果而更深植人心，Coser 嘗試提出的更具有豐富學術討論潛能的「高付出需求機構」的概念，反而被後人所

忽視。就筆者所知，僅有一篇文獻（Davies, 1989）在批判 Goffman「全控機構」概念的過度模糊和廣泛時，刻意提到了 Coser「高付出需求機構」這個概念，並分析了二者的差異性（如前引伸Davies而繪出的圖6-1）。Davies先指出，在討論「全控機構」之前，應先在分析層次上區別現代、前現代和社會分化與否等面向上的差異，權威來源來自於權力集中的科層制（而非分化社會裡的國家或公司，也非前現代的家族）的「全控機構」才是符合於Goffman討論的範疇。接著，Davies更精確地指出，「全控機構」會在一個隔絕的機構內，將個體化完全消除，並在時空情境上與外界社會相區隔；但「高付出需求機構」所強調的並不是個體化的消除，而是要求成員一種全面性的付出，二者在概念與現實指涉上當然可能有重疊之處，但二者在手段與目的上都不盡相同。

相關概念的經驗性考察

除了理論層次以外，筆者注意到了兩筆文獻曾認真引用了 Coser的「高付出需求機構」的概念，而且都是相當近期。雖然在應用時，這兩篇文獻都沒有注意到前述Davies所提到過的有關概念對焦點上的差別（對焦於前現代還是現代？對焦於權力集中的機構還是分化社會中的國家和公司），因此有概念誤用之嫌，但相關討論仍是具有啟發性。

一篇研究來自Egger de Campo（2013），或許是因為Coser用了太多歷史案例來討論「高付出需求機構」，Egger de Campo晚近將「高付出需求機構」概念應用在當代資本主義社會現實中，他自認為是將Coser的概念重新有所發揚。不過，我們注意到，即使Coser是透過歷史案例來建構有關「高付出需求機構」的理想

類型，其實Coser本意還是在於批判現代社會中「高付出需求機構」對於個人自主性的侵害，這是Egger de Campo有所誤解之處。

不管怎麼說，Egger de Campo的實質發現還是相當有趣，他討論了所謂晚期資本主義社會（具有激進民主化、國際勞工流動和網路社會等特質）裡的三種「需求成員的高付出」：民主化生活型態對選舉諮商師的「需求成員的高付出」（要求政治人物日常生活24小時都被選民所分享）；24小時家務服務型態對常駐幫傭的「需求成員的高付出」；網路社群高暴露與高風險型態對社群參與者的「需求成員的高付出」等。

Egger de Campo提醒讀者，現代社會尊重個人對不同團體的多元投入只是一個價值，但資本主義社會特定機構對個人的貪婪吸納並不會減低，而且可能會採取愈來愈不容易被明顯辨認出來的形式，但這類機構有可能會具有極大權力，而對個人時間和精力都產生了一種全控式的要求，也就是需求高付出性。這些「高付出需求機構」其背後成因也許各自不同，但都對個人自主性產生某種侵犯，雖然表面看起來，這類團體都具有自願參與的特性。

Egger de Campo說，Coser的「高付出需求機構」概念並沒有過時，甚至於可以幫助我們去省思當代新科技所產生的各類新焦慮的出現。尤其是網路社群，表面上看起來是一種平行的權力的分散，但在高付出需求的形式中，即使是分散隱藏，但仍具有一種垂直性的權力宰制關係（資本家擁有真正的權力），甚至於國家也是幫凶，透過福利國家付給雇主各類補貼，鞏固了新的現代式的主僕關係，也鞏固了資本主義體系中各類的「高付出需求機構」。換言之，當代社會所創造的有關個人自主性的想像，在經濟剝削和現代科技下，看起來個人有了各種主動性和自願性，

但那種不受外在控制的主動性，不論對男性還是女性來說，是從來沒有真正實現過的。

　　一個最近的文獻來自Rosman-Stollman（2014），她以Coser「高付出需求機構」的概念出發，討論為什麼現代社會中兩種各自都是極為「高付出需求」的機構，擁有相同的成員，兩種機構卻可能並存。她的資料來自以色列兵役所徵召的青年兵士。在以色列徵兵體系中，每年約有1,400人左右來自數個保守猶太教團體，教團中強烈反對任何帶有暴力性且反倫理的行動。現在，國家軍隊和宗教團體都是某種「高付出需求機構」。理論上，「高付出需求機構」裡，強烈要求個人必須完全屬於一個機構，而不屬於另一個競爭性的機構，但現在兩種機構間是如何妥協？個人又如何得以調適呢？

　　此處，Rosman-Stollman引用了Berger and Neuhaus（1996）「中介結構」（mediating structure）來回答這個問題，「中介結構」是指在個人與國家之間的各類社會團體和組成。民主社會中個人對於國家的參與，是透過各類中間團體而達成的，讓個人在一群價值接近者的群體裡，有著情緒分享和意見表達的可能，並進而透過民主機制，將團體意見表達在國家政治體系當中。即使有些「中介結構」看起來是負面的，如3K黨，但這在民主政治體系中仍是有功能的。

　　Rosman-Stollman接著指出，「高付出需求機構」間雖相互競爭成員，但仍可能並存，主要的原因，也是因為有「中介結構」，來讓團體與團體間的衝突，在「中介結構」的緩衝下得以消減。在Rosman-Stollman的資料中顯現，當那些宗教虔誠的學員在被徵召從軍時雖產生了劇烈的文化震撼，但終究仍得以適應，這背後有多種「中介結構」存在：各類宗教課程和次級團體對受徵召

者在從軍前和服役期間的協助和諮商，讓從軍者身心得以適應，價值衝突上也得以找出調適之道。

　　簡言之，現代社會，人們確實可能歸屬於一個以上的高付出需求團體。職業婦女要在家庭和職場間尋找平衡，專業人士要在工作和宗教生活間得到平衡，士兵要在宗教價值和國家忠誠之間尋找平衡，即使說「高付出需求機構」都需要個人投入全部的時間和不可分割的忠誠，但最後這之間仍有協調並存的可能，主要的因素也就是各式各樣的「中介結構」的存在，一方面讓「高付出需求機構」與個人之間有所緩衝（高付出需求機構透過中介機構來吸納與控制個人）；一方面讓不同「高付出需求機構」間的爭執，不會赤裸裸地發生，而是會經由「中介結構」來表達和調解。

　　我個人覺得，以上兩篇文獻，固然引申與擴大了「高付出需求機構」的應用範圍，也對「高付出需求機構」在現代社會中變形、適應與並存的各面向有所討論，這些論點雖頗具啟發性，但對於高付出需求機構的內在性質、內部微妙的互動模式、成員可能的複雜心理以及這類機構的階段性發展歷程等，這些可能是Coser原來所最關注的理論面向，反而完全沒有討論，甚至於因為無限上綱的將各類性質都不同的團體一概當成「高付出需求機構」來處理，而有可能模糊了焦點，沒有辦法在本質上有助於反思「高付出需求機構」與個人自主性追求之間，既相關又衝突的內在弔詭及其後果。

　　就此而言，先不論法律上的判決結果，就我所蒐集到的各方面資料而言，讓我深深覺得，日月明功學員群聚的本身，原來都是以自我成長和相互扶持為目標，最後卻導致將學員拘禁致死的社會案件，甚至於在引發學員死亡事件後，團體也並沒有回饋與

反省的機制，這背後的癥結，我認為正是因為它一步一步地走向
「高付出需求機構」而不自知。藉由「高付出需求機構」這個概
念，本章希望能夠有助於我們對日月明功的瞭解，並希望經由經
驗資料的說明，也能對這個概念背後所涉及的一些基本社會心理
歷程有更深入的分析與探索。

三、日月明功概況

組織

外界常以宗教團體來定位日月明功，如果說以權威集中的程
度來看，這個團體確實具有宗教團體的屬性，但是以其日常活動
和聚會形式來講，這個團體事實上並不帶有宗教色彩。日月明功
四個字，也只是陳巧明在授課時偶然興起，認為以她名字中的
「明」去拆解，正可以稱其所傳授為日月明功，但何時出現此名
稱（大約在2005年前後）成員們多已經不太清楚。

一位成員在面對外界以神祕宗教來看待這個團體時，不以為
然地跟筆者反應：

> 其實她教的那個就是很簡單的基本，基本的呼吸吐納，我
> 們上的是那種課，就有點在瑜伽墊上面上課這樣子，就是大
> 部分就是腳是靜態，應該是說不走動但是身體是活動這樣
> 子，韻律的一些包括其實就是有氧，類似一般來講瑜伽比較
> 類似，但是不能講它是瑜伽，因為她認為它不是瑜伽這樣
> 子。……她的課有好多種，但就是完全沒有念經、念佛或是
> 祭拜，完全沒有神像什麼任何那個跟宗教絕對沒有關係。完
> 全一點關係都沒有，沒有焚香、也沒有拜、也沒有什麼大

師、也沒有師父、也沒有法師，什麼都沒有，我們就是這樣子在上課。……就照著她的動作，就很簡單。但是簡單裡面有很多的很好的效用的那種原理……看到就是確實有人也很嚴重的狀況也越來越好這樣。……其實在那個環境上課的時候她營造的是很溫馨、和諧、很好的那種放鬆狀態。……到後來去那邊，基本上當然她有她說話的技巧，因為她在上課的時候把動作教得很簡單，它簡單裡面又很有效果。……我覺得是她經營的氛圍，就會讓人家覺得說我一個禮拜就去那個地方去修復一下自己的身心靈。（訪談紀錄B3）

至於默園的活動，一位成員在法庭[5]上是這樣子說的：

因為那邊的環境，我是鄉下長大的，我喜歡那邊環境就是孩子第一也很快認識，接近大自然。……因為那時候陳巧明說，本來是週日的時候帶我們去走一走，然後帶我們接觸一些土壤，做一些植物的栽培。……因為我們去還是要徵得主人的同意，一開始的時候去兩天，那後來101年、102年有空就會過去了。……在默園像有一些拔草，栽種植物。看大家在那邊做，可能也會想要動動手，會不好意思，所以久了之後就會看哪裡需要幫忙就去幫忙，我們就會去那裡做。（法庭筆記C5）

─────────

5　本章中所引述的法庭筆記，均為證人或被告在法庭上的說明。因為是筆者自行記錄的筆記，因此只能記錄到大意的程度。不過，在本章中的呈現，會盡量將語句書寫完整，並模擬當事人當時在法庭實況中的言說方式，而其字句上的順序和細節，有可能與實況稍有出入，但仍是完全依照當事人所敘述的事實來加以書寫。

再配合筆者所蒐集到的其他資訊，簡言之，對內部成員來說。日月明功指的是陳巧明開設舞蹈班所教授的舞蹈與瑜伽動作，該套功夫有一定的身體上的效果，功法大約有二、三十種基本動作，但僅在上課時由老師視學習情境隨機教授。幾位學員都告訴我，陳巧明強調，功法操練有其難度和風險，需有老師指導，必須由老師當面教授，且只能在舞蹈班中練習，因此不准在家私自演練，上課也不准錄音，同時也沒有任何講義可循。

而在舞蹈班中，陳巧明的授課會營造出相當放鬆與溫暖的氣氛，並輔以成員間想法與觀念的交流，陳巧明在旁的評論更是鼓舞了一種積極向上與面對生命的人生態度。而團體的另外一部分

照片6-2 「巧明舞蹈班」位於彰化市區「羅浮名廈」大樓的頂樓。大樓頂端牆面上目前都仍保留著「巧明——ART」這幾個字。舞蹈班上課的地點，離彰化和美鎮的默園，約有八公里，一般而言，開車行駛二十分鐘內可以到達。

默園，則是舞蹈課以外一些學員聚會活動的場所，陳巧明提供其祖厝莊園為基地，一些成員以整修默園環境為名，而且通常是帶著小孩式的全家庭參與。在默園長期參與中，讓一部分學員在該場所的自然環境和親密互動中，得到特殊的生活寄託。

陳巧明的舞蹈班已設立很久，但部分成員到默園聚會，則是相當晚近才出現的形式。根據彰化縣教育局的資料（筆者與其公文往返後所得資料），早在 1983 年 4 月，陳巧明已成立「私立巧明舞蹈短期職業補習班」，授課科目為民族舞一班。2005 年 1 月，該舞蹈班因個人因素，自行註銷了該補習班（原因不明）。註銷登記後，已是地下的舞藝班，在 2006 年至 2007 年間，卻讓彰化縣消保官多次接到消費者的申訴，多數申訴人表示，繳了昂貴的學費，上了幾堂課想要退費，卻無法如願，也有申訴者提到，上課時陳巧明以言詞侮辱學員，有違正常的學習精神，使其想退班、退費（相關資訊也是來自彰化縣公文資料）。

統合各種資料看來（包括筆者另外的訪談資料），陳巧明的舞蹈班 1980 年代初期即已設立，初期僅是舞蹈教授，但陳巧明愈教愈有心得，口碑也愈來愈好，班級一直擴增。後來，陳巧明整合出一套功法與動作，舞蹈班授課的內容開始包含了更多的瑜伽與氣功，這大概已是 2000 年後的事。大約那時候起，舞蹈班也開始採取高學費政策，每週上一節課，全年繳費約 35,000 元。2005 年起，陳巧明的舞蹈補習班自行取消了官方註冊，學員來源則多透過口耳相傳前來，前來的學員反而愈來愈多。2006 年以後，陳巧明以整修祖厝為名，邀請一些她所認可的學員到祖厝默園整理環境，慢慢地，默園逐漸演變為某些學員間共同交誼和交換人生看法的聚會場所。發展高峰時期，大約是在 2010 年以後，舞蹈班（成人小孩都有）有 200 名以上學員（週一到週五每天成人與兒童

各一班，每班約20人），而默園則約有二十多個家庭（50-60人）會經常性前往，多半利用晚上或週末時間，大人來此泡茶聊天、分享人生經驗，小孩則來此交朋友、做功課等。

陳巧明的舞蹈班位置在彰化市區中正路，默園的位置則在彰化縣和美鎮，距離彰化市區車程約20分鐘。默園是陳巧明祖父，日治時期台灣文學大文豪陳虛谷所蓋的莊園式豪宅，豪宅占地約5,000坪，但陳巧明個人僅分得其中150坪左右的持份權利[6]。

會去默園聚會的，多是較為資深的舞蹈班學員，或者至少是對陳巧明個人有較高向心力的成員。日月明功在舞蹈練習與默園的雙軌形式中，陳巧明有可能更深介入於某些成員的日常生活，而一些成員也很樂意去參與默園活動，試圖達成身心提升、增加社會支持、提高兒女學習意願與創造家庭和諧的多重目的。2005年以後，日月明功參與人數開始快速成長，陳巧明的權威也逐漸有所增長，陳巧明周圍，開始有幾位女性成員（4-5名）成為中介者，代理陳巧明統理組織內的意見與事務，也代理陳巧明在舞蹈班中教授小朋友的功法課程，以圍繞在陳巧明中間代理事務的多寡為標準，這無形中創造出了團體內的階層，還更增加了陳巧明的神祕色彩，但也在某種程度上讓陳巧明在訊息掌握上，一方面是透過多人的、多方來源的，一方面卻也是受限且間接的。

陳巧明其人

日月明功學員常稱陳巧明為陳老師，或暱稱為Sunshine。陳巧明出身的陳家，在彰化和美伸港地區是一個顯赫的家族，開台

---

6 謝明俊，〈爭祖產性情大變陳巧明橫行鄉里〉，《時報周刊》，2013年12月13日。

祖成理公康熙年間即已來台，來台後共衍生出六大房，陳巧明屬於第四房派下[7]。

陳的曾祖父陳錫奎是彰化伸港和美地區的大地主，也擔任過伸港區長，他主動開墾荒地供人耕種，而又善待佃農，是伸港地區備受稱頌的大善人。其養子陳滿盈（號虛谷，1896-1965）曾留學日本，是台灣漢文學寫作的大文豪，也是參與台灣文化運動的健將[8]。陳虛谷共有四男二女，長男陳逸耕，結過兩次婚，共育有一子三女（另一子夭折），其中的陳巧明1954年生，排行老二，上有一姊。

陳虛谷在世時曾興建大莊園默園，約建於1940年，當地人叫作洋樓，建築物相當雄偉壯麗。1959年八七水災時，附近均遭水淹沒，周遭十五庄居民有兩百多人來此避難，陳家也無條件供應避難者食宿，陳家善行一直為鄉里間所稱頌。

陳巧明曾就讀文化大學舞蹈科一年，後改入台南家專（現改制台南應用科技大學），是當時舞蹈科第一屆畢業生[9]。陳巧明曾有男友，並也生下一女，後來與男友離異。據學員所述，陳巧明對自己家世背景一直頗為自豪。不過，初審的判決書中，引用了根據彰化基督教醫院的心理鑑定報告（該報告不公開）而提出了另一種說法：

7　《陳氏族譜》，n.d.。

8　陳虛谷的文學作品雖以舊體詩占大宗，但思想新穎開明。參考《陳虛谷‧莊遂性集》，（顧啟耀編，2013）。他過世時，陳巧明已11歲，必然深受祖父行誼所影響。

9　林君舫，〈陰沉、謹慎！陳巧明避重就輕與警「鬥智」〉，TVBS新聞，2013年12月13日，http://news.tvbs.com.tw/old-news.html?nid=513904。

　　鑑定報告亦清楚顯示：被告陳巧明的人格特質並沒有強烈的自戀傾向，反而有部分自卑狀況，而被告陳巧明本身對「家庭」的理想化，但又無法成就的心態，讓默園成為大家庭的概念，最後導致默園多半影響到成員自身的家庭。

　　簡言之，這種說法中暗示，陳巧明因為本身感情生活不圓滿，而組成了默園這個大家庭，來達成有關於「理想家庭」的投射，但這卻也干涉到了成員個別的家庭生活。不過，這種說法，當法官在庭上與陳巧明相驗證時，陳巧明在法庭上並不接受，而激烈反應道：她其實一直以家族背景為榮，如果說有自卑感，那絕不是鑑定報告裡所講的那一種情況，而是來自於她較少和人提起過的，她在練舞受傷後所產生之難以抹滅的心理印記。

　　陳巧明到底是自戀或自卑？或者說其內心深層的內驅力和領導慾的發源何在？這也許不是那麼容易查證。不過，不管怎麼說，我們至少可以知道，陳巧明引以為榮的地方上的顯赫家世，她有女兒卻仍保持單身離異的狀態，以及練舞受傷而造成了心理的陰影等，這些都可能是影響她心理狀態的重要原因。

陳巧明的思想與實踐

　　由舞蹈班到日月明功較為靜態式的瑜伽修習，到成員間彼此分享人生心得並由此改善人生，到陳巧明以老師身分將其人生觀強勢引導於學員生活，到整個團體籠罩在感謝陳巧明的集體氣氛之下，日月明功歷經一連串變化，許多變化或許一開始並非陳巧明所刻意要去營造，然而隨著部分參與者的積極參與、參與者之間緊密的互動以及組織縱線式的控制與連結（也就是陳巧明與積極成員間產生了師徒關係似的情感），陳老師的個人權威變得愈

來愈強、團體內聚力愈來愈大，過程中甚至發展出能容忍暴力的管教方式，這些議題我們後面還會再回來有所討論。這裡，在以上所述團體性質中，筆者想要先概述一下陳巧明在團體內所要傳達的主要訊息。

雖然資訊的來源相當零碎而不完整，不過筆者還是想要暫時性整理出陳巧明的核心思想與實踐模式。然而我們也要注意，所謂的日月明功，功法的具體內容是什麼？陳巧明從未提供過定義式的說法。學員們經常在口頭上表達感謝功法之意，但也很少能清楚說出功法的內容是什麼。甚至於，隨著組織發展階段的不同，功法的指涉似乎也會跟著變動。會發生這樣情況的原因，我們到後面會再來討論。但不論如何，我們還是可以根據一些資料，先大致描述出學員所認知的日月明功功法大致上為何？以利於後續的討論。這裡，先引用幾位成員的說法：

> 我覺得像這麼多知識分子願意去，第一個都是遇到困難的，不是身體就是心理……她營造的是一個和諧的或是讓你放鬆不要有壓力的，就是那種狀態，所以算是不錯，但是她有一個算是很不錯的一個核心價值，她就是做一個有力量的好人，這個是在這個社會很需要的，有力量的好人，這也是吸引我們這幾個人願意去的原因。第一個我們當然身體不好需要……這是她的語言，她講出來有力量的好人，那怎麼樣才是一個有力量的好人，你必須要懂道理，必須要會有能力講道理，必須要有能力講道理讓別人懂之後保護自己。（訪談紀錄B3）

> 她除了做動作之外，她最常講的就是說我們要做一個有力

量的好人，她就是在教你一些道理，一些做人處事的道理，就是說你要對社會有貢獻。……跟你講說你要懂道理，每個人都要懂道理，然後你要做個有力量的好人，你要不畏強權，你要對這社會有貢獻。……她的作法、她的想法就是人要靠自己，人要為自己的權利而奮鬥，就是去爭取自己的權利，她最討厭的就是佛家的一句話叫作放下。……她會覺得說，女生就是應該要堅強。……所以他們會覺得說有一種溫暖的感覺。……然後她就會叫你練功的人，親近的人去開導你，他們叫整理，我們叫整理你的思緒。（訪談紀錄B1）

練功之後讓我感受到說，因為自己家裡的工作一定要去盡這個力……我其實來練功我變得比較外向不像以前。老師說：「練功的定義是讓自己激發潛能然後更成長。練功就是認真，譬如說小孩子就是認真用功讀書，那我們同時也要真的要用功讀書也要好體力，所以也要用功練一下身體，然後呢她有個基本精神就是要尊重事實。那自然你有尊重事實，其實也就是在對事實負責任。有時候我們都會以為認真好像就是一個有負擔的事情，其實不是，我們認真練身體，其實就可以使身體放鬆。練功的基本精神就是尊重事實，最重要在做的就是放鬆。」其實我一個禮拜之中就是最珍惜練功的時間，因為來讓自己放鬆啦，然後得到更好的身體，不然每天工作覺得噢好累，不是說……就是壓力很大，來練功之後就是放鬆自己那樣。（訪談紀錄E1）

可以說是陳巧明會去激勵生命中的缺憾感。因為人或多或少都有，哪怕你做得多好，因為我們學經歷都ok啊。……她

很會激勵也很會誘發，一個領袖，一個領導者的一些特質她都有。就是影響力，然後還有就是那個她的思考，那叫邏輯能力嗎？……她很會藉由……滿容易知道別人的想法。……她常用的有幾個經典的名詞，「舉證歷歷」，一定要拿你發生確實的事情跟對方反駁，這招很有效耶，在人際互動，尤其在跟人家吵架實在很好用。……然後她又講要「尊重事實」，你照我的話做你就一定得好，你所得到的好都是我給你的，請你尊重事實，這個叫事實。……不要說我給你的好，你卻去抱別人的經典，對啊！就是「尊重和珍惜」，她就是這幾個教條，然後一直一直說。（訪談紀錄B4）

這些段落中，有一些重點似乎常被提到，如：「做一個有力量的好人」，講邏輯、懂道理；認真；放鬆；舉證歷歷；對事實負責任；尊重事實等等。

除了這些說詞以外，網路上可以找到一些成員寫過的所謂「分享」（媒體中所稱的「自白書」）中的片段，也多是感謝功法、感謝老師關心之類的表達。「分享」中常常會提到在團體中很快樂、自己很有進步、身體奇蹟式變好、家庭關係改變之類。而有一些具有「悔過書形式」的自白書，經常表達道：老師如此主動關心照顧，自己卻不知感恩，還對外中傷日月明功，如今想起來十分後悔之類。

另外，筆者曾閱讀到一份日月明功周邊組織「陽光心語管理顧問有限公司」的內部文件，也就是加入該公司進行訓練的合約書，文件中的內容提到，當事人（某公司）將委任「陽光心語管理顧問有限公司」對公司內員工進行「觀念的提升、身體語言潛能激發」，並對員工進行「激發員工之工作熱忱、生涯規劃及業

務相關課程。[10]」

　　根據以上這些零星的資料，以及筆者對學員訪談中所得到的印象，雖然筆者目前能蒐集到的資料還相當有限，但大致可以初步歸納出，陳巧明的核心思想和實踐，由內部成員的角度來看，大致圍繞著以下內容：

　　由舞蹈與瑜伽功法出發，引發出身心靈的進步與身體自主的基本精神。

　　不分性別，每個人都應認真面對自身問題，尊重事實與邏輯，將個人生活武裝起來，這也就是陳巧明所常講的：「做一個有力量的好人」。至於評估自己是否有進步的方式，也就是反省自己是否能對自己的家庭、生活、事業、健康各方面都更能有效地進行自我掌控。

　　（一）團體成員間營造出一種形式上看起來是沒有心理負擔的相處方式，彼此間似乎有一種不成文的默契，大家願意共同分享生活經驗與想法，有問題時也願意共同來想出解決之道；而在

10　如果對諮商理論的流派稍有了解，會發現陳巧明的思想特徵，其實和Albert Ellis所創立的「理性情緒行為療法」（Rational Emotive Behavior Therapy，簡稱REBT）有很高的類似性。REBT屬於「認知治療」（認為改變認知即能產生情緒與行為上的療效）中的一種極為通行的版本。REBT在理論上假設，人可能以理性或非理性的態度去行動。理性的行為被視為是有效力且具有生產力的，而非理性行為則不具生產性並導致不快樂。而很多類型的情緒問題是導因於非理性。非理性可能成形於人生早期，且為文化環境所增強。在治療上，治療師可以挑戰、誘發和探掘個案的非理性信念，甚至於可以採取激烈對質的方法來進行輔導，而輔導的目的，在於消除其情緒和行為的問題，並達到一種能無條件接納自己的狀況（以上主要參考自黃月霞，1995：61-63）。進一步討論可參考（Ellis, 2002〔盧靜芳譯，2005〕；Gladding, 2015: 100-109）。

這種氛圍裡，「分享」的寫作與共同閱讀，既是一種自我釐清與自我批判的思維訓練，也是一種集體承擔的歷程；而成員間的分享，實際運作有幾種方式：1.陳巧明指示團體內原和你較親近的人（通常是原來介紹你進入團體的人）去開導你，這叫「整理」；2.書寫「分享」給陳巧明閱讀，有時也由當事人公開誦念給其他學員聽，而「分享」中的書寫若有不夠坦白或想法上的矛盾，陳巧明還會要求學員繼續寫下一個「分享」；3.集合式的公開管教，通常是對於學員小孩的管教，若某小孩出現較大偏差行為，陳巧明會在默園集合大家，而將開導、分享等交互運用在公開管教中，有時陳巧明會動手對該小孩打巴掌，資深成員偶爾也會跟著動手。

（二）陳巧明鮮明表現的自我風格、豐富的情緒表現、對大家的熱情關愛和所提供的屢屢被驗證為有效的改善身心的方法等，是成員持續參與團體的重要支撐力量。至於陳巧明常會出現的打巴掌與教訓學員，以及陳巧明同意下資深成員對年輕小孩的管教，是溫暖與相互信任的團體氣氛之中的例外情況，目的在急切地幫助成員在已經顯露出問題的思維方式下，不要再陷入於下一步的危險，而這種處理，是以關愛、成員間的共識（不管是真實的或虛假的）以及成員間的相互承擔為基礎。

關於第三點中所提，分享書的寫作；以及相互整理思想，甚至包含了暴力處罰在其中的管教模式，在彰化地院初審，檢察官的起訴書中是這樣寫的：

> 陳巧明在日月明功學員對其之高度信任與服從之基礎上，主導一種被學員稱作「處理」之管教模式。當懷疑某學員或其子女思想、言語、行為不當時，會集合在場默園成員，即

時共同查明管教。其進行方式，係由陳巧明開始積極盤問受懷疑者所有行止細節，……再要求該成員書寫自我檢討之自白書，交由陳巧明收執及修改，以印證陳巧明之懷疑確有所本，並樹立陳巧明在默園內之權威。

而據起訴書中所說，默園此類管教方式由2008年至2013年間已達50次以上。這裡還要有所說明的是，這段文字中所謂的「處理」、管教或自白書，都不是真正的內部用語。內部應該是稱「處理」為「整理」，稱自白書為「分享」，至於管教，內部並無此稱呼。檢察官的起訴，進一步被引用在初審的判決書中：

> 在默園裡面，其成員間有幾個非常重要的行為特徵：（1）相信陳巧明可以為其身體、健康帶來正面效益。（2）書寫自白書，且經陳巧明修改，直到陳巧明認可為止。（3）公開的責問與管教：由陳巧明開啟，部分管教方式會由陳巧明公然動手甩被管教之人的巴掌及用腳踹，其他默園成員則在旁附和，若被管教之人為孩子，其家長在某些情形下，需下手打被害人，而只有幾次的管教，由其他家長毆打別人管教中的一個核心，書寫自白書。
>
> 1. 此一程序由陳巧明決定何時終止；被管教人需寫自白書，且由陳巧明修改，直到陳巧明認可為止；陳巧明會透過其他人傳達如何進行管教之訊息。
>
> 2. 以上特徵，並非單一、偶發的個案，而是在默園存在已久，慢慢演變而成，形成一種團體默契（習慣），而本案被害人遭管教的方式，正符合以上行為模式特徵，這樣的團體默契，對於本案犯罪事實的認定，具有高度的關連性。

如同起訴書和判決書中所顯示，日月明功存在有外人所難以想像的嚴厲管教形式。不過，在內部學員看來，可能卻不完全是如此。當然，在詹生案發生以後，成員的看法也已發生了很大的轉變，他們原來的想法是什麼已不容易確認。不過，陳巧明自己在法庭上所說的幾段話相當具有代表性，雖然說法背後也許有其脫罪的用意，但筆者覺得這也確實是她原始想法中所具有的一些元素。她說（法庭筆記C1-1）：

> 我當時聽到管教這兩個字，比較沒有概念。一個人犯了什麼事情的時候，有時候我們會大家一起來詢問他，那當我們在詢問的時候，我們不希望自己維持單一的方向，我們不希望說我們自己的觀念來限制這件事情。因為畢竟我們大人跟小孩子並不一樣，所以有時候我們就會叫小孩的同儕一起過來。那我們才會知道，從他同儕口中知道，什麼才是這些小孩們所觀察到的。大家一起來，很簡單地一起來詢問。我對管教這兩個字是不能理解的。
>
> 有時候大人會來跟我講他們的小孩怎樣怎樣，那有時候是小孩子會來打小報告。譬如說某個小孩子燈關掉以後還會偷看漫畫之類的，所以這時候我們就會集合大家來問。我們大人不知道事實，就會先問小孩你真的有嗎？也會問你看到別人有嗎？我們也會問：你是今天才這樣嗎？我們也會想知道那個嚴重度。
>
> 我們以勸告為原則，對小孩子應該要有耐心，只是有些情形我們可能會打。我們有時候會很氣，因為你跟他講說是為他好，可是他滿臉不以為然。他想說我就是沒有燈光看書又有什麼關係呢。我沒有認為這種處罰有什麼大不好。

　　我想要強調的是，在默園裡頭的家長都是很有愛心的。當我們知道小孩犯錯的時候，因為那個愛心，所以不會任由小孩繼續犯錯。我們在勸告小孩的時候，真的會比較著急。

　　在默園裡面大家都知道，裡面有感情那種默契和共識。而且當事情發生的時候，其實家長會很清楚他自己是受益者。通常自己媽媽管教自己的小孩，小孩子是比較不聽的，只有當別的叔叔阿姨來幫忙的時候，小孩子還比較會有反應。……即便是這樣，還是要讓小孩子知道，叔叔阿姨是愛你的。是相信你會改，才會對小孩子這樣管教。小孩心裡頭還是有榮譽感的，有的家長長期看到這些情況，就自己來出手管自己的小孩。……在默園發生的事是，隨著時間很自然地就這樣發生了，每個當下，大家都知道別人的善意，所以他們對默園的信賴度才會更高。

　　陳巧明的個人說法，事實上在學員的證詞中也常看得到類似的想法，在二審判決書中，列出了一位男性學員（高中老師）的證詞：

　　我自己也有因為接送小孩聯繫上的問題，被陳巧明關心過，她認為我不應該用這種態度處理，她說我以後如果還是按照這樣的方式與態度思考的話，以後遇到事情還是會用相同的模式，所以她很著急，我在聽時陳巧明就打我耳光，這樣的情形總共有兩次，而這兩次旁邊也是有很多人圍觀，那時候我認為陳巧明是在關心我，我也真的有處理不好的地方，之後我糾正這些觀念後，在我的教學與人生上有很大的幫助，所以那時認為是在幫助、關心我。在本案我會打淳

寓，不是因為陳巧明的指示，而是當時的情緒與氛圍，淳寓
的說法讓我很著急與傷心，我事後非常後悔，因為我在學校
沒有打過學生。

簡言之，陳巧明法庭上的說法暗示，默園的管教方式，即使
有陳巧明的引導，但在當時的團體氣氛（熱烈地追求成長與進
步），以及成員共同接受和主動參與投入的情況下，背後有其長
期自發性的性質，甚至於已是學員相互信賴與承擔下而所接受的
一種管教方式。而這種說法，事實上也得到一些學員的呼應。而
這類具有暴力性質的管教方式，根據該案起訴書中所述，這種管
教方式出現了至少有50次以上，而且其中經常帶有嚴厲責罵和毆
打的情況。它背後的集體心理狀態確實讓人難以理解，也值得做
進一步的探索，但這恐怕絕不是單純的「權威順服」幾個字所能
夠解釋。

「需求成員的高付出」的內涵

經過時間演變，到了2010年左右，日月明功已是一個在參與
時間要求、空間密閉性、成員私領域間的重疊性、團體監視與自
我監視等等層面上，都流露出需要成員高付出的一個團體。不過，
我們同時不可忽略的是，這種「需求成員的高付出」的特性，雖
讓人身心緊張，卻也是出於一種主動性。幾位參與者這樣子回憶：

> 默園是一個大家庭，因那時我們的生活圈子很小，除了工
> 作，下班後就到默園，像過年時，除夕、初一、初二會在家
> 裡過，大概初三、初四就回到默園，雖然陳巧明沒有要求我
> 們一定要回去，但我們自己會想要回去默園。……雖然我已

經非常沮喪，但我還是喜歡去默園，因為已經是一種習慣。說實在剛開始陳巧明很好時，我真的很開心、快樂，但到後面情緒上比較反覆時，我會有壓力。（高院二審判決書附錄）

那時候很怕自己一旦離開了，是不是我的婚姻我的工作，我的工作就沒了，我的婚姻就回到以前這樣子，沒有尊嚴，然後我的孩子健康又像以前這樣子糟，就會很怕過去那個生活，就是練功前那個，我們因為經年累月的一定要去分享，比如說禮拜天下去嘉義醫師那裡，我們要不斷分享說自己獲得了哪一些好。（訪談紀錄B4）

簡言之，陳巧明在1983年起在彰化市開設巧明舞蹈班，在彰化地區建立了很好的學習口碑，學習者眾。2000年後，除一般舞蹈學習以外，舞蹈班同時也教授學員一套身體伸展的技術與方法，簡單但是頗有身體成效。舞蹈班有一些資深學員，他們也幫陳巧明分擔行政與教學。2006年後，部分學員在下課後至陳巧明祖厝默園聯誼和聚會，部分成員間形成一個大家庭般的親密互助團體，作為舞蹈班老師的陳巧明，在身體操控和人生經驗方面都足為大家導師，個性也活潑開朗，並且展現積極助人的熱忱，形同大家庭中的嚴父與慈母的角色。

學員追尋身體改善、自我成長和尋求教育小孩的方法，在默園的氛圍中經常得到成效，第二代小孩也真的多數成績變好和變得較好管教。但也就是在這樣的歷程中，這些參與聚會者之間，出現了奇特的自我監督和管教的模式（書寫自身想法與大家分享，大家聚在一起討論每個人個別的身心問題等），大部分來默園的學員也都接納了這種形式。可能在2008年以後，這些形式的執行變得更嚴厲了一些。陳巧明與學員之間的互動也更多的要透

過一些幹部來傳達。

　　一直到2013年5月18日，詹生在默園聚會中，因行蹤交代不清而開始被管教（集體規勸與閉門思過並書寫自白書）。這類管教方式過去常常有效，尤其是在父母陪同的情況下。但這一次卻因為可能涉及吸毒、黑社會追殺以及單親家庭中的親子關係等，最後詹生不幸於默園中拘禁18天後送醫途中過世。雖然8月14日法醫所開鑑定報告（遺體檢定）認為詹生疑有吸毒反應，但10月23日法醫重做鑑定（依據死亡後所留檢體）所給的報告卻認為沒有毒品反應，此事再經媒體宣染，於是一個原本被認為可能是因戒毒致死的過失事件，轉變為被認為是傷害與囚禁致死的神祕宗教迫害事件。法律責任上，日月明功每一個學員，也都成為了有可能是迫害人致死的主犯或共犯。而這樣劇烈的變化，不僅僅影響著人們對一個單一事件的認定。事實上，經此轉變，對於和日月明功團體有關的每一個人，除了在形式上要面對法律以外，在身心認知與行為歸因等各面向，他們都要開始全面重新看待自己的過去與現在，和重新看待日月明功這個團體和陳巧明。

功法的目的？

　　事實上，訪談中，我曾直接詢問陳巧明：何謂日月明功的功法？她表示，學員會自己猜測，媒體界也捕風捉影，但日月明功只是隨意性的稱呼，而且她過去也從來沒有正式公開和學員說過「何謂功法？」。不過陳巧明自認，如果有的話，她覺得她過去向學員所要傳遞的訊息也就是：功法是一種出於忽視個人利益而來對人進行善意的舉動。

　　繼續引用陳巧明的辯護律師在高院宣判前最後一次辯論庭上的說詞：

來默園裡面的人，他們是誰？我們可以看到在本案中，出入默園的這些成年人都具備相當的學識。這些人都有很好的工作，都是社會上的中堅分子。這些人在來默園之外，也都是陳巧明在彰化市的舞蹈班的學員。雖然去舞蹈班要交學費，但去默園是不收費的。……法院供詞顯現，問這些人：「你為什麼要到默園？」，大部分都是這樣描述：只是因為單純地喜歡默園的大自然環境。默園裡面沒有電視、沒有電腦、沒有網路，孩子們在那裡面可以安心地讀書和修養品行。……默園裡沒有任何的商業利益存在、沒有任何不法。家長帶孩子們來到默園，是為了讓孩子好，為了讓孩子有好的環境。

種種面向看起來，雖然是出於良善的動機與追求，為什麼最後卻會形成一個「高付出需求團體」呢？這種「需求成員的高付出」背後的社會心理基礎到底何在呢？它在實際運作時如何能夠流暢運行？一個組織的「需求成員的高付出」，其形成與發展又是歷經了什麼樣轉變的關鍵期呢？

四、日月明功的發展階段

日月明功團體的「需求成員的高付出」，反映在：成員參與時間長、內部互動緊密、空間的隔絕性高、領導者高度涉入學員日常生活並具有管教的權威、學員之間出現了「整理」與「分享」的相互監督與批判的聚會形式，以及領導人對學員出現了體罰的管教方式等。

而日月明功這個團體的主要社會特徵（成員的社會背景與內部互動模式），大致上有：

（一）參與較為投入的成員多具有中高社經地位的家庭背景；

（二）參與較為投入的成員多是以核心家庭組成共同參與的方式來參加；

（三）成員中女性的參與比率較高（大約占65%）；

（四）成員至少與一位以上的其他成員之間，在參與日月明功前已有某種親戚或朋友的網絡關係；

（五）在常前往默園的成員間，又共同形成一個大家庭般的親密連結關係；

（六）在成員追求身心成長與家庭關係提升的各種目標下，對領導者也產生了強烈的功能性的和情感性的依附感。

其次，我曾有機會得到一份內部的名單[11]，我認為其中透露出不少重要的訊息。這一份名單是四個年度的參與學員名錄，但不含其小孩在內。由名字屬性，我也可以大約推估每個學員的性別，數據如表6-1。這裡面較為突出的訊息是：在不計算子女人數[12]的情況下，（一）整個組織的男女性別比大約是四比六，但後

11　某位不願透露姓名人士提供給我的舞蹈班的學員名錄。關於這分名單的部分意涵，筆者也曾在另文（2016）中有所討論。

12　小孩與大人的人數比，我沒有實際的數據，但可以大致做一推測。根據本案起訴書中證人的證詞顯示，2013年5月18日當晚默園對詹生啟動「整理」程序時，除陳巧明與詹母外，共有約28人在場，在其中又約有9位為學員子女（青少年）。這個比例顯示，常去默園的家庭，成人與小孩的人數比約是2：1。因為默園已成為會員家庭聚會似的場所，前述這個成人小孩人數比，會比不去默園會員中的成人與小孩比高一些。廣泛來看，做較保守的估計，由以上的比例（去默園的學員小孩與大人間的比例為二分之一）再折半去推估，若以日月明功中成人會員人數的四分之一來推估小孩和青少年學員的人數，則由2008年到2012年間，日月明功參與的青少年學員（成人學員的子女）約在32到59之間。

期男性更少一些；（二）大約在2011年前後，參與人數開始劇烈下降；（三）在2011年前後，離開的人數中，男性大致上多於女性。我詢問過長期參與的學員，也覺得這個數據應是大致上可以相信的[13]。

表6-1　日月明功近年來的學員人數（不含其小孩）

年度	男性（由名字推估）	女性（由名字推估）	總計
2008	89（38%）	145（62%）	234
2009	84（43%）	112（57%）	196
2011	46（34%）	88（66%）	134
2012	46（36%）	82（64%）	128

一位學員這樣子回應我的詢問：

這個數據應該是沒有錯。因為她，她有，第一個收費增加，從兩萬多變成六、七萬；第二個是在課堂上打罵，這兩個造成她人數遽減的因素，所以那時候感覺得到人跑了很多，幾乎跑一半啊。……那時候跟人家有啊，巔峰時期〔陳巧明〕就開始目中無人了啦，然後呢那時候就開始，不退人家錢

---

13 但必須要強調的是，雖然幾位學員同意本章此處的說法，陳巧明本人曾看過我整理的這份數據，但她本人並不同意我的說法，包括組織人數、組織成員流失的狀況和組織發展的歷程等，她認為舞蹈班一直人數很多，人滿為患，應不只兩百人，而且多年來幾乎從未減少過。人數太多時她會主動停止招新生，而讓學員人數受到控制，這才會出現人數的變化。至於默園，情況也是類似，許多人都想去默園，但能獲允許前往默園的人數，常是經過她主動有所控制和調整的。

啦，〔外界〕很多人來亂啦，很多人來告她、來亂她。……那時候就開始很多人看在眼裡就不來了，而且那時候〔陳巧明〕就一直叫人家要做某一種改變了啦。影響人家的家庭生活情況啊，所以那時候很亂，我知道那時候很亂，因為那時候我也最忙，我那時候也不是很在意，可是我覺得，我那時候覺得怪怪的這樣。……本來一個晚上兩個班，變成一個班，本來一個禮拜六天變成四天。……她巔峰時期是在墊園沒錯，進去了，前一、兩年進去的，後來就整個大扭轉。

因為幾乎都是女的先進去啦。然後女的進去之後就回去嘛，回去就跟她老公講。〔陳巧明〕就灌輸那個老婆觀念，要叫妳老公來啊，妳老公沒有來你們怎麼改變家庭呢。老公比較為了家庭屈服的就來了啦。……這邊留著的都是有這種家庭關係的牽絆，互相拉著或親戚朋友拉得太緊了，就不願意離開，就互相都覺得留下來這樣子。現在留下來的，幾乎都是啦，幾乎啦，我跟你講百分之，我認為，我不要說百分之九十、七、八十多少，我認為應該七成以上都是啦。（電話訪談紀錄G4）

本章附錄中列出了日月明功的大事紀，再配合前述數字，我們大致上可以這樣子推測：

（一）陳巧明以創立民族舞蹈班起家。舞蹈班1983年即已成立。由學員口中得知，早年她是個熱情而有教學方法的舞蹈老師。目前日月明功很多重要的女性幹部，都是早期即跟隨陳巧明練舞至今。

（二）大約2000年之後，舞蹈班的教學內容慢慢開始改變，加進了愈來愈多有關筋絡、氣功、身體施展與健康療程等方面的

教程。根據法庭上陳巧明自己的說法，她是因為練舞蹈身體受到傷害，無法再做高難度的舞蹈動作，才慢慢轉型為以比較簡易的身體施展的功法為主。

（三）教學內容的改變，竟然帶來了舞蹈班學員的增加。學員開始由四面八方前來，或者為了醫治身體、或者為了紓壓、或者是來自家長為兒童的技藝學習預做準備。總之，舞蹈班學員不再以年輕女性為主，男性、老人、青少年和孩童都紛紛加入。

（四）2005年起，舞蹈班乾脆撤銷登記，不再公開對外招生，僅以私人網絡為招募管道。就在這時，陳巧明也創出了「日月明功」這個名稱。這個名稱的出現，反映出舞蹈班已由純營利的補習班，轉型為一個「擬宗教團體」（quasi-religion）。大約在2006年前後，學費開始暴漲，由個人年費一萬多漲到三萬多，之後更逐年漲到2010年以後的六萬多。高學費政策過濾了參與人員的社經背景，但也同時引發了許多消費爭議的投訴。

（五）學員人數擴張大約在2008年前後達到高峰。大約就是在2008年年初，陳巧明又開放了祖厝默園，讓她所認可的學員可以前往活動和參與聚會，這個世外桃源般的大莊園，也創造出學員之間更為緊密的家庭連帶感。

（六）也就是在學員人數達到巔峰期的同時。功法修習之外，組織出現了一些附加性的互動模式，包括：以默園為基地而產生的整個組織家庭化的發展，讓成員之間的日常生活更親密地聚合在一起；陳巧明個人人身權威的擴大，她幾乎成為了大家的媽媽，積極與熱情地介入於學員個人和家庭生活中的全部面向；成員之間相互督促與檢討，共同促進成長，但也成為介入性的監視關係。這裡，我們也看到所謂的功法，歷經了幾個階段的改變，由舞蹈（前功法時期），到身體舒展，到擬家庭關係的相互

促進，到在陳巧明個人權威督導下所產生的身心變化與成長。

（七）陳巧明權威的擴大與介入個人生活，甚至是領導者有施行暴力管教的正當性，這可以被稱之為是「組織的克里斯瑪化」，這個結果再加上功法學習背後缺少穩定明確的宗教理念或意識形態，成員間緊密的相互期待與互相監視，和高學費政策的門檻，總總因素相加，也就出現了2011年之後學員人數開始大量流失的結果。簡言之，日月明功的巔峰期持續了大約四、五年左右，組織的擴張創造了領導權威的高漲，也產生了嚴密自我管控的門檻，但是在缺少中心理念和教義基礎的情況下，以及組織運作上的沒有方法，讓組織產生了各式各樣的內在緊張性，學員也開始大量流失。

（八）愈來愈高張且乖戾的領導權威之展演、暴力的管教方式、成員間密不通風的相互情感連帶，終於在一次不當管教中埋下了導火線。然而，2013年6月詹生死亡之後，在內部將訊息刻意淡化與扭曲之下，整個組織卻幾乎還是以舊有模式在運作著（自白性的相互檢討和暴力管教）。直到12月媒體爆發該案件，甚至於還是要等到陳巧明在法庭上出現各種掩蓋性的證詞而讓學員失望以後，日月明功才真的開始進入了潰散與分解的狀態。

為了理解上的方便，以上的說明也被歸納在表6-2當中：

表6-2　日月明功的發展階段

第一階段	1983－2000	民族舞蹈班時期
第二階段	2000－2006	舞蹈功法化時期
第三階段	2006－2009	功法擴張與家庭化時期
第四階段	2009－2013	組織克里斯瑪化與緊張調整期
第五階段	2013.12－	潰散與分解

　　其中，民族舞蹈班時期，還是單純的舞蹈學習；舞蹈功法化時期，慢慢轉變為以身體施展的功法為學習主軸；功法擴張與家庭化時期，參與學員的來源更為廣泛，功法在身體上所帶來的療效在彰化、台中地區為大家口耳相傳，學員人數開始大量擴張，同一時間以默園為基地而產生整個組織家庭化的發展；2006 年以後，進入組織克里斯瑪化與緊張調整期，陳巧明的教學與領導權威有所擴大，但因為功法學習背後缺少明確的宗教理念或意識形態，組織運作中開始出現了極大的內在緊張性；詹生事件後，一次不當管教，暴露了組織發展的困境，成員間開始出現某種離心力，更在法律與媒體的介入下，一個原來有兩百多位以上學員的團體，最後於走向了潰散與分解的狀態。

五、日月明功學員背後的社會心理基礎

成員的構成

　　日月明功的學員從哪裡來，階級背景又如何？根據法庭旁聽所知，學員幾乎六成來自於彰化市，其他的學員也多是來自於彰化市的周邊鄉鎮（員林、和美、台中清水等）。

　　日月明功的舞蹈學習本身不帶有宗教色彩，而團體的訴求也是以改善家庭關係和提高生活品質為目標，並無任何反社會的訴求。以階級來看，一週上一節課的學費，每年至少要三萬五千元左右，許多家庭還是爸媽與小孩共同參加，學費便達十萬以上，這樣的高學費，已經過濾而使得成員背景必然為中產階級以上。像是幾位涉案的被告，職業就包括了高中老師、工程師、高階經理、銀行職員、汽車修理廠老闆、建築師等等。據我法庭旁聽所知，幾位被告和重要幹部的背景資料如下（如表6-3）：

表6-3　日月明功案被告及日月明功較核心成員的社會背景（2013年時）

8名主要被告	性別	年齡	學歷	職業
1 陳巧明	女	59	學士	舞蹈班教師
2	女	49	高商	兼職作業員
3	女	37	專科	車行職員
4	男	37	？	開修車廠
5	男	43	？	從事3C產業
6	男	44	學士	大公司主管
7	男	38	碩士	高中數學老師
8	男	41	碩士	科技產業工程師
除被告外之較核心成員	性別	年齡	學歷	職業
9	女	49	碩士	高中輔導老師
10	女	46	碩士	高中輔導老師
11	女	40	學士	商業公司國外部門業務
12	女	40	學士	銀行職員
13	女	？	學士	高中校護
14	女	44	學士	舞蹈班助教

　　事實上，在本案案發之前，整個團體給人的感覺，還是一個形象相當正面的團體，這和案發後每位成員害怕外界將其與此團體牽連在一起的恐懼心理成一百八十度大轉變。默園一直是彰化縣政府過去想要規劃為縣定文化資產之處（但因陳家家族意見紛歧而擱置），過去也常有社會名流前去參訪（例如姚嘉文因父親在默園幫傭，自小即在此長大，其夫婦也曾舊地重訪）。能在大文豪陳虛谷舊宅進行聚會，對成員來說，也帶來一種浪漫氣息和

能通往上層社會的想像。但是事發之後，學員心情的轉變，正如一位學員在拒絕接受筆者的訪問時，所述如下：

> 如果你有比較理性來看，就會看出我們不是像報章雜誌寫的這樣。你看我們這些人的臉就好了，或是我們的言行，也不是那種故意或十惡不赦的人。我們就是想能趕快告一段落，但是這個過程還是要走完。……這件事其實我……我自己名譽不講了，對我親戚朋友影響也很大。我雖然過去沒有說多顯赫，但也不希望這件事擴大，我希望趕快平息下去。我跟你講白了，我們這次來這邊出庭，都冒著明天又上報、又怎麼樣的危險。

　　簡言之，日月明功團體原先是一個社會形象相當正面的以瑜伽學習為主的成長團體，它並沒有宗教色彩，成員的參與並不需要去克服社會外界對激進宗教參與者常會有的猜疑心。一些大學教授、專業人士、老師等都是團體的學員，團體宗旨中也沒有任何與社會主流相違背的價值觀，團體領導人陳巧明的家世背景，對團體也只有加分作用。團體的運作，是在這樣一個社會氛圍之中所運行，學員的參與，也是在這樣一種社會形象之中，而所產生團體認同和對老師的認同的。

　　至於日月明功團體的人數。首先，根據學員們的說明，巧明舞蹈班發展高峰時期，應在2006年以後，當時舞蹈班（成人小孩都有）大約有200名以上學員（週一到週五每天成人與兒童各一班，每班約20人）。而2006年以後，默園成為舞蹈班課後另一個聚會場所，逐漸發展，2008年以後，默園約有二十多個家庭（50-60人）會經常性地前往，多半利用晚上或週末時間，大人來此泡

茶聊天、分享人生經驗，小孩則來此交朋友、做功課等。

為什麼會選擇繼續留下來？

2010年以後，陳巧明的暴力管教頻率已經升高不少（根據法院起訴書中的說法來看），數據也顯示這時可能有大量學員流失，但另一方面，仍有超過半數的學員留了下來。由數據上來看，當然其中可能每年還有幾位新加入的學員，但應該不至於太大影響以下的統計結果：比較表6-1中2009年和2011年的成年學員人數，組織處在各種緊張性的同時，日月明功在兩個區間之間，至少還有68%（134÷196）的學員留了下來，男性中至少有55%（46÷84）選擇留了下來，女性中則有高達79%（88÷112）的人選擇留了下來。

會留下來的第一個可能，當然是因為認定陳巧明的動機是真誠的，即使說手段較為激烈。另一方面，也認為自己是需要做修正的，這個修正也只有在這個團體中才可能獲得。幾位學員的說詞反映出這類情況：

> 陳巧明打過我沒有超過五次，都是我不好陳巧明善意提醒我，因為我自己很迷糊、懶散，她不是羞辱我或惡意傷害我，而是對我很受用。（高院二審判決書附錄中所載某位學員的證詞）
>
> 我開始這麼信任她、崇敬她，到後來她做出一些違反我的常理跟思考時，我會想說她失控是因為我的不對。我覺得我會去合理化她的行為，不會把錯歸咎於她，因此在很多情況下，太多人也會在這樣的氛圍下勸妳說是妳的問題。（高院二審判決書附錄中所載某位學員的證詞）

因為天下沒有人會願意說我錯在哪裡，然後老師願意說你錯在哪裡，這不是關心妳嗎，所以妳連關水龍頭關不好，鋤草也鋤不好，跟老師打招呼妳都無法做到，妳讀什麼書？所以我很慚愧很糟糕，然後只要我還敢頂嘴的話，那我真的可惡到極點，因為太多事情證明她說的都是對的。……因為我太相信、太單純，我一直把她對我的傷害認為是因為我太糟糕。（高院二審判決書附錄中所載某位學員的證詞）

我不只被修理一次，我當時覺得是我的錯，陳巧明講的有道理，我也有被修理而逃離默園過，後來為何又回到默園我也不知道，我認為陳巧明的目的、意圖都是好的，只是手段很激烈。（高院二審判決書附錄中所載某位學員的證詞）

除了積極自我成長的因素以外，消極來看，社會網絡關係的牽連則是另一個重要因素。例如說這些人會留下來的主要原因，根據幾位學員事後回想起來，都認為和家庭其他成員或是多位好友在其中，相互不知彼此意向，且牽連緊密在其中的這個狀況相當有關。就像一位男性學員所述：

這邊留著的都是有這種家庭關係的牽絆，互相拉著或親戚朋友拉得太緊了，就不願意離開，就互相都覺得留下來這樣子。現在留下來的，幾乎都是啦，幾乎啦，我跟你講百分之，我認為，我不要說百分之九十、七、八十多少，我認為應該七成以上都是啦。（電話訪談紀錄G4）

一位女性學員回想起來：

那是一種心理上的控制，你不敢走，因為大家還有一部分是我們怕說，其實我有曾經有跟我先生講過，說我離開好不好。他跟我說如果妳離開了，我們家全部的人都不用練了。……啊就是這樣互相牽制，因為就是我先生是，我會不捨我先生。……。其實我有跟他講啊，我有跟他說那我離開好了既然我這樣子會拖累你們，我離開好了，他說不行，你離開了我們大家都不用練了，大家包括我的公公、婆婆，因為我的公公、婆婆他們身體也不好，可是真的在那邊可以讓他們踏出家門。（訪談紀錄B5）

可以這樣講，學員當然有可能是出於自身特定目的而持續加入日月明功，但家庭或朋友網絡的牽連，會是一個解釋其繼續留存於日月明功的重要原因。

另一方面來說，學員與學員之間所形成的新的形同家人般的關係，也開始成為了一個相互拉扯牽連的因素，而讓學員選擇繼續留下來而不退出。

我跟陳巧明情同母女。（高院二審判決書附錄中所載某位學員的證詞）

我跟我先生離婚跟默園沒有關係，是我們感情不好，而我在彰化市中正路的教室與默園都很快樂，陳巧明教我很多道理，默園及教室的成員跟家人一樣。（高院二審判決書附錄中所載某位學員的證詞）

在默園裡面有一群人圍在一起質問的程序，我有親眼目睹過有人被打，印象中比較深刻的是……我也想不通為何都是成年人了還要被打，我很不能接受，但害怕影響到我與太太

之間的關係，為了家庭的和諧，所以我不敢提出質疑，還是去默園。（高院二審判決書附錄中所載某位學員的證詞）

其實○○○想要逃過兩次了，在花園默園的地方，她這樣真的被打完以後她就跑掉了。大家又去把她追回來勸她留下來。（訪談紀錄B5）

簡言之，當某些學員因為與其他組織學員間已有著較綿密之親朋網絡關係（可能是既有的親朋網絡，也可能是進入組織後，與其他學員間所產生新的深厚情誼），這或者是出於一種情感依賴、或者是出於一種人際慣習、或者是出於一種相互扶持感，將會比起沒有這種網絡關係的成員，而更可能，即使在已感受到某種極大的身心緊張性的情況下，仍持續參與在團體之中。

參與高付出需求團體的內在心理基礎

那麼，學員參與這樣一個高付出需求團體，它的心理基礎到底是什麼呢？雖然蒐集到有關於學員參與的社會心理狀態的資料極為缺乏，但仍有一些跡象可尋。的確，本案中因為有輔導老師涉案，使整件事情更是讓人難以理解：專業在解決學生問題的輔導老師（而且都還是模範老師），怎麼會介入在霸凌學生和拘禁年輕人致死的案例當中呢？筆者曾接觸涉案的幾位輔導老師，沒有一位願意接受訪問。不過高等法院公開的判決書中，節錄了部分證人的證詞。一位輔導老師的證詞中說：

很多人跟我們說，發現這麼大的問題為何還不走，我也會自問，這是因為陳巧明利用我對人的善良，還有對她的信任感。當時我覺得我先生他不知道陳巧明的好，等到她對我拳

打腳踢，一再公開在孩子面前這樣做時，其實我心裡是有不一樣的聲音出來，但是她一直說她最疼我，因為我跟她學最久，我得最多，但以我所學的諮商與輔導學來看，是陳巧明她把她自己當成至高無上，她說的都是對的，我們每個人都要信於她、忠誠於她，如果有人曾經有不同想法讓她知道，我看到我們會有精神跟心理上的壓力，還有身體上的傷痛，所以後來我跟我娘家也不往來了，跟學校的人也不會去談這件事情。

　　因為天下沒有人會願意說我錯在哪裡，然後老師願意說你錯在哪裡，這不是關心妳嗎？……跟老師打招呼妳都無法做到，妳讀什麼書？所以我很慚愧、很糟糕，然後只要我還敢頂嘴的話，那我真的可惡到極點，因為太多事情證明她說的都是對。（高院二審判決書附錄中所載某位學員的證詞）

　　這段話中的訊息其實相當多：一個人因為追求自我成長而長期跟隨一位老師學習，這位老師過去已被長期證明了她是最關心當事人、也最了解當事人的人，也能直接對當事人提出規訓和警惕，但老師變本加厲，讓當事人心生壓力，但仍選擇繼續停留在原有關係中，當事人與老師間的關係愈來愈具有獨占性，但這也讓當事人與其他親人或同事間關係逐漸產生疏離。當事人學歷很高，卻常犯錯，這一點成為陳老師由本質上對當事人進行批判與訓誡的著力點。

　　簡言之，筆者想要強調，對於這些高學經歷的人來說，表面上的從眾，背後卻有著複雜的心理歷程，這個歷程的起點是出於個人的追求自主性，它的條件卻是建立在當事人與老師間特殊的依附關係上，但依附關係產生獨占性，讓個人與其他社會關係間

產生緊張性，但緊張性卻也反映出個人自主性有所提高的團體價值，獨占性的關係逐漸變質為暴力式的對待，暴力式的對待卻也可能是反映出成長、進步與分享的光明面，因為畢竟它是與正向式的嚮往和團體互助分享的環境氛圍中所交織在一起的。最後，自主性的想像與過度依附間不可分割，暴力的使用則是其中可容忍的偏離（如同父母勸誡子女），而不是偏差。

自主性的追求是日月明功中的核心價值，如同一位學員所述：

> （這個團體）它有一個算是很不錯的一個核心價值，就是做一個有力量的好人，這個是在這個社會很需要的，有力量的好人，這也是吸引我們這幾個人願意去的原因。……那怎麼樣才是一個有力量的好人，你必須要懂道理，必須要會有能力講道理，必須要有能力講道理讓別人懂之後保護自己。（訪談紀錄B3）

另外一位學員也跟我說了類似的話：

> 她除了做動作之外，她最常講的就是說我們要做一個有力量的好人。……她的想法就是人要靠自己，人要為自己的權利而奮鬥，就是去爭取自己的權利，她最討厭的就是佛家的一句話叫做放下。……她會覺得說，女生就是應該要堅強。（訪談紀錄B1）

而與老師和學員間的相互分享，則是達成個人自主性最重要的智慧與情感上的相互支持，但這卻也可能造成個人自主性與團

體以外關係的緊張性。幾位學員的法庭證詞裡提到：

> 我去默園應該有一年的時間，我跟我先生離婚跟默園沒有關係，是我們感情不好，而我在彰化市中正路的教室與默園都很快樂，陳巧明教我很多道理，默園及教室的成員跟家人一樣。
>
> 陳巧明會給我們看很多人寫的文章，然後說她不再是純粹練舞蹈，她現在在做健康的課程，這時我不懂，但看到很多人寫的文章說得到很多的幫助之後我就進去學，跟著學以後我覺得很好，她也鼓勵我們跟別人分享，所以我的孩子、丈夫跟媽媽都有學，但他們有不同的看法，他們覺得有些問題，然而在過程當中，陳巧明會認為是我們家人跟我先生的問題，所以我跟我先生因為這樣而關係不好，後來陳巧明也讓我們慢慢去參加她老家默園的課程，就是去那邊拔草，她覺得這是很有意義的事情，其實在那時候我很信任她，所以我們都願意跟著她做，到後來慢慢我跟我家人遠離。（高院二審判決書附錄中所載某位學員的證詞）

一位學員回憶道：

> 她口口聲聲說一切都為我們好，然後我們也想到，包括我自己也想到真的我以前的，我在婆媳關係上面常常的這樣子委屈，然後在婚姻關係裡頭也這樣委屈，然後好像跟著她學以後我得到前所未有的尊嚴。然後我的尊嚴就是把我先生跟我的婆婆踩在腳底下這樣。（訪談紀錄B4）

　　但以高度的團體內情感依附為基礎的自主性，也付出了很大的代價，如前所述一個是與團體以外家庭關係或朋友關係間的緊張性，另外一個則是對於領導者的過度認同。一位學員提到：

> 有人可以要上去分享就跟她〔陳巧明〕講一聲，就上去分享，那我也常常把握那個機會。一來我覺得，我感覺到常去分享會獲得她更多認同的眼光，啊我覺得獲得她的認同我很開心；對恩，然後會覺得這是我很有利的。……跟她學以後，我們一票女生，大家都隨著她做髮型。然後，就是她就變成引領風騷這樣子。我們就跟著她學，然後她的髮型、她的行為、她的動作……。（訪談紀錄B5）

　　這個自主性的追求，不限男女，但男女間肯定會有不同的原因。而且在日月明功核心成員和資深成員中以女性居多，男性學員又較多為女性親人介紹而參加的情況下，傳統漢人父權文化中對於女性自主性的歧視或忽略，應該扮演某種角色。

　　如同Sangren（2000〔丁仁傑譯，2012：364〕）所述，在一個以父系為主的社會系統裡，一個女兒不管能多麼成功地贏得雙親的情感，結構上而言，她注定要被「出生家庭」趕出去。簡言之，自主性之不可得，對於漢人女性而言，有著一個深層結構上的缺憾和情感上的遺憾，而它也會影響到一個女人在一生中面對父母、公婆、先生甚至是自己小孩時的情感狀態。這一點，在筆者極為有限的資料裡是完全無法加以做說明的，而只能作為一個假設而存在於目前討論的環節中。

　　至於筆者所蒐集到的有限資料裡，大概只能說明兩個方面：
（一）確實有一些女學員的參與，和女性在父系社會中的情感依

附層面的不滿足感有關；（二）陳巧明確實經常以成員內心中的不安全感和缺憾感作為基礎來進行動員。

一位女性學員提到：

> 在羅浮宮〔舞蹈班的地點〕那裡，我就覺得那種愛是，終於有人包容我，比我爸媽還要理解我、還認同我，我就覺得很高興。
>
> 我覺得有的人或許是出於原生家庭的漠視，有的人或許是婚姻過程中的不幸福。而陳巧明會去激勵這一塊〔誘發對缺憾的感受〕，然後她會給你一種⋯⋯，因為人或多或少都有，哪怕你做的〔再好，內心還是免不了會有此感受〕，因為我們學經歷都ok，都不算差。（訪談紀錄B5）

一位男性成員提到他的觀察：

> 我認為有幾個就是因為沒有寄託啦！很多人沒寄託，我認為很多人沒寄託，好幾個家庭沒寄託，或是自己生長過程有某種缺憾。他認為〔參加日月明功〕可以補足他。因為陳巧明的話很甜蜜，聽起來很溫馨，講到讓大家很溫馨。（訪談紀錄B2）

主持彰化基督教醫院鑑定報告撰寫的精神科醫生，在不記名談到一位學員的人格特質時這樣告訴我：

> 那從這樣的成長過程〔小時候因家人罹患重大傳染病〕中她開始成長，長大後她開始⋯⋯比如說嫁給她這個丈夫之後

呢，你可以發現在這個婚姻的過程裡面，她對於丈夫其實頗有很強烈的期待，她有那種希望被丈夫，希望被……希望有一個家來給她溫暖。簡單來講，她是有依賴性人格的人，那這種依賴性人格的話，在我們的角度裡都是那種更為黏人的。那時候家庭生活中如果是女性，個人家庭生活不溫暖，然後呢會很早就早婚了。早婚的原因呢？目的通常就是因為希望有一個家就能夠保護她了，可是往往這個婚姻通常都是不幸福的……她加入團體之後，團體有幫到忙〔身體變好、小孩變乖〕……。（訪談紀錄D1）

　　簡言之，童年時期的不安全感和缺憾感，和後來日月明功中的參與間，的確具有某種關連性，這也產生學員對於陳巧明的認同和依賴，甚至於創造出陳巧明的權威。然而，情感依附（包括童年時期依附感的落空和成年後對某些對象的過度依附或刻意「去依附」）與自主性的追求之間，到底具有一種什麼樣的關係呢？

自主性與情感依附間的關係：概念上的釐清

　　依附理論（attachment theory）最早由John Bowlby（1969, 1973, 1980）所提出，基本上認為孩童時期與重要他人的依附關係，對於日後的人格發展有很大的影響，一個有健康和安全感的童年依附關係，也會讓一個人將來較有自信與勇氣去探索外在的世界。

　　依附開始於嬰兒時期，而持續到將來的一生。新生兒馬上需要別人對他的照顧，而產生了與重要他人的依賴的紐帶。Bowlby認為，嬰幼兒主要照顧者會形塑一個人的性格，這個主要照顧者

通常是母親，而母親與小孩的親密紐帶是在小孩一出生後就已經建立的。父子間當然也會建立親密紐帶，該紐帶的性質可能會和母子間有差異，一般認為，母親與嬰兒間的關係比較是一種養育和情感性的，父親與嬰兒間則是一種遊戲和關連性的紐帶（Geiger, 1996）。不過，當研究中注意到早期親子依附關係對後來人格發展的影響，也注意到母子連結與父子連結間性質上的差異，但實質上去檢驗母子依附或父子依附間之影響力的差異的研究並不多。

　　而就自主性這個面向來說，通常是指：個人有能力去自我掌握自己行為的程度（Noom, Dekovic and Meeus, 1999: 271）。表面上看起來，依附和自主性二者好像完全相反，不過多數研究指出，這兩者其實並非同一面向的相反兩極，而應被視作是兩個不同的面相（Noom, Dekovic and Meeus, 1999: 271-272）。

　　事實上，如同 Ryan（1995）由大量文獻整理中所指出，個人對自主性的自我認知，和個人對自己的親近關係品質認知間還呈現著一種正相關的關係。簡言之，支持性的關係會促進個人自主性，而個人所擁有的自主性也能促進個人親近關係的品質。

　　至於青少年時期，確實是在自主性與依附之間進行協商與調和的一個階段，但二者間也不是完全矛盾的，而是一方面在一個逐漸浮現的自我主體和自我有能力的感覺，和另一方面在一個持續性的但是是經過轉化的與重要他人之間的連帶感間，取得一種平衡（Baltes and Silverberg, 1994）。

　　不過，更精細來看，自主性可以指涉不同的面向。Noom（1999）定義自主性為：藉著定義目標、感覺有信心和能夠自我規約自己的行動，而具有自己能對自己的人生規劃方向感的能力。Noom 由文獻整理中，提出了一個有關於青少年自主性的三

面向的模型，即自主性應該被區別為三個面向：

（一）態度上的自主性（attitudinal autonomy），經由機會與慾求而所構成的目標藍圖；

（二）情感上的自主性（emotional autonomy），經由自信與個性所形成的一種獨立感；

（三）功能上的自主性（functional autonomy），經由自我規約和控制而形成的操作能力。

有趣的是，在不同的自主性面向裡，情感依附與自主性之間的關係不完全相同。Noom, Dekovic and Meeus（1999）的研究結果指出，具有高功能自主性的青少年，比較知道採用什麼樣的策略來達成目標，他們在依附關係上的滿足感，主要是來自於同儕方面的依附關係。態度上的自主性，反映在對選擇人生目標所具有的信心程度上，而這會和其與母親間的依附關係成正比。至於有所謂「全面性的自主性」（當事人人生目標明確、對自我有信心、也知道如何達成目標），這一類的人，則同時和父母間都有著良好的關係。

前述研究也發現，在當事人有著高度的功能上的自主性，但是若與父親關係不好，卻與同儕關係良好時，很可能會表現成為「問題學生」；一個人若態度上的自主性較低（不確定自己要做什麼），而又同時與父親和同儕關係都不好，很容易產生消沉的自我感。簡言之，對父親、母親和同儕的依附，似乎會產生不同的作用。對雙親的依附與學術成就和自尊有正面關係，能降低沮喪和問題行為；對同儕間的依附能產生較強的社會信心，但卻有可能增加問題行為。

修復式的依附關係與日月明功的參與

就日月明功學員的參與，以及就在組織已具有暴力形式而仍選擇跟隨老師的學員，他們背後所涉及的心理過程極為複雜，而在該團體已發生法律案件之後，學員的自我回憶和理解，更會發生曲折的轉變，在這重重複雜性之中，我們是否有可能在有限的資料中去解釋其行為呢？

綜合本節前述的資料與概念性的討論，雖然仍然有許多假設性的推論，在此，筆者想要以自主性、依附以及團體內外的社會關係等面向間的交錯互動，來說明這些，不論是由外部來看，甚至是成員自己由事後反溯來看，都不容易加以說明的複雜身心現象。

為了說明上的便利，筆者先將相關的討論線索，摘要在表6-4當中。而表6-4是示意性的列舉，並非完全實證性的原理，目的在希望能有助於討論的達成，而非討論的結果。實際上的狀況，有可能會和表中的符號有相當出入，但是表中所列的項目，則確實是考量成員的自主性與情感依附時，所必須要參照的項目。

表6-4　依附性關係與自主性的達成

自主性的達成與想像 ＼ 依附性關係	理想雙親	現實父母		同儕	修復式依附		去依附
					當事人的期待	領導者實際給予	
態度上的自主性	＋	－	－	？	＋	＋	＋
功能上的自主性	＋	＋	－	＋	？	＋	－
情感上的自主性	＋	－	＋	？	＋	－	－

　　首先，我們假設，一個健康依附性關係的建立，有助於個人自主性的達成。依附性的關係中，最基本的當然是個人與雙親的關係，這和個人早年的家庭經驗有關，而一直到成年，與原生家庭雙親之間的關係，都還是會影響個人自主性建構的重要面向。

　　而自主性，如前所述，至少我們可以在理論上區別為態度上的、功能上的和情感上的。態度上的，是指個人對自己人生的可能性和方向，有一種積極和自信的感受；功能上的，是指對自己能達成人生目標的能力有著充分的自信；情感上的，則是指個人情緒上處在一種有安全感和有滿足感的狀態，對自身性格和生活也有充分自信。

　　與雙親間健康而充實的依附關係，將會反映到個人在態度、功能和情感上，也就是各方面都能達成其自主性。然而我們知道，這在現實上，很難存在有這樣健康而讓人有安全感的依附性關係，尤其是對於父權社會中的女性，不論是父親或母親，都沒有能充分提供對於女性的情感加以尊重，和對於女性的能力加以肯定與鼓勵的氛圍。整體看來，在父權社會，即使在健全的家庭中，我們或許可以假設，父親通常可能提供了子女某種行動策略上的支持和肯定，但是在人生態度的正向鼓勵和情感回饋上，卻可能會有著結構性的缺陷（受限於僵化的性別角色期待）。至於母親（受限於父權社會中的母親角色），她可能在情感上的給予和回饋上有著適度的付出，但在態度與功能層面的自主性上，所能提供的支持和安全感卻可能會有所不足。而若原生家庭不健全，以上這些情況可能就會更為嚴重了，但大致上仍是往類似的模式來衍生。

　　以上這都還只是非常概略性的說明，若要仔細區別，在父系社會裡，父親對兒子和對女兒之方式，當然會有很大的不同；母

親對兒子和對女兒的方式也會有很大的不同。不過，為了避免討論過於複雜，作為示意性與啟發性的討論，這裡不再進入這種差別性的細節。總之，我們注意到，在理想的雙親依附關係，和在父系社會中現實的親子關係之間，存在著相當大的歧異，這對個人身心必然也會造成一種結構性的缺憾，而且我們可以預期，女性在這一方面的缺憾必然會更嚴重。至於一個人與雙親依附性關係的缺憾，也有可能會延伸到與兄弟姊妹，以及後來與配偶、姻親和子女的關係中。

　　依附性關係當然不只是與雙親，與同儕或朋友之間，健康的依附性關係依然能創造出某種積極正面的自主性。但我們前面的文獻裡也指出，它會是以功能性的自主性加強為主，在其他方面的作用並不明顯。

　　接著，我要提出所謂「修復式依附」（修復個人在社會中，結構性的態度與情感缺憾），作為解釋成員選擇一個具有雙親形象般的領導者，和具有親密社會關係的團體氛圍，而來有所加入，或者至少說，一個人因為某些原因（身體、事業、家庭等問題）而加入，是後來仍能持續參與的主要因素。

　　而當日月明功中的參與者們多數學經歷都相當好，或者我們可以說，他們在功能上的自主性層面上多半並不欠缺，因此我們也可以假設，這些人的持續參與，主要不是出自於功能上自主性的追求，而更多的可能是來自於態度上的自主性和情緒上的自主性的渴望，也就是想要經由重新建立某種依附性關係，而作為基礎以創造對人生積極正向的渴望，和達成內心情感依附感的一個重建與修復。

　　不過就領導者的層面來說，整個組織宗旨在創造某種個人的自主性，領導者也真的付出了深厚的情感來與學員產生反饋與互

動，但隨著領導者權威的擴張，領導者與成員間的關係愈來愈成為一種獨占與排他性的關係。成員固然在某些層面得到自主性，情感上的依附性卻越來越深，甚至於在領導者已開始採取暴力形式的教育模式時，這成為學員「修復式依附」下，在情感自主性的層面，既好像是有所掌握，卻又是進入一種與領導者間相互黏著與不確定，和甚至是情緒被占有而找不到其他出路的狀態。

這種領導者與跟隨者間關係的黏著與獨占，也伴隨著跟隨者與團體外家人或朋友間關係的惡化與分離。這種惡化與分離，在特定脈絡當中，甚至於還可被解釋為是個人自主性提高的表現，但它卻不是以健康與具有安全感的依附關係為基礎。至於成員與成員之間的關係，則基本上將會是領導者與成員之間關係模式的擴散與延伸（黏著與獨占）。

在「修復式依附」中之扭曲性的情感互動模式裡，個人當然有可能產生想要脫離而去追尋所謂的「去依附」的衝動。但「去依附」的選擇，固然可能意謂著個人重拾起對自我的信心，但另一方面，也意味著個人以「修復式依附」為支點所創造的部分功能面向上的自主性將頓然落空；同時，個人情感自主性層面上的黏著與獨占，在原有身心情感狀態仍然充滿不安全感的情況下，並不會因「去依附」而得到救贖，反而會進入更大的情緒上的缺憾與空白；最後，一個人若已因參與日月明功而與原有社會關係（那對當事人本來就是一種有缺憾的依附性關係，所以才會激發其持續參與日月明功）發生割裂與疏離，他（她）將更難捨棄目前已由團體內網絡所建立起來的，深厚且各個生活面向已高度交疊在一起的社會關係。

六、討論與結論

在後期現代化或是新自由主義的時代裡，部分既有社會組織層面沒落或經過重組，我們或許可以預期，確實有部分原屬於制度性宗教的形式會趨於式微，相對而言，個人或許有更大的能動性來創造出屬於自己的宗教或靈性內涵。

筆者並不否認前述現象的出現，尤其是地域性宗教團體和傳統宗教組織對信徒框限力量相對性地減弱。但是筆者仍要指出，在各類新形式的宗教組合或互動中，以「需求成員的高付出」為考察焦點，我們不可忽略各類新興宗教團體獨占性與壟斷性的性質，甚至於相較於傳統宗教團體，它可能還會有更為加強的情況。即使說有時由表面上看起來，一些宗教組織之結構已變得相對鬆散，它仍可能以各種直接或間接的方式，要求信徒絕對的忠誠與完全的付出，並能控制信徒日常生活的方方面面，使其出現如Goffman所說的「全控機構」的嚴密管制。不過，「全控機構」的概念，會讓我們忽略了成員涉入到組織的微觀互動過程和自發性的動機基礎，而洗腦說或心靈控制的概念，或許有助於解釋此類團體運作機制中的某些部分，但完全不能說明讓此類團體得以發生、延續和持續擴張的情感需求和社會網絡面向。

本章中所處理的日月明功案例，組織結構並不嚴謹，既無明確皈依與認同的標識，甚至於還幾乎沒有明確的教義與教規，但它對參與成員的生活卻產生了一種獨占性的控制（至少對想要認真投入的參與者來說），整個團體在運作過程上，非常接近於Coser所提出的「高付出需求機構」的表述：對內部成員要求著一種不可分割性的忠誠，而且，它的達成不是基於強制性的手段。

本章經由Coser所曾提出過的「高付出需求機構」概念，希

望能有助於說明日月明功這個團體的內部運作，並經由有限的資料，我們也想要探討日月明功背後可能具有的心理基礎。由「高付出需求機構」這個概念出發，會提醒我們避免過度單一的將日月明功視為是一個心靈控制和洗腦的場所（大眾媒體和法官都採取這類類似的看法），而能夠正視這些事實：在這個團體中，許多成員都是主動全心投入，以追求其家庭和自我成長，其領導者也是在這些目標圍繞中而慢慢增長其影響力。

在學術討論上，「高付出需求機構」似乎仍然還是一個模糊定義而沒有被深入探究過的區塊，但它也的確是當代社會中一個經常會出現的現實場域。我們由日月明功的案例中，雖然資料相當缺乏，但已約略看到了一個由中高社經地位所組成的「高付出需求機構」的形成與發展，和它所帶給團體成員生活空間自主性的非預期性的傷害。

回到日月明功的例子，我們以理想類型式的「高付出需求機構」概念來加以對照，如前所述，「高付出需求機構」對成員有一個總體性的要求，要將成員日常生活圈中的人格展現予以完全占有，團體要求著成員完全且不可分割的忠誠，它通常也不是以外部性的強制來加以標識，相反地，它傾向於經過自願性服從和忠誠與主動投入的手段來形成。這由日月明功愈來愈強的教主權威與愈來愈為嚴格的管教模式中，看到高付出需求團體的樣貌，而在這種高付出需求性中，雖然多位成員在法院證詞中表達出當時參與的壓力與緊張，但仍無可否認其曾自願且認真投入於內部學習與互動的事實。

而由本章的討論中，透露出微觀互動情境裡，逐步促成日月明功團體愈來愈接近於「高付出需求機構」的種種轉變的歷程，包括：

（一）日月明功由舞蹈學習轉換為功法修習，技術性層面轉換為身心靈一體性的效益追求與個人成長，隱含了全人格性的影響範圍。

（二）在優秀舞蹈老師的基礎與信譽之上，隨著前述由舞蹈到功法的轉變，學員數不但沒有減少反而忽然驟增，而且吸納社會層面更廣泛，這一點創造了功法與領導人的權威。

（三）在權力光環之下，領導人個人人格特質，展現為女性自主性的表現，也呈現為以理性之名而獲得個人成長和進步的功法核心要旨。

（四）集體氛圍中的相互分享與相互督促，制度化成為以領導者和群體意見作為反饋性學習的「分享」與「整理」程序。然而當組織面臨外在壓力（消費糾紛、成員家人的反對等），對組織的忠誠，被移轉成為正向學習的指標，「分享」與「整理」的內涵，跟著在重心上發生了轉移。

（五）在營利（由補習班轉變而來）且學費驟然提高的前提下，當團體放棄經由公開程序來吸收學員（補習班不再立案），招募而來的成員間必然有高度的網絡連結性，學員既有社會網絡在組織網絡中的重疊性，強化了以理性成長之名而所產生的相互監督，或至少是產生了某種網絡惰性而牽制了成員自由流動的意向。

（六）默園雖具有高度的文化象徵價值，但在家族資產形式中，卻只是一個隔絕性的空間場域，反而成為了能醞釀「高付出需求機構」操作的天然疆界。

（七）最後，雖最不明顯，也是本章目前資料檢證中所最欠缺的，但可能卻是最重要的因素：深藏於學員，尤其是女性學員，可能是來自於父權家長制中所產生的結構性的心理遺憾，以

及進而發生了對個人自主性的強烈內在性渴望，在一種修復與彌補式的心理作用中，這會轉化為對於領導者的功能性（由領導者的人格表現中想像自己的獨立性）和情感性依附，而這種修復式的依附，更有可能轉變為領導者與成員間的獨占性關係，也間接讓成員組織外的社會關係有所惡化，最後，即使當組織出現愈來愈強烈的「需求成員的高付出」，個人已難捨棄由團體內網絡中所建立起來的相互依附感與自主性的社會支持。

如前所述，這些在日月明功不同發展階段中，經由微觀互動過程慢慢累積而形成的團體特徵，可以被放在一個更宏觀性的視角裡來加以概括。首先，可能是傳統父權家長制形態下所產生的個人成長，尤其是女性成長過程中所產生的依附缺憾感（得不到父母或社會對個人的肯定和真誠關愛），以及慣習性的互動相處模式有關（與領導者的依附關係中仍然會遵循父權家長制式的互動關係）；其次，現代理性化的影響則包括它形成了個人對自主性的積極追求，個人或集體對於開放性成長產生了無限的想像，以及醞釀出精密算計性的學習與溝通歷程（包括「分享」與「處理」模式的操作）。最後，傳統父權家長制與現代理性化之間的互動與加乘效果，醞釀在彰化縣和美鎮默園這個巴洛克式建築的五千坪面積之大莊園中，也就是鄉間人際信任感相對較強、親朋網絡關係緊密，以及默園之隔絕性而富有人文氣息的環境裡，最後卻是創造出來了台灣特定時空脈絡裡的一個表現極為極端卻又是具有極高台灣中產階級屬性（成員社會屬性皆為中產階級、組織目標在追求個人成長與進步、團體儀式與巫術色彩較淡薄、雖過程中充滿威權性但內部仍極為重視溝通與互動）的「高付出需求機構」。

　　當然，許多團體都具有「需求成員的高付出」傾向，但我們所討論的「高付出需求機構」是非商業性、非政治性，但也不是大家庭或地方社區這類由傳統社會延伸出來的團體，而是特別指個人主義社會裡面，許多個人或小家庭單位的重新聚集，而產生了──在某個程度上是要對抗或修補社會分化所帶來的疏離感，但它也會去吸收現代社會中所強調的專業化和自主性追求的特性，甚至於也仍然帶有前工業社會某種家庭式關係的形式──特定時空裡的某種對個人投入組織的程度有一種全面要求性的團體。這類團體在某些層面上接近於全控機構（空間隔絕、個人被去個性化並受到嚴密的監控），但它又絕不是全控機構，因為其本質不是出自於一種科層制的全控性的管理，這一點理解非常重要，一方面讓我們注意到這類團體的內部管制與監督，起源並不是出於控制和管理；一方面也讓我們對參與者（包括領導者和跟隨者）的參與動機和狀態有一個更為同情性的理解。

　　概括本研究的發現，我們可以說：日月明功的案例，呈現出傳統父權體制與現代理性化之間的交互作用，產生出來了台灣特定時空裡的一個「高付出需求機構」。而這樣的發現，和某些人的研究結果，形成了既是補充卻也是具有批判性的對話空間。

　　例如說，英國社會學家Luhrmann（1989）的實證研究曾顯示，即使在當代英國社會裡的中產階級，也會使用各種巫術來達成實用性的目的，而這恰恰是近代「理性化過程」的一個非預期的結果，因為「理性化」中，有可能連巫術也會走向專業化與系統化，而強化了巫術在現代社會裡的吸引力與韌性。又如李丁讚、吳介民（2005）對台灣當代民間信仰的研究也指出，現代性與民間信仰構成一種弔詭，台灣在1970年代當代社會邁向現代化時，包括民間寺廟在內的各種宗教組織就開始以一種現代企業經

營的方式在經營宗教，積極創造民眾對宗教的需求，進而創造了民間宗教各種興旺的景象。由宗教的供給面著手，李丁讚、吳介民分析了當代民間廟宇現代企業式的經營模式，該文中稱這種經營模式為「宗教治理」，而這個「治理」也產生了在理論意義上頗具弔詭的「巫術社群」的出現（該文認為巫術的本質本不會導向社群性的連結，但在當代卻發生了）。

　　本章在此，一方面同意前述兩篇研究中所指出的，當代理性化所帶動的巫術的專業化與系統化，確實有助於造成巫術社群，和強化巫術在現代社會裡的韌性或甚至是吸引力，但前述研究僅只考察了宗教的經營層面，並無法說明信徒實際的心理歷程，以及是否在這些經營管理下確實也高度投入了這些團體。而且，前述研究中所提出的巫術與理性的結合，理性化內容的討論也僅被限定在相當技術性層面的工具理性操作。

　　相較於前述研究，本章目前日月明功的案例，由經驗材料中，彰顯出理性化影響中較為深層的一些面向，也就是由理性所帶動的：個人對自主性的渴望、開放性成長空間的建構和擬似溝通歷程中所產生的非預期性的相互監督等，這些都凸顯出理性實質內涵（而非只是技術性操作）之對現代宗教團體運作所產生的較為深刻的影響。而本研究中所發現的：傳統父權家長制所造成的依附缺憾感和慣習性的互動模式，之與現代理性的實質性的扣連，顯示出了傳統社會結構與現代理性之間更複雜的相互鑲嵌與加乘的作用，和這些作用所進而導引出來的特定時空裡的「高付出需求機構」。日月明功的案例，相當沉重地告訴了我們，在當代新興宗教新形式的背後，或許個人宗教選擇性或游離性是提高了，但仍有相當可能會醞釀出「高付出需求機構」的出現，進而產生出種種非預期性和極端性的後果，而嚴重侵害了人身自由與

個人自主性的保持。

現代社會中「高付出需求機構」的出現，可能是出於某種強烈的情感或規範性的追求，這種追求有時會出現積極正面性的效果，有時則產生破壞性和暴力性的結果。在本章日月明功的例子裡，我們看到它在發展上所出現的問題，包括它：對成員的管理出現了某種強迫性，領導者的權威有了過度性的擴張，學員對領導者出現了極強的依附性，這種依附性又開始愈來愈具有排他性和獨占性。雖然我們所根據的資料都是回溯性的，有可能有種種偏誤，但不管怎麼說，該團體畢竟在管理與教育方面，出現了體罰拘禁和嚴厲管教的狀況，也有多次特定成員全家都想要離開，卻又被其他學員動之以情而被勸回來的實例，並且團體最後又發生了不幸將一個年輕人予以拘禁致死的社會案件。我們幾乎可以這麼說，這一個原來對成員可能是有著極為正面感受和效益的成長團體，愈是到發展後期，它已愈來愈帶有了負面和壓迫性的特質。

這裡，使筆者聯想到本章在研討會上發表時，評論人林本炫教授依據筆者報告的資料而對日月明功教團提出了一個深刻的看法，他指出這是一個人數已達到兩百人規模的中型「類宗教團體」，若繼續發展，它有可能成為一個千人以上的發展相對成功的教團，但它似乎是轉型失敗了，轉型失敗的原因，根據筆者報告的資料所呈現，林教授推論，大致有這幾個因素：教主吸收宗教知識的速度不夠快，導致宗教知識的建構追不上組織的轉型，這又包括教主對各方面宗教知識的貧乏，缺少重要信徒來幫忙發展教義，以及團體起初的定位僅強調實際的效用以至於和宗教知識產生了某種距離等等。而也因為團體拿不出清晰明確的核心論述和提不出較為系統性的教義體系，導致團體拿不出利於組織實

踐和擴大信徒吸收的有效辦法，這也間接導向團體內出現發展失衡或甚至是暴力的管教模式。

　　顯然的，許多團體會具有「需求成員高付出」的傾向，這也可以說是當代社會發展脈絡裡的一種結構性產物，但有些團體能夠得到適當調適與平衡性的發展，有些團體則出現了較大的內在緊張性和發展上的困境。為什麼會產生這種種差異？這會是相當值得繼續加以探索與討論的議題。如果扣緊如林本炫教授所曾提出過的有關於團體吸納宗教知識與轉型的面向，這裡就涉及到高付出需求團體的調適、轉化和合理化發展的議題了。因為當人員或小家庭聚集成為一個「高付出需求團體」時，這背後通常會開始帶有某種超越性的目的或理想，而使得成員願意付出格外多的時間與精神，並願意犧牲自己某種程度的自主性，以來獲取個人更大的身心成長和家庭成員社會適應力的增加，但這樣具有超越性的目的或理想，它在什麼時候可以讓學員的自主性和自我提升的目標可以同時達成？什麼時候，它又會開始具有一種獨占性與強迫性的內涵，而對個人身心帶有負面性的效果呢？

　　對這個問題，筆者在此並沒有很明確的答案，但筆者目前所執行的研究計畫，除了日月明功外，也試圖對日月明功與其他較大型新興宗教團體在高付出需求層面上有所比較，初步發現，和日月明功類似，有些團體同樣是有著極高的「需求成員的高付出」（如清海教團強調嚴格的吃素、每日修行打坐要超過兩小時以上、信徒對克里斯瑪的想像極為崇高等），但即使常經媒體負面渲染和司法單位調查，團體仍能維持穩定發展，至少是始終有著固定而長期參與的信徒群。兩相比較，這讓筆者得出一個初步的分析架構，以來理解高付出機構背後所涉及的面向。初步看來，它至少涉及三個面向，參考圖6-2：

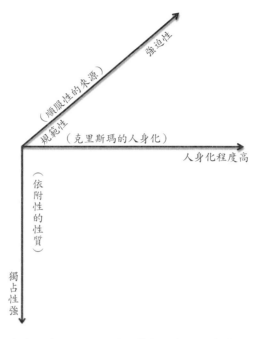

圖6-2 非政治或經濟利潤計算型的「高付出需求機構」所涉及的面向

三個面向分別為：

（一）順服性的來源，可能是規範性的或強迫性的，所謂規範性是指它和既有的文化或宗教傳統有高度的連結性，而讓個人在參與團體時，會以這些既有框架來自我理解（如禪宗修行的語言、儒家的價值觀、佛教業報與成佛的概念等），而強迫性是指它只能依據集體情感，或是組織認同，或是長期的社會網絡來對參與者達成約制和順服的效果。

（二）克里斯瑪的人身化：人身化的程度可以由低到高，如果強調抽象性的教義或宗教理想，這個團體的克里斯瑪人身化的程度就是比較低的；相反的，如果過度強調領導者的神祕力量或

影響力，這個團體克里斯瑪人身化的程度就是比較高的。

（三）依附性的性質：成員與領導者之間常具有某種依附性，這個依附性可以是健康而具有積極的，但也有可能發展成為相互之間具有獨占與排他性的依附性。

圖6-2中呈現出這三個面向對於一個「高付出需求機構」的影響，三個面向各自越接近於座標的原點，這個「高付出需求機構」的發展會較為平衡，成員的身心狀態會較為穩定，組織發展的緊張性與張力也會比較緩和。三個面向各自越往外延伸，則可能會讓組織面臨更大的內在緊張性，成員的身心狀態也會面臨較大的壓力。

而日月明功，正是在這三個發展面向上出現了一些問題的一個「高付出需求機構」。它沒有能創造適當的規範性的認知框架（與傳統宗教語言或宗教知識有更多的連結），而是以社會關係網絡和情感連帶來維繫成員對團體的認同；它的克里斯瑪人身化的程度越來越高，圍繞在陳巧明老師的教學風格和情感表現上，而沒有辦法有其他的權力基礎（如適當的組織程序或抽象的教義基礎）來代替這種人身化的克里斯瑪的操作；最後，領導者與學員間的關係越來越成為一種獨占性與排他性的關係，在「整理」與「分享」這些操作模式中，學員固然在某些層面得到自主性，學員與領導者，甚至於學員和學員間，情感上的依附卻越來越深，甚至於與團體外家人或朋友間的關係也愈來愈惡化。最後，詹生事件的導火線，暴露出團體已長久存在的問題，當18歲的主體性（拒絕權威和反抗身體被規訓這二個意圖同時出現）出現，組織必須誠懇面對第二代之教養與社會適應的議題，但是這時學員卻已習慣性將集體管理定義為善意，過分信賴內部整理與分享的程序，領導權威以外沒有意見充分反饋的機制等等，團體終被自身

所建構的隔絕性所困。這正是一個調適失敗的「高付出需求機構」所產生的最為悲劇性的後果。

最後，必須承認，因為資料蒐集不易，本章所根據的資料極為有限。本章中有關於日月明功在組織運作方面的資料，來自法庭旁聽筆記和少數學員的回憶，這些回憶又已受到社會事件的刺激而有部分受到扭曲；有關於日月明功學員心理層次的資料，本章所依據同樣相當單薄，並且也是受到了社會事件和法律判決的影響，而有當事人在面對自己或面對他人時，所產生的事後印象整飾上的添增或想像[14]。

但不管怎麼說，日月明功是發生在當代台灣社會中一個喧騰一時的社會案件，該團體涉及的學員至少也超過200名以上，並不是一個小團體，其背後所包含的社會現象也有某個程度上的代表性，對於這樣一個團體的理解，除了法律罪責層面的考量，和媒體以滿足民眾獵奇心理為出發點的捕風捉影以外，對它實在應該有更為認真嚴肅的考察與分析。而以回溯性的方法，在蒐集艱難但卻仍感稀薄的資料中，並且在推論時有斷層的情況下，本章仍嘗試透過組織運作和成員心理層面間的互動關係，來理解這一個團體的形成與發展。雖然現階段所能達成的非常有限，但希望

---

14 有一點要特別強調的是，筆者（2016）曾在《思想》雜誌發表有關日月明功的分析，包括組織構成、運作方式、發展階段等等，我曾將該文交給陳巧明，但對我所提出的分析，多數論點她不表贊同（如發展階段的變化、團體內部需求成員高付出的現象、成員的身心狀態、整理與分享程序的壓迫性等），基本上她認為我所根據的資料多來自法庭筆記和成員事後的回憶，並不能貼近日月明功團體原來的真實。某種程度我也同意她的說法和她對本人寫作方式的批評，但現階段的寫作條件，本章已是在盡可能參考各方面可能獲得的資料後所做的分析，未來當然還有待關心相關議題的研究者進一步蒐集資料，以對該團體來達成更能符合其事實真相的理解和詮釋。

至少在研究角度與觀察方向上，本章已提供了一個較佳的出發點，來更適切理解在當代台灣各個城鄉交界的角落中，許許多多如同日月明功這一類熱烈追求身心成長與家庭幸福，卻在修行與助人的善意中，一步一步走向了權威集中和相互情感過度依附的「類宗教」團體。

第七章

鑲嵌在既有宗教傳統裡的靈性追尋

新興宗教團體中的「老修行」與「新原理探索者」

一、前言

　　以清海教團為例，本章將把焦點放在新興宗教團體的宗教敘事與動員過程。我們將發現，整體社會靈性場域的崛起，仍然部分會依附在傳統宗教論述的認知框架裡，不過，不同信徒會以不同認知方式，而進入到新興宗教的場域當中。本章中也會特別指出「老修行」與「新原理探索者」這兩群人的背景和宗教發展路徑上的差異。而對靈性場域的具體了解，也應該放在這兩群人分殊性的發展路徑裡來被理解。

　　一個新興宗教團體在吸納信徒及動員信徒資源時，有其新的世界觀的元素，但必然也會部分根據傳統宗教已有的一些元素，才可能讓文化場域中的受眾產生共鳴。正如Fisher（1984）的「敘事典範」裡所強調的，人固然是理性動物，但其實更是「敘事的動物」（*Homo Narrans*），敘事的溝通行為，不是單一理性的判準所能夠解釋的，它更應該是一種歷史文化情境脈絡中的產物，而它必須符合於兩個標準：「敘事的可能性」（narrative probability）和「敘事的忠實性」（narrative fidelity），前者指敘事的內在連貫性是否合理；後者指敘事與既有的歷史文化和社會事實是否相符合。就「敘事的忠實性」來說，宗教的世界觀作為一種敘事，若要能引發受眾共鳴，當然要與既有傳統間有某種連結性。

　　不過，到底既有的傳統，在吸收新信徒的過程裡，在宗教敘事中扮演了多大的份量？而它又是以什麼方式被大眾所感知？尤其是社會急遽變遷過程中，許多標榜新訴求或新法門的新興宗教團體，到底與舊傳統裡的宗教敘事間有多大的扣連性？而當舊的傳統元素重新進入新的時代背景當中，它會如何嵌入於當前的時空當中呢？這些問題都需要經過經驗性的驗證和分析性的考察。

　　我（2004）曾經以「綜攝主義」（syncretism）的角度處理過這個問題，而特別提出來，「合一教」，也就是聲稱能融合儒釋道三教思想且不受三教控制的新教派，已成為漢人民間教派的主流，由此衍伸或擴大（如五教合一、萬教合一），也成為了漢人民間教派或新興宗教團體常有的敘事基礎。換言之，舊傳統，常以一種特有的「綜攝主義」的敘事方式，在姿態上，既保守又敞開的，成為漢人新興宗教團體重要的敘事與動員模式。保守的是，以「合一教」形式為名義的「綜攝主義」，蘊含了對文化和傳統的忠誠；敞開的是，它可能由各方面進行衍伸和擴大，進而包含了新時代裡的各種可能性。

　　不過，筆者該文所處理的是清海教團的敘事與組織發展階段，而並未由信徒的主觀論述與認知，以及信徒身心與組織之間的互動來進行分析。而且，「合一教」的敘事，固然創造出一種利於新興教團以挪用傳統來扣連新情境的敘事形式，但這個形式裡所可能包含的各種實質內容，仍有待進一步的檢驗與討論。出於此，本章在此擬運用筆者由研究清海教團中所累積的貫時性的材料，以來經驗性地對有關議題提出檢證。檢證將通過對清海教團的末世論敘事，及信徒的有關認知與實踐以進行。

　　分析上，本章則欲借用社會運動文獻中「主導框架」的概念來進行輔助。雖然相關討論還相當初步，但因為資料本身有其珍貴性，希望資料的呈現和分析，能有助於對漢人宗教生活的結構與動態，產生更為細膩性的理解。

二、資料

　　本章將利用筆者對於清海教團的訪談資料來說明有關議題。

清海信徒的訪談資料，來自我在1999到2000年兩年間，對50位信徒所進行的訪談（2004：351-352）。抽樣是在台北共修時段，於會前或會後在共修地點（當時的地點是龍山國中和大直國小）出口附近，對信眾進行隨機詢問意願，並另找時間進行深入訪談。其中刻意保持男女比例的平均，而各有25位。

2016年底時，我又開始對這50位信徒進行後續追蹤，出於搬遷與電話號碼的更改，我僅追蹤到了17位，其中又有5位拒絕受訪，最後得到12位追蹤性的受訪資料。這12位信眾，在經過了17年後，仍然都保持著高度的宗教熱忱，繼續留在清海教團中維持著常態性參與。顯示該教團在早期發展階段（1987年成立至1990年）之後，自1990年代起，這已是一個能讓信徒保持高度向心力，並且流出率不高的宗教團體。

我的雙階段性訪談資料，雖在統計上難以達成推論上的「效度」，但仍能有助於建立論證和達成輔助性的說明。描述性的資料，也有助於我在長時間的變化裡，看到當代新興宗教團體裡信徒與教團的互動模式，以及漢人信仰邏輯進入當代後的一個銜接與轉折。另外，本章也將利用清海無上師的相關宗教論述，尤其是她的末世論思想，以來進行本章的討論。

在進入本章核心討論之前，我們先由幾個面向來討論信徒如何被納入新興宗教的問題，這也能凸顯本章所要強調的「主導性框架」的獨特性。

三、信徒為什麼參加新興宗教

要解釋人們加入新興宗教，這個問題有不同層次，本章主要想考察，並嘗試運用新的分析性視野，來理解傳統宗教觀在信眾

動員上的效果。不過，考察之先，我們先就幾個面向來做說明。這幾個面向之間，並非相斥，因為信徒有可能同時出於多重原因而加入一個宗教團體，也有可能在不同階段出於不同原因而更涉入於某個團體。但是，注意到幾種不同動員機制的效果和作用，提供了本章討論更大的背景，這對於鋪陳本章主要所要闡釋的「主導性框架」的作用，有其必要性。

網絡的牽引

　　Stark 和 Bainbridge（1980: 1377）很早就指出來，過去社會學研究宗教運動的模型，多把主要的焦點放在各教派以特殊意識形態來吸引內心有「被剝奪感」的成員的過程，但這需以新的視野來加以修正或補充。相對比的是，Stark 和 Bainbridge 進一步提供了各種經驗資料（例如 Hardyck & Braden, 1962; Nordquist, 1978），以來說明宗教信仰傳播過程中，社會和親屬網絡的重要性。在他們標題為「信仰的網絡」"Network of Faith"的論文中，根據現有經驗證據，他們提出了「社會網絡模型」（Social network model）以來解釋人們的皈依行為。在此模型中，「信仰，事實上是個人對其身邊親近者之宗教看法的一個順從。宗教團體會員的成長，是透過社會網絡來發生的」。

　　筆者（1999）對慈濟功德會招募成員方式的考察也發現，大部分慈濟成員都是經由其原來熟識者的介紹而開始加入慈濟的。不過，雖然說社會網絡是重要的關鍵性因素，但不同團體吸納成員過程中所運用的社會網絡性質上的差異，還是值得我們加以注意。例如說，比較常被媒體標識為社會清流的慈濟教團，和常被媒體標識為異端的清海教團，社會網絡的作用模式就有不同。我將我在慈濟功德會中所蒐集到的資料（1999：142-143），與我在

清海教團中所蒐集到的資料相對比，如表7-1：

表7-1　慈濟教團與清海教團在招募模式上的差異

招募場合	慈濟（n=76）	清海（n=50）
親戚	34（44.7%）	13（26.0%）
鄰居	9（11.8%）	0（0.0%）
好朋友	12（15.8%）	8（16.0%）
同事	11（14.5%）	18（36.0%）
媒體	10（13.2%）	11（22.0%）

相較之下，二者都有高比例是經由人際網絡而開始得知，甚至於是被介紹進團體。慈濟教團比例高達86.8%（前四項加總），清海教團則達78%。

不過，若仔細加以對比會發現，在慈濟教團裡，就人際網絡的內涵來看，有高比例是來自於親戚、鄰居和好朋友；清海教團的網絡媒介，則部分來自親戚和好朋友，但另有相當比例是來自於同事的介紹。在人際網絡的性質上我們可以說，慈濟的招募模式更多來自於「強連結」（strong tie）（親戚、鄰居、好朋友），（不同連結的概念，參考Granovetter, 1983）占了其人際網絡中的83%（55/66）；以清海教團來看，「強連結」占了42%，但另有相當比例來自於「弱連結」（weak tie），占了其人際網絡中的46%（18/39）。另外，在媒體連結上，相較於慈濟教團，清海教團也有較大的比重（22%）是出自於因媒體界面（主要是雜誌和樣書）而得以被吸引進清海教團的。

換句話說，我們發現，當代台灣佛教與新興宗教教團，不論活動方式或是教義上是多麼新穎，初步的參與特定宗教團體，網

絡牽引的作用，都仍有其相當的重要性。不過，對於社會形象較好，也被大眾認為是較為主流性的佛教教團來說，這個網絡牽引的關係，會有更大的親屬或好朋友的性質，也就是一般所謂的「強連結」；而對於通常被社會認定為是帶有某種異端性質的新興宗教來說，這個網絡牽引的關係，往往不是來自周邊較親近的親屬或好朋友，而更多是來自於關係並不密切的同事的介紹，這相當程度上反映出兩類教團在招募模式上的差異。

主流性的教團，社會形象較為正面，在較親密的親朋網絡間接納度較高，彼此間也常會因網絡上的相互影響而加入；新興教團的社會形象則通常較為負面，在較親密的親朋網絡間，雖不一定會形成對參與者的批判或阻力，但團體很少能透過這種管道而進行招募，反而是在關係平淡的社會「弱連結」間，出於資訊交換與分享，有可能因此而讓一個人有機會認識到一個新興教團的存在，並進而產生進一步的參與。

不過，網絡牽引的因素固然重要，這只是相當初步的一個媒介性的元素，個人在自我陳述參與動機時，往往並不會將人際網絡因素看成是其加入的主要原因，例如說以清海教團為例，即使許多人提到當時是因某人引薦或介紹而開始參與清海教團，但其對個人的進一步投入於清海教團，通常不會歸因為是出自網絡因素。我的資料裡顯示，50 位中僅有 3 位（一位說是因女友介紹，兩位說是因父母的帶領），近似於是出自受到網絡因素的影響而進入清海教團。

靈驗？

另一個討論漢人新興宗教活動所常考慮到的元素是靈驗。瞿海源（1989：234-239）在 1990 年左右所做的觀察中，就指出當

時台灣的新興宗教現象所具有的七個外顯特性：（一）全區域；（二）悸動性；（三）靈驗性；（四）傳播性；（五）信徒取向；（六）入世性；（七）再創性與復振性。換句話說，為了追求靈驗而來參加新興宗教，應該是信眾所考慮的重點之一。而媒體的報導，也常以新興宗教信徒狂熱追求靈驗的刻板印象，來作為主要報導的焦點。

　　不過，筆者（2014c）曾指出，固然，在台灣社會裡，傳統信仰的主流是民間信仰，這會以靈驗為重要吸納信徒的要素。但新興宗教絕不同於民間信仰。相對於民間信仰，筆者則指出，隨著都市化與工業化所產生的教育程度的提升，與新興中產階級的興起，許多人已無法滿足於單純巫術性的宗教活動，於是在新的宗教需求下，宗教教義上的邏輯性會成為吸引人們的一個重要訴求。不過，由於它是由傳統宗教型態（民間信仰）出發所進行的轉化，經驗相關性（也就是靈驗的效果）或許還會是信徒在選擇宗教時所會參考的標準，只不過，在教義邏輯緊密的前提下，那將變成為是一個次要的標準，甚至於，當外在經驗事實與教團的預測有所違反時，更精緻化的教義體系，也已經有了更強的自我防衛和合理化的能力。

　　還有，當某些新興教團專注於個人體驗的追求，這也已不等於靈驗。原本民間信仰中祈求神明而來驗證結果的外在性的靈驗性，現在已變成了是一種內在身體感覺式的驗證，而與外在經驗間愈益脫鉤了。

　　以清海教團的資料來看，表面上看起來這似乎也是一個相當強調靈驗效果的團體，翻開其內部雜誌，幾乎處處都在強調修行所帶來的生活上的實際效果，以及師父無所不在的護持力。

　　不過，我們先不去討論靈驗在清海教團教義中所設定的位置

（丁仁傑，2004：501），而純粹就受訪者的資料來看。就筆者2000年前後所進行的50位受訪者的資料來做歸納，我們發現，除了4位參與者自述的動機難以被歸類以外（1位是因女友介紹、1位是因身體必須吃素而被人介紹來此教團、2位是自小為父母所帶領來參加）。在50位受訪者資料中，根據其自述的參與原因，僅有3位（3/46 = 6.5%），很坦白地說道，起初參與教團是為了追求一種在他處所得不到的靈驗效果（1位是因女兒智障問題遍尋宗教師協助，1位因自身疾病問題尋求保護，1位因關心亡父的超渡問題而來參加）。這些人的參與教團，最原初的動機，的確都是為了試圖在專門性的宗教活動裡，獲得更大的世俗性效驗。

　　換言之，以清海教團的例子看來，即使廣為媒體所報導的是信徒對教主的崇拜，以及信徒追尋奇驗的心理，但嚴格說起來，純以靈驗為目的而來參與的並不多，更何況經過長期參與教團，這些初參與的動機也可能還會歷經變化。

論述中新元素的吸引力

　　後面我們還會更完整地回歸清海教團中所蒐集到的資料。不過，這裡，最顯而易見的，會去參與所謂的新興宗教團體，當然有一部分會是出於，其所提出的論述有其跟得上時代變遷的合理性，並能感動人心，也就是「新」教義所帶來的吸引力。關於清海教團這一方面的新元素及其吸引力，我們還會做更仔細的討論。這裡，我們先鋪陳日本新宗教發展的例子，因為其中新論述與舊論述間的對比特別明顯，這有利於我們凸顯相關的論點。

　　譬如說，以日本「新宗教」的發展為例，在1980年代以後，出現了一種更重視靈性追求與更重視現世救贖概念的「『新』新宗教」的出現。日本學術圈常以論述上的差異來做區別，並強調

社會變遷因素所導致的世代差異及宗教實踐上的變化。

例如說，島蘭進（2004：261-274）透過比較GLA（God Light Association）和幸福的科學兩教團（前後分屬「新宗教」和「新新宗教」），尤其是各自的教祖的論述（高橋信次 VS. 大川隆法），而分析了二者的差異。

他指出，新新宗教與新宗教最顯著的差異是，前者強調超越於這個世界之外的不同世界裡的生活，而不是僅止於強調在這個世界的救贖。在較早先的新宗教裡，會關注於靈性世界，但這只限於對會影響到這個世界人們命運的靈性世界的信仰。如果這之中有所謂對靈性世界的關注，這是出於生命的目的，只是在於去獲得這個世界裡的幸福的共同生活。而此世的利益，像是治病，這會被有所強調，這種利益的達成，不會被認為僅是出於物質的、生理的和暫時利益的達成，而還是會被當作是終極救贖的展現。此世的痛苦的克服，被認為是達成最高幸福的途徑，這在早先的新宗教裡，這種此世救贖的概念是其主要的特質。

相較之下，新新宗教更強調超越現世。靈魂被認為有永遠的生命，在一個很長的時間軸上，靈魂經過了自我不斷向上改進的輪迴流轉的循環，並強調，這個世界的生命之可轉化性。「幸福」，被用來表達作為生命的目標，但這不被認為可能在一個人此世的生命軸中達成。而是，這是作為永恆生命的靈魂之成長，才能夠達成，在此角度下，來自這個世界的艱困磨難，被視為是有意義的。這個觀念，焦點放在超越於現世。

對於轉世的靈魂來說，與這個世界人群間的互動僅是暫時性的。烏托邦的建立，是這個世界公共生活的目標，而它是需要在現前生活有限性的人群關係之外去得到實現。先前新宗教的救贖觀中認為，在與他人共同的活潑、平和和溫暖的生活裡，有可能

得到終極救贖的希望，這種看法，到了新新宗教裡被看得不是那麼絕對化了。

島薗進認為，這種差異性觀點散播的主要原因是出於，因為當日本社會已達到了某個程度以上的物質的富裕，個人的私領域也被高度尊重了。這也反映出那種對無限進步產生懷疑態度的出現，人們開始懷疑，對於那些經過國家現代化過程而獲得的進步和繁榮，到底有何內涵？在這種背景之下，我們可以看到，一種由現代的、此世的態度，而轉移到了一種對死後世界的崇拜，或是一種對此世以外世界的重視。

這裡，當我們採用了論述模型來看待新宗教的崛起，也等於是先預設了信徒的參與，是具有極高認知取向的，且完全是針對教義內容來進行個人宗教實踐時的參考和抉擇。也因此新的論述元素，可以在一個極大的程度上解釋，為什麼一個信眾會到這個團體而不會到另外一個團體。

新興宗教團體的敘事，當然會是信徒選擇時的一個判準，不過，當我們強調新論述的重要，並認為信徒確實是基於新興宗教團體對時代的理解與診斷深獲其心，進而來參與進特定的組織，但是，關於新論述所占影響力的比重，及其在信徒認知與實踐模式中所發揮作用的方式，我們並不得而知。

我們的資料或許能稍做佐證，這在後面馬上將做討論，不過這裡先行指出，以清海教團來說，由筆者2000年前後所進行的50位受訪者的資料來看，可以做出兩種類型上的區別：A群，24位，他們在參與清海教團前，已擁有豐富的宗教經驗與背景，並已經過長期的宗教摸索；B群，共有19位，根據自述，他們在參與清海教團之前，多無特殊宗教體驗與興趣，而其自陳的參與清海教團的目的，甚至於不是宗教性的興趣，而是一種合乎邏輯與

科學的宇宙原理的追求與實踐。換句話說，在沒有任何宗教背景下，B群人進入清海教團，約占樣本總數（扣除4位難做歸類者）中的40%。我們可以說，大約有40%的人，在很大的程度上，是基於宗教團體論述裡所提供的時代新元素的吸引力，而得以開始進入清海教團的。

身體性的模型

雖然說，顯而易見地，論述當然會在吸引受眾的過程中，扮演相當關鍵性的角色，可是鑲嵌在既有文化劇本當中，有時候不需要經由論述，就能夠吸引到大批信眾，或是說能讓信眾因受到極大的感動而更投入於某個特定的團體，這是過去研究所常忽視的。正是在這一點上，筆者曾提出過「身體性的模型」來做說明。

身體性的模型（somatic model），來自於筆者對於公民社會與慈濟間之關連性的討論。筆者（2007）曾試圖以論述內涵來探討慈濟的公民關懷，但卻發現慈濟既不重論述也反對辯論，尤其不擅長於公共意見的傳達，甚至於，慈濟對當代公共領域的討論形式，往往還採取了一種退縮性的態度。但是，換另外一種角度來說，它卻又是不折不扣的，符合於傳統公眾社會謀求公共福祉的一種生活實踐或甚至是修身法門。而也正是在這種立足點上，慈濟有著感動人心的渲染力。筆者（2009a：219-230）曾說：

　　公共宗教的概念，它運作的方式是透過積極參與公共論述與辯論，而希望對於目前政治經濟結構背後的基本價值作一個重新評估。相對來講，慈濟的公眾參與，儘管它也必須要透過語言來將它的理念傳遞出來，但是它所強調的，卻是實

際行動，或者說是較為工具性的行動效率的面向，而不是一個論述和辯論的面向。慈濟所強調的，是一種藉感動人心來散播組織訊息的運作模式，這種感動人心的散布，透過兩個媒介：一個是其領導者證嚴慈悲濟世角色的展現；一個則是透過它所擁有的各種宣傳管道，而將慈濟動人的情感性層面予以擴散出去。慈濟的這種公眾領域的達成，是透過每個個人對於道德性價值的「身體性之完成」而加以完成的，其結果則是，可能因讓愈來愈多的人加入慈濟，而愈益導向一個充滿合作與和諧氣氛的社會。……

相對於市民參與式的「論述式的模型」（discursive model），譬如像西方的公共領域以及Casanova所講的公共宗教；我們或許可以將慈濟的這種運作模式所代表的一種公共實踐，視為是一種「身體性的模型」（somatic model）。這種公眾參與的「身體性的模型」，它高度鑲嵌於漢人社會裡面既有的較為同質性的族群組成結構，以及鑲嵌於台灣社會大眾背後共有的文化意識中之「公」的概念。於是，在這種模型中，意見的表達與公共論述並不被鼓勵，只有實際表現出來的相互幫助和出於人道取向的關懷行為，才真正被當作社會實踐來加以看待。

換言之，宗教團體的吸收信徒與動員信眾，在某些社會條件與文化氛圍下，也許主要不是透過論述，而是透過身體的示範與感染力，以及對身體實踐的重視，而成為教團傳布的主要媒介與參與形式。

簡言之，所謂「身體性的模型」，是指宗教團體對於其行動宗旨，固然需經過言說來加以輔助性的表達，但實則它主要是透

照片7-1　「身體性的模型」，是指宗教團體對於其行動宗旨，主要是透過
領導者或核心幹部等人的實際行為展示而得以被傳遞，大眾之被感動或被
動員也是來自於此，一般信眾也會進一步模仿與複製領導者與幹部們的身
體實踐形式。照片為2003年6月SARS流行於台灣期間，慈濟在社區所舉
辦的祈福活動。

過領導者或核心幹部等人的實際行為展示而得以被傳遞。大眾之
被感動或被動員也是來自於此，也就是信眾之組織投入，是透過
複製領導者或核心幹部的道德性行為，而得以趨於完成。身體的
實踐，包括了領導者的身體展演和信眾的模仿或複製，扮演著組
織動員過程中最關鍵的機制。

　　一個經驗性的材料或許有助於說明，筆者（1999：493）曾
就民國81年左右數期的慈濟報紙形式的半月刊——《慈濟道侶》
中專欄「菩薩家譜—委員介紹」訪問新進「委員」的短文（每篇

約八百至一千字）做過「內容分析」，結果發現：在我所分析的48位新進「委員」中，其中一共有47位（97.9%）提到了他們是深受證嚴法師人格與事蹟的感動而來加入慈濟功德會的，而只有28位（58.3%）在這同時也提到（可重複提及）了佛教慈悲的理念是促使其加入慈濟功德會的原因之一。

　　雖然根據這些數字，我們並沒有辦法推論出，受證嚴法師個人所感動而來參加慈濟參與者多一些？還是出於佛教理念的認同而來參加慈濟的人會多一些？不過，至少我們可以由這些數字中看出，在慈濟功德會的新進「委員」中，注意到佛教理念的人，顯然比注意到證嚴法師的人格魅力的人，來得要少得多。這個因領導者的克里斯瑪展演和道德典範而讓信眾產生感動，並進而更強烈投入於團體慈善實踐的歷程，相當符合於本章此處所說的「身體性的模型」。

四、應用「主導性框架」的概念於新興宗教團體的動員歷程中

　　除了社會網絡因素、靈驗追求、論述中的新元素，和導因於對領導者身體展演的感動外，本章在此要描述另外一種雖然是顯而易見，卻不容易看清楚其運作機制，也不容易精確評估其角色，而且在概念化上也並不容易加以說明的動員因素：「主導性框架」（master frame）。

　　本章將借用社會運動文獻裡的「主導性框架」的概念來輔助分析，並試圖以經驗性的材料，來解釋某種較隱藏性或是並不明顯，但卻具有極大影響力的，存在於新興宗教團體中的動員模式。

　　所謂的框架（frame），是指「一種簡化與濃縮『外在世界』的詮釋架構（interpretative schemata），其方式是強化與符碼化個人環境中的對象、情境、事件、經驗與行動順序，無論是過去的或當前的」（Snow & Benford, 1992: 137）（轉引自何明修，2004：162）。從這個觀點來看，社會運動的核心工作之一即是提出一套重新認知世界的參考座標，以喚起參與者的熱情與信念。而所謂的「認知框架調整」（frame alignment）則是特指連結個體與社運組織認知框架的行動（Snow, Rochford, Worden, & Benford, 1986: 464; 何明修，2004：162）。

　　社會運動研究的早期，較關注於社會結構的宏觀因素（如階級和分配不均），而直到1980年代中期，學者才開始認真注意到社會運動動員過程中意義建構與意義生產的重要性（Snow & Benford, 2000: 613），這種重視意義建構過程的典範轉向，「框架理論」（framing perspective）的出現與應用，是其中相當重要的一個發展。

　　由框架理論來看，社會運動的發生，不只是因社會結構的條件（如不公不義或分配不均等）醞釀出抗議活動，而是說，運動的行動者要積極對事件創造出意義，而將這個意義提供給參與者、對立者，甚至是廣大的社會大眾旁觀者（Snow & Benford, 1988），這是在媒體、地方政府以及國家的背景裡，所醞釀出來的一個「意義標示的政治學」（the politics of signification）（Hall, 1982）。

　　當社會運動學者將這種意義建構的過程，用「框架化」（framing）來加以概念化（Gamson et al., 1992; Snow et al., 1986; Snow & Benford, 1988），這反映出社會運動中的事實建構，是主動性和歷程性的（active and processual）（Snow & Benford, 2000:

614），主動性反映在行動者的積極介入；歷程性，則表示這個意義建構，是相當動態而演進性的。研究者乃稱這個意義建構的產物為「集體行動的框架」（collective action frames）。

　　「集體行動的框架」，有種種核心特質和建構歷程上的特性，筆者（1999：165-198）曾在慈濟研究中，討論了它在社會診斷、治療與動機引發方面的性質；動機引發的基本語彙；行動框架與日常生活的相關性；和集體與個人層次之「認知框架調整」（frame alignment）的過程等等。而在本章目前的脈絡裡，我想要再特別提出「主導性框架」（master frame）的概念（Snow & Benford, 1992）。

　　「主導性框架」的概念認為：在某個時期，不同部門的社會運動組織具有某種程度的共識，以十分相近的方式來詮釋不同領域的不滿。Snow 等學者指出，相對於個別社運組織所採用的特定框架，主導框架同時存在於多種社運組織或社運議題之間。Snow 等人採用了一個科學哲學的比喻：主導框架是全面性的、根本性的典範，而特定框架則是派生出來的理論（Snow & Benford, 1992: 138）（轉引自何明修，2004：170）。

　　在社會運動研究的文獻裡，「主導性框架」的概念，是為了要與「政治機會結構」（political opportunity structure, POS）的概念相對比（Benford, 2017），後者用政治機會來解釋特定社會運動的發展。但是問題是，我們發現，即使在缺少利於發展的政治機會結構時，仍然可以觀察到各類社會運動的誕生與成長。也就是在這一點上，「主導性框架」的概念被帶了進來，以用來解釋何以在結構性的條件不利於政治動員時，仍有許多運動會發生。這背後，我們看到一個所謂「主導性框架」的存在，它能夠引發廣大社會大眾的共鳴，進而創造出社會運動在某些時期裡的蓬勃

發展。

　　Snow 和 Benford（1992）指出，「主導性框架」比特定的社會運動框架，在範圍和影響力上都來得還要更寬廣一些。當大部分集體行動框架是屬於特定脈絡（如酒駕、冷戰、剝削工人、環境正義等等），一個「主導性框架」裡的敘事和歸因，則是有相當的彈性和包含性，於是任何其他運動可以將其拿來運用。例如說，強調權利和機會的平等，就是美國社會在 1960 年代左右的一個「主導性框架」，它讓美國 1960 年代的民權運動獲得了廣大的社會共鳴。同一時期，各類運動趁勢而起，雖然訴求不同，但也紛紛採用了這個強調權利與機會平等的「主導性框架」，像是美國印第安運動、婦女運動、同性戀運動等等。各類運動在採納某個「主導性框架」以擴大其社會共鳴時，還會將內容有所調整以適應於自身運動的宗旨（Benford, 2017）。除了權利與機會平等之作為一種「主導性框架」外，Benford（2017）也提到了另外幾種「主導性框架」：正義的追求、對抗的正當性、對抗帝國的霸權、市場選擇性等等。

　　「主導性框架」的概念，原來是要用來解釋整個大社會特定歷史時期裡的社會運動的興衰與循環，因為某個能引發社會大眾共鳴的一般性的「主導性框架」，往往能讓各類原本僅是小眾而有特定訴求的運動，在聯結上某個「主導性框架」之後，將能廣泛取得更大的社會共鳴，也能有更廣大的動員基礎。

　　而本章在此，想要應用這個觀點於新興宗教研究當中，不過，我會在定義上有一些調整與擴充。當在社會運動文獻中，「主導性框架」是指：在某個時期，不同部門的社會運動組織具有某種程度的共識，以十分相近的方式來詮釋不同領域中所出現的不滿。我想要把這樣的解釋擴充到宗教運動當中，並且更大膽

的，為了讓其在宗教場域裡（比特定政治場域來得更為漫長悠久，並具有更長遠的連續性）具有解釋力，我乃將其背後的時空場域，擴張為：「在綿延不絕的文化劇本與宗教修辭」當中。

於是，在我的應用裡，「主導性框架」是指：**文化與歷史傳統中所沉澱下來的一般性的有關於宗教集體行動的認知與理解架構，架構中的內容，已取得特定文化圈民眾相當程度的共鳴。**而「主導性框架」是一個較為全面性的框架，當文化傳統裡的「主導性框架」進入特定團體，它有時還會經過適當的調整。

或者，「主導性框架」與特定框架之間，可以隱約被看出一種衍生性的關係（「主導性框架」衍生出特定框架）。這種衍生性關係會有兩個結果：

其一、個別團體的特定性框架在接軌上「主導性框架」之時，會經過框架調整與修飾的過程；

其二、在僅有有限的「主導性框架」存在的情況，漢人跨團體的宗教流動，其實是在背後有限的「主導性框架」裡的內部性流動。而個人跨團體的流動，往往是在「主導性框架」不變的前提下，個人進行了跨團體的調整和轉換。而這個跨團體的轉化，有可能是基於前述所提過的社會網絡牽引、靈驗、論述上的吸引力和對領導者身體性的感動等等而來進行。在相同「主導性框架」的連接下，個人之框架的調整，是當個人在進入個別團體時，進行了與特定性框架的對焦，而並非大幅度的改框。

簡言之，正如社會運動文獻裡所指出的（參考丁仁傑，1999：167-197），框架的調整，有集體性的層次，也有個人性的層次，前者指團體框架的階段性變化（常是組織特定性框架與大社會中的「主導性框架」間相互銜接的過程），後者指個人框架與組織框架的逐漸同步與一致化。現在，我們在宗教團體的動員過程中，

發現了同樣的現象，只不過框架調整過程中所常出現的「主導性框架」，在宗教生活世界裡，其背後所涉及的時空場景，會比特定政治機會結構所處的特定社會時空，來得更為長遠與漫長。

換言之，當我應用「主導性框架」概念於宗教研究當中時，我有需要去做某種定義上的調整，但我認為這種調整，不但不會有損於這個概念原來的精確性，反而，能夠有助於將社會運動文獻中已經過大量討論並具有高度分析性，能有效解釋集體行動意義建構歷程的各種概念，應用於宗教研究當中，而給我們帶來了新的啟發性。

和社會運動文獻裡對「主導性框架」的定義方式相異的是，我不會把宗教的「主導性框架」，當作僅是一個十年、二十年時空背景之間所產生的一般性的框架，而是視其為在較長遠的歷史傳統中，所沉澱與形構出來的一般性的框架。不過，雖然定義上有轉變，但是就宗教研究來說，放大時空幅度來理解「主導性框架」，這有其詮釋上的必要性和便利性。

而類似於 Benford 所曾列出的社會運動「主導性框架」的清單：正義的追求、對抗的正當性、對抗帝國的霸權、市場選擇性等等（Benford, 2017）。如果我們也為漢人宗教集體行動列出一些「主導性框架」，則或許它會包括了：儒家倫理觀、天人感應觀、因果業報論和末劫思想等。

不過，這些項目並不是每一個團體背後都一定會共有，而是說，這些「主導性框架」，在漢人世界裡，是已取得過相當程度共鳴的幾種。宗教團體在資源動員與招募成員的過程裡，其特定的框架，往往需要和這些「主導性框架」中之一個或多個產生聯結，其動員才可能獲得成功；當然，以上這些框架，還只是初步的舉例，實際上應該還有數個「主導性框架」是重要的，如功德

積累的實踐、大眾宗教生活中頓悟性宗教經驗的強調、認定宇宙具有生機勃勃的性質等，但是這些框架的實質內容細節是什麼？它如何在歷史中形成？它們又如何成為大眾廣為接受的世界觀或宗教實踐方法，這些都還有待更多研究來加以釐清。

五、華人宗教「主導性框架」中的一個例子：千禧年主義

正如前節所述，漢人宗教集體行動的「主導性框架」，至少會包涵：儒家倫理觀、天人感應觀、因果業報論和末劫思想等，本章將以末劫思想來進行經驗性的考察與分析，其主要經驗性材料則是當代清海教團的末世論建構，以及來自信徒方面的認知與實踐模式。為了讓分析更具有一般性，我們採用社會學和宗教學研究裡較為通用的名詞「千禧年主義」（millennialism），來涵蓋各式各樣的末世論思想，並將這種思想特質，放在漢人的歷史文化脈絡裡來進行討論。不過到了後面的歷史和經驗考察，我們則會依不同脈絡，而分別使用末世論的通稱或漢人社會特定的末劫論的說法。

這裡要稍做釐清的是，首先，「末世論」（eschatology），是通稱性的，它跨越文化界限，泛指任何有關於「預測世界末日將降臨」的思想。在通稱性的時刻，我們就用末世論一詞來泛稱這類的思想型態。

「千禧年主義」則是社會學界和宗教學界在處理末世論議題時，沿用西方基督教傳統的稱謂，而產生的特定學術用語，它是否能被挪用到非基督教的歷史文化脈絡裡當然還頗有爭議，但至少在理論文獻中，這已是慣用的說法。所以我們在做文獻回顧

時，因為西方社會學文獻中會用此名稱來概括這類宗教運動，我們也不得不沿用了這個名詞。

　　而回歸到漢人宗教史的脈絡，源自於佛教「劫」（kalpas）的概念所產生的「三期末劫」（the three eschatological periods）或「末劫」（the last eschatological period）的說法，則是一種特定的末世論的東方版本。這在我們討論佛教和一貫道，以及當代台灣的新興宗教時，常會以這個名詞來做表述。

　　另外，還有佛教界特有的「末法」（saddharma-vipralopa）的說法，正法、像法、末法分別是指佛法傳布的不同時期，而末法時期是一個佛法衰頹的時代，這是一種佛教末世論的講法，常被當代的宗教師拿來描述當今佛法紊亂且近世界終期的意象。本章將並不會在以上這四個名詞間尋求統一，而會視文意脈絡而定。

千禧年主義

　　千禧年的概念源頭，雖出自《聖經》啟示錄第二十章，但作為對歷史發展的宏觀性解釋，以及對特定集體行動的社會與歷史意義的詮釋，千禧年或末世論——預期世界末日的來臨以及新天新地的可能到來——是許多宗教團體常會有的一種認知與行動取向。

　　三石善吉的名著《中國的千年王國》（三石善吉，1991〔李遇玫譯，1995〕），該書由千年王國的角度來考察中國民眾的政治運動，對中國歷史中千禧年運動的系譜有深入考察。由東漢道教黃巾起義、北魏大乘教起義，到太平天國、義和團等，有其一脈相承的關係。而這其中，佛教彌勒轉世說法在中國的普及化，在歷史演變過程中具有一個重要的理論與實踐上的銜接作用。

　　阿含經裡已出現彌勒，《長阿含》中記載，佛陀預言，當人

類如果能活到八萬歲，那時會有彌勒轉世，在龍華樹下開悟並在龍華樹下三次講經說法，聽法者皆能得道（三石善吉，1991〔李遇玫譯，1995：68〕）。到了鳩摩羅什譯的《彌勒下生成佛經》和《彌勒大成佛經》，舍利佛問佛陀，究竟如何做能見到彌勒時，佛陀答：「若於過去七佛所，得聞佛明，禮佛供養。……汝等今當一心合掌，皈依未來大慈悲者」（轉引自三石善吉，1991〔李遇玫譯，1995：69〕）。

也就是說彌勒的降生不是在五十六億萬年後，或「遙遠的將來」。由於人類主體的積極的膜拜供養，及現在一心合掌皈依的主觀能動性，彌勒的降生於是成為隨時可能發生的事了。如同三石善吉所說（1991〔李遇玫譯，1995：69〕）：

> 羅什譯的上述兩經，將彌勒降生之時，從五十六億萬年、八萬四千年乃至「未來的遙遠」，改變成了人主體可能把握的不久的將來。這為拯救的哲學添入了最新的主體性理論。現在一心一意地膜拜皈依，定能保證不遠的將來某一時間的拯救。於是，想要把拯救之時抓在手中的人，就應當有「把未來時挪到現在時」的倒進式的時間體驗，即以現世積德為第一要務。由此，羅什譯的兩經在其主體性、緊迫性、現實性上成了彌勒信仰的一大轉變。

簡言之，在鳩摩羅什刻意選譯的《彌勒下生成佛經》和《彌勒大成佛經》版本裡，改變了末世論的時間軸，也創造出了能動者的主體性，這種內在特徵，讓彌勒思想益受苦難大眾的歡迎，並演變成華人教派千禧年主義思想的一個重要的核心元素，也引發了後來華人民間教派的發展。

千禧年主義思想在漢人民眾世界中的近代發展：一貫道的承接與轉化

彌勒降生之類的末世論在中國歷史上，之後有幾個重要的發展，一個是教義上的精緻化和內在性的轉化，一個是向外傳布的各類網絡的聯結與擴張。後者，就如同Naquin（1976: 22-23）所描述的各類透過家族（王氏、郜氏、劉氏與張氏等）為核心的傳教網絡的貫穿與發展，這一部分本章暫且不論。

從宗教邏輯的發展上講，我們會發現到，一個原來是強調現實理想王國出現的千禧年運動，在中華帝國時代的末期，它已相對發展成熟，其時間構圖更為結構性，救贖的目標則逐漸轉向內在心性層面，救贖的社會性則更為普及。

這裡面，包括龍華三會與九六原靈（參考馬西沙，2004：466-474）、青陽紅陽白陽三期末劫（參考馬西沙，2004：58-60）、無生老母（參考馬西沙，2004：159-168）、收圓（參考馬西沙，2004：936-941）等等這些概念的創發與精緻化，這些部分已為學者多所考證，本章暫且不論。摘要來說，清以前民間教派的末世論，有很強的現實性的指涉，期待彌賽亞，也就是彌勒佛的降世，以來創造一個人間的烏托邦。但這樣充滿現實政治性的意涵，到了當代的一貫道，產生了重大轉化，如今的概念是，因為末世降臨，帶來了普渡與簡易法門的契機，在這個脈絡下，救贖，並不是指現實世界的烏托邦的來臨，而是指歸根認母的一次性，而且是永恆性的靈魂上的得救。

新的末世論裡，包裹著救贖論、心性論和文化中心的道統論，而成為了一個新的成熟且有系統的末世救贖論。簡言之，這是將禪宗心法的頓悟觀，巧妙地與末世論的時空觀和救贖觀扣連在一起，並將救贖的效果擴張到整個家族，而成為了具有極大動

照片7-2 一貫道的末世論，包裹著救贖論、心性論和文化中心的道統論，而成為了一個新的成熟且有系統的末世救贖論。照片為2006年間，發一崇德組的法會活動。

員與傳播能力的認知與行動框架。並且，烏托邦的實際來臨已不是需要驗證的重點所在，重點在於經由明師指點心法而獲得個人與家族救贖的承諾，而這已成為了這個文化地區裡最具有共鳴能力的救贖觀。

　　這個救贖觀的歷史性的落實，也透過一貫道中更為精細的「時代論」（Dispensationalism）的建構，而加以具體化了。所謂「時代論[1]」的視野（參考丁仁傑，2011：78-85）：將歷史區分階

---

1 「時代論」發展自美國1860年內戰以後對於聖經預言加以詮釋的長期的興趣（參考Marsden, 1991: 39-41）。它是一種用來理解聖經總體性宗旨的特殊詮釋

段，認為各個階段皆為神所安排，而今末世即將來臨，人類必須
把握這最後救贖的機會。雖然「時代論」這個概念出自西方基督
教，但若拿一貫道和西方基督教傳統相對照，其中我們同樣看到
了關於「時代論」的建構，也就是透過將確切時間觀以及末世即
將來臨的歷史藍圖加入於論述當中，而使得教團具有了更為具體
的時間論述和更為有效的動員模式。以具體內容來看，一貫道中
教義中的兩個基本元素，出現了類似於「時代論」建構的痕跡，
一個是三期末劫的論述，也就是認定第三期末劫白陽期即將來臨
的宣稱；另一個則是關於祖師傳承的建構，在其中以「天命」的
形式，而將歷史發展軌跡背後的神聖性質，以一種既是教派壟斷
性的，但卻也同時是大眾性的形式（一般平民被賦予了更高的承
受天命的可能性）而被呈現了出來。

　　如前所述，關於三期末劫，先是來自於佛教中之「劫」的時
間觀（林本炫，1990：13），後來在中國受到宋明理學的時間觀
（宋光宇，1983：87-90），以及道教末世觀等之影響（陳信成，
2000：23-28）逐漸成形，到了宋以後已廣為各種民間教派所採
用。三期末劫的說法中，認為天上老母派遣了各種仙佛來人間拯
救其失散的兒女，首先是燃燈佛，然後是釋迦牟尼佛，但是前兩
位仙佛只拯救了一小部分母娘的子女，而現在，其他尚未得救的

框架，通常它會指出聖經中所記錄的歷史是上帝治理人類的一連串階段性的
累積，這種透過上帝而產生歷史性的階段，也就叫作「時代」（dispensation）。
在基督教傳統裡的「時代論」指出，聖經中顯示著人類歷史的發展將經過七
個階段，在每一個階段中上帝都將對人類施以新的考驗，並有著祂獨特的救
贖性的計畫。在過去，多數的人類都沒有通過上帝的考驗，而每一個階段性
考驗的歷史，最後都是以上帝審判所降下的大災難作為結束（參考Marsden,
1991：40）。

人，只有期待第三位，也就是最後一位仙佛彌勒佛，來對大家加以拯救。

而今，根據前述這一個在民間廣為流傳的救贖藍圖，一貫道宣稱它的十七祖路中一（1849-1925），正是彌勒佛的轉世與化身，所以由他開始，第三期而且也是最後一期的救贖計畫，已經被啟動了。

一貫道中「時代論」上的主要建構，是一貫道中對於教主傳承的論述。雖然一貫道不同的分支所提供的系譜稍有不同，但是有關論述的依據都是來自同一個來源，也就是一貫道十八祖張天然所寫的《性理題釋》。在書中第三條說明了一貫道的傳承（1996〔1940〕：16-20）：

> 伏羲氏首出……此為道降世之始也。繼由軒轅氏創文字……此謂道之成也。嗣後堯舜，文武周公，接續道統，心法一脈相傳，謂之青陽應運，道之整也。幽厲之世……道轉紅陽……老子降世，發揚道宗，東渡孔子……孔子傳曾子，曾子傳子思，子思傳孟子，孟子以後，道脈西遷，心法失傳……迨至炎宋，文運天開，五星聚奎，希夷首出，濂洛關閩，如周敦頤程頤程灝張載朱熹等，相繼而起，真儒賴以昌明，然而運不相逢，究未繼續道統……梁武帝時，達摩西來，真機復還於中國，此為老水還潮也。……至六祖衣鉢失傳，有南頓北漸之稱，其實道歸儒家。六祖渡白祖馬祖二人，道傳火宅，是為七祖，羅八祖，黃九祖，吳十祖，何十一祖，袁十二祖，徐楊十三祖，姚十四組，王十五祖，劉清虛十六祖，此乃紅陽十六代圓滿。道轉白陽，彌勒應運，路祖為初祖，大開普渡，大闡玄機，弓長子系，繼續辦理末後

一著，三曹普渡，萬教歸一。三代以上，道在君相，一人而
化天下，為青陽劫。三代以後，道在師儒，三教繼續而出，
各傳一方，為紅陽劫。現值三期末會，世風頹壞，浩劫流
行，大地無完土，道在黎庶，人人成道，個個成佛，為白陽
劫，此大道之沿革也。

　　在前述這些話裡，其中最有趣的部分，並不是關於每個教主
出現的確切日期。事實上，在前述陳述中，前後教主之間年代的
距離，經常出現以現實邏輯推敲難以理解之處。反而，真正具有
理論意義的面向是：前述這一個道統的建構，讓我們看到，在華
人文化既有的宗教與文化背景裡，一貫道如何成功建構出來了一
套類似於「時代論」的說法。

　　在一貫道所建構的這個末世論裡，天命的傳遞由黃帝到聖
人，而到如今已經被傳到了非菁英階層的普通人身上了。第三期

照片7-3　1926年出現的《彌勒救苦真經》，和1941年出現的《皇母訓子
十誡》，是一貫道宣揚末世論的重要經典。

之末劫的時程，正式開始自一貫道的十七祖，而透過一貫道的十八祖張天然——他已將天命體現與傳遞到了當代社會。

我們由這一套新建構起來的「時代論」裡，看到了其背後所隱含著的重要意涵：首先，我們看到，雖然一貫道不斷強調道的內容是一種包含性的而不是排它性的，任何人都可以獲得它，但是在此卻顯現，道統，它是排它性的，也就是在同一個時間內，只有某些人能夠居於道統的位置。這個道統在歷史上從來沒有完全中斷過，在一貫道十八祖張天然之前，道統一直是單線相傳的。也就是說，在同一個時間，只有一條單線擁有這種道統的正當性。通常我們說「三教合一」，似乎暗示著華人地方性的教派活動裡，是將儒教、佛教與道教同等看待的，但是由前述呈現的「時代論」之建構藍圖來看，清楚顯示著，在同一個時間時，只有一位教主承擔著道統。

由這裡看得出來，民間教派團體常有的「三教合一」的名稱當中，雖然承認著三教各自擁有著同樣的正當性，但是在這些同樣正當性的背後，還預設了一個超越三教卻又能同時體現出三教的道統的存在，這個道統甚至於還關係到了救贖的給予與傳遞。而在同一個時間裡，也只有一位是真正承繼了這個道統的人。如同張天然在《一貫道疑問解答》卷上第二十五條所述：「一貫道之道統，是一脈相傳，一師一祖，應運傳道。是以一貫道中，只有天然老師奉命傳道，此外更無別人，修道者不可不注意也。」

其次，我們注意到，雖然這個道統自伏羲以來在人間從未中斷，不過在中國，在孟子與達摩之間，道統的確中斷過。這清楚表示，儒學的知識並不等於道統，歷史上大部分的儒家知識分子，即使如儒家的哲學家周敦頤、程頤、張載、朱熹等，他們對於道統的維繫有極大貢獻，但是他們離真正的道還很有距離。而

到了當代，這個道統的中心甚至於是已經被傳遞到了一般平民身上了。

清海教團的千禧年主義與傳播

　　1990年代，以「觀音法門」之名，清海在台灣的傳教大為成功[2]。在初開始傳播時，清海教團有幾點主要的特徵，其中一點是高度強調與既有華人宗教間的連貫性與相通性（丁仁傑，2004：331-339）；另外一點，承襲了佛教與民間教派的末劫觀，它也強調了世界末日即將到來的觀念。例如，1990年代前後，清海屢次強調了世界末日的將臨：

　　　　我們現在正處於末法時代，想修行很不簡單，會出現很多障礙。（《清海無上師新聞雜誌（合訂本第一輯）》：6）；

　　　　很多災難已經發生了，不過有更大的災難會再發生，……很多所謂的預言家、先知，他們都可以看到世界將有很大的災難，在同樣的時間發生。在不同的國家、不同的時代，都有人可以看到一樣的情況。（清海無上師，1998：1）

　　　　1994到1996、97這兩三年以內，是我們世界最敏感的時期，發生了很多事情。因為我們在這幾個世紀以內，做了許多破壞自己地球的行動。（清海無上師，1998：7）

　　　　最近我們已經受到很多警告，到處都是天災、地震。（清海無上師，1998：12）

　　不過，清海教團裡的末世論思想，一方面與華人傳統民間教

2　關於清海教團的教義、歷史與組織，參考（丁仁傑，2004：273-420）。

派的看法極相似，一方面卻也有很大的相異之處。甚至於，這個末世論思想，在清海教團中也出現了階段性的變化。

首先，如前所述，初在台灣傳教時，清海多次提及世界正處於末法時期，以及地球隨時會面臨著更大的災難。但很快地，清海嘗試將文化傳統中所強調的這種末世論視野，與個人的救贖間相脫鉤，她說：

> 我們管自己的生死輪迴就好，不用管世界是末法、正法或像法，這些都沒有用，……你們管世界末劫這種事，實在太遠了……末劫就是我們自己的生命末劫，不一定跟這個世界有什麼關係，整個世界存在，那是正法的時代，如果我們自己往生，那就是我們自己的末劫……應該管自己末劫的事情，不要管世界的末劫。（《即刻開悟・問答錄》1：38-39）

其次，世界末日並不是真的指具象的新天新地烏托邦的降臨，而是指無數個人內在改變所帶來的所謂黃金時代的到來：

> 我們必須把世界變成天堂，而不是跑去天堂，因為每個地方都是天堂。上帝只創造天堂，然而我們卻用故障的、不怎麼靈光的「電腦」（頭腦）把世界搞得亂七八糟。「開悟」是修復我們自己的方法，這並非想像的遙不可及的天堂神話，而是每日可以體驗的偉大愛力和智慧的泉源，這是我們降臨這個物質世界之前，上帝就賦予我們的。（清海無上師，1998：24-25）
> 我們正邁向黃金時代，所以我們必須改變。我們應該拋開所有那些認為聖人應是什麼模樣的陳舊和無用概念，我們應

該捨棄黑暗的思想及對自己和世界的否定看法，開始積極行動。（清海無上師，1998：29）

這裡，和傳統的民間教派，並也和一貫道間，有幾點鮮明的不同：（一）傳統民間教派強調末世降臨後會產生新的烏托邦的革命性社群，如前所述，這一種革命性的觀點已不在於現代一貫道教團中，而現在，它也更已不在於清海教團的視野之中；（二）傳統民間教派與一貫道末世論視野背後，都有鮮明的正義與邪惡間相對立的二元論視野，在清海教團中，這一種二元論如今已不存在，或至少是已被沖淡；（三）在末世論的視野中，信徒所追

照片 7-4　2008 年開始，清海無上師開始密集提到世界末日即將來臨的說法。過度肉食導致對全球氣候變遷的影響是其中的一個論述重點。海報中說要拯救地球就要：（一）吃素；（二）開混合動力車；（三）多種樹；（四）改用永續能源；（五）禱告。

求的，已不是快快入教以獲得末世裡最後一次的救贖機會，而是努力進行靈修和自我改造，以來挽回世界末日的降臨。

這個努力來進行靈修和自我改造，以挽回世界末日降臨的命題，近期在清海教團中還得到了一次極為實際的操演。

大約在2008年開始，已有一段時間未凸顯世界末日說的清海無上師，忽然又開始密集提到世界末日即將來臨的說法：

> 地球的處境岌岌可危，我們若不迅速採取行動，到時候就算想保護她，也沒什麼可保護了，一切都已來不及了。要拯救地球，就不能再執迷不悟。很抱歉我必須直言，我們所剩的時間很有限。（清海無上師，2011：11）

不過，這個世界末日的到來，已不是出於什麼神祕的歷史性的宿命，而是出於科學上的證據——全球暖化所造成：

> 目前氣候變遷的局勢，比起聯合國跨政府氣候變遷小組所預測最糟的情況還要嚴重，我們已經看到它造成致命的破壞和衝擊，例如颶風、水災、旱災、熱浪等天災。……即使現在全世界減少溫室氣體排放，大氣中已存在的大量溫室氣體仍需一段時間才能消散。所以我們必須先削減滯留期較短的溫室氣體——甲烷。若以20年為平均值來計算，甲烷的暖化效能比二氧化碳要強72倍，而甲烷的最大排放源是畜牧養殖業，所以畜牧養殖業確實是全球暖化的罪魁禍首。因此，我們必須停止養殖動物。（清海無上師，2011：12）

而全球暖化最大的罪魁禍首，是畜牧業造成的甲烷的排放，

因此，拯救世界最主要的方法是——素食：

> 目前情況非常危急，我們必須先遏止全球暖化，才能存活
> 下來。因此，採行純素飲食是唯一能夠立即全面解決地球上
> 的環境、生存、健康、經濟等所有問題的方法。（清海無上
> 師，2011：11）
>
> 在此關鍵時刻，我們需要所有人的努力和參與，包括所有
> 非政府組織、各國政府、媒體、大眾，每個人都要全力以
> 赴。地球現在就像一棟失火的房子，如果大家不同心協力滅
> 火，我們就沒有家了。世上所有人，都必須馬上吃素，才能
> 拯救地球。（清海無上師，2011：93）

而素食也有心靈層次上的作用，這種心靈層次的提升，也是
挽救集體的人類命運所必須：

> 先拯救地球，其他事就會跟著改變。光靠一個人是無法拯
> 救地球的，需要全部人改變意識。如果大家都吃素，環保，
> 行善，那就表示人類有所進步。也表示他們的意識已經提升
> 到較高的層次，然後，他們才值得擁有地球。他們和後代子
> 孫就能繼續長居於此。
>
> 屆時人類會達到較高的意識層次，會對所有事情有更清晰
> 的認識。大家會生活在和平與愛之中。你必須展望一個正面
> 的世界，一個你心目中的人間天堂。你必須展望更高貴的世
> 界、正面的世界、美麗的世界、天堂的世界。努力拯救世界
> 是無比慈悲的行為，就算救不了世界，你也會得救。你會因
> 你的仁慈而獲救贖。因為你想拯救他人，你會得到無量的功

德。

　　如果你想拯救世界，並為此目標有所作為，你內在的高貴品格和天堂品質將會得到很大的拓展。如果你鼓勵大家來拯救地球，如果你吃素，環保，行善，幫助他人，如果你想拯救地球上所有其他生靈，那麼你就擁有聖人的品質。你喚醒了內在的神聖品質。你要拯救的不光是物質的星球和肉體的生命。你究竟能變得多偉大，是在於你在這個拯救眾生的盛舉中有多熱忱，有多投入。（清海無上師，2011：105）

　　也正是從2008年開始，清海個人屢次進行長期閉關，並說明這是要以正面能量來拯救世界。另外，清海教團在全球各地，開

照片7-5　2008年開始，清海教團在全球各地建立「愛家」素食餐館連鎖店，以推廣素食。愛家全球首家門市於2008年4月在台北設立，至2013年年底，已在全世界，設立200家愛家門市，其中台灣有21家，照片中為位於台北光復南路附近的分店。

始建立「愛家」素食餐館連鎖店，以推廣素食，她也撰寫多本書為動物發聲。

清海在台灣的信徒更成立多種NGO（如愛地球低碳協會、環境教育學會），積極舉辦各類環境教育研習活動和素食宣導活動。到了2011年3月1日，強烈暗示性的，清海似乎是宣告2012年年底世界末日的即將來臨：

> 如果所有人立刻停止吃肉，八個星期內，天氣就會變得十分宜人。所有情況馬上就會改善，被破壞的一切都會在八週內恢復正常。如果全世界所有人都不再吃肉，轉向慈悲，馬上就會看到好的結果。
>
> 我們還有694天可以拯救地球，請吃純素。（清海無上師，2011：16）

這些文字印在2011年版本的《和平曙光》這本書的內頁中。之後，清海教團在無上師電視臺，每天都在倒數計時距離世界末日的天數。不過，到了2012年底，清海忽然宣布，世界末日的危機已經暫時解除了。她還寫信向世界各國的菁英分子致意，2013年後新出版的電子版《和平曙光》一書中，內頁警示世界末日將屆的那一段話，改成了：

> 為了地球生命的存活延續，清海無上師多年持續閉關，進入甚深禪定之中。2012年12月，她以無比喜悅之情向世人分享了來自天堂的鼓舞人心的消息：地球已經獲救了，而且將延續數百年之久。
>
> 我們已經拯救了地球。或者說，這星球在很長很長很長時

照片 7-6　2011 年出版的《和平曙光》這本書，結集了清海無上師於 2010 年前後所傳布的有關於世界末日即將來臨的言論。

間裡都會免於毀滅。現在我們所有人都應該更努力往內，更專注於尋找內在的神聖本性。[3]

　　清海無上師於 2012 年 12 月 22 日

　　在清海教團的敘事裡，我們發現，它一方面接受文化傳統中既有的末世論的論述，一方面又將這種思想予以淡化而更強調個人專注於修行的重要性。不過，當後來整個團體有一個更為迫切性的任務時，末世論論述又再度鮮明甚至變得非常具體起來。然而，這個新的末世論，不是用一種超自然性的語言來做表述的，而是更多的扣緊著當代科學性的環保與全球暖化議題。甚且，這

3　清海無上師，《和平曙光：有機純素化解全球危機》（電子版），http://www.crisis2peace.org/tw/book.php?b=&wr_id=18，2018 年 6 月 11 日下載。

個末世論，也並非一個無可挽回的世界末日的來臨，而是強調信徒或甚至是全人類的轉化世界意圖的重要性，而這也將有可能帶來一個全新的黃金時代。

六、參與清海的兩群人

　　雖然說我是要以末世論這個「主導性框架」，試圖來檢視新興宗教團體的動員與組織發展的議題。不過在方法論的使用上，我出現了一些困難。一開始，我們發現，清海教團教主的敘事裡，確實充滿了末世論的有關敘述，而且這些敘述，也出現了不同歷史階段上的改變。

　　但接下來，在我們馬上要進行的信徒主觀認知層面上，出現了材料上的限制，因為在我2000年左右對50位信徒的訪談裡，並沒有刻意就末世論去詢問信徒的想法，導致少有信徒（僅有4位）主動提到這個面向。而在我2017年的追蹤性訪談裡，因為刻意問到這一方面，於是確實每一位信徒都提到了相信世界末日的這一種說法，但又因為僅追蹤到12位受訪者，因此在數量的基礎上，很難由其中去做進一步的推論。

　　這裡，我的第一階段訪談中雖僅有四位主動提到末世論的問題，但這並非表示末世論不在清海教團的「主導性框架」之中，而是說，當清海教團在台灣傳布時，同時也會與漢人宗教傳統中的數個「主導性框架」相橋接（如因果業報論、天人感應觀等），但是其不見得會將每一個都放在極為鮮明性的位置，甚至於經過調整以後，相關的敘述也可能會有著名詞上的差異，以至於信徒在描述其宗教經驗與歷程時，除非是被主動問起，否則並不見得會將有關的「主導性框架」明顯表述出來。

　　於是，在方法論上，我所使用的策略是，我並沒有採用清海信徒與末世論「主導性框架」連結的程度，以來做信徒的歸類。而是另外使用了信徒的皈依敘事，來看待信徒與既有「主導性框架」之間，所可能具有的連結關係。

　　根據資料的線索，我乃將信徒區別為兩群人：「老修行」與「新原理探索者」。我也會認定，前者與漢人宗教傳統中的「主導性框架」間會有較強的聯結，後者則在參與之前，已與這些「主導性框架」相對疏離，但隨著參與清海教團，出於清海教團也在以其自身特有的方式，來與漢人宗教的「主導性框架」相扣連或相對焦，於是，這群「新原理探索者」的宗教發展生涯路徑，也開始出現了透過特定的「主導性框架」而進行自我理解，並進而產生了其「框架實踐」的方式。

　　我們下面，先試圖由資料中，呈現清海教團信徒裡明顯所存在的兩種不同類型的參與者。

「老修行」和「新原理探索者」

　　清海作為一個外來瑜伽法門，當它進入台灣本土脈絡時，是以佛教面貌出現的，信徒中也有高比例的成員先前具有佛教或一貫道的背景。我在2000年前後的訪談，50位受訪者中，就有15位（30%）在來參與清海教團之前是佛教徒，有13位（26%）則曾有在一貫道求道的經驗。這個比例比起當時全國性的數據（2.2%）[4]，高出許多（參考表7-2）。

4　這個數據，來自於「台灣社會變遷基本調查計畫2000第四期第一次」的相關統計資料，參考聯結：https://srda.sinica.edu.tw/datasearch_detail.php?id=2190。

表7-2　清海教團信徒參與前的信仰狀態，與全民抽樣中的比例做比較

	2000年時全民抽樣中的比例	清海教團中的比例
佛教	27.4%	30%
道教	20.4%	8%
民間信仰	20.6%	4%
一貫道	2.2%	12%
基督教與天主教	4.8%	10%
無	23.4%	30%
其他	1.0%	6%

　　不過，這只是故事中的一半；故事的另一半則呈現為極端的對比性。因為我們發現，在清海教團中，就印心前的宗教信仰來看，事實上存在有兩個極端，或是不成比例地集中於佛教和一貫道，但另一方面，卻又是不成比例地集中於無宗教信仰者（清海教團信徒印心前屬於無信仰者有30%，高出全國性比例裡的23.4%不少）。

　　在統計數據以外，更有意義的是信徒自述的參與動機與歷程，這也呈現出明顯的類型上的差異，這在前面已有部分討論。資料顯示（2004：321-329）在50位受訪者當中，根據主觀描述的參與動機，除了4位參與者自述的動機難以被歸類以外，根據其自述的參與原因，我們可以清楚看到有三種參與類型存在著：A群，24位，他們在參與清海教團前，已擁有豐富的宗教經驗與背景，並已經過長期的宗教摸索；B群，共有19位，根據自述，他們在參與清海教團之前，多無特殊宗教體驗與興趣，而其自陳參與清海教團的目的，甚至於不是宗教性的興趣，而是一種對合乎邏輯與科學宇宙原理的追求與實踐；C群，有3位，為了追求

靈驗效果而參加。

這樣一個初步的分類，筆者（2004：321-331）過去有所討論，但進一步的分析尚未展開。針對 A 群與 B 群這兩群人，我們或許可以簡稱為「老修行」和「新原理探索者」。而後面的分析，我就要針對這兩群人的性質，以及他們對末世論的差異性認知等提出初步討論。

對於這兩群人，細節性的資料可以參考筆者（2004：302）之前的研究，對於 A 群「老修行」而言，他們在參與清海教團前，擁有豐富的宗教經驗與背景，並已經過長期的宗教摸索，而參與清海教團對他們而言，代表了一種修行境界的提升和突破，參與清海教團正是其宗教虔敬的進一步發展（我們簡稱這些人為「老修行」）。由這些參與者的情況看來，清海教團正是代表了民間宗教虔敬性的一個進一步的追求。舉例來說，一位信徒的說明相當具有代表性（36 歲，男性，參與已有二年）

　　那時候應該是 23 歲、24 歲、25 歲那附近，那時候就一直在找這個。就是說，譬如說我從哪裡來的？我是怎麼來的？啊我要怎麼回去？我什麼時候回去？我回去是要帶什麼東西？啊我來這裡是要做什麼工作？……啊一直在找的話，變成一貫道的話，它沒有辦法給我這些答案，完全提供不出來！它只跟我說「啊你回去以後，你回到無極老母那裡」……

　　……一貫道沒辦法啦，我就……要不然我就求神通，所以我就開始求神通，那時候就求到了神通。跟道教的那時候跟五府千歲！那時候有一陣子很想要做乩童！啊後來開始跟人學一些什麼，呂祖丹訣……開始學打坐……

　　那時候點傳師也說：「好哇，要不然……你若是要深入就

要做堂主，要做講師，你才有辦法深入經典裡面。」我說：「好哇，這樣沒有問題！」……那時候開始在看，看了經典的確是有差，不過都變……落於它仁義禮智信，忠孝仁愛信義和平，變成落於此。剛開始一個心地上修為，這條路好像也碰到阻礙

……是有碰觸到一些啦，不過沒有完全很緊密的契合住。不一樣嘛！結果就換工作，欸，啊換工作那時候剛好換到這間，啊才碰到我們那個同修，才有去接觸我們同修，他當時就給我講我們師父的事情，……接觸了半年就印心了。（訪談紀錄35：5-8）

A群的「老修行」，在50位受訪者中共有24位，他們在既有漢人宗教傳統中多方嘗試而尋求突破，最後則在清海教團中得到了較大的身心上的契合。

B群，共19位，根據自述，他們在參與清海教團之前，多無特殊宗教體驗與興趣，而其自陳參與清海教團的目的，幾乎不是宗教性的興趣，也不是任何世俗性利益的關注。那麼他們的參與清海教團的目的到底何在呢？我們先看看一些例子，一位參與了四年，39歲的女性信眾說道：

過去就是類似我們傳統一般的佛、道教之類的這樣子。就是跟著媽媽這樣子來，沒有所謂有特別說跟著誰在學些什麼，就是一直類似傳統的這一種。（問：那怎麼會選這個法門？）我不曉得啊！就是我表姊介紹。對！就是看到〔清海〕就是很親切，就是很熟悉！不會說不認識！沒有那一種不熟悉的，那她的名字我是在樣書上看到她的法號的。然後

再就是從簡介開始看，然後我會吃素是因為我看到我們的簡介。其實我這個人就是我的個性，你叫我說完全以一個宗教的立場去信某些東西，我是比較不苟同的啦！那我會開始吃素是原因在我們師父分析說我們人的構造⋯⋯，就一些比較科學的一些解說喔，咦我就說我蠻能接受，我說那應該是正確這是正確的才對。我剛開始有點為了要吃健康那一種感覺，依我們的人體構造的⋯⋯總總的那個喔，我才說開始吃素。（訪談紀錄14：2-4）

一位參加了三年，41歲的男性提到：

原先是這樣子啦，其實也是一個因緣〔開始吃素〕啦⋯⋯那邊吃的時候剛好那個我們的松山小中心就在隔壁嘛，我有時候經過那一邊。那我一直覺得很奇怪，「這家⋯⋯這家這個小中心看起來好像在賣書啊，又好像賣錄音帶的喔，也搞不清楚他們在幹什麼？」我常常經過啦，啊有一點覺得很好奇的感覺。我經過兩⋯⋯，後來幾次，後來我就是有一段時間說「嗯⋯⋯我進去看一看好了」⋯⋯當然這些問題可能是說在我的人生的一個過程當中喔，可能我一直在探詢，要尋找這些答案！只是說剛好機緣巧合，我剛好看到一些資料，剛好我是我要的，所以我就開始想要了解他們到底⋯⋯。（訪談紀錄40：1-3）

我們發現到，對B群的人而言，他們或許不見得是擁有多麼深厚的科學訓練或經歷，但是由其言談中，我們至少可以看出來，他們已是深受現代科學為主要導向的世俗性學校教育影響的

一群人。

這些人在童年時雖然曾接觸各種傳統民間信仰，但成年後自身很少實際參與或操作；即使教育程度較高，但對傳統宗教經典有著相當隔閡。他們在遇到清海教團以前，從未想像過自己竟然會成為宗教信仰者，而其在初參與清海教團時，在生活環境中，多少有著某些實際的困難，或是難以排遣的無意義感。此外，他們對自己的參與清海教團，不會把它當作是一種宗教性的行為，而是一種親密的師徒關係，再加上一套自認是合乎邏輯與科學，並可以解釋宇宙人生萬物的原理。

此處，我稱這群人為「企圖超越科學與宗教對立」的「新原理探索者」（簡稱「新原理探索者」）。這群人的存在，相當明顯反映出新世代的一群隱形的宗教追尋者，而他們也正是當代宗教市場裡相當重要的一批消費者。

而以上文字中所提到的這種「新原理」，還有待進一步分析與討論。這裡要暫時借用島薗進（2004: 63-67）的說法，他指出，在科學興起的時代，宗教與科學曾處於非常緊張的關係，但是在1970年代以後，世界各地宗教的復興讓人們開始重新去思考兩種觀點間的對立性，人們逐漸開始要求去修正和改變那種將科學與宗教加以對立起來的看法。另一方面，在科學的部分，也逐漸有著能夠去承認宗教世界觀適當性的發展趨勢。最後，出現了一種產物，島薗進稱之為是「科學宗教複合的世界觀[5]」（religious/scientific worldview）。

5　Susumu Shimazono（島薗進）, *From Salvation to Spirituality: Popular Religious Movements in Modern Japan*, pp. 63-67. 其中使用的詞是 religious/scientific worldview，但在日文原著（島薗進，《新新宗教と宗教ブーム》，頁21。）中，使用的漢字表達是「科學宗教複合的世界觀」

照片7-7　清海教團傳教上所最重視的《即刻開悟之鑰（樣書）》裡，收錄兩篇宣教文章〈超世界的奧祕〉和〈為什麼要素食〉，都是以科學框架作為起點，而開始論述其教義的。我們可以稱此為一種「科學宗教複合的世界觀」。

　　雖然島薗進對它的內容並沒有描述得很詳細，但可以確定的是，這主要是指一種新的信仰模式、對待宗教的態度和檢驗宗教的判準。這種思維方式也是歐美的「新時代運動」和日本類似的潮流「新靈性運動和文化」的基礎。簡言之，這顯現了一種嘗試同時作為科學和宗教的思想系統的出現，而過去那種認為科學和宗教之間的極端對立的看法，在這個思想系統裡也已經不見了。

七、清海教團信徒中兩群人不同的宗教生涯發展路徑

　　就年齡來說，A群（24位），其平均初參與清海教團時之年齡是48.7歲，並且有41.7%（10位）年紀在45歲以上（不含45

歲）。B群（19位），則平均初參與清海教團時之年齡是42.16歲，且只有26%（5位）年紀在45歲以上。這裡顯現了明顯的代間差異。

因為我的滾雪球式抽樣，是以性別比例1：1來進行的，因此A群或B群內的性別比例上的差異，雖然很難做統計顯著性的檢定，但它仍然透露出來了重要訊息。資料裡顯示，在A群「老修行」的24位中，共有17男7女，有明顯的性別差異。

而24位中，有4位，出生時家庭的宗教信仰，到印心前的信仰，二者間一致（2位一貫道、1位佛教、1位民間信仰）；但另20位則發生了變動。對這20位而言，又有15位是由民間信仰流動到其他宗教當中。

民間信仰是流出的大宗。16位出生家庭是屬於民間信仰的信眾，長大後，其流動的狀態如表7-3。顯然的，由民間信仰流向佛教或一貫道，是這些人人生發展歷程中主要的宗教轉變。

而訪談中，這些人的主觀描述裡，則是充滿著對於各類宗教的嘗試與體驗，以及最終在清海教團中得到了身心靈歸宿的有關表述。

表7-3　A群中出生時是屬於民間信仰家庭者（共16位），在印心前夕的信仰狀態

民間信仰	1（6.25%）
佛教	7（43.00%）
道教	2（12.50%）
一貫道	3（18.75%）
基督教	1（6.25%）
其他宗派	2（12.50%）

　　大致上我們可以這樣說，對A群信仰者來說，他們的進入新興宗教團體，這通常已是他們第n+1次的改宗，而且，一旦由傳統教派走向了新興教派以後，他們通常也已不會再改回傳統教派，而且這一次改宗，若能遇到組織發展已較穩定的新興宗教團體，相對來說會留在教派內的可能性相當大。

　　「老修行」的這種宗教流動性，可以和「新原理探索者」這群人的人生路徑做一個對比。後者，19位的信仰流動狀態，如表7-4：

表7-4　B群中的19位中，出生家庭和印心前的信仰狀態變化

	出生家庭	印心前	全民中的比例
民間信仰	11（57.89%）	1（5.26%）	20.60%
佛教	1（5.26%）	3（15.79%）	27.40%
道教	0（0.00%）	1（5.26%）	20.40%
一貫道	1（5.26%）	1（5.26%）	2.20%
天主教	3（15.79%）	3（15.79%	2.10%
基督教	1（5.26%）	0（0%）	2.70%
無	1（10.53%）	10（52.63%）	23.40%

　　從總體的數據上看起來，出生時屬民間信仰家庭者，到了印心前已大量流出，而且似乎不少是流入到了無信仰這個範疇中（不像A群的是流入到佛教、道教或一貫道）。而19位中，5男14女，女生多得多。我們後面還會看到，男女信仰流動的模式上，也還有著明顯差異（詳後）。

　　B群中的14位女性，8位出生家庭是民間信仰，印心前這8位則已變成1位是民間信仰，7位是無信仰狀態。看得出來，有高

比例，由出生家庭的民間信仰，流轉到印心前的成為無信仰的狀態。這似乎是一種在生長過程中，明顯的社會連結解離的狀態，而這也已使其成為潛在的新興宗教信徒的被招募者。

但是對男性來說，這種情況並沒有那麼明顯。對 B 群中的 5 位男性來說，我們大致上看到，5 位中，3 位出生家庭是民間信仰，印心前成為佛教、道教、一貫道各 1 位；2 位由出生時無信仰的家庭背景，到印心前仍是無信仰的自我認知狀態。

在當代宗教場域裡，我們發現，有這樣的一群人，尤其女性在其中占更高的比例，他們由幼時的主要是民間信仰的家庭背景，因為出於某種程度的社會連結狀態的解離，而至於成年時呈現無信仰的狀態。

不過，若仔細探究其內心狀態，至少我們由其主觀認知來看，他們似乎並不是真的無信仰或排斥信仰，而是，在脫離傳統宗教生活後，進入了一種潛在的宗教嘗試和追尋的狀態。而一旦當他們生活中遭遇困境，或是接觸到某些特殊的人生哲學而產生心靈觸動，其內心潛在的宗教感則仍可能被喚起。不過，這種喚起，可能並不會引導這些人走向傳統宗教或民間信仰，而反而會讓這些人更傾向於，以符合自身生活經驗與科學教育背景的方式中去找尋答案。

八、兩群人在末世論認知模式上的差異：量化的與質化的檢查

我們看到，清海無上師的宗教敘事中，不斷出現有關於末世論的言論，但信徒除非是被主動問起，否則並不會出現末世論的敘述。雖然我們說，這並非表示末世論的「主導性框架」不在清

海教團之中，但這確實造成本章資料上的一個限制，因為僅有少數信徒在我的第一階段訪談裡提到過末世論（50位中僅有4位），以至於我無法運用清海信徒對於末世論主導框架連結的程度，來做信徒的歸類。

結果是，就如同我在前兩節中所做的，我是用信徒的皈依敘事來做分類，並且也將信徒區別為兩群人：「老修行」與「新原理探索者」。我也認定，前者與漢人宗教傳統中的「主導性框架」間會有較強的聯結；後者則在參與之前，已與這些「主導性框架」相對疏離，但隨著參與清海教團，出於清海教團也以其自身的方式在與漢人宗教的「主導性框架」相扣連或相對焦，於是，這群「新原理探索者」們的宗教發展生涯路徑裡，也將會開始出現「框架實踐」的內涵。

不過，在完全無法作量的推論的同時，質性的資料分析，卻仍可能是深具啟發性。本節會在有限的資料裡，試圖就不同類型信眾如何與教團裡的「主導性框架」相扣連？和接著產生不同「框架實踐」的路徑等議題，進行質性的討論。

當然，本章雖企圖以末世論的「主導性框架」，來說明「主導性框架」在新興宗教團體中的作用，及其所引發的信徒的框架實踐。但在實際資料的運用上，卻是僅使用了信徒的宗教敘事，來作為「老修行」和「新原理探索者」兩群人的分類基礎（我們預設前者的參與教團，有更大的程度是受到「主導性框架」的影響）。並且，還是在僅有少數信眾提到末世論的資料裡，我們嘗試來說明末世「主導性框架」在信徒宗教實踐中所扮演的角色。

也就是說，我們把末世論當作一種「主導性框架」，也用教主敘事和信徒敘事，來說明其在組織層次和個人層次上所扮演的角色；但是在做信徒歸類時，因為末世論這個項目早先（2000年

前後對50位所進行的信徒）並未放在訪談項目中，實際提到這個
議題的受訪者有限（但這不表示末世論這個主導性框架不重要或
沒有影響，而是說它沒有被信徒放在皈依敘事裡較前面的位
置），我無法用這個項目來說明個別信徒是否是受到「主導性框
架」的影響而加入清海教團。我乃改以信徒既有的宗教經歷，來
判定其與既有各類「主導性框架」間的連結關係，而確立出了
「老修行」和「新原理探索者」這兩群人。

　　而在確立了這兩群人之後，我接著使用了全體性的訪談資
料，來比較信眾們先後兩個時間點上的，末世論認知之數量和敘
事方式上的變化，和兩群人之間的差異。

　　這些部分，在方法論上都確實有缺憾（如果2000年時，只有
4位信眾提到了末世論，何以能說，當時受到「主導性框架」引
導而加入清海教團的共有50%呢？實質上，這是因為我們又輔以
了另外的判準來定義所謂的「老修行」這群人）。但作為質性資
料上的輔助說明，筆者仍希望相關的討論，能有助於我們理解當
代漢人新興宗教團體動員歷程上的複雜性。

　　首先，清海觀音法門的源頭「音流瑜伽」[6]，它在全球各地，而
尤其是在印度當地的發展狀況，其末世論的思想是淡薄的，Mark
Juergensmeyer（1991: 226）指出：

　　　「靈魂之主」（Radhasoami）〔「音流瑜伽」的另一個稱呼〕
　　這個字，表示了一個時間上的神聖的終點：所有的靈魂追尋
　　去經歷最後階段或區域，那個所有的存在最後將達成的境
　　界。不過，這種千禧年的「靈魂之主」的形式，由表面上看

6　清海所傳授的觀音法門為其中一支，參考（丁仁傑，2004：374-381）。

起來，和許多基督教通往未來的運動不同的是，它將未來看成是一個不斷轉化的進程。因為它並不期望人類歷史的一個激進的斷裂，它比較像是某種嘗試去在當前時空裡形成理想社會的基督教社會主義。

但也正如前所述，1990年代前後，在台灣傳教的清海，為了將觀音法門適用於漢人世界觀裡的末劫論述，而屢次強調了世界末日的即將到來。不過，另一方面，或許是出於「音流瑜伽」的靈修本質，清海也曾試著將文化傳統中所強調的這種末世論視野，與個人的救贖間有所脫鉤，也就是屢屢強調，末世這件事情與個人的修行間無必然性的關係；其次，世界末日也並不是真的指很具象的新天新地的烏托邦的降臨，而是指無數個人內在改變所帶來的所謂黃金時代的到來。這些都已在前節有所描述。

在2000年前後，在那種既強調末劫，卻也強調它與個人修行無關的教主言說的氛圍裡，如果就主觀敘述來看，前面提到，2000年前後50位信徒中，也僅有4位提到末世論，4位中有3位是屬於A群（「既有宗教傳統中的「老修行」），1位是屬B群（「新原理探索者」）。由這極少數資料裡看來，對A群人來說，往往是透過多重宗教語言的背景中去想像世界末日，如：

> 那個小學的時候喔，那個……喔基督教喔那時候盛行喔，廣招那個所謂的「門眾」，然後說什麼那個……末日「末日快來」或怎麼樣，這樣子，喔。……我那時候不是care末日不末日，我那時只是想說當基督徒也變好的，而且還會唱聖歌還怎樣。……是我念高中的時候喔一貫道很盛行，那時候就是一貫道很盛行，然後我媽媽她……，就是鄰居喔有那個

帶她……就是說「嗯……一貫道很好」，然後我媽媽也去聽，然後也覺得不錯，然後就我媽媽也帶我去聽，然後也覺得不錯，然後我就說：「哎呀，好哇！那我就加入一貫道啊！」跟著吃素……。（男性36歲）

問：還有一個「大姑」嘛喔，一貫道裡面還有一個叫什麼？

答：那個是寶光組……對，對，對，它沒有在打坐！啊剩下……剩下的，我知道我們一貫道是禁止打坐，他們說現在是末劫時期，它的那個一貫道裡面的教義，現在是末劫時期……青陽，現在是白陽嘛！青陽、紅陽、白陽……它說現在忙都來不及了，去普渡眾生都已經來不及了，哪有時間在那邊打禪？（男性37歲）

他們一貫道有……也有三期啊，「末劫」……現在說叫做「末劫」……正法，就是人傳人叫「正法」；「相法」就是師父已經不在啦，走啦，啊跟他的弟子啊就是說「這個就是我們的師父」，相法時期。等到以後這個都沒有啦，不曉得幾代孫啦，畫出來相都不對啦，跟原來都不一樣啊，……就是一樣也好啦，他也跟你感應不到了啦，「末法」啦！（男性58歲）

B群「新原理探索者」裡，則唯一的一位提到末世論的信眾是這樣說的：

好比說類似說，嗯！人家講世界末日啊，是不是，啊如果你聽到很多人講說，啊剛好師父的力量是什麼文殊師利菩薩的那個。那個力量來，是不是比較有大力量的那一種，如果看那些經典。我沒有研究那麼深啦，但是好像有人是這樣談。……智慧第一的，就是力量很大啊才下來！啊這個

是……所謂末法時代，所謂末法時代就是說……嗯……就因因果果的那個，剛好這個時間爆發出來。（男性41歲，訪談紀錄9：1-2）

這裡，他是由師父救贖力量的宏大的這個角度去想像末世論的。

2016年，我對清海教團的50位信徒開始進行重訪，重訪過程並不順利，出於搬遷與電話號碼更改，最後我只能連絡到其中的17位信徒，其中又有5位拒絕受訪，最後僅得到12位受訪者。以下，我們將就這12位受訪者的資料來進行探索性的分析。

有趣的是，2016年，在我的重訪中，這12位受訪者，或多或少都提到了世界末日的說法。其背景因素，當然就是如我前面所提到過的，大約在2008年開始，已有一段時間未凸顯末日說的清海無上師，忽然又開始密集提到了世界末日即將來臨的說法。而這種鑲嵌在科學論述中的末日論的講法，我們或許可以稱之為是一種「新千禧年主義」（New Millennialism）。

我所追溯到的12位受訪者，3位是屬於「老修行」，9位則屬於「新原理探索者」。現在，這12位信徒，或許是因為受到清海和整個組織活動重點上的影響，他們在2016年的受訪裡，每一位都或多或少在受訪中提到了世界末日的說法，不過，其重點，不是在於末法時期的到來的這個確切的時間點在哪裡？而是在於清海在2010年間所不斷強調的：吃素拯救地球，以及地球命運已被挽回。

首先，我先要指出，我在2016年重訪時，有5位拒絕接受訪談（3男2女）。這5位拒絕受訪者，2位是屬於A群「老修行」，而其拒絕的理由，竟然都是：世界末日將屆，不需做無聊之舉。

另有2位拒絕者是屬於B群「新原理探索者」，拒絕的理由：一位是太忙，一位是感覺這是個人隱私而不想被訪問（5位中還有一位是完全不屬於這兩個範疇者的C群）。我們注意到，屬於A群的人，或以宗教上的理由，也就是世界末日將臨的原因而拒絕受訪；屬於B群的人，則更傾向於以私人性的原因來拒絕受訪。

現在，我們來舉例性看看這些信眾對於世界末日的說法，先看看屬於A群「老修行」這個範疇中的信徒：

受訪者RS10（女性48歲）

師父她自己打坐看到的，但是我們不知道。⋯⋯那時候是2008年的時候師父說只剩兩年。她說那個諾亞那個時代啊，世界不是被毀滅一次嘛。當時她在方舟上，她就跟那個上帝求說，請上帝不要再毀滅我們這個地球，啊上帝有答應她。那時候師父本來是2008是說兩年，然後那個就到2010年初的時候嘛師父就說因為世界上有一些人開始改吃素。⋯⋯所以地球的壽命會有被延長⋯⋯。

受訪者RS8（男性61歲，電力顧問公司工程師）

師父會談這些，就是在，那個時候，地球暖化，就是在師父給我們的訊息，就是說她會惡化下去，變成我們地球會走向火星⋯⋯。

你不珍惜這個整個的生態，就是影響，到最後就，像那時候我們，如果說你慢慢冰層一直融化的話，海平面上升以外，就是溫度提高以後，那個在，像北極、或是南極這種冰

層，它慢慢融化，有時候以前，冰封在冰層底下的那一些毒氣，尤其是甲烷，都慢慢跑出來，那麼你整個的空氣，就整個生態都變了，連那個空氣裡面都是毒氣，甲烷都一直跑出來，比二氧化碳更嚴重，你整個的地球的暖化的速度會更快，那個時候碰到是，地球在那個階段是蠻危急的。所以師父那時候就是，就是帶動吃素環保救地球⋯⋯如果我們地球人類的那種生活習慣，還有我們的意識沒有提升的話，是會、會走向那一條路。所以那個時候，甚至她也跟我講說，地球在哪一天，會有大變化。她就，還剩下，本來是兩千多天，幾天幾天，慢慢，很多，就這個樣子。

而就屬於B群「新原理探索者」這個範疇的信徒，我們看到：

受訪者RS2（女性61歲）

　　應該在08吧，2008還09的時候，還是2012？反正就是救地球的時候，差不多就那個時間，我忘了。09的時候師父都很瘦，09我看師父⋯⋯那時候說要救地球，就世界末日這樣子，對對那個時候，她身體很差很差，而且那時候我們2009去看的時候師父都好瘦真的很瘦，我都覺得她好像飄的⋯⋯對我來講，師父的生活起居，或她有什麼變化，或怎樣我們沒有很重視。但我知道她這一世她是個偉大明師，就是這樣。對呀，就她講的嘛，我是根蠟燭我也亮了你們是蠟燭但是你們還沒有亮，我們就是要幫你點亮。

受訪者RS4（女性74歲，退休高中老師）

那我們師父就致力於這個環境的保護，然後她就發表了很多吃牛肉啊、喝牛奶阿或者養牛對環境的破壞，就是因為養牛對環境的破壞，什麼有甲烷阿。……所以我從師父的講話內容，感覺她身體也有一些病痛，但是也好了，而且感覺她也被一些外力追……追……壓迫，因為她一直推廣不要吃肉、啊不要喝牛奶，不要養牛啊，這些影響到人家的財路嘛！

受訪者RS 12（女61歲女性）

好像世界末日到了，現在地球有救了。其實我覺得師父，師父她真的講什麼，什麼都會實現，像比如說那個時候兩千年，千禧年，她很擔心，有沒有？後來她在英國講經的時候，別人就在問，師父就很果斷地說，沒事，你們放心，沒事。你看現在很安全地過了，後來她就開始，那個時候我上電視臺，那個時候很緊急，那個時候地球是真的很危險了，師父就開始從，比如說可以救一百多天，到幾年，後來一直、後來到，到六十幾年，後來到一直一直就可以持續下去了。可是她還是被徒弟拉啊，被徒弟拉。因為她現在等級很高，她做的很多，她現在做的工作，其實不是在我們這個，不是在我們物質層面的。

大致上來說，我們看到，這兩群人所講的話，乍看之下很相似，都是在使用科學性語言來理解世界末日的到來，但區別在於，A群「老修行」這個範疇中的信徒，似乎是更注意到末日的危急性，以及信徒個人透過主動參與來解救末日的重要性；屬於B群「新原理探索者」這個範疇的信徒，則似乎是更為注意到師

父對於苦難的承擔，以及師父為拯救世界而所做的犧牲。

九、兩群人不同的「框架實踐」路徑

在漢人社會裡，經過一貫道轉化以後的末世論，與具體現實烏托邦的連結關係變淡了，而更強調的是三期末劫裡的一種普遍、立即與終極性救贖的末世論，我們可以稱此為「末世救贖論」。而這樣的末世救贖論，經過層層歷史沉澱，一方面呼應著漢人平民大眾的想像，一方面在台灣經過一貫道各支線的傳布後，幾乎已經成為了一種漢人宗教傳統裡的「主導性框架」，隱隱約約成為民眾宗教裡的一種共識，而誰能創造出與這種末世救贖論的系譜性的連結，誰就可能得到更廣泛的社會共鳴。

不過，進入晚期現代（late modernity），隨著現代科學與世俗教育、社會更趨富裕，以及城市經驗與傳統宗教連結的相對脫節，雖然在宗教自由的環境中，確實有著傳統華人民間教派的急速成長，但另一方面，也開始有大批所謂新興宗教的出現。

我們注意到，許多新興宗教團體，其背後的時空論述裡，仍然經常會帶有華人民間教派中所傳遞下來的這種末世論的救贖觀與時間觀。可是，我們也注意到，在表面上看起來類似的時間觀與救贖觀之下，時空結構的細節和信徒能動性的操作模式，卻開始與傳統民間教派間產生了微妙的差異。簡言之，一方面新興宗教裡的認知框架，和華人宗教傳統裡的「主導性框架」，仍然是相扣連在一起；一方面這個有關於末世論的「主導性框架」，在新興宗教的世界觀裡，已起了微妙的變化。

以清海教團來說，一方面是承襲自印度瑜伽獨特的個人修行方法；一方面具有一種所謂科學與宗教複合性的世界觀。當它進

入台灣，出於其強調個人親身的驗證與體驗，相對於1990年代前後當時過於制度化和儀式主義的略顯僵化的台灣佛教團體，它似乎顯得清新而富有改革色彩，這成為觀音法門傳入台灣時的一個重要立足點，在這個立足點上，清海時而強調末世的來臨，以凸顯信徒正確信仰選擇的迫切性，並且也由此而更順利接軌在本土信徒既有的世界觀之上。

由信徒這一邊來觀察，我們會發現，在清海教團世界觀與救贖觀，與華人世界接軌的同時，在同一時間，它所吸引到的信徒，是異質性相當高的兩群人。一群人是「老修行」：他們是在既有的民眾宗教的認知與修行框架裡尋求突破的一群人。另一群人是「新原理探索者」：對傳統宗教，他們雖受到既有文化背景的薰陶，但新的生活經驗使其與之相對解離，他們正摸索著新的理解世界的方式，而在資本主義體系的缺乏宗教元素的情境裡，在碰觸到清海教團的這種科學與宗教複合性的認知系統時，這些人幾乎是第一次的，內心深層已被隱藏起來的宗教感，迅速被喚起了。

而這兩群人的年齡差異也相當明顯。甚至於性別組成的比率也有不同。「老修行」這一群人裡的男性偏多，「新原理探索者」的這一群人則以女性居多。這兩群人在世界末日觀的認知和宗教生涯發展路徑上的差異極為明顯。

就世界末日的認知來說，「老修行」，起先是經由多種宗教語言的背景裡去想像世界末日，而經過「科學與宗教複合性的世界觀」引導後，他們愈益注意到末日的危急性，以及信徒個人透過主動參與來解救世界末日的重要性。

「新原理探索者」這群人，起先對世界末日的概念相當模糊，但會經由師父克里斯瑪的展現裡，來感受到末日框架中的救

賾力量的發散，這之後在「科學宗教複合的世界觀」襯托下的末日框架的引導下，信徒所注意到的，主要是師父對於苦難的承擔，以及師父為拯救世界而所做的犧牲，而不是世界末日這件事本身的不可迴避性。以上這種種差異性的認知，也意味著兩類人在宗教實踐驅動力上的差異和宗教屬性上的差異。

如果考察這兩群人信仰生涯的發展，也清楚呈現其發展路徑上的差異，或者說，這是一種「框架實踐」路徑上的差異。所謂的「框架實踐」，在此我們指的是：**個人與組織承載的「主導性框架」之間的扣連與對焦的過程。**

為了輔助說明，這裡先引進幾個宗教心理學的概念：外在宗教向度、內在宗教向度與追尋性的宗教向度（extrinsic, intrinsic and quest orientation of religion）。原先，外在宗教向度與內在宗教向度，是Allport想要用來說明同一類型的宗教性的連續性中的兩端，外在宗教是指宗教參與的制度性層面，內在宗教則是指將宗教信仰與教義本身當作一個目的與內在生活方式來遵循（Allport and Ross, 1967）。Allport原來的構想，是認為這是同一個宗教底下的兩種不同表現形式，但隨著資料累積，Allport與Ross發現這兩者間經常會成為一種負相關的關係（Nielsen, Hatton and Donahue, 2013: 312-313），常常是內在宗教取向高的人，外在宗教取向就低；外在宗教取向高的人，內在宗教取向也會低。

後來社會心理學家Daniel Batson發現了另一個面向，既不是內在也不是外在，而是一種互動型的開放性的向度。這類取向強的人，對生命存在的問題不斷有一種開放性探索的敏感度。他稱此為「追尋性的取向」（Quest Orientation）。研究也發現，Quest取向強的人，會比另外兩種取向強的人種族歧視都還要低。而就助人行為來說，Batson發現，內在宗教取向和「追尋性的取向」

取向高者，都樂於助人。但是，內在宗教取向者，會是出於宗教內在動力要幫助別人，而「追尋性的取向」高者，想要幫助別人，是出於想要減輕別人的痛苦。簡言之，同樣是出於宗教信仰，不同宗教取向的人事實上在態度與實踐上有著相當不同的內容，有時甚至於完全相反（Batson and Ventis, 1982）。

　　用最簡化的方式來說，套用以上宗教心理學的概念來理解。本章的材料顯示，我們或許可以這樣子來理解這兩群人的「框架實踐」的路徑上的差異[7]：

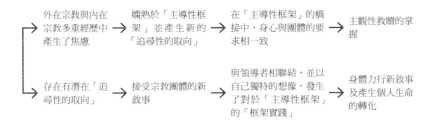

　　對於「老修行」來說，在過去，曾歷經各類宗教的組織形式與內容（extrinsic-intrinsic 宗教間來來回回），但他們始終沒有從中得到宗教感的滿足。他們已嫻熟了文化傳統中的某些「主導性框架」，在框架想像裡，他們卻沒有遇到能讓其滿足於這種想像

7　或者以英文來表示：

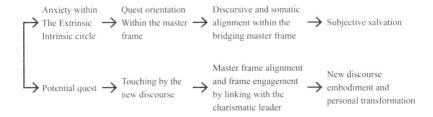

的團體，這會逐漸萌生出一種，經過既有宗教文化背景和實際場域接觸之後，所產生的一種宗教期望上的缺憾，而這是一種鑲嵌在既有文化背景中所醞釀出來的一種更深沉的「追尋性的宗教取向」（quest）。

最終，信眾的這種宗教取向，在宗教自由發展環境下的某個新興宗教團體裡，得到了某種滿足，並進一步在論述與身體習慣上，逐漸與教團的要求相協調一致（discursive and somatic alignment）。而其背後橋接的媒介，則是個人在「主導性框架」籠罩下，持續性的追求，及其得以在特定新興宗教教團裡「安身立命」。最終，個人透過其「框架實踐」，進而也掌握了主觀性的救贖感（subjective salvation），也就是產生這樣的感受：個人已牢牢將救贖掌控在個人的意志與修為當中。

對於「新原理探索者」這群人而言，出生家庭仍多具有民間信仰或佛道的背景，但個人成長經驗中，已與傳統漸漸脫離，而成為世俗主義國家底下的一名公民。然而，在生活環境的磨難，或是外在世俗氛圍的衝擊裡，他們一方面相信科學，一方面卻仍有一種潛在的宗教上的渴望（potential quest），而終在偶然，或是非常日常的情境裡，他們接觸到（touching by the new discourse）這個具有「宗教與科學融合性的世界觀」（the religious/scientific worldview）的新興宗教團體，並嘗試進入了這個團體。

而觸動他們會更強烈投入於宗教的觸媒，除了論述，還包括能體現出教義與生命的「克里斯瑪領導者」所帶給他們的觸動，而這進一步讓他們與新興宗教之「科學與宗教複合的世界觀」有了更緊密的連結（master frame alignment），也讓他們以自己的方式進入了對於「主導性框架」的「框架實踐」，而參與者個人的生命也得到了全新的轉化（new discourse embodiment and personal transformation）。

　　陳淑娟（2006）在一篇探討台灣「新時代運動」參與者的文章〈靈性非宗教、轉化非救贖：對台灣新時代運動靈性觀的社會學考察〉裡，透過深度訪談40位認同「新時代」一詞並投入相關活動的人士，她發現，這些人士不熱衷於傳統宗教的救贖觀，而投入於新時代。而這個新時代靈性觀的一個特色是「轉化非救贖」，亦即，參與者重視個人自身的轉化經驗，但不認為那是一種外力的救贖或加持，他們也沒有原罪或業障的想法，而是透過自我覺察的能力，在參與新時代活動中經歷一連串自我反思的過程，以重新建構自我認同。

　　現在，有趣的是，或許是因為台灣特殊情境的時空的壓縮[8]，兩群宗教發展路徑上本來是具有相當差異性的兩群人，如今卻聚合在同一個新興宗教團體中了。這和陳淑娟文章中所提到的情形，新時代運動的參與者對組織框架有極大反感，而較傾向於能自由移動的學習型網絡的連結方式，似乎是有著很大不同。但我們在清海教團中所看到的卻是，這兩群人不但共聚一堂，甚至還經常成為彼此修行上的鼓勵和支持[9]。發生在台灣的這種屬於「後

8　尤其是指幾千年來受到中央政府壓制的宗教限制驟然解除，和宗教團體必須對當代自由宗教市場競爭的生態進行適應，這二者在解嚴後的台灣，幾乎是同時出現在一起（參考丁仁傑，2009a）。

9　簡單來說，同一個教團中，「新原理探索者」看到「老修行」的存在，因而感覺到了一種更為明確的精神性指標，並能增強對於自身抉擇上的信心，如同一位30歲年輕男性的「新原理探索者」所述：「因為我們還有一個精神指標，道長〔他所認識的一位道教界的朋友，也參與了清海教團〕沒有離開，我們就不會走！這是我們的判準。」（訪談紀錄31：20）；「老修行」看到「新原理探索者」在同一個教團內的存在，則是能感受到一種更強的共修的能量，一位34歲女性「老修行」說：「那種能量會發出去。祝福嘛，不管你等

期現代社會」情境裡的「特殊並存性」（「老修行」和「新原理探索者」在同一個團體裡的並存），仍有待進一步的討論與探索。

十、摘要與結論

　　既有的對人們參與新興宗教因素的討論，強調社會網絡、靈驗追求、領導者的感召或甚至是新論述的吸引力。但很少有人注意到新興宗教是如何因為在宗教場域中反映出來了與文化傳統的新橋接，而得以吸納信徒。更少人注意到新興宗教團體的雙重動員現象，即它如何同時吸納了新舊兩批不同信眾，二者又各經過什麼樣的認知與實踐過程，而在最後彼此趨近？

　　雖然說，新興宗教團體敘事中，既有傳統當然是重要的，但是這個重要性的程度，還有關於傳統銜接到現代的方式，以至於在動員與組織發展過程中，信眾認知與實踐的模式等，都還需要被進一步檢視。

　　本章借用了社會運動文獻中「主導性框架」的概念，並以末世論和清海教團的敘事，以及對50位清海教團信眾的間隔18年間的兩次訪談資料為基礎，希望能在分析與經驗層次上，有助於說明前述這些議題。

　　新興宗教團體常被認為是因為提出符合於時代的新論述而吸引了信徒，也有人認為因為新興宗教提供了更大的靈驗性，而獲得社會共鳴。而筆者也曾發現，某個宗教團體的領導者的身體實

　　級如何，然後我們共享，……啊我們都要冥想，就是冥想上帝，等於說我們共修那個力量，你一個人力量不夠，所以如果你要拉你的等級，你一定要多共修。」（訪談紀錄10：37）

踐，以符合於道德楷模的形象，感動了廣大的社會大眾，而使得一些人願意參與這個團體，並複製了領導者的公眾服務與宗教獻身的行為。另外，也有研究指出，不管新興宗教團體在教義上是怎麼樣與主流社會間有重大差異，其周遭的親朋好友或同事的社會網絡的牽引，都是我們所不可忽視的招募成員的主要管道。

　　本章對前述的每一個項目，都提供了初步的經驗資料和概念上的檢討，不過本章最主要所要檢驗的，也是新興宗教研究裡所常忽略的是：文化與歷史傳統中所沉澱下來的「主導性框架」在新興宗教團體動員與招募成員過程中所扮演的角色，以及它對信眾認知與實踐的後續性影響。

　　「主導性框架」的概念，原來是要用來解釋整個大社會特定歷史時期裡的社會運動的興衰與循環，因為某個能引發社會大眾共鳴的一般性的「主導性框架」的出現，往往能讓各類原本僅是小眾而有特定訴求的運動團體，在聯結上某個「主導性框架」之後，能廣泛取得更大的社會共鳴，也能有更廣大的動員基礎，而創造出新的社會運動的風潮。

　　現在，我試圖把社會運動文獻裡的「主導性框架」的概念，應用到新興宗教這個領域，並把其可能涉及的時空範圍給放大與拉長了，於是，宗教研究裡的「主導性框架」可以是指：「文化與歷史傳統中所沉澱下來的一般性的有關於宗教集體行動的認知與理解架構，架構中的內容，已取得特定文化圈民眾相當程度的共鳴」。而「主導性框架」是一個較為全面性的框架，當文化傳統裡的「主導性框架」在進入特定團體裡時，它往往還會經過適當的調整和重新對焦的過程。

　　漢人宗教集體行動的「主導性框架」，至少會包含：儒家倫理觀、天人感應觀、因果業報論和末劫思想等等。而本章是以末

劫思想來進行經驗性的考察與分析，其主要經驗性材料則是當代清海教團的末世論建構，以及來自信徒方面的認知與實踐模式。為了讓分析更具有一般性，我們採用宗教學研究裡較為通用的名詞「千禧年主義」來涵蓋各式各樣的末世論思想，並將這種思想特質，放在漢人的歷史文化脈絡裡來進行討論。

在漢人歷史演變中，經過了民間教派和近代一貫道的轉折，已經形成了包裹著救贖論、心性論和文化中心的道統論，而成為了一個新的成熟且有系統的末世救贖論。而到了當代許多漢人新興宗教團體裡，我們發現這個末世論的「主導性框架」，經常在不同的團體中出現。

1990 年代清海教團在台灣的傳教大為成功，雖然其法門主要是來自印度的音流瑜伽，但是在台灣傳教的過程中，或許是因為信徒反覆詢問這類問題，也或許是因為領導者對本地教義的吸收[10]，該教團的敘事中，出現了漢人宗教裡末世的「主導性框架」的內容，也開始強調著世界末日即將到來的觀念。

不過，清海教團的末世論，在承接了「主導性框架」的同時，在其組織發展的不同階段，也曾做了不同的調整，包括：（一）原來在傳統民間教派與一貫道末世論視野背後，都有鮮明的正義與邪惡間相對立的二元論視野，在清海教團中，這一種二元論如今已不存在，或至少是已被沖淡；（二）在清海教團末世論的視野中，信徒所追求的，不是及早入教以獲得末世裡的最後一次救贖機會，而是在於努力進行靈修和自我改造，以來挽回世界末日降臨的這種行動旨趣。

---

10 本章對於清海教團採用漢人末世論論述的歷史原因與細節並未多加討論，相關經驗性資料的檢證，還有待未來加以進行。

　　清海教團的末世論敘事曾歷經三個階段：第一階段，對漢人末劫傳統的承接與改造，大約是由1986年到2000年代初期間；中間大約是2000年代初期到2008年之間的相關敘事的相對沉寂；接著是大約2008年之後，是積極承擔與行動期，清海教團提出了極為明確的末日預言，並提出了拯救世界的方法，全球各地成立了大量的素食館，在台灣各學校進行環保教育，也在各大媒體上提出世界末日的警訊和救世之道。

　　在這第三階段，清海教團有了一個更為迫切性的拯救世界的任務，末世論論述又再度鮮明甚至變得非常具體起來。不過，這個新的末世論，不是用一種超自然的語言來做表述，而更多的是，扣緊著當代科學性的環保與全球暖化議題。這個末世論，也並非是認定著一個無可挽回的世界末日的到來，而是強調信徒或甚至是全人類之轉化世界意圖的重要性，這也將有可能帶來一個全新的黃金時代。

　　由信徒的主觀認知來看待「主導性框架」與新興宗教團體成員招募的議題，這個問題更為有趣。我們發現，清海教團中有近一半的信徒，曾沉浸於漢人本土文化裡常出現的「主導性框架」裡。清海教團雖是以新興宗教的名義出現在台灣的宗教場域，實則就許多信徒來說，他們是以清海教團體現了漢人文化傳統中的「主導性框架」的內涵，而得以被吸引進來的。他們往往是在一番追尋，可以說是歷經各類傳統團體的宗教養成之後，在對傳統有相當熟稔度，並經過「主導性框架」的橋接，而開始加入清海教團的。在這個角度上來看當代漢人的新興宗教團體，則其敘事中固然有一些新元素的存在，但有很大的一部分，也是因為它們所反映出來的對「主導性框架」的體現，而創造出來了廣大的社會共鳴。

　　不過，我們也發現，有另外一群信徒，他們已漸與既有的宗教文化傳統相對脫離，近乎對傳統宗教一無所知，在這種情況下，他們更多是受到清海教團「科學宗教複合的世界觀」新論述的影響，而開始引發他們參與宗教的熱情。

　　當然，隨著參與時間的增長，宗教團體所乘載與延續的「主導性框架」（世界末日的說法），因為組織反覆強調，其內容也會進入這些原本對於既有「主導性框架」相對疏遠的信眾的認知裡。但是，這些信眾，往往以一種既銜接又跳躍的方式，而經由情感性的界面，創造出個人與組織調整過後的「主導性框架」間的聯結。在清海教團裡，我們所看到的也就是，以更為注意到師父對於苦難的承擔，以及師父為拯救世界所做的犧牲，來理解與感受這個世界末日框架的特殊與具體性的意義。

　　必須承認的是，本章的資料庫不夠充實，僅是對50位清海信徒，在間隔約18年間，經由筆者所進行的兩階段的訪談資料所構成。尤其是2016年的追蹤訪談，筆者又僅得到12位受訪者。顯然的，資料上的推論無法達成統計學上的信度與效度的要求。還有，本章雖企圖以末世論的「主導性框架」，來說明「主導性框架」在新興宗教團體中的作用，及其所引發的信徒的框架實踐。但在實際資料的運用上，本章卻是方便性地使用了信徒的宗教敘事，來作為信徒分類的基礎。並且，本章還是在僅有少數信眾提到末世論的資料基礎上，嘗試去說明末世論「主導性框架」在信徒宗教實踐中所扮演的角色。這些部分，在方法論上確實有著重大缺憾，但作為質性資料上的輔助性說明，筆者仍希望，相關討論能有助於我們理解當代漢人新興宗教團體動員歷程上的複雜性。

　　不過，無論如何，作為啟發性的討論，以及由局部的資料中

所觀察到的，新興宗教團體動員，和新興宗教追尋者與團體間的互動模式，本章以有限的資料與分析，確實幫我們注意到了在長遠漢人文化傳統中，當代台灣新興宗教團體的動員模式裡一些有趣而值得探討的現象。

譬如說，筆者（2009b）在一篇書評中曾指出，解嚴後的台灣，同時面對兩種象徵空間上的開放，一個是過去被中華帝國有所限制的民間教派，有了正常發展的自由空間，華人教派的內在運作邏輯（如在家主義的擴展）可得以舒展和發展；一個是宗教自由市場的出現，團體間相互競爭信徒而產生的市場作用（如各團體皆以刻畫自身產品特色為目標）乃紛紛浮現。但是，這兩條線索的混淆，也會對學者造成因果推論上的困難。

現在，當筆者提出了「主導性框架」來解釋信徒的參與，至少在分析上，廓清了華人教派內在發展邏輯，相對於市場邏輯以外的，在開放性宗教市場中的一個獨立性的作用與影響。也就是說，有一部分「老修行」，嫻熟於宗教場域中既有的宗教語言與法門，並已建立起相當程度的文化品味，而在長期探索中，會自行選擇對他（她）自己更適合的宗教。這個被選擇的宗教，也是出於其符合於——或是說經過某教團刻意模仿傳統之後——而顯得符合於既有宗教場域中的「主導性框架」。

而以上這種具有歷史縱深的觀點，能將既有宗教場域中的文化元素帶入考量，或許能有助於我們注意到新興宗教背後本土文化宗教生態裡的實況，進而對團體與信徒間的互動過程，有更深刻的認識。

還有，我們注意到，至少以新興宗教裡的情況來說，出於「主導性框架」的影響而來參與的信徒，和受到新論述導引而來參與的信徒，由一開始，甚至於是由家庭史開始，到參與新興教

派，到產生宗教熱情與實踐。這兩種人之間，在人口學上的特質就不同，宗教生涯發展路徑也不同，而他們與團體之間的互動關係也相當不同。這在清海教團中，也就是關於「老修行」與「新原理的探索者」這兩種人之間的差異。了解這種差異，對於理解台灣當代任何宗教現象，尤其是新興宗教現象而言，都會是相當有幫助的。

　　而在「主導性框架」的解釋模型裡，我們也注意到，即使訴求似乎是極為新穎的新興宗教團體，如本章中的清海教團，但其中仍有相當部分的人（在清海教團中就達約50%），主要是導因於宗教場域中「主導性框架」的引導或橋接，而得以投身於其中。

　　當我們注意到這種比例，也就不至於直接就以新興宗教的論述或身體實踐，當作新興宗教在當前時空中感動人心的唯一來源。於是，一個新興宗教團體的蓬勃發展，一方面固然是出自於其提出了能跟得上時代變遷的新論述，一方面則也是因為它被有效包裝成了與傳統「主導性框架」有著某種相容性與連續性的形貌（而且能對此加以落實），而得以吸引了所謂的「老修行」這一批生力軍的加入，使得宗教團體得以壯大發展。

　　這裡，也顯現出了新興宗教在台灣特定時空裡所具有的一種雙重動員的現象（「老修行」與「新原理探索者」往往同聚一堂）。這是一個極為有趣的經驗性的事實，也是影響當代台灣宗教發展生態之結構與變貌的一個潛藏性的元素，值得繼續有所探討。

　　總之，本章透過有限的資料，先行提出了初步的分析與討論，也試圖提出一些新概念來解釋當代台灣新興宗教團體背後的動員歷程，和各類信眾在當代台灣宗教場域中的認知與實踐模

式，希望相關討論能在學界有拋磚引玉的效果，以引發更多具有理論性與經驗性意義的探索。

結論

一、本書主旨與摘要

本書主題在探討漢人社會中民眾宗教權威形式背後的內涵，與動態性的變遷模式。本書的書寫，分為兩個部分：Part I、漢人民眾宗教型構與權威型態：理論重訪與典範移轉；Part II、民眾宗教意識中靈性權威的當代擴張。

Part I以理論與田野的重訪而展開，並也由此來勾勒漢人民眾宗教的型構與權威型態，而象徵資本部分的討論，主要也集中在這一部分。接著，是Part II，Part II的主題，是以當代靈性權威的擴張以及靈性資本的累積、交換等議題為主要考察焦點。包括醞釀出靈性場域的社會發展背景的鋪陳，以及兩個當代個案的經驗性考察。

回顧筆者過去的研究取徑，由鑲嵌在社會文化脈絡裡的慈濟功德會（1999）所反映出來的佛教在當代台灣社會裡的復興，作為筆者經驗性研究起始的出發點，由此所延伸的研究興趣，是以詮釋當代社會的新興宗教現象為主。後來，筆者開始逐漸發現，對於當代台灣宗教現象的詮釋，也許可以完全僅是以當代社會的新興社會特徵為思考線索，但是如果說，我們還能夠將歷史縱深加深，試圖和漢人地方性的民間信仰運作方式相對比，以此來進行漢人宗教本質與變化性的思考，將更能夠擴大對議題理解的範圍與深度，而更凸顯出漢人民眾宗教實踐的特徵和變遷軌跡。

在此前提下，筆者進入了傳統農村社區，以重訪研究（2013）為研究策略，經由對漢人宗教人類學的經典著作David Jordan（1972）的《神‧鬼‧祖先：一個台灣鄉村的漢人民間信仰》中所記述村落保安村（位於台南西港）的重訪，筆者得以對地方社會的象徵世界與權力建構的過程有所理解，並進一步得以在新興

教團活動和地域性的民間信仰實踐之間，反思二者間的連接性、斷裂性與場域結構上的相互構成性。

　　研究成果，是在主要問題意識的引導下，策略性選擇個案和個案中的特定面向，逐一進行分析與討論，進而產生了累積性，和前後交互間的對話性。傳統農村社區充滿了象徵權威的運作，進入當代社會以後，傳統象徵權威的地方基礎鬆動了，但是地方性的象徵資源，在大社會裡仍具有其關鍵性與稀少性，地方宗教活動成為都市移民建立其可能被公眾所認可的象徵地位的重要憑藉，大量資本動員的過程出現了，而地方社會的自主性與領導型態，也都在都市化與國家行政體系的改變中，在每一個不同歷史發展階段裡，不斷發生著運作模式上的變化。

　　另一方面，以跨地域性或超越地域性基礎的宗教組織來看，漢人社會早有各種民間自組教團的清修與練身活動，也有大量民間佛教的齋戒與誦經團體，某個程度上，在正常社會系統運作所產生的象徵權威之外，它是另外的補充性與替代性的權威形式，也讓那些原已被主流社會所排除者，有得以建構其主體性與身分認同的著力點，這種權威形式，本書稱之為是一種靈性權威。

　　象徵權威與靈性權威兩種權威看起來是分歧的，甚至是矛盾的，不過回歸到父系社會裡，在本書第四章的神話分析中，我們看到了兩種權威間的一種互補性。這種互補性，成為漢人父系社會深層的一種文化特徵，而它也醞釀出，並且也使得其得以持續生產出，正常體系以外的能獲得大眾廣大共鳴的靈性權威。

　　關於象徵資本的探討，本書是以保安村的行動者為主要考察焦點，由地方菁英領導型態的變遷與轉化過程，以來呈現地方層次行動場域的轉變，以及結構與個人能動性之間的各種複雜關係。我們並提出了「象徵資本動員論」來解釋今日台灣農村的民

間信仰活動，以區別於傳統相對穩定平衡的漢人村落裡的「象徵功能論」式的運作模式。

我們也比較細緻地討論了由象徵功能到象徵資本動員歷程變化背後的四個不同歷史時期的演變，它們是由地主頭人時期、寡頭協商時期、分裂與派系複製時期，到政黨意識形態化時期的歷史性的變化。四種不同聯結地方與中央政府的方式，讓我們看到台灣地方政治派系運作模式上的主要變化。

關於台灣的新興宗教，筆者長期以來已累積數個個案研究，在本書中，我是以第五章的理論與經驗性回顧，和第七章的清海教團的動員模式為基礎，輔以宗教色彩比較淡薄，但克里斯瑪建構的歷程卻相當頻繁與密集的第六章日月明功的案例，以共同來討論當代社會的克里斯瑪建構，與當代社會之靈性資本累積與交換的議題。

首先，第五章中以五個在台灣媒體廣受注目的新興團體作為資料討論上的基礎，我們發現，各教團對於個人此世能夠獲致修行成就的許諾或期望，經由教主的展演，與修行體驗的分享，使得「信徒對修行方法所產生的信心」、「教主的權威」、「集體服從性的氛圍」等之間，產生了某種相互增強的關係。這種相互增強性的背後，也會透過與傳統宗教修行法門相銜接的修辭（例如說教主代表佛教法身在世間的體現），而使宗教團體具有了歷史延續性。

而在新興教團的信徒當中，第七章，以1990年代末期的清海教團為例，我們發現，在同一時間，它所吸引到的信徒，是異質性相當高的兩群人。一群人，我稱之為是「老修行」，他們是在既有的民眾宗教的認知與修行框架裡尋求突破的一群人；另一群人，我稱之為「新原理探索者」，他們雖受到既有文化背景的薰

陶，但新的生活經驗使其與傳統間相對解離，他們摸索著新的理解世界的方式，而在資本主義體系的缺乏宗教元素的情境裡，在碰觸到清海教團這種宗教與科學複合體式的認知系統時，他們產生了幾乎是生平第一次的，內心深層已被隱藏起來的宗教感的重新喚起。

對於這群「新原理探索者」，他們一方面相信科學，一方面卻仍有一種潛在的宗教上的渴望，而終在偶然，或是極為日常性的情境裡，他們開始接觸到這個具有「宗教與科學融合性的世界觀」的新興宗教團體，並嘗試性地進入了這個團體。而會引發他們產生更強烈想要投入於宗教的觸媒，反而不是團體的教義或組織型態（教義只是觸發他們初步走向特定宗教團體），而是體現出教義與生命的「克里斯瑪領導者」所帶給他們的觸動，這進一步讓他們與新興宗教之「宗教與科學複合體的世界觀」有了更緊密的連結，參與者個人的生命也得到了全新的轉化。

這種經由新的科學性語言和全球化的靈性世界所界定出來的靈性資本，塑造出新的克里斯瑪權威，在既有文化框架和新的自由化框架中，產生了密集的展演與動員。我們可以這樣說，在新興宗教團體裡，靈性權威具有了時代背景中所出現的一種新的普及性的正當性，並具有了極大的共鳴與感染力，而同時吸引著宗教場域中的「老修行」和「新原理探索者」。

第六章中，透過日月明功的案例，我們彰顯了漢人社會克里斯瑪領導所具有的一種常態性的性質。以實際資料，我們指出，傳統父權家長制所造成的依附缺憾感和慣習性的互動模式，之與現代理性的實質性的扣連，顯示出了傳統社會結構與現代理性之間更複雜的相互鑲嵌與加乘的作用，和這些作用所進而導引出來的特定時空裡的「高付出需求機構」，這也是克里斯瑪新的常態

化的歷史進程。

　　而關於成員參與日月明功的心理因素，第六章也嘗試提出「修復式依附」（修復個人在社會中、出於結構性原因所造成的人生態度層面與情感依附層面上的缺憾）的說法，即成員選擇一個具有雙親形象般的領導者，和具有親密社會關係的團體氛圍，來作為解釋他們之所以加入和得以持續參與的主要因素。在以上這種克里斯瑪的新的常態化（傳統父權社會人們需要克里斯瑪的心理需求，與現代社會的追求進步的態度相互結合在一起）的歷史進程裡，所新浮現出來的靈性資本的概念想像與實踐，愈來愈會是當代大眾宗教生活中的一個重要面向。

　　理論上，象徵資本與靈性資本概念雖相關，卻是權威背後兩種不同的面向，一種是世俗社會所公認的權力和影響力的形式，一種則是非世俗性的超人和救贖提供者的想像。其實任何社會都會存在這兩種不同的權威，這和人類思想史中極其重要的軸心時代時世界宗教的出現與發展有關，並造成了具有超越性的新權威的出現。不過，在爾後的發展裡，在不同的社會中，超越性與世俗性間的互動或調合，有了不同的發展結果與路徑。

　　我們要強調的是，象徵權威與靈性權威的並存，在漢人社會裡，二者並未真正調合，而是說，歷經現實權力衝突、神話歷史演變與家庭人格發展的漫長軌跡，靈性權威的存在，出於一種包裝掩蓋或者說是想像性的超越的方式，而使得集體生活與個人行動實踐之間，得到某種「縫合」（quit，個人以虛幻的主體建構來支撐或忍受理想與現實間的差距）。

　　有意義的是，如同 Žižek（1989）所指出，意識形態（而宗教是其中最主要的一種），不只是一種幻象，其實它自己本身就是社會的真實，這是因為父權社會的主體建構永遠是虛幻而不符實

際的，現實與理想間的巨大鴻溝，正需要巨大的意識形態來加以支撐，以來「縫合」二者之間的差距，由這種角度看來，既然鴻溝是必然存在的，這裡便沒有所謂「因鴻溝太大而讓意識形態無法達成其彌合的作用」的問題，反而是當現實與理想間的鴻溝愈大，人們會對於意識形態的需求更強烈，因為它正可以「縫合」人們內心的創傷與失落感。

而就漢人社會來說，過去所說的靈性資源，很大程度寄託在佛教出世者所能對現實社會所產生的巨大拯救與提供救贖的性質上，這在意識形態上的作用，是「縫合」了父權社會裡的主體焦慮（父權社會中的弱勢可以得到精神上的救贖；被父權社會排除者也能找到自身的位置）。進入當代，這種靈性資源成為了具有交換形式的靈性資本，它創造出了能讓現代人調合於資本主義體系的某種能動性，也讓現代人更具有能持續或甚至能擴張經濟生產的，存活上的技巧和能力，我們或許可以稱此為一種「新縫合」。

在主體的感受上，傳統社會裡的靈性資源的獲得，導向於對自己在彼世得到救贖的肯定；現代社會的靈性資本的累積，則導向於對異於資本主義和世俗世界的所謂「真實自我」的覺知的提升。兩者有相當程度指向性上的差異。

而我們也許還可以從另外一個更為複雜的角度來看這個議題，這可以以文化系統本身通常所可能會具有的超越性（transcendence）的基礎來理解。這種想法原來是來自 Terence Turner（1977），將 Van Gennep 和 Victor Turner 的儀式分析引用到 Kayapo 族的田野材料，他發展出了一個新的「儀式結構」的模型，並使用到了「超越性」（transcendence）的概念。

Terence Turner（1977: 55-56）認為，社會既有固定靜態性的

關係對立之外，還有一種相互轉化性的操作。當一個行動者由一個角色過渡到另外一個角色（譬如說男孩到男人），兩個角色間雖然是相對立，卻在過渡階段中，是由同樣一個人同時經歷兩種對立性的角色，這中間必須經過一個翻轉，也就是一種轉化性的形式，而它往往具象化在儀式或神明的力量上。

Turner 指出，這種「轉化性或生產性的力量」（例如讓「男孩」成為「男人」的能力），有著階層性的性質，它會「超越」系統裡「較低層次」的社會關係（譬如說 Kayapo 裡的男性間的世代差異）。當儀式中在召請神明 Godel 時，發生了「更高層次的轉化原則，……就好像這些象徵是一種最高層次的再現，是對系統『整個之完整性』的再現，其在性格上就會帶有著一種能超越於『系統本身可以去組織或控制的力量』的性質」（1977: 69）。

Turner（2002: 280-281）更進一步說：

> 這兩個面向（直線不可翻轉，和循環可翻轉）不只定義了社會「空間—時間」性的互補的面向，……也同樣定義了權力來源的各模式（基本上，「能動者」〔agency〕，有行動能力或改變情境的能力）。對立於「被動者」（patient）的，是作為能動者的特質（能夠根據個人的意願去行動，並且達到個人的目的，而不是被強迫成為被動、無法決定的，而成為依賴與從屬性的）。而能夠整合這兩種不同的關係與特質，於一個完整的以及完全形塑化的社會認同，是 Kaya 的「社會能動者」中的兩個主要面向。

簡言之，形式上，在系統內部固定性的社會關係之上（但事實上還是來自於社會自身）的儀式或象徵上的超越性，是社會能

動性的重要基礎，也是社會內部運轉和進行轉化的關鍵性的環節。而我們此處所說的靈性資源或靈性資本，也可以看成是社會系統在內部僵化與固定的角色關係之外，所具有的一種後設性的超越性的來源，這使得系統內部間的轉化（如生命階段的轉化、被動者與能動者之間的轉化等）可以發生，也創造出了更具有完整性的社會認同（居於社會之中卻能不受限其中）。

　　而當象徵權威與靈性權威的形式，進入了當代社會流動更頻繁，地方社區界線更為鬆動，以及資本主義體系已經無所不在的，滲透性與侵蝕性的情境裡，它們就分別產生了象徵資本與靈性資本的形式。就象徵權威來說，原來在地方社會裡，它其實就是社會關係與傳統規範裡，所累積出來的地位上的正當性，不過，當權威愈來愈具有資本的形式，象徵資本雖仍經由社區脈絡來累積，但行動者具有了更大的能動性，它的社會功能層面減弱，個人操作性層面變得更濃厚了。

　　至於靈性資本，嚴格說起來，傳統社會有所謂的靈性資源（spiritual resources），但並不具備可交換的形式，它座落在宗教場域或地方社會公眾服務的場域中，而輾轉以象徵資本或宗教資本的方式呈現，但不會以一種更為超越性的所謂靈性資本的形式存在。這是因為，一種超越宗教疆界並且具有可感知與可交換形式的靈性想像，是現代情境，而且是全球交會下的一種產物。

　　過去，在漢人世界的大眾生活裡，靈性資源僅是以一種模糊的想像，而被涵蓋在宗教神通或靈驗，以及具有公眾服務情操等的屬性裡，而被社會大眾所理解，但不是以靈性本身而被認可或承認。

　　一旦進入當代，靈性資源，那種通常是經由地方社會網絡、佛教、道教和民間信仰中所界定出來的超越性，慢慢出現了超出

各方來源的超越性的基礎，並融合了科學性的語言，成為大眾社會中可被辨認的靈性資本的形式。靈性的展演，資本的累積與兌換等等，都已密集而頻繁發生在社會的各個角落。

二、場域變遷與資本生產：民間信仰與象徵資本

象徵資本與靈性資本雖然有相當的重疊性，但背後各自被不同的生產邏輯，或者說，場域結構所決定。本書並沒有全面討論這兩方面的場域結構。就象徵資本的部分，我們主要是考察地方社會中民間信仰平臺所承載與創造的象徵資本的生產與交換。就靈性資本的部分，我們則是通過歷史回顧與個別案例，觀察到了靈性資本在當代社會的浮現，以及附帶的克里斯瑪生成與價值創造的過程。現在，在本書最後一章，我們對此可以再稍做摘要與說明。

我們在第五章中曾提到，對比而論，雖然台灣歷史上任何一個時期的漢人社會，在政治參與和人員流動上，都並不曾達到如美國民主經驗裡的那種廣泛的政治參與和參政經驗的連續性，但在象徵資本的建構上，透過民間信仰地方主體性的創造與維繫，它確實也曾建構出來了某種類似性的平臺，也就是具有聯繫地方與中央，以及創造地方自主性與認同，並且可能銜接各種資本間的轉換與流動的平臺。雖然說這個平臺只存在於一種象徵意義上的層次，而不是一種實質社會網絡或政治結構的層次。

這個平臺對漢人地方社會而論，以民間信仰場域（地方宗教場域）為基礎，我們看到，相對來說，至少，它曾達成了以下的功能和目的：

（一）民間信仰形構出來了一個在歷史傳統沉澱下的實踐場

域，在地方持續性的與具有累積性的社會關係與權力空間裡，宗教場域中的角色扮演，正當化了個人與家族在地方空間裡的社會位置，於是，地方民間信仰場域創造出了地方象徵資本運作的相對獨立的場域，有助於地方象徵資本的累積、傳遞與再生產等都不受到太大的干擾，即使歷經不同的時代變遷，地方宗教場域與象徵資本間的連結，都仍是相對穩定而未被削弱的；

（二）在這種可累積與傳遞的形式裡，它也提供了各類資本可以做轉換的平臺，而在不同時空中，轉換的比例或形式可能會有所不同。以我們第五章所舉保安村的例子，我們看到，它或是：

A.宗教資本與象徵資本間尚沒有分化（長老寡頭統治時期）；或是

B.已分化但兌換率完全相同（兩派派系競爭激烈時期）；或是

C.現代國家發展成熟與都會化情況明顯，而農村處於相對邊緣化，此時就鄉村移居都市的移民而言，由地方宗教場域中獲得的象徵資本，已成為能讓都市經濟資本具有象徵價值的重要媒介，以及對鄉村在地居民來說，宗教場域中獲得的象徵資本，也已成為地方各類資本零碎化情況下，唯一還能具有完整性的資本形式。而在C時期，經濟資本與宗教資本與象徵資本，三者之間的兌換率與可傳遞率等等，起了特殊的變化，不再是對等性的轉換，雖然其轉換率與可傳遞率的問題還需要更精細的分析與考察，但以地方宗教活動象徵資本的稀有性與關鍵性而言，它或許已由曾經所經歷過的鄉村被都市化歷程邊緣化後所產生的重度貶值，而到現在的進入了一個已產生了復甦與重新上揚的新階段。

不過，當然，即使說今日漢人民間信仰場域，創造出來了新的資本轉化的頻率與內涵，我們仍能清楚看到，今日的鄉村，除

了宗教場域下的象徵資本外，各類資本的存在已是相對匱乏而分離，還有，鄉村層次的資本連結形式，雖提供都市移民累積其象徵資本的可能管道，但它本身並不能擴展到都市，整個來說，即使當鄉村宗教場域有其獨立的來源，以來產生具有累積性與可傳遞性的象徵資本，這可能有助於地方自主性的維繫，但這畢竟是相對隔絕，而無法再延展到全社會了。

　　但是，有另一種可能，帶給了民間信仰，尤其是大型民間信仰，一個新的創造象徵資本的機會，只是得利者，不限於地方人士或地方出身而外移的人士，而更多是地方與國家的中介者，包括跨村落的大廟、文史工作者、地方技藝的傳承者等等，這一點，也就是文化資產因素介入所產生的全面性的影響。

　　全球性文化資產的競爭，具有濃厚的民族主義的意味。台灣的文化資產，則另有自生的民族主義建構的文化邏輯。當台灣進入現代市民社會體系，地方文化與國家文化有相互交集共通之處。以市民社會為基礎的現代民族國家，要深化其治理，必須由地方文化中生產出國家的主體性。這時，那些既宏大又涵蓋性廣，有著反覆循環性，而且是已經在歷史過程中得到了充分「真確化」的「地方性」（丁仁傑，2013：420），有可能成為創造民族國家歷史記憶與紀念碑的最容易撿拾的現成的素材，而經常被挪用作為靜態性或動態性的文化資產。此外，出於世俗性的目的，在經濟層面，地方政府和中央政府也歡迎地方以民俗的方式（而不是以神明信仰的方式）來慶祝節慶活動。因為在全球化過程中，這有助於產生「地方文化的觀光化」，而為文化創造出豐富的附加性的商業價值。

　　由另一個角度來說，我們似乎看到民間信仰已被分化成了兩個區塊，一塊仍是處在「父系社會組織」與「生態的緊張性」或

新出現的「商業風險」之間，具有解釋能力與調節機制的「超自然信仰體系」；另一塊則受到村落以外勢力的影響，而開始與現代國家民族文化動員和全球化中地方文化商品化等過程交織在一起，這後一區塊，已經逐漸一步步進入了各類大型村莊廟會活動的宗教實踐當中，但對單一村莊的影響目前還比較有限。

當然，文化資產的議題牽涉相當廣，這個全面性的新課題，並沒有出現在本書經驗性考察的案例與範圍內，這裡只能在此稍做提示。簡言之，本書的象徵資本的考察，相當有限地限定在地方單一村落的情境裡，目的在對焦於一個最基礎的層次，以來說明漢人地方社會象徵資本場域的結構與變遷，許多層面及其變化都還沒有能夠全面加以檢視，未來當然還有待理論與經驗層次的更為廣泛與深入的檢討與補充。

而經由民間信仰場域而所產生的象徵資本累積與交換的歷程，例如說，透過民間信仰靈力生產的過程，站在實踐理論的立足點上，以廣澤尊王遊香為例，筆者（2013：550）曾指出：

> 　　我們發現，漢人民間信仰裡的官僚系統，其實是座落在「宗教場域」中的一套靈活的操作法則，某些「慣習」影響了人們對環境的知覺，也主導了人們操作「官僚體系」的方式。每一個行動者或行動代理人，在這個「場域」中，都是要以得到某種「象徵資本」的極大化為目的，因為這些資本將會決定行動者在這個特定場域裡的「位置」。而行動者在這個場域裡的位置的高低，也有助於行動者在社會上的其他場域取得一定的正當性，和換取更高的位置或資源。
>
> 　　對於個別的或集體的行動者來說，「宗教場域」裡的多層次的科層性的想像，實際上是一個定位不同行動者間的權力

的框架，也是建立榮耀與力量的媒介，各種操作的主要目的，在於：彰顯出祖廟與子廟之間的關係，彰顯出能代表自身所屬集體性的某種榮耀，以及彰顯出各廟之間位階接近且相互尊崇的禮儀關係。場域內實際操作的方式，則是受到幾種「慣習」的影響，「慣習」中有著關於靈力來源與靈力分享的一套共享的文化觀，而這個文化觀的內容，是透過「階序」來定義出來的：階序中確立了靈力的源頭與正當性，階序中也達成了一種靈力再生與恢復的可能性。簡言之，社會「慣習」中，集體行動者的力量，必須要透過階序的操弄來加以再生與恢復，也必須要透過進入「文化邏輯中認定的祖廟與分廟的關係」來加以進行「靈力的再生產」。……

……〔不過〕我們也發現，在當代社會都市神壇充斥，新廟誕生率相當頻繁的狀況裡，「宗教場域」中出現了更為激烈競爭與擴大展演的情況，這是「場域」內部要開始進行象徵資源重分配的一個較不穩定的新的狀況，也是「宗教場域」與其他場域既相區隔（傳統地方社會是宗教場域與政治場域並沒有太大的區隔）又相互疊合（相區隔之後不同場域間卻又保持高度的互動，這是出於場域內部權力階序不穩定的情況下，新的行動者會更積極於不同場域間的位置與資源的轉換），而愈來愈會高度互相影響的新情況，這也讓其中的行動者產生了新的行動驅力與更為積極性的操作。

當然，這裡講的主要是以廟宇或社區為單位的象徵資本的生產，而其過程，也就是先建立明確超越性的來源，這個來源具有壟斷性與絕對性，或是如筆者（2013：205-206）所講的，那是一種「中央化的超越性」（centralized transcendence）或「壟斷性的

超越性」（monopolized transcendence），在此超越性來源的確立下，廟宇或社區經由與此超越性的聯結，而得到了「重新確認」或是「再中心化」的結果。

不過，當然，我們也能將此原則擴展到個人層次的象徵資本的累積與交換上來做觀察，於是，那也就是經由超越性的確立，並且經由階序性的操作，在個人與超越性的聯結中，個人的身分與正當性得以在公眾面前確立，而創造了象徵資本的傳遞與累積。而這個超越性本身，並不是脫離世俗的，而往往是地域關係與歷史沉澱中所創造出來的地方性脈絡裡的權威，即使說神的神格是具有普遍性的（如觀音或媽祖），但祂都需要經由重新在地方情境裡得到靈驗而取得神聖的權威，這個過程，我曾在他處稱之為是「二度成神」（2013：221-224）。

而在民間信仰的場域裡，個人象徵資本創造與累積的邏輯，其過程和廟宇或社區象徵資本的創造與累積，基本上並無太大的不同，也就是：（一）建立或定義超越性的來源；（二）該超越性往往具有濃厚的歷史與公眾性的意涵或相關性；（三）個人與此超越性的聯結而得以產生個人性的象徵資本的累積與增值；（四）這個累積與增值，有時能夠直接轉換為地方性或全國性的政治資本（在鄉級派系對峙尖銳以及統合主義治理模式主導的時刻），有時則無法轉換為他類資本，但卻具有極大自我增值上的效果（鄉村移民身分地位公開確認上的極大滿足）。

早期的保安村，雖然經過土地改革，但大家族的影響力仍然存在，富有影響力的長老，即使自己不出面，也會共同協調選出村中有作為的年輕人來擔任行政或宗教管理職位。乩童與桌頭，和村中相對固定的長老群之間，在利益與社會關係上，都處在相對協調的性質。全村整合在郭派派系之下，而以團結的實力和象

徵，構成了西港地區郭黃兩派對立下，郭派堅實的大本營。

　　寡頭統治下長老的權力基礎，是以地方農業資源為生產重心所形塑出來的社會結構，地方長老也成為能同時是擁有文化資本、經濟資本、政治資本和象徵資本的人，這幾種資本之間並不會過度分離，而是較集中出現在村中寡頭統治的幾位長老家族中。文化層面則是以圓滿、平安、好命等概念，投射在少數的個人身上。而這些少數的個人，再加上乩童與桌頭這些神職人員，維繫與體現了傳統象徵世界的生產與再生產。

　　40年來，生產與文化環境經過鉅變，保安村在歷經劇烈變化後，或許村民大眾共有的核心象徵概念並沒有改變太多，但是這些概念所能發生的效果，在範圍與強度上都大大減弱了。還有，過去各類資本高度重疊或是說尚未分化的狀況也大幅改變了，這由今日村中領導人物的屬性裡也看得出來。

　　不過另一方面，農村的象徵系統和相關實踐活動，在新的情境裡，相對於都市的各類活動，卻更能夠創造出永續性象徵資本相對稀少且關鍵性的來源。我們要以結論圖1與結論圖2來摘要象徵權威與象徵資本等方面之由傳統村落社會裡的情況到當代社會中的變化，這兩個圖事實上和本書早先的圖2-1和2-2是相當類似的，只是當時並沒有特別在圖2-1中標示出象徵權威的位置，也沒有在圖2-2中放入文化資產方面的議題，現在我們對此有所補充。不過必須說明，本書有關象徵資本的案例討論，是扣緊地方社區來進行的，因此以下的兩個圖，也是以地方社區為中心視角而再有所擴展後，而所進行的歸納：

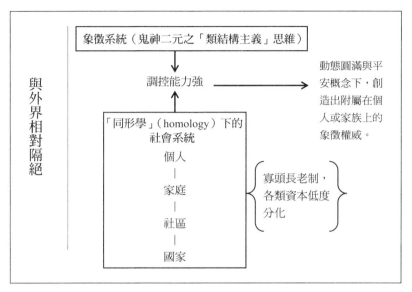

結論圖1 符合於象徵功能論理解下的台灣鄉村與象徵權威

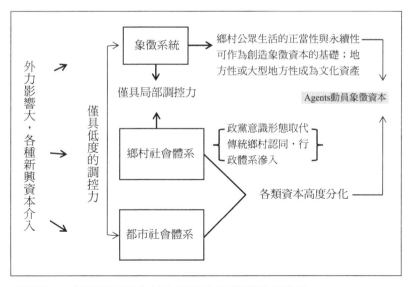

結論圖2 以鄉村社區為核心所產生的象徵資本動員

三、場域變遷與資本生產：由靈性資源到靈性資本

有關於靈性資本的創造、累積與兌換的場域及其操作邏輯，則是另一個故事。

靈性資本，是指：「超出社會體系內既有位置與角色，但具有文化可感知形式的自我覺知、達成救贖和積極助人形式的資本類別。」不過，如前所述，傳統華人社會有所謂的靈性資源，但並不具備可交換的形式，它會座落在宗教場域或地方社會公眾服務的場域中，而通常會輾轉以象徵資本或宗教資本的方式呈現，但不會以一種更超越性的所謂靈性資本的形式存在。

它的原因很多，其中一個原因，當然是因為前述所提到的，跨宗教領域的「靈性」這個範疇的全球化的普及有關，而使得一種特殊性質的超越性的基礎（靈性而非宗教），到了相當晚近，才得以進入華人宗教場域裡的論述與實踐當中。

不過，更重要的原因，是出於由傳統宗教過渡到當代宗教的概念上的一個變化，而連帶讓傳統的靈性資源，那種本身原不具備太多現實性的資本轉換能力的性質，在現代社會裡，成為了具有累積、兌換與轉換能力的資本的形式，也就是靈性資本。

換言之，靈性，或靈性權威，在傳統社會裡，固然有其正當性，也被認為是通往救贖的重要內在資產，但是救贖本身，是座落在彼世的，所以這個靈性資源，即使說它能提供現實社會秩序正當化的基礎，但它並非以能立即轉換為經濟資本或社會資本的形式而存在。

這裡，或許可以借用日本學者島薗進（2004）的說法，他創造了救贖宗教（Salvation Religion）這個概念。他認為，在現代性尚未來臨之前的社會，在精神領域裡占據有壟斷性權威的也就

是救贖宗教。就現代性來臨前的文化狀態來說，世界上的多數地方，是為救贖宗教所支配著的。

傳統救贖宗教的一個關鍵點，在於認定人類的現實生活，處在一個受苦和有限制性的情境裡，這個限制性的相反面，也就是超越苦難而得到喜樂，也就是得到救贖。人類曾創造出了一套制度性叢結來追尋救贖：

> 在現實生活裡，人們活在死亡與疾病的恐懼之中，還有其他問題的情況之下，救贖在宗教脈絡裡被定義成為教導個人如何去面對這些狀況，並且達到某個更高層次的生活以祈避免這些障礙，或至少他們嘗試這麼去做。救贖這個概念是許多宗教的核心元素，這些宗教鼓勵個人決心導向新生活，以普世救贖為目標，拓展他們的歸屬感，打破他們生活裡地理、文化與公共框架。那些所謂的「世界宗教」——佛教、基督教、伊斯蘭教都是典型的「救贖」宗教。（2004: 1）

救贖宗教提供了人類思維的一個堅固的基礎，它給予了一個能讓人們去理解人類限制和超越限制方法的框架；救贖宗教提供了一個同時有著受苦與希望的兩極性的思考範疇，和其他能夠幫助人們面對危險情境的各種思維基礎。

救贖宗教認為人類是處在一個苦難的狀態並且需要得到救贖的概念，人類會去進行自我貶抑，人類在個人自我貶抑之後需要做出一種攸關存在性的抉擇，在苦難人群中所產生的相互性的協助，以及人類所創造出來的一個願意投身到更高的理想和權威的由宗教謙卑個人所組成的社群等等。

不過，關於救贖的觀念，在傳統宗教和新宗教之間後來出現

了很大的不同，這個不同，可以被摘要為，在彼世救贖與此世救贖間的差異（Tsushima〔對馬路人〕, 1979）。

以日本來說，傳統宗教到新宗教，產生由團體為主到以個人為主，以及自我控制的增加（超越於對自然和社會環境控制的增加），在這樣的一個脈絡裡，宗教有了極大轉變。島薗進指出，新宗教強調自我依持和一種民主性的特質，而這和大眾逐漸增加的獨立性，以及現代化中所強調的重視個人能力的原則等有關。

這個因為大眾社會的出現，而所產生的救贖觀念之由彼世到此世的文化轉變，是第一個能說明解釋靈性資源成為新社會裡的靈性資本的重要原因。

不過，我認為，這個原因，除了大眾社會的崛起或大眾意識的擴張以外，還有更深層的社會結構上的因素，也就是社會分化，已由階層分化轉變為功能分化時，宗教次系統的一個位置與作用方式上的改變，而讓以靈性為名的宗教形式，既自我縮限了它的支配權，卻又同時具有了能與其他次領域間做靈活轉換或兌換的形式（也就是成為資本的一種）。

我們將依循 Luhmann 所提出的一些概念來做說明，德國社會學家 Luhmann（1982: 232-238）曾將社會分化的形式分為三種，「區隔分化」（segmentary differentiation）、「階層分化」（stratified differentiation）與「功能分化」（functional differentiation）。簡單社會以「區隔分化」為主導，其中多個部落並存且地位平等；而在「階層分化」主導的社會裡，在價值觀上是以部分人所構成的小群體來強行取代整體，以一個階層或團體來強行蓋過其他，雖不是平等的社會，卻在一種幾乎不可能的情況下產生規模與幅度都很龐大的文明系統，可能回應複雜的社會需求；當代西方則是以「功能分化」為主導的社會，是以功能分化來解決問題，各個

次系統有其自主性，整個社會卻也成為一個無中心的社會。

而不論以什麼方式來進行分化，一旦產生分化，次系統開始形成，這就開始產生所謂的次系統與整體社會間的關係的運作。Luhmann（1982: 238-242）特別將次系統與整體社會間的關係稱為是「功能」（Function），將次系統與其他次系統之間的關係稱為是「服務」（Performance），將次系統對自己的關係稱為「自我反應」（Self-re-flection）。在「區隔分化」裡，各個次系統幾乎都一樣，整體社會可視為是次系統的放大，所以「功能」「服務」「自我反應」三者間幾乎一致；在「階層分化」裡，上層階層即可代表全體，三者間也不會產生難以解決的矛盾；只有到了「功能分化」的社會裡，三者間反而常常相互牴觸與矛盾。以宗教來說，在Luhmann的架構裡，宗教次系統對整體社會之「功能」是建立確定性與去除弔詭，產生一超越「偶連性」（contingency）——也就是各種複雜性與不確定性——的神聖領域；其對其他次系統的「服務」，Luhmann稱其為「善事」（diakonia）（Beyer, 1984〔劉鋒、李秋零譯，1998：32〕），也就是宗教次系統將回應並協助解決其他次系統所未能解決的問題；其對自身的「自我反應」，則是在複雜與高變動環境中需要自我維持，進行自我理論化，建構自身的認同感與歷史連續感。

而在一個功能分化的社會裡，在「功能」上宗教需要整合整體社會，在「服務」上卻不能干涉其他次系統的運作規則，在「自我反應」上則既要有能自我與他者加以區分的建構，又須與既有的社會結構相容。於是當宗教本身也只是整體社會中與其他次系統並存的一個分立的次系統時，以上三種取向間將產生嚴重的矛盾與相互干擾。這其中因社會分化所產生的一個有關的側面，則是宗教與道德的分化，因為在分化的社會中，是非善惡的標準雖

仍重要，但過去以宗教統合來主宰道德一致性，也就是以「功能」來強行蓋過「服務」或「自我反應」之條件不再，結果是，一方面因社會分化而各個次領域產生分離，這出現道德語意的歧異，宗教無法再統一倫理；另一方面，人們已可以在沒有宗教信仰的情況下而只依一種人本倫理而生活（劉小楓，1998：xx）。

　　就宗教部分而言，在 Luhmann 的理論體系裡，宗教是社會系統中的一個子系統，它是所有含有神聖意義的溝通共同連接而成。在現代社會，由於主導性分化類型的變化，宗教成為眾多功能子系統中的一個，其運作與溝通，不再像在過去的社會裡一般，可以穿越各種分化界限，整合社會和所有的次系統。尤其是宗教結構，例如教會，已經很難聲稱對其他一些領域擁有支配權了。

　　但是，既然宗教曾經為整個社會提供了終極準則，因此，從宗教的觀點來看，其他功能領域的這種獨立性便有可能表現為對宗教的否定（參考 Beyer, 1984: xxix）。Luhmann 指出，在功能分化的社會裡，由於難以對整體社會履行其固有的功能，宗教將開始把對外活動的重點逐漸從整體社會層次轉移到其他次系統的層次。然而在依功能分化的系統裡，各功能系統都是自我指涉、自我再製，在自己的前提和條件下來處理外來資訊，因此宗教對其他次系統的服務，只有在不違背其他系統的原則和符合其他系統的意願下才可能進行，這往往也使宗教失去了其宗教的色彩。

　　而在一個功能分化的社會裡，宗教對其他次系統的活動，將僅限於在其他系統中產生而又不能在該系統中獲得解決的一些私人性問題，如輔導、心理治療等（Luhmann, 1977: 57-59, 263-264，參考趙沛鐸，1996：21-22）。Luhmann 指出，以傳統和教條為導向的宗教，缺乏與功能分化社會的結構相容性，無法在現代社會發揮應有功能。而宗教的未來，主要繫於宗教與功能分化

社會相容的程度。Luhmann 強調，在功能分化社會裡，宗教系統雖然難以再為整體社會執行其功能，可是這也正使得宗教系統可以免於被政治、經濟或其他次系統所汙染，並且它也仍然可以執行其次系統的功能，也就是提供對於現代社會的一種可供作為化約複雜性的特殊工具（Luhmann, 1977: 232, 238，參考趙沛鐸，1996：22）。Luhmann 的著作裡，描繪出了一個宗教完全不再居於體系中心的現代多元中心的世界。

此處，也許 Luhmann 所描述的完全分化的西方社會，並不完全符合當代台灣的情形，但是他的許多概念，卻能啟發我們更深入觀照台灣的各種宗教現象。我覺得靈性資本的出現，和社會的失去中心化之後，宗教的既具有服務其他次體系的重要性（也就是 Luhmann 所稱的「善事」），又不能具有對其他體系的支配權的這一種結構性的特質，有著相當大的關係。

在以上的理論背景上，我們看到，靈性，成為了一個既與資本主義的營利性形成對比，卻又是完全不干擾資本主義的營利性的具有超越性性質的精神領域或實在領域。它具有一種相對性，是一種不同且相對於現代性的資產，但卻有助於個人增進在當代生活中的調適能力。

而這個靈性資本概念上的特殊性正是在於：（一）它有清楚的現實性的意義（不在於彼世救贖的追求，而在於臨在〔immanence〕完滿性的追求），可透過轉換而具有經濟生產力（有助於產生能夠承載著追逐經濟資本的行動主體）；（二）但它又與資本主義的營利原則完全相對（不是建築在利潤追求上）；（三）它本身就具有一種內在的超越性（與宗教知識或宗教團體內部階層無直接關係，也不需要透過知識或組織階序來加以定義）。

資本主義社會裡，「成為一個人」，事實上也就是要「以追求

利潤的自由行動者為前提，來與現實社會裡的各面向發生關連」。而弔詭的是，這個人，在體系的操作裡，並非是被要求一定要完全隨資本主義起舞，而是說在個人的道德與靈性層次，被要求需要有一個更大的相對自主性，一個並不隨資本主義體系起舞而有所扭曲的自主性。而誰能創造出這樣的想像空間，甚至於能將之展演出來，並與現實社會產生互動，這就創造出來了靈性資本之創造、累積與兌換的契機。

當然，這不是說，所有的宗教團體或靈修網絡，都清楚自覺其所提供的方法，是一種有利於靈性資本累積以適應於資本主義社會的重要資產，而是說，在這個資本主義社會經濟生產與消費導向的大環境，以及高度社會分化的社會分工裡，宗教的位置起了新的變化。

所有的超越性的建構與消費，它的現實上的效果，愈來愈是在當下的瞬間來被加以衡量（而不是彼世）。而它的效果，甚至不是經濟性的與物質性的，而剛好相反，是在以不否定現世為前提的基礎上，透過即臨即在的超越性，以來讓表面上看起來似乎是無任何內在性意義的資本主義交換體系，得以有了持續維持和發展的基礎（有了具有內在性行動意義的行動者，而這個內在性的意義，幾乎是與資本主義的運作邏輯無涉）。

在此同時，隱含與間接性，甚至是非預期性的，使靈性資本這個概念得以發生作用的政治經濟學脈絡，和靈性活動之間，扣連得愈來愈緊密（資本主義世界歡迎這樣的行動者和團體），二者也愈來愈有一種相互增強的，既相異又互補性的關係。甚至，當資本主義發展得愈益滲透到個人生活，整體社會靈性資本的觀念與操作，也會愈益蓬勃發展與操作頻繁。

我們在第五章中已經看到不少新興宗教團體的例子，各個修

行法門，以其無所不在的「非二元性」的強調，而讓信徒的日常
生活本身充滿了內在的生機性。這一類概念與實踐，即使在較傳
統宗教團體的自我調整中，也經常會發現類似的變化。譬如說筆
者2019年手機裡所收到的即時短訊裡，就收到了這樣的訊息，發
文來自發一崇德組：

> 能量祈禱文
> 南極仙翁慈悲
> （每天讀，您將獲得宇宙無限的正能量）
>
> 我的一切具足完全圓滿，
> 我是健康，我是勇氣，
> 我是智慧，我是光明，
> 我是喜悅，我是愛
>
> （1）從今天開始的每一天，
> 我已經改變成為一個全新的人，我充滿了靈性和愛，我的
> 全身充滿了力量和喜悅，我更加愛自己和周圍的一切了。
>
> （2）從今天開始的每一天，
> 我的身體都進入了自我療癒和復原的狀態，我的每一個細
> 胞都充滿了活力，我越來越健康和美好。
>
> （3）從今天開始的每一天，
> 我都在接納全部的自己和別人，並且釋放自己內心的不安
> 和恐懼，我變得越來越平安和幸福。

（4）從今天開始的每一天，

我和周圍的人們相處和諧，我的脾氣越來越好，我的笑容越來越多。

（5）從今天開始的每一天，

我都會接受到宇宙的豐富，我的金錢也越來越豐足，我的生活越來越美好和幸福。

（6）從今天開始的每一天，

我的內心充滿了安祥和慈悲，我用柔和的語言和周圍的人們說話，我的精力充沛神清氣爽，我越來越愛自己，也越來越愛我的家人。

（7）從今天開始的每一天，

我會把一切都安排得井井有條，我的家裡充滿了歡聲笑語，我的家是一個和樂幸福的家庭，我們享受著富足的生活以及快樂的日子。

（8）從今天開始的每一天，

我都會擁有正念，並且在有了想法之後立即行動毫不拖延。

（9）從今天開始的每一天，

我遇到的一切困難和障礙都會自然消退，只要我對它們心懷敬意，並且從不抗拒，它們很快就會變成我的順緣。

（10）從今天開始的每一天，

　我將沉浸在無限美好的恩澤裡，即使我遇到了任何挫折，我知道它也是愛的表達，它將會很快過去。

（11）從今天開始的每一天，

　我恢復了童心，我開始對周圍的一切感興趣，我喜歡和大自然在一起，聆聽它們的聲音。我的身體越來越健康，我的頭腦越來越敏銳，我身體的每一個細胞都會充滿了生命力。

（12）從今天開始的每一天，

　我渾身充滿了美好的能量，奇蹟和愛都會一直伴隨著我。

　　換句話說，即使某些宗教團體或修行網絡，並未清楚並自覺其修行方式事實上是累積了有利於適應於資本主義社會的重要資產，但出於宗教在分工社會裡的新位置，它已不是要挑戰現世與資本主義的現實，而是要讓鑲嵌在日常生活中的自我，以平行性的管道得到自我確認與信心。於是超越性的建構與消費，常常是更導向於去認識現世生活底層背後的生活關係的美好和生命的奇蹟性。這與傳統宗教的強調超越現世以得到救贖的旨趣已是大異其趣。

　　這些方面，我們以示意圖的方式，將之呈現在結論圖3與結論圖4當中。

　　結論圖3與結論圖4，是以靈性資源或靈性資本在整體社會的相對位置為焦點，而所產生的示意圖，這和結論圖1、結論圖2，由社區中的象徵權威或象徵資本的建構為焦點，觀照的角度稍有不同。這也反映出象徵權威或靈性資源本身，其背後參照體系上

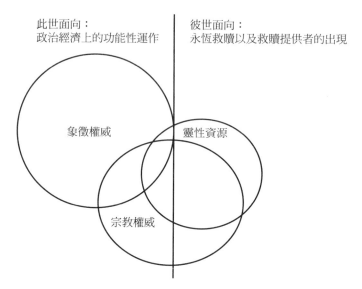

此世面向：
政治經濟上的功能性運作

彼世面向：
永恆救贖以及救贖提供者的出現

象徵權威

靈性資源

宗教權威

結論圖3　傳統社會中的象徵權威、宗教權威與靈性資源

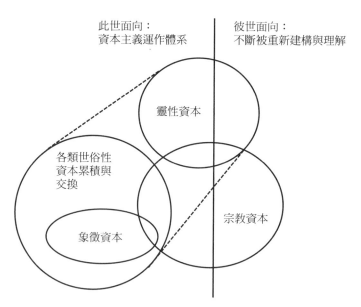

此世面向：
資本主義運作體系

彼世面向：
不斷被重新建構與理解

靈性資本

各類世俗性
資本累積與
交換

象徵資本

宗教資本

結論圖4　當代資本主義社會中靈性資本的相對位置

的一個微妙的差異，也就是社區建構作為象徵資本的一個主要來源，和靈性資本先天上的超社區的性質是有所差異的。

結論圖3示意性表達了在傳統社會權威尚未被資本化，但有著象徵權威與宗教權威間既分化又部分重疊的狀態，所以我們也並未個別使用資本的概念在其中。圖中，象徵權威是當時現實社會中，尤其在地方社區的脈絡裡，實際運作上相當重要的一部分，宗教權威有部分和象徵權威重疊，也有相當部分是指向於對達到彼世救贖路徑的壟斷。

圖中，靈性資源大部分被涵蓋在宗教權威中，在某種程度上它一直是處於曖昧不清和被宗教權威所掌控的狀態，有時也會透過宗教組織所提供的定義而被大眾所理解，而其指向性也是導往彼世。簡言之，靈性之名，那種脫離於宗教組織或教義，而具有獨立意義的可指向利他與通往救贖能力的內在性質，在傳統社會裡雖仍經常被想像，但它本身並未能形成一種具有現實意義上的權威基礎，也沒有滲透到此世面向中而具有明顯的社會功能上的意義。

結論圖4裡，示意性呈現當代資本主義社會中靈性資本的相對位置，圖中有幾點顯著的特質：

（一）此世面向已成為了被資本主義運作體系所主宰的生活形式（左上角）；

（二）象徵權威、宗教權威與靈性資源間，各自具有了資本的運作形式，彼此間有了更頻繁的轉換，其各自也有了被累積與交換的可能性；

（三）原來在傳統社會中，相對有所統合的，或者說未劇烈分化的權威形式，現在不僅各自獨立，彼此間也漸拉開了距離。不僅象徵資本與宗教資本間重疊性變小了，靈性資源也由宗教資

本中獨立出來具有一種資本的形式，世俗社會裡除了象徵資本以外，赤裸裸的經濟資本與政治資本紛紛被獨立出來，象徵資本現在只是世俗性資本累積形式中的一個部分而已，不像傳統社會中的象徵資源往往是占據了更大的比例；

（四）相當明顯的是，新獨立出來的靈性資本，比起傳統的宗教資本，更能適應和鑲嵌在資本主義社會形式中，但這不是直接的呼應，而是一方面它與世俗性的資本更分離，一方面卻是平行性的與世俗性的資本累積與交換間，相互互補與相互依賴，我們用虛線來表達這種平行性的既分離且又互補性的關係；

（五）傳統社會的彼世面向，是關於永恆救贖以及救贖提供者的出現，但是對應於主流資本主義社會的彼世面向，則有很大一部分經由靈性領域的浮現以及靈性資本的帶動，而被重新建構著。雖然說靈性資本本來就是歷史力量中所形塑出來的，但靈性領域的變化與各種靈性新定義的出現，也牽動了整個宗教場域裡的對彼世面向的看法，並且讓人們開始對彼世面向與現實相關性之間的關係，產生了新的理解。

四、靈性資本的創造、累積與兌換

靈性資本的起點，是起自於：靈性資源可以浮現出來成為一種資本的形式，它可被交換、可做累積，也有一定的市場價值。而傳統的靈性資源之能成為資本的形式，這是因為這種資源的展現，在新的時空背景裡，已具有極大的現實性，或者說是世俗性的意義。

靈性資源之開始能夠被轉換成為靈性資本，其運作邏輯尚須待更多經驗性的考察與分析，本書中也尚未提供完整的素材來進

行有關分析。不過在本書終章的結論裡，我嘗試在此提供一些初步的分析與推論。

整合本書至今的討論，我認為這至少需要經過這幾個步驟：

（一）靈性領域的確立與連結

如前所述，在傳統漢人社會，靈性資源，座落在宗教場域或地方社會公眾服務的場域中，並通常是經由地方社會網絡、佛教、道教和民間信仰中，而界定出超越性的形式或內容。而進入當代，已出現了超出各方來源的超越性的基礎，並能融合科學性的語言，而成為大眾社會中可被辨認的靈性資本的形式。

靈性領域將是超越宗教界限的，並且有一個實質性的範疇。這個領域的確立，可以經由既有的宗教內涵而重新界定，也可以直接挪用某人的創造，而也可以是來自某個所謂「靈性導師」的集中而密集性的論述。

先不涉及具體內容，最一般性的來說，正如 John Hick（1999）的書名《第五向度：靈性世界的探度》（*The Fifth Dimension: An Exploration of the Spiritual Realm*）裡所描述的，這是個在三度空間、第四度時間，再之外的一個獨特面向（鄧元尉譯，2001：4）：

> 我們是理智的動物，也是「靈性的」（spiritual）的存有。這是一個含糊不清的用語，且經常被同樣含糊不清的用語所定義。我在此用它來指涉人性的第五向度，它使我們有能力回應宇宙的第五向度。根據各種版本的宗教宏觀圖像，我們在靈性向度這個面向上乃是連繫終極實在（ultimate reality），或是說，與終極實在相類似並且相和諧。此一終極實在乃是物質宇宙的基礎，浸滲於宇宙之中並超越於宇宙之上。

　　這個靈性領域，可以在較具有教團形式的新興宗教裡有清楚而較為系統性的呈現，如本書第五章中所述：清海教團層級式的宇宙觀、宋七力法身宗的真實法相所在的世界，佛乘宗的大自在實向理體等等。也可能僅是在小型團體中附著在克里斯瑪人身展現上，而形成有異於資本主義生產邏輯的一套價值觀與世界觀，但因為有實踐上的效果，而已正逐漸成形為特定的靈性領域，如同第六章中日月明功的例子。

　　許多情況裡，它來自於某個所謂「老師」的建構，但這個建構，一方面會與華人既有的宗教概念間有密切的聯結性，一方面則往往會通過當代科學性的語言來表述。最主要的是，靈性領域的鋪陳，將資本主義社會生活中的身心痛苦與自主性失落的問題，轉換成靈魂問題。於是為了重新主導肉體與精神生活，人們必須認識靈性領域與宇宙萬有的真相。簡言之，認識靈性領域與提高資本主義社會生活中的「幸福指數」，成為了同一件事。

　　相較之下，在主體的感受上，傳統社會裡的靈性資源的獲得，導向於對自己在彼世得到救贖的肯定；現代社會的靈性資本的累積，則導向於對異於資本主義和世俗世界的所謂「真實自我」的覺知的提升。兩者有相當程度指向性上的差異。

　　而「教主」或「老師」，被認為是與特定建構與想像的靈性領域間了無障礙的溝通者。

（二）展演創造資本

　　這樣一個靈性領域的界定或建構，還不具備有資本的形式，它可以說是一個與現代性的內涵深刻聯結在一起的「當代新版的超越性的叢結」（Modern Revised Transcendental complex）。

　　靈性領域要開始具有資本的形式，是因為出於這個領域的開

展或實踐，在現實時空背景裡具有相關性。這之間的關鍵環節是「主導者的展演」。

「主導者的展演」，是指主導者的言行，表現為一種自信與具有活力的狀態，不僅主導者個人的生活具有效率與決斷能力，更重要的是，個人對他人具有充分的所謂「愛力」的傳達，能將自己的能量與信念，以有形（對他人的身體、事業與人際關係有實質幫助）或無形（對他人的精神有實質幫助）的形式而為他人所感知。

透過展演（performance），對於經由靈性領域所定義出來的靈性資源的掌握，成為與日常生活相關，甚至於不但是與日常生活相關，還是具有著絕對的引導性的方向指南。

而展演的形式，如果根據本書第七章的討論，由動員形式來看，它可以是經由論述，也可以是經由身體化的渲染上的效果，或者是能與傳統主導框架相對應而產生共鳴。這三個面向：論述，是指提出對於現代性有診斷意義的說法；身體化，則在於實際能展現成熟的在資本主義中生活的能力與情感狀態；與主導框架的相應，則在於行動與實踐，能夠在傳統宗教語言架構裡被定位與理解。

經由「主導者的展演」，靈性領域創造出了價值，與靈性領域的聯結、有時是透過主導者的媒介，有時是透過個人覺知的提升而得以產生聯結，而這產生了個人靈性資本的累積，也就是個人相信，對於團體的參與或教法的認知，累積了個人的價值，也提升了個人在資本主義社會中的自主性的保持。

（三）主導者的資本累積而產生當代的新克里斯瑪

主導者靈性資本的累積，會形成克里斯瑪。傳統東方宗教

中，克里斯瑪領導者往往是一個禁慾苦修者和救贖者；在西方基督教傳統裡，則是一個提出預言的先知性的救贖者。到了「當代新版的超越性的叢結」背景裡，即使說主導者或許曾有各式各樣禁慾苦修的經歷，但真正能創造其克里斯瑪的，是指他能與建構出來的或想像性的靈性領域間有直接的聯結，並能源源不絕將有關能力予以展演出來，而創造出來了靈性資本的發生、持續與累積。到了當代，這種能力的展演，涉及到當人處在資本主義無限敞開的風險與開放性當中時，如何能透過非資本主義屬性而來建立人生確定性的座標。

由單純的靈性資本的展演，到累積成為克里斯瑪，當然要有行動者本人的意願以及情境的機緣。大致上這中間通常會經過這幾個階段：

A.主導者展演的不斷反覆性與密集性，產生聚集在其個人身上的靈性資本的累積；

B.角色與個人合一，在A的前提下，旁觀者將展演視為是發自於主導者個人的內在人格，而不是出於角色扮演；主導者個人也慢慢覺得他（她）的展演是出於內在特質而非僅是出於角色扮演。

C.主導者被團體內多數人承認與接受，主導者個人不管做任何事情、任何表現，都被「克里斯瑪化」了；

D.有時，組織內部的結構與文化，會更強化了這種「克里斯瑪化」的歷程，Barker（1984: 198）曾指出，相對而言較為封閉與隔離的組織情境，與相當程度的權威取向的環境，會特別促成「克里斯瑪領導者」權威的形成與強化。我們在第六章日月明功的個案裡也看到了這種情況。

E.「克里斯瑪化」之後，愈來愈多的信眾聚集在主導者的周

遭，這開始產生了大量靈性資本的累積與交換。進一步的更大的集體聚集也開始發生，而其原所依據的靈性領域也變得更為具體可見了。

簡言之，隨著組織的「克里斯瑪化」，宗教領域裡的靈性領域得到了更具像化，同時也是具有現實指涉性的體現，進一步的，圍繞在克里斯瑪領導者的周遭，不但創造出來了靈性資本的加值機，也讓參與者在現實生活中重新導向了具有靈性意義的生活方式。

五、場域變遷與靈性資本

而如前所述，傳統社會存在有象徵資本與宗教資本，靈性，則較不具備有資本與交換的形式，過去，在漢人世界的大眾生活裡，它以一種模糊的靈性資源的想像，被涵蓋在宗教神通或靈驗，以及具有公眾服務情操等的屬性裡而被社會大眾所理解。

靈性，是與宗教組織內階序性的權威相輔相成，卻又是相異的一個面向。由菁英的角度來說，會認為，或者說會希望，這二者間的運作是相一致的。但是，自始至終，它是宗教組織所無法掌控的超越性的來源。不過，宗教組織雖無法掌控，在不同的脈絡裡，對於它的界定與說明，卻往往還是會大量透過既有宗教傳統裡的語言。另外，靈性之超越性的基礎，雖建築在世俗社會以外的來源，不過，它卻能由一個人積極助人的內在熱忱與無所求的態度裡來被外界所感知，也能由個人靈活生活於世間而不喪失個人自主性的表現裡而被人所認肯。

靈性資本的浮現，第一、當然是來自大眾宗教意識的崛起，因為大眾宗教有一種反階序的內在傾向，讓這種與組織階序相異

的超越性的基礎，得以成為大眾宗教生活裡更容易被接納的具有普遍性的權威來源。第二、是出於靈性一詞，不具有保守權威與僵化組織的聯想，也與科學知識間在表面上看起來不相背反，成為了取代宗教的表述，於是在西方，它得以與世俗主義相融；在東方，則與民族主義相合，不約而同的成為了全球不同情境中，知識分子與民間都能接受與喜好使用的一個名詞。

當靈性的概念，確實比宗教更能滿足大眾宗教意識中有關救贖與超越性的想像時；非預期的支持性的歷史力量，也來自了另一個方面：資本主義的結構特質，似乎也相當歡迎著靈性概念的出現。如前所述，我們看到，靈性，已成為了一個既與資本主義的營利性形成對比，卻又是完全不干擾資本主義營利性的具有超越性性質的精神領域或實在領域。它具有一種相對性，可以是一種不同且相對於現代性的資本形式，但卻又是有助於個人增進在當代生活中的調適能力的一種性質。

靈性資本的創造與累積，符合於大眾宗教意識中的新的變化取向，在新的需求刺激之下，供給層面也出現了擴張性與浸透性，也就是任何符合於新的精神需求的團體或教義，將能夠具有較大的擴張的潛能，或是說，我們很容易將會觀察到，有愈來愈多的新興宗教團體會以符合於社會上的這種新需求而出現。

靈性資本的創造與累積，是大眾宗教（相異於菁英宗教）擴張的結果，也是社區宗教退縮以後的宗教導向上的新變化。不過，觀察台灣靈性資本的創造與累積，也就是觀察台灣脈絡裡的大眾宗教意識的擴張，仍必須回歸到漢人社會中具體的宗教場域與結構當中。而這個宗教場域的結構，很大的一部分是取決於一個社會裡的宗教傳統和政治經濟學因素而所形成的歷史背景。

有關討論當然仍然是必須建立在比較性的歷史基礎上才能更

為清晰，譬如說，若與日本當代社會做對比，大眾文化的崛起和具有大眾文化色彩之教派的獨立發展與擴大，這在日本與華人的社會中，都是相應出現的時代趨勢。不過，它們的形貌與內容卻有所差異。在日本社會，正如島薗進（2004：73）所述，其大眾性運動的萌芽，在17世紀法華系統的佛教教派中，已開始生根發展，這也造成後來的日本新宗教，其中有68.5%是來自於法華經系統。也就是說，日本的大眾性教派運動的初期與中期，有很大的一部分是經由法華系統的思想與組織所來加以承載的。

　　而華人社會的大眾宗教的萌芽與擴展，事實上早在17世紀起，有很大的一部分，是由飽受政府壓抑的民間教派（白蓮教之類的團體，當代則為一貫道）所來承載，這些民間教派往往有非常強的宗教融合思想和末世論視野；而到了當代，佛教經過調整，在台灣出現了以人間佛教為名的多個佛教教團的振興，這又成為新的一波大眾宗教運動，他們更像是屬於大量大眾階層進入都市成為中產階級後而所帶動的新興教團。

　　簡言之，台灣社會大眾宗教意識的發展，在不同時代裡的呈現，和日本具有濃厚大眾主義性格的新宗教，其結構性位置與表現形式，雖都起自於大眾社會，但仍有極大差異。台灣在不同時空，曾由不同類團體，各以不同重點，來承載了大眾主義的表現方式，這和日本的主要透過法華經系統的新宗教來表現，並帶有濃厚的神祕主義、經驗主義（真理會以個人體驗的方式而呈現）與在家主義屬性等，會有著一定程度上的差異。我們幾乎可以這樣說，在貫穿日本150年以來的宗教場域裡，清楚呈現了經由法華經系統之新宗教團體而所反映出來的大眾主義，並由中看到大眾宗教意識中的靈性資本創造與累積的普及化的進程。

　　而在台灣，大眾宗教意識的發展，大量被現代佛教改革運動

（以人間佛教之名，而由被大眾所認可的佛教團體所彰顯），與華人民間教派的近代與現代發展所吸納（如一貫道這類綜攝性民間教派，其傳統在民間，自明清以來即有根基），僅部分由不被社會主流所認可的新興宗教（可能會帶有類似於日本生機性的世界觀〔vitalistic worldview〕的操作模式）所來表現。

換句話說，在台灣，大眾宗教意識的表現，是經由：（一）迅速調整而跟上時代的新興佛教教團，以其溫和的入世思想與實踐；（二）被底層大眾早已接納的民間教派重新出發後，而所產生的儒家本位的救贖論（丁仁傑，2009a：307-366）；和（三）新興教派的更強調即刻開悟的解脫論，三者分別，卻也是互補性地，共同承擔了大眾社會新的救贖與靈性上的需求（現代佛教教團：在家主義與普遍性的救贖；民間教派：儒家倫理與普遍性的救贖；新興教派：近似於日本新宗教生機性的世界觀與普遍性的救贖觀）。

三種教團之間的界線並不是截然互斥，民眾也更頻繁在這之間有所流動。另外，在歐美與日本都流行的新時代運動（在日本則稱新靈性運動）的內涵與實踐，在台灣，雖也頗有發展，但除部分成員會脫離組織而獨立以社會網絡來運作外，其內涵，有很大一部分，還是與前述這三類教團的世界觀與活動實踐，相互交疊在一起而有所融合、傳播與擴散。

六、建構歷程中的「入世救贖靈性體系」

綜合來看，我們最早曾提出過，在世俗化力量與全球交會的處境，以及民族主義興起的各種力量衝擊下，宗教的面貌，在行動者自覺與不自覺的調整與想像下，出現了很大的變化。變化中

有幾組名詞，既不能相互取代，但卻又是彼此聯動和交互拉扯的，甚至於可能是相互包含的，它們是力量變動場域中的一些節點。而在Peter van der Veer的討論裡，曾特別突出了「宗教─巫術─世俗─靈性」這四個名詞，以及這四個名詞之間的「結構體鍊」上的性質。

而在我們現在的討論脈絡裡，則將會特別強調漢人宗教權威形式上的內容，會由一種「象徵資源─靈性資源」的配置模式，轉移到了「象徵資本─入世救贖靈性體系下的靈性資本」的配置模式上的變化。這背後也有對應的政治經濟體制，和宗教的制度或組織型態方面的變遷。我們可以參考結論圖5與結論圖6的圖示：

首先，就**政治經濟體制**來說，傳統社會具有一種古典國家、層級性的市場體系和民間社會的型態。現代社會則是以現代國家、資本主義市場體系與分化性的社會制度為構成。

簡單說，依據Befu（1967）所曾區別出的三種不同的中央政府與地方的關係模式：原始國家、古典國家、現代國家（the primitive state, the classical state, the modern state）來看，三種不同情況下，中央政府控制地方社區的方式會有差異，地方內部自我治理和資源分配的情況也會有差異。

在原始國家，通常是一個中央領導者（如酋長）控制著數個地區性村落，社會分化相對簡單，還沒有產生獨立的政治菁英階層，統治者和各聚落的關係，是透過親屬關係或通婚關係來維繫。中央與地方是透過親屬關係而得以連結，但是中央對於地方並無太多干涉，地方有相當高的自主性。

古典國家，主要的特徵是文化分化、社會區隔、統治菁英與地方大眾產生對立，文化上也出現大小傳統的區分。中央政府有

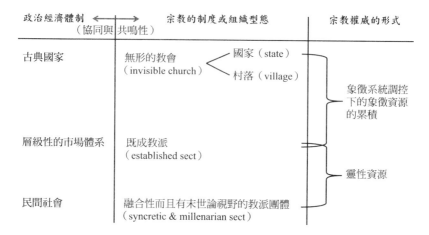

結論圖5　古典國家時期政經體制、宗教組織與宗教權威形式間的連動性

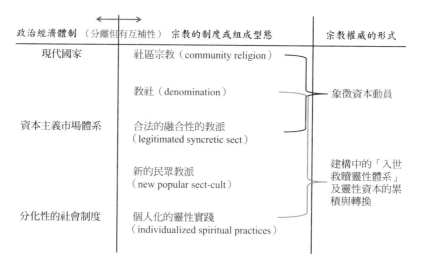

結論圖6　現代國家時期政經體制、宗教組織與宗教權威形式間的連動性

較精緻的行政官僚系統，主要目標在於徵稅和全境內秩序的維持。菁英階層並不關心地方農民的文化，刻意與俗民文化間保持某種文化上的距離，上層國家和地方農民間的立場和利害關係都是完全對立的。顯然的，這個時期，民間信仰與上層階級間，即使文化上有類似之處，但是社會距離卻是相對遙遠的。在聚落內，血緣關係的重要性相對減弱了，其他的社會階級和職業單位成為更重要的社會連帶，而村落也會開始被凸顯出來，成為社會構成基本的財政與行政單位。古典國家階段裡，民間社會有相當大的獨立性，民間信仰是維繫地方法人自主性與獨立性的重要媒介，它具有鮮明的地域性疆界，並以保護地方利益為主要政治與經濟上的訴求。

我們也要強調古典國家中的層級性市場體系的性質，如同Skinner（1971）的層級性市場與階序性「中地」的理論，認為村落受到其所在市場或政治軍事位置的影響，並非自足的內部系統，一個基本的分析單位也不是村落，而是大約五、六個村落所構成的「標準市場城鎮」（standard market town）。而漢人社會城鄉構成的空間模式：是由下至上層層而上的，愈高層的「經濟中地」也具有愈大的「文化主導權」的文化資源分布狀態；層級性城鄉關係和區域經濟構成了所謂的「套疊性階層」（nested hierarchy），意指由低到高鑲嵌在一起逐級而上的聚落與行政體，也就是華人經濟活動中，由低層較小的地域性範圍，到涵蓋範圍較大的小社區，再一級一級往上到更大區域的層層相屬疊架的這種市場與城鎮的性質。會提出這種性質，是因為地方上的象徵資本動員，和這種「套疊性階層」下的城鄉構成與互動模式間關係密切。

進入現代國家，經濟體系轉換成資本高度流動性的現代資本

主義體系，社會各部門也成為依功能來分工的運作系統。

　　就對應的宗教制度或組成型態來看，為了對應西方宗教社會學的概念，我們也將英文填入表格中，可能更能來說明華人社會中相應的宗教組織變遷上的狀況。

　　正如同 Martin（1965: 7）把根植於儒家五倫與宗法思想的正統帝國及家族連帶體系，在形式上把它當作是一個主流化的宗教組織，一個類似於西方一統性教會（church）的存在。而它在中國，大概同時有國家和村莊兩個層次。

　　相對於此，道教和佛教則是中國社會中合法存在的「教派」（established sect）團體。除此之外，還有大量被帝國政府所壓制的教派團體（也是 sect）的存在（如白蓮教），它們其實不是宗教意義上的異端，而比較像是具有政治顛覆性的教派組織。

　　在組織形式上，我們可以想像，傳統華人社會是一個有著無形的教會，和居於邊緣位置的各類佛道教派相並存的體系。而在無形的教會之中，有著仍然與主流文化相對親近，但卻具有對抗潛能的「融合性的教派團體」（syncretic sectarian group），它們在政治立場上是教派，教義思想上卻仍近似於「主流的教會」（儒家五倫思想與家族祖織），只是因為帶有末世論思想，而有一種政治上的顛覆性。

　　總結以上，這是一種看不見的教會（invisible church）、教派團體（sect）、融合性的末世論教派團體（syncretic and millenarian sect）三者並存的狀態。

　　進入當代社會，尤其是進入當代世俗商業體制為主流的解嚴後的台灣社會，原來無形的教會，在國家的部分，並未對應組成，而僅在社區部分，成為一種社區宗教（community religion）的形式。至於原來與無形的教會對立的佛道教派（sect），逐漸具有一

種與世俗價值更為相協調一致的「教社」的色彩（denomination），
政治上被當作異端的「融合性的教派團體」，則取得公開發展的
法律與社會位置（legitimated syncretic sect），至於其末世論色彩
或許仍然鮮明，但在民主國家，它通常已不具備挑戰既存政治體
制的顛覆性。

　　至於說其他的新宗教團體，在佛教與民間教派擺脫了異端色
彩之後，它們反而又被社會當作異端來看，而有著介於教派
（sect）與膜拜教團（cult）之間的社會位置（new popular sect-
cult）。另外，在社會「私人化」（privatization）結構愈益加深的
情況裡，也會有更為頻繁超出宗教組織範疇之外的較為個人性的
靈性實踐（individualized spiritual practices）存在。

　　總結以上，於是整個社會的宗教生態是社區宗教（community
religion）、教社（denomination）、合法的融合性教派團體
（legitimated syncretic sect）、新興流行教團（new popular sect-
cult）、個人化的靈性實踐（individualized spiritual practices）等的
組合。

　　就宗教權威的形式來說，傳統社會的形式是：象徵系統調控
下的象徵資源的累積；加上靈性資源的存在。二者有一部分重
疊，但後者僅以一種補充性的角色存在於社會，某個程度上，在
正常社會系統運作所產生的象徵權威之外，它是另外的補充性與
替代性的權威形式，也讓那些原已被主流社會所排除者，有得以
建構其主體性與身分認同的著力點。換句話說，合法存在的教派
（established sect）團體裡，它創造了靈性資源累積的場域，但這
也可以同時為參與者帶來某種程度的象徵資源的累積。而父權社
會體制的背後，一直有超自然象徵系統與其若即若離的，相互進
行著動態性的調控與互相滲透的關係。

　　不過，在民間教派，尤其是有末世論色彩的民間教派上，它常不為主流社會所接受，因此這樣的靈性資源的累積，與象徵資源的累積間，已產生了相當大的分離性。

　　進入現代社會以後，象徵資源具有更鮮明的資本的形式，社區宗教活動能夠創造出永續性的象徵資本，佛教教派與民間教派（如一貫道）更趨近於社會主流，都是能創造象徵資本的重要資源。個人也有更大的能動性去由這些場域中累積出個人的象徵資本。

　　這裡需要做詳細討論的是，有關不同社會體制中宗教與主流社會體制間的關係。在傳統中國社會裡，先引述 C. K. Yang（楊慶堃，1961〔范麗珠等譯，2007：115-116〕）說：

　　　　在漫長的中國歷史進程中，除了對天的崇拜，還發展出了一套複雜的民間信仰（popular cults），它對封建王朝的長治久安具有重要的倫理政治意義。祭天儀式和「天人感應」理論的官方解釋都是朝廷的特權，而老百姓是不能參與祭祀儀式的。儘管陰陽五行理論把天的最高權威和神的體系帶進百姓的個人生活，老百姓仍然無法從官方的儀式中受惠，來保持信仰。因此需要發展對上天崇拜之外的民間政治倫理信仰，這樣百姓就有機會參與到宗教儀式中去，並不斷地感受「天」在政治生活與社區生活中超自然的權威。

　　　　在中國的宗教傳統中，超自然領域的構建和現實生活世界非常相似。在世俗生活中，普通百姓根本沒有機會和君王有任何的聯繫，不過有時不可避免地要和較低層的官吏打交道。同樣的，在祭祀儀式中百姓沒有資格直接祭天，但是他們可以祭祀那些從屬於天神的其他神。

正如許多古代文獻所證明的那樣，儒家傳統始終承認這種民眾政治倫理信仰的需要。也許對此種信仰最簡單明瞭的說明可以從《易經》注釋中孔子的那句話體會出來：「聖人以神道設教，而天下服矣。」無論孔子是否有此意，這段話確實從古到今廣泛地被徵引，用於宗教問題的討論，也顯示了它的影響力。此外，還有更多的解釋來證明政治倫理信仰的存在，比如1923年的廣東佛山縣誌中寫道：「明有禮樂（道德規範），幽有鬼神，明不能治者，幽得而治之，固不爽也」。「以神道設教」的基本觀念通過民間信仰，成為傳統政治制度中一個固定的組成部分。

我們可以這樣子說，出於政治治理模式的結果，傳統帝國裡，就宗教層面去考量，有一種「神聖帝國—菁英宗教—大眾宗教」這樣的三元性結構：宗教意識形態統一的國家；儒家菁英等所傳布具有高度倫理性質的宗教與哲學體系；地方廣泛崇拜鬼神的信仰實踐體系等，這樣的三元性結構我們不難去理解。

但到了當代，在主流世俗性體制完全不帶宗教色彩之後，對應於這個體制，相呼應的是一種什麼樣的宗教體系或「宗教性」呢？總結我前面的討論，我要說，它以一種「入世救贖靈性體系」的架構或性質，跨越不同宗教領域之間，而正逐漸被建構出來。

這個「現代國家政治經濟體系——**入世救贖靈性體系**」的二元性結構體，它的特徵是：世俗政治經濟體中不帶有宗教性的意識形態；但同時，宗教體雖變成剩餘範疇，但卻也是與現實政經相輔相成的新的生活實踐體系，它有著重視個人性救贖（宗教與社區性相脫鉤，而更廣泛與個人**救贖**的指向性相聯結），也重視

宗教與世俗層面相容性（**入世**）（資本主義社會中的宗教更須具有入世積極性）的特徵。

甚至於，這已非傳統意義下的制度性或組織性的宗教，當代浮出的「宗教性」的焦點，逐漸成為一種跨越宗教界線，並對資本主義世俗體制有針對性卻也是適應性的精神屬性，「靈性」是其新的稱謂。

在過去漢人世界的民眾生活裡，特殊的修行方法與集體性的修行經驗，以一種模糊的靈性資源的想像，被涵蓋在宗教神通或靈驗，以及具有公眾服務情操等的屬性裡而被社會大眾所理解，但不是以靈性本身而被認可或承認。進入當代，靈性資源，那種通常是經由地方社會網絡、佛教、道教和民間信仰中所界定出來的超越性，慢慢出現了超出各方來源的超越性的基礎，並融合科學性的語言，成為大眾社會中可被辨認的**靈性**資本的形式，並常以靈性為名，充斥在各種不同的宗教傳統之中。

正是在這樣的場域變遷裡，為符應於大眾需求，傳統宗教與新興宗教，都正摸索著現代人「宗教性」的新內涵。這個新內涵，我想要稱其為是「入世救贖靈性體系」，它是一個重視個人在資本主義社會中的調適能力，卻又能與現實經濟活動維持某種距離的超越性的範疇。

我們也可以這麼說，漢人傳統社會宗教場域運作最主要的社會功能與機制，可以透過 Duara（1998: 15）所提出過的「權力的『文化交接銜接叢』」的概念來理解：有一個場域或相互交接的聯結網，它連接著國家、士紳和其他階級，這個「銜接叢」，包括宗教、宗族、市場、灌溉和其他社會網絡，它提供了「共同分享的象徵性價值」（p. 24）以來正當化鄉村的秩序。其中所大量流轉的，正可以說是一種象徵資本的早期形式，創造出體制和各種

權威在鄉村社會裡的正當性（這和當代以個人為主體的象徵資本的累積還不太一樣）。

而到了當代，固然象徵資本由鄉村環境裡釋放出來，但卻仍主要是經由鄉村環境中進行創造與生產。與此同時，傳統社會原就與象徵資源並存的靈性資源，生產與傳播上都大量膨脹，且衍生為新場域的基礎。最新版的「超越性的文化叢結」，是一個與現代社會分工體系和資本主義運作模式間，既有極大分離卻又有緊密互補性的「入世救贖靈性體系」，它成為資本主義社會中宗教達成其社會功能的重要介面。靈性資本的建構與生產，成為大眾文化中可被鮮明加以辨識的宗教向度，不但創造出新的宗教權威，靈性資本本身也成為了具有高度市場價值的商品。

七、本書限制以及未來研究的展望

將象徵資本與靈性資本並列，並以之作為漢人大眾日常生活中權威生產的兩個既相異又互補的面向，這樣的視野，來自於筆者對於當代台灣宗教現象研究成果的整合與分析，但是，它不是出自於嚴密而無隙縫的演繹邏輯，而是出於在一個最大範圍內的對現象的宏觀性的歸納。

漢人大眾社會裡的權威型態，由過去到現在，一直存在著象徵權威與靈性權威的分歧，但二者間也是互補和相互依賴的。而由傳統社會到當代社會，出於場域變遷，兩種權威內部，又各自產生一些意義上的變化，個人也具有了原來僅是被動承接，而現在是充滿了能動性，而可能在一個新的平臺上去進行兩種資本的累積與交換的新的社會位置。

而其中特別重要的一點是，靈性資本，在大社會中得到了更

廣泛的承認，這也等於是說，宗教活動在大社會裡，經過了某種轉型與重新定位，而得到了新的位置與正當性。這裡面又包括了依序三個階段上的變化：（一）靈性的概念與實踐，以具有非組織性、非集體性和超越藩籬的屬性，而得以將各類宗教觀念予以重新結晶化；（二）在使用名詞與概念上，靈性取代了宗教，而不論是在菁英階層，以及在精緻化了的大眾宗教意識裡，它有了更廣受歡迎且廣被採用的位置；（三）以靈性的形式，宗教在當代社會取得了復興。簡言之，這也是一個新的宗教立足點的開展。

相異於世俗化理論的是，宗教並未由資本主義社會中退潮；部分相同於世俗化理論的則是，宗教納入了世俗性，宗教情操不但不與經濟相對立，它還與主流經濟體制共存，成為了與現代追求最大經濟利潤的生活方式，相異卻又相和諧並存的一種調適能力。

不過，這裡需要稍做補充的是，筆者（2004：421-429）曾指出，西方社會的當代社會分化，曾在一個時期內導致了宗教勢力消減的「世俗化」（至少在社會分化的過程一開始時），在台灣，這反而產生了原傳統社會中邊陲性「制度性宗教」在新社會情境裡有所擴張的結果。換言之，原漢人傳統社會中屬於較邊陲地位的制度性宗教，在核心瀰散性宗教斷層的情況下，在新的社會情境裡反而是有了擴張機會，並且在功能分工的需求下，當宗教部門在整體社會中仍有其需求，這也提供了制度性宗教的發展機會，甚至於所有的宗教團體都傾向於走向組織化與專門化。

但是，在本書對靈性資本的討論脈絡裡，我們卻又提到：靈性的概念與實踐逐漸取代宗教，或是說在宗教場域裡，宗教活動愈來愈以新的所謂靈性的形式，而在當代社會取得了復興。而當

靈性的形式是有著所謂非組織性、非集體性和超越藩籬的屬性時，就此來看，筆者先前所提出的所謂「制度性宗教的浮現」的說法，和目前所提到的靈性復興的說法，二者間是否存在有任何的矛盾呢？

此處，我們或許可以這樣子來加以理解：

靈性追求的形式，其實是「制度性宗教的浮現」之後的一個更激進的社會分化的結果，但二者其實是出於相同的歷史力量：當我們說「制度性宗教的浮現」，這是指當代台灣宗教場域變遷供給層面的一個變化；不過從需求層面來說，在這一波「制度性宗教的浮現」發展趨勢之後，我們也確實看到了一種與制度性宗教生活相反的一種性質，也就是靈性的概念與實踐，開始愈來愈廣泛存在，甚至於開始逐漸超出了制度性宗教的界線。

換言之，台灣社會裡的社會分化過程，供給層面上，確實導致制度性宗教的擴展和宗教組織走向專門化，但在需求面來說，雖然不是和「制度性宗教浮現」趨勢同時出現，但前者在歷經一段時間以後，社會文化潮流裡就已開始出現了一種超越組織性的個人化的靈性需求，這兩者雖不必然是截然相反，但確實是有相當不同的涵義和行動取向。

而這些發展都是出於世俗性滲透到社會不同層次的不同歷史階段的產物，當社會結構分化造成制度性宗教浮現的機會，但是當這個分化過程裡的世俗性（secularity）的概念慢慢發酵，而讓傳統的「宗教性」開始傾向於更調合於世俗社會時，靈性或是靈性資本的概念，也就登上了宗教場域的舞臺了，而它雖不見得會更動「制度性宗教浮現」的變遷趨勢，但必然也會讓各類宗教組織出現了更為頻繁的自我調節與重整。至於世俗性在宗教中的滲透，它可能會改變傳統宗教的視野，或是會帶來了新興宗教，但

也有可能產生完全打破組織界線的各類新型的靈性網絡。

　　如果用一個圖來呈現，或許會更清楚，如結論圖7：

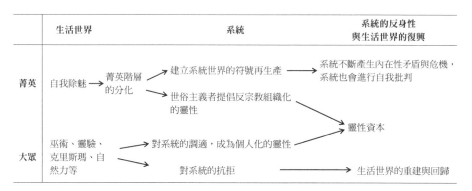

結論圖7　現代性不同進程中的菁英宗教與民眾宗教

　　為了澄清有關現象，這裡，在分析上，我們需要引用到 Habermas（1987）對於「系統」（system）與「生活世界」（lifeworld）之分類及其討論。在現代社會理性化的趨勢裡，社會分化加劇，愈益走向各部門以某種自主性的邏輯來運作，俾提高整個社會的生產效能。這是社會試圖以簡馭繁而產生的制度化過程，而今隨著近代的工業化與專門化而愈益嚴密，這也就是所謂「系統」的出現；相對的，則是所謂「生活世界」，一個在言語傳遞與文化共享的基礎上，在「交互主體性」（inter-subjectivity）的互動中所形成的日常經驗性的世界。在其中有各種溝通以及社會規範和價值的形成。

　　「系統」與「生活世界」之間雖然是相對的，但是它們並不是分屬於兩個社會實體，而是兩種不同的運作邏輯與溝通模式。而當「生活世界」中的某些素材開始被符號化並被重複加以操作

而定制化，也就是Habermas（1987: 146）所講的「符號再生產」（symbolic reproduction）之漸增的「反身性」（reflexivity）出現時，「系統」這時已開始漸由「生活世界」中分離出來。而在Habermas對於現代性的反省裡，認為現代性不斷發展的內在矛盾與危機乃是：「系統」與「生活世界」的脫節，以及「生活世界」之被「系統」的殖民化。

　　根據結論圖7，我們可以說，系統的出現，是菁英階層在其生活世界中進行自我除魅化的一個結果。但是菁英階層間卻也產生了內部的分化，少數的菁英階層，在社會分化過程中，仍然保留了宗教的元素，但是這是一種包含了世俗主義者的思想方式（擺脫宗教組織的束縛），這些人也開始提倡那種反對宗教組織化的靈性；另一批主流性的知識分子，則仍致力於理性啟蒙的世俗化的過程，並傾向於強化系統的運作。

　　至於大眾生活世界，本是充滿了巫術、靈驗、克里斯瑪、自然力等，但當被菁英分子所強化的系統所規約和壓抑，這或者產生了對系統調適後的個人化的靈性，或者激發出對系統的抗拒。不過，後期現代化的趨勢裡，理性會針對理性自身，這也就是所謂的「反身性」，這種反身性可能形成系統的自我批判，也會產生系統的內在矛盾，也可能在矛盾中，非預期性地出現了生活世界復興的契機。

　　而我們也注意到，系統的出現，雖來自西方菁英分子所創造的一種溝通模式，但在西方強權擴張下，系統發展進入世界各個不同的角落，而在台灣，在系統殖入背後的非自發性的世俗化歷程中，在供給層面上，則反而給制度性宗教創造了擴張的機會，這也是筆者在前著（2004）中所曾強調過的，不過在結論圖7中，不容易將這個現象呈現出來。

　　制度性宗教的浮現，它同時和系統殖入所造成的在地制度性宗教發展的機會，與大眾宗教意識的自我調整和興起等兩方面都有其關連性，或者說，它正是這兩個條件在歷史機遇下所匯集而成。

　　接著，隨著系統本身內在反身性的出現與增強，出現了一種與社會分化趨勢相關，但卻又是相異於系統符號再生產結果的有關於靈性的想像與實踐，這同樣的也是一方面出於菁英分子（只不過是屬於另一批菁英分子的影響：菁英分子中提倡反組織的靈性的那一群人），一方面出於大眾宗教意識增長與傳播後的結果，而這兩種力量現在開始以靈性資本的形式而匯流在一起了。換句話說，靈性資本的出現，是在後期現代化情境裡，菁英分子的反宗教組織化的靈性，和大眾社會對系統的調適所出現的個人化的靈性，這二者異質同形，且殊途同歸的一個結果。

　　最後，這種靈性資本的形式，也許不會與系統的運作或制度性宗教的運作間相矛盾，但是，靈性資本概念的擴展與普及化，將不斷衝擊著宗教組織對內對外的運作模式，和一般社會大眾對於宗教的想像。

　　回到本書寫作限制與未來研究的展望部分，總之，因為本書並不是出自於邏輯嚴密的演繹推理，而是個案累積下的宏觀性的歸納，因此，本書的討論，有可能有過於宏觀和概念化不夠嚴謹細密性的問題。也就是說，本書概念的提出，著重於在現象歸納上的啟發性和分析的便利性，但這並非能夠窮盡性來說明個別現象，或是說明個別現象與個別現象之間的內在因果關係性，尤其是靈性資本的概念，它在歸納當代台灣宗教現象時，有其宏觀上的包含性。我們透過這個概念，想要說明當代台灣社會宗教復興與宗教重新嵌入時的脈絡背景與大眾需求的內在特質，但是許多

細節性的問題確實都還有待釐清，本書在此拋磚引玉，卻也留下了許多仍有待進一步解決與處理的課題。

　　其次，如同本書在一開始時所指出的，本書所有討論的基礎，是建築在幾個具有文化內涵和社會學意義的前提上的，也就是：（一）大眾宗教意識的崛起；（二）民眾宗教中的權威建構是一種文化常態；（三）「宗教—巫術—世俗—靈性」的「結構體鍊」之分析上的連動性。然而，對於那麼重要的前提，本書中雖說明了其內涵，並勾勒了其在漢人社會裡的形貌，可是對這幾個前提背後的實際歷史演變，以及其對一般人日常生活的影響模式，我們幾乎是完全沒有加以討論。其實，這幾個前提的背後，各自涉及了複雜的歷史演變與宗教場域的結構分布，並且也有族群與區域性的差異，但本書並未進入其中較為複雜的層面，而僅是直接拿來當作前提來使用。

　　譬如說，我們也許可以把靈性資本的累積和消費，放在「後現代宗教[1]」（postmodern religion, Bauman 1998）的角度上以來做分析與考察。因為現代性的激進化發展，已創造出了宗教性質上的質變，只是說新情境尚未完全確定，也因此後現代情境也仍有著相當高的變化性。而什麼是「後現代宗教」？Siegler（2012：283-284）在討論當代道教療癒行為的實踐時，根據既有研究，就歸納出了五點「後現代宗教」的基本特質：折衷主義或混雜主義（eclecticism or hybridization）；全球化；宗教的虛擬複製化（大量表象性的再現）（simulation and simulacra）；消費主義；以及個人

1　就像是Bauman（1998：68）所生動描述的：「後現代男性和女性確實需要有那種鍊金術般的能耐，或者是宣稱其能夠，去將不確定性的基礎，轉化成珍貴的自我確認，和認肯的權威（以最高知識，或他人所不知的方法之名），這是那些鍊金術家宣稱所持有的哲學之石。」

主體性（集體性宗教的減退）（subjectivity）等。的確，這些特質也經常出現在當代台灣宗教現象當中，但是否這就等同於一種「後現代宗教」的出現，則仍是筆者所感覺到有所遲疑的。不過，注意到「後現代宗教」這個範疇的各種可能性，並將之納入討論，這或許能使相關議題的討論更富有理論意義上的張力，但當然，這也需要更多實質性歷史材料和更豐富的理論性討論來做基礎，但本書在這一方面所做的相當有限，這實是本書目前所存在的一個重大缺憾。

第三，靈性資本的概念，反映出人處在資本主義無限敞開的風險與開放性當中時，透過非資本主義屬性來建立人生座標的生活形式，這成為自我評量此世救贖或現世救贖的指標，而非像傳統宗教的寄託在來世以獲得救贖。不過，就其實際的操作面去考察，它仍是一個相當龐雜與廣泛性的概念，本書所給予的定義是：「超出社會體系內既有位置與角色，但具有文化可感知形式的自我覺知、達成救贖和積極助人形式的資本類別。」不過，這樣的概念化的方式，只是出於分析上的方便，某種程度上來說，它仍是過於廣泛的，而且其內部也可能還存在有各式各樣的類型上的差異。譬如說，同樣是文化可感知的形式，它卻可能是出於完全謹守既有的宗教語言或文化傳統，但也有可能是更融合於當代科學性的語言，這種差異性所導致的生活實踐上的影響會是巨大的；另外，靈性資本有可能完全附著在宗教組織的範圍內進行運作，也有可能以反組織的方式，而以靈性網絡的型態來展開，這也將產生不同的認知與生活世界。譬如說，它可能發展為完全沒有組織束縛的新時代運動靈修網絡，但也不是沒有可能，會發展出如本書第六章案例裡的如日月明功團體這般的高付出需求機構。換言之，在靈性資本這個大範疇內的分歧和類別，會具有一

種光譜性的分布，這個光譜內部的差異，會造成個人自我理解、社會關係、生產活動和靈性生活方式的極大差異，而這一部分是本書所完全沒有討論到的。到底靈性資本的累積與擴散，它在本質上（以珍視個人靈性來對抗集體規範性）能有多大的程度去抗拒組織的保守性或管制性呢？而在什麼情況下，這種原本可能會存在的內在抗拒性，又不能充分發揮其作用，或甚至產生負面性的非預期性的結果呢？這些議題都仍有待釐清。

第四，源自西方社會科學界的靈性資本概念，原來是出於對社會資本概念的一個補充，而想要強調：經濟活動的永續性，仍必須建築在合作與信任的社會關係上，甚至於這猶不足，這背後還需要有更深刻的利他、助人與強調責任的宗教和文化傳統來做基礎。而當筆者採用靈性資本的概念，並將之拿來分析漢人社會時，概念上稍有轉移並有所擴充，其所強調的，不再是經濟活動永續性的基礎，而是強調大眾生活權威建構的特性，以及這個建構之後所產生的資本累積與資本交換的形式。這種討論方式，有本書特殊的學術性的意義，但它並不完全符合於西方既有的靈性資本概念討論的視域，這是筆者在此要特別說明的。

第五、平行對立於資本主義的世俗性，靈性資本是，在以不否定現世為前提的基礎上，透過即臨即在的超越性而鑲嵌在社會體系裡的，就此而論，對比於西方基督教的超驗性（transcendentality）的神聖性，東方宗教一直被認為具有一種臨在性（immanence）的特質，也就是認定神聖無所不在的性質，瀰漫在世間萬物之中，而並沒有居於世間之外的其他來源（Hartshorne, 1987; 丁仁傑，2009a：259-265）。就此來看，東方宗教傳統（如佛教、道教）作為靈性資源，它的轉化成為靈性資本，可能會比西方的基督教傳統更為直接，或者至少說，西方基督教傳統要轉換

成為靈性資本，也許仍要在相當程度上融合東方宗教的傳統，以來進行與資本主義的嵌合。不過，這個問題在本書僅止於想像，還未能實際加以分析，未來還有待進一步的研究。

　　第六、承續前一點，靈性資本主要源自於既有文化傳統中的靈性資源，而作為即臨即在的超越性的基礎，在華人文化傳統裡，也僅有特定的文化資源會和當代社會靈性資本的建構關係特別密切，正如同本書第六章中所曾指出的：禪宗強調頓悟的特性，密宗的親身修證和即身成佛，天台、華嚴神祕主義強調宇宙與個體間在神祕境界上的統合等，都有可能成為這一方面的重要的文化資源。而在本書中並未提到的儒家心學傳統（楊祖漢，1992），強調百姓日用即道，甚至是接續的儒家民間化的發展（鍾雲鶯，2008：1-47），也已為即臨即在的超越性鋪好了道路，這些文化資源各有特色而又有性質上的不同，它們如何進入現代，而為不同的宗教團體和靈性網絡所加以運用並與之轉化，會是相當有意義也有趣的研究課題，本書對此並未加以探討，而這在未來顯然還有待綜合性的與比較性的研究。

　　第七、Duara（2015：2）曾將西方現代性標示為世俗主義與個人主義，而它正處於深層危機當中，全球環境品質的下降、非西方權力的崛起、超越性權力的喪失，已帶來了一個全球「永續性」（sustainability）的危機。這裡，Duara並不否認Weber所提出的，印度與中國精神文明無法開展出現代資本主義的理論命題，但是，他認為，如果說我們已經看到了現代資本主義的「不可永續性」，那麼重新造訪印度與中國傳統並由中吸取智慧，可能是我們所該做的。Duara也指出，亞洲的傳統哲學，或許提供了一個向前的選擇。東方的智慧，例如強調自我修行；和諧、合作與責任，這能夠幫助現代世界超越對單一國家主權的過度強調，並

讓我們在物質性的基礎上得到救贖。此處，就靈性資本來講，它雖然是鑲嵌在資本主義世俗性之中的一種精神特質，但也仍然有一套獨立於資本主義生產邏輯的價值觀與世界觀，並不會對挑戰世俗體制的問題完全保持沉默，只是在不同的脈絡裡，它對這個全球現代性所產生的「永續性」的危機，會採取哪一種集體性的或是個別性的回應或批判方式？可能會有著不同方案，並在論述的複雜程度上也不一，這一部分的討論，目前並未涵蓋在本書中，未來還有待更完整和更細緻的個案研究以做說明。

總而言之，宗教並未從當代社會消退，但在「宗教—巫術—世俗—靈性」的「結構體鍊」中，以及在社會功能分化後的新的結構情境裡，它的社會實踐與政治意涵，有了很大的改變，這些變化，同時需要透過宏觀與微觀的雙重對焦，才能夠幫助我們對於漢人的人生觀、社會生活與宗教性等，所嵌合在新社會情境裡的新的型態與展演模式，以及它在整體社會裡所發揮的作用，得到比較深刻，而且是具有內在性意義的理解。

參考書目

丁仁傑，1999，《社會脈絡中的助人行為：台灣佛教慈濟功德會個案研究》。台北：聯經出版公司。

———，2001，〈成為清海信徒——論傳統社會到現代社會中華人民間教派社會文化意涵之轉變〉，發表於「人類學與漢人宗教研討會」，中研院民族學研究所舉辦，於台北南港，10月26-27日。

———，2004，《社會分化與宗教制度變遷——當代台灣新興宗教現象的社會學考察》。台北：聯經出版公司。

———，2005，〈會靈山現象的社會學考察：去地域化情境中民間信仰的轉化與再連結〉，《台灣宗教研究》4(2)：57-111。

———，2007，〈市民社會的浮現或是傳統民間社會的再生產〉，《台灣社會學刊》，38：1-55。

———，2009a，《當代漢人民眾宗教研究：論述、認同與社會再生產》。台北：聯經出版公司。

———，2009b，〈當天道遭逢宗教市場：評 Lu Yunfeng, *The Transformation of Yiguan Dao in Taiwan: Adapting to a Changing Religious Economy*〉，《台灣社會學刊》43：221-230。

———，2011，〈一貫道的經典運用及文化性原教旨主義之建構：一個經典社會學的初步考察〉，刊於陳支平主編，《一統多元文化的宗教學闡釋：閩台民間信仰論叢》，頁53-100。福建：廈門大學國學研究所出版。

———，2012，〈災難的降臨與禳除：地方性社區脈絡中的改運與煮油淨宅，保安村的例子〉，《台灣宗教研究》11(1)：150-180。

———，2013，《重訪保安村——漢人民間信仰的社會學研究》。台北：聯經出版公司。

———，2014a，〈楊慶堃與中國宗教研究：論中國宗教研究典範的繼承、轉移與競爭〉，《人文宗教研究》1（4）：185-232。

———，2014b，〈由象徵功能論到象徵資本動員論：台南保安村的宗教場域變遷〉，《台灣宗教研究》13（2）：5-40。

———，2014c，〈當代台灣新興宗教的信仰體系及其「可信性」：五個新興宗教團體的考察〉，《新世紀宗教研究》12（3）：1-35。

———，2015a，〈象徵資本、宗教場域與村落的地方自主性：台南西港保安村的例子〉，刊於國史館主編，《近代中國的宗教發展論文集》，頁1-92。台北：國史館。

———，2015b，〈新興宗教與新「宗教性」：台灣漢人宗教的脈絡〉，刊於黃應貴主編，《日常生活中的當代宗教：宗教的個人化與關係性存有》，頁27-77。新北：群學。

———，2015c，〈由象徵功能論到象徵資本動員論：台南保安村的宗教場域變遷〉，《台灣宗教研究》13（2）：5-39。

———，2016，〈一個失控的成長團體：日月明功個案初探〉，《思想》30：229-262。

———，2017a，〈高付出需求機構中的組織與心理面向：日月明功的個案〉，《台灣社會研究季刊》107：1-46。

———，2017b，〈目連救母、妙善救父、哪吒大戰李靖：父系社會中兒子與女兒的主體性建構〉，《民俗曲藝》198：1-62。

———，2018，〈「主導性框架」在新興宗教團體中的作用及信徒的「框架實踐」模式：以清海教團末世論的時代鑲嵌為例〉，《台灣宗教研究》17（2）：125-190。

二階堂善弘，1996，〈哪吒太子考〉，刊於財團法人佛光山文教基金會主編，《1996年佛學研究論文集》，頁285-323。台北：佛光出版社。

于君方著，陳懷宇、姚崇新、林佩瑩譯，2009，《觀音：菩薩中國化的演變》（ *Kuan-yin: The Chinese Transformation of Avalokiteśvara* ）。台北：法鼓文化。

三石善吉，1991，《中國的千年王國》。東京：東京大學出版會。（中譯本：李遇玫譯，《中國民間宗教教派研究》，上海：新華書店。）

三尾裕子，2003，〈從地方性廟宇到全台性廟宇〉，刊於林美容主編，《信

仰、儀式與社會》，頁229-296。台北：中央研究院民族學研究所。

井上順孝，1994（日文），〈新宗教の展開〉，刊於井上順孝編，《現代日本の宗教社会学》，頁165-196。日本京都：世界思想社。

中村元等著，余萬居譯，1984，《中國佛教發展史》（三冊）。台北：天華出版社。

王金壽，2004，〈瓦解中的地方派系：以屏東為例〉，《台灣社會學》7：177-207。

王銘銘，1996，〈民間權威、生活史與群體動力〉，刊於王銘銘、王斯福主編，《鄉土社會的秩序、公正與權威》，頁258-332。北京：中國法政大學出版社。

———，1997，《村落視野中的文化與權力：閩台三村五論》。北京：新華書店。

———，2004，《溪村家族：社區史、儀式與地方政治》。貴陽：貴州人民出版社。

末成道男，1991，〈台灣漢族の信仰圈域〉。刊於竹村卓二主編，《國立民族學博物館研究報告別冊》14：21-101。大阪：國立民族學博物館。

石奕龍，2008，〈中國漢人自發的宗教實踐——神仙教〉，《中南民族大學學報》28：3。

江燦騰，1995，《20世紀台灣佛教的轉型與發展》。高雄：財團法人淨心文教基金會。

西大午辰走人，2008重印，《南海觀音全傳》。台北：三民。

牟鍾鑒，1995，《中國宗教與文化》。台北：唐山出版社。

宋七力，2010，《法身顯相集》。台北：圓融企業社。

宋光宇，1983，《天道鈎沈》。台北：元祐出版社。

吳文程，1995，〈台灣政治轉型理論的分析架構的探討〉，《東吳政治學報》4：135-183。

李丁讚、吳介民，2005，〈現代性、宗教、與巫術：一個地方公廟的治理技術〉，《台灣社會研究季刊》59：143-184。

李亦園，1983，〈社會變遷與宗教皈依——一個象徵人類學理論模型的建立〉，《中研院民族學研究所集刊》56：1-28。

李承貴，2005，《新譯地藏菩薩本願經》。台北：三民。

李淑玲，2005，〈西港鄉聚落的拓墾與開發之研究〉。台南：國立台南大學台灣文化研究所碩士論文。

李豐楙，2003，〈五營信仰與中壇元帥：其原始及衍變〉，刊於國立中山大學清代學術研究中心、新營太子宮管理委員會主編，《第一屆哪吒學術研討會論文集》，頁549-594。高雄：中山大學清代學術中心出版；台北：新文豐發行。

余鳳高，1987，《「心理分析」與中國現代小說》。北京：中國社會科學出版社。

妙天，2004，《禪坐入門》。台北：禪天下。

何明修，2004，〈文化、構框與社會運動〉，《台灣社會學刊》33：157-199。

余鳳高，1987，《「心理分析」與中國現代小說》。北京：中國社會科學出版社。

岡田謙著，陳乃蘗譯，1960〔1938〕，〈台灣北部村落之祭祀範圍〉，《台北文物》9（4）：14-29。

河合洋尚，2010，〈城市景觀再生下的民間儀式：廣州划龍舟儀式的象徵資本化〉，「中國宗教人類學的回顧與前瞻研討會」。廣州，中山大學。

林本炫，1990，《台灣的政教衝突》。台北：稻香出版社。

林美容，1986，〈由祭祀圈來看草屯鎮的地方組織〉，《中央研究院民族學研究所集刊》62：53-114。

———，2008，《祭祀圈與地方社會》。台北：博揚文化。

科大衛，2004，〈告別華南研究〉，刊於華南研究會主編，《學步與超越：華南研究會論文集》，頁9-30。香港：文化創造出版社。

科大衛、劉志偉，2000，〈宗族與地方社會的國家認同——明清華南地區宗族發展的意識形態基礎〉，《歷史研究》3：3-14。

———，2008，〈「標準化」還是「正統化」？——從民間信仰與儀禮看中國文化的大一統〉，《歷史人類學刊》6（1-2）：1-21。

若林正丈著，洪金珠、許佩賢譯，1994〔1992〕，《台灣：分裂國家與民主化》。台北：月旦出版社。

馬西沙，2004，《中國民間宗教史》（上下）。北京：中國社會科學院。

宮留記，2010，《資本：社會實踐工具——布爾迪厄的資本理論》。河南：河南大學出版社。

張小軍，2001，〈象徵資本的再生產——從陽村宗族論民國基層社會〉，《社會學研究》3：51-62。

張天然，孟穎譯注，1996〔1940〕，《性理題釋》。台南：靝巨出版社。

張珣，2002，〈祭祀圈研究的反省與後祭祀圈時代的來臨〉，《國立台灣大學考古人類學刊》58：78-111。

———（主編）2013，《漢人民眾宗教研究：田野與理論的結合》。台北：中央研究院。

陸西星，2012，《封神演義：上冊》。台北：三民。

莊明興，1999，《中國中古的地藏信仰》。台北：國立台灣大學出版委員會。

清海無上師，1997，《即刻開悟之鑰（第一冊）》。台北：書媽清海世界會出版有限公司。

———，1998，《即刻開悟之鑰（第八冊）》。台北：書媽清海世界會出版有限公司。

———，1999，《即刻開悟之鑰1993年全球弘法專輯（第一至第六冊）》。台北：書媽清海世界會出版有限公司。

———，2011，《和平曙光：有機純素化解全球危機》。台北：愛海創意國際有限公司。

———，《清海無上師新聞雜誌》（合訂本第一輯）（1986.8-1990.2），中華民國禪定學會印製。

梅慧玉，2014，〈社會中的體化實踐：台南安平乩童濟世成神個案研究〉，《民俗曲藝》183：7-69。

陳芳英，1983，《目連救母故事之演進及其有關文學之研究》。台北：國立台灣大學出版委員會。

陳明通，1995，《派系政治與台灣政治變遷》。台北：月旦出版社。

陳延輝、蕭晉源，2003，〈戰後台南縣政府政黨輪替原因之探討：以1993年縣長選舉為例〉，刊於2003年台灣地方政治變遷研討會編輯委員會主編，《台灣地方政治變遷：第一屆台灣地方政治變遷學術研討論論文集》。台北：師範大學政治學研究所。

———，2005，《台南縣派系興起與政黨政治的確立》。台北：秀威資訊科技。

陳信成，2000，〈一貫道的末劫觀初探〉，輔仁大學宗教所碩士論文。

陳淑娟，2006，〈靈性非宗教，轉化非救贖：對台灣新時代運動靈性觀的社會學考察〉，《台灣宗教研究》6(1)：57-112。

陳熙遠，2002，〈「宗教」──一個中國近代文化史上的關鍵詞〉，《新史學》13：4。

陳緯華，2012，〈資本、國家與宗教：「場域」視角下的當代民間信仰變遷〉，《台灣社會學》23：1-49。

善性，2008，《佛乘宗大自在無上心要》。台北：一葉文化。

黃月霞，1995，《諮商導論》。台北：五南出版社。

黃明雅，2009，《南瀛大地主誌（北門區卷）》。台南：台南縣政府。

黃應貴，2012，《「文明」之路，第三卷：新自由主義秩序下的地方社會（1999迄今）》。台北：中央研究院民族學研究所。

───，2015，〈宗教的個人化與關係性存有〉，刊於黃應貴主編，《日常生活中的當代宗教：宗教的個人化與關係性存有》，頁10-16。新北市：群學出版社。

費孝通，1985，《鄉土中國》。北京：三聯書店。

董芳苑，1986，《認識台灣民間信仰》。台北：長春文化事業公司。

葉春榮，2009，《神明教的文化邏輯》。台北：唐山出版社。

趙沛鐸，1996，〈魯曼系統理論中的宗教社會功能觀〉，《東吳社會學報》5：111-146。

齊偉先，2011，〈台灣民間宗教廟宇的「公共性」變遷：台南府城的廟祭場域研究〉，《歷史人類學刊》，《台灣社會學刊》46：57-114。

劉美玲，2011，〈釋教打血盆儀式的意涵、流變與傳承：以新竹縣橫山鄉春盛壇為例〉，國立交通大學客家文化學院客家社會與文化學程碩士論文，未出版。

劉創楚、楊慶堃，1992，《中國社會：從不變到巨變》。香港：中文大學出版社。

楊祖漢，1992，《儒家的心學傳統》。台北：文津出版社。

鄭之珍，2005，《皖人戲曲選刊・鄭之珍卷：新編目連救母勸善戲文》。合肥：黃山書社。

鄭志明，1998a，《台灣民間宗教結社》。嘉義：南華管理學院宗教文化研究中心。

———，1998b，《台灣當代新興佛教——禪教篇》。嘉義：南華管理學院宗教文化研究中心。

———，1999，《台灣新興宗教現象——傳統信仰篇》。嘉義：南華管理學院宗教文化研究中心。

———，2000，《當代新興宗教——修行團體篇》。嘉義：南華大學宗教文化研究中心。

鄭振滿，2009，《鄉族與國家：多元視野中的閩台傳統社會》。北京：生活‧讀書‧新知三聯書店。

鍾雲鶯，2008，《清末民初民間儒家對主流儒學的吸收與轉化》。台北：臺大出版社。

蕭鳳霞，2004，〈廿載華南研究之旅〉。刊於華南研究會編，《學步與超越：華南研究會論文集》，頁31-40。香港：文化創造出版社。

瞿海源，1989，〈解析新興宗教現象〉，刊於徐正光、宋文里合編，《台灣新興社會運動》，頁229-243。台北：巨流圖書公司。

釋恆清，1995，《菩提道上的善女人》。台北：東大圖書公司。

釋星雲，1988，《佛光大辭典》。高雄：佛光。

顧敏耀編，2013，《陳虛谷‧莊遂性集》。台南：台灣文學館。

Ahern, Emily M., 1978. "The Power and Pollution of Chinese Women," in *Studies in Chinese Society*. Arthur P. Wolf, ed., pp. 269-290. Stanford: Stanford University Press.

———, 1981. *Chinese Ritual and Politics.* New York: Cambridge University Press.

Allport, G. W., and Ross, J. M., 1967. "Personal Religious Orientation and Prejudice," *Journal of Personality and Social Psychology* 5: 432-443. （Reprinted in Allport, 1968）

Althusser, Louis, 1972. *Lenin and Philosophy, and Other Essays.* New York: Monthly Review Press.

Asad, Talal, 1993. *Genealogies of Religion: Discipline and Reasons of Power in Christianity and Islam.* Baltimore: The John Hopkins University Press.

Baity, Philip, 1975. *Religion in a Chinese Town.* Taipei, Taiwan, R.O.C.: The Orient Cultural Service.

Baker, Chris and Greg Smith, 2010. "Spiritual, Religious and Social Capital - Exploring Their Dimensions and Their Relationship with Faith-Based Motivation and Participation in UK Civil Society," based on a paper presented at the BSA Sociology of Religion Group Conference, Edinburgh April 2010.

Baltes, M. M. and Silverberg, S., 1994. "The Dynamics Between Dependency and Autonomy: Illustrations Across the Life Span," *Life-span Development and Behavior* 12: 41-90.

Barker, Elieen, 1998. "New Religions and New Religiosity," in *New Religions and New Religiosity*. Elieen Barker and Margit Warburg eds., pp. 10-27. Denmark: Aarhus University Press.

———, 1984. *The Making of a Moonie: Choice or Brainwashing?* Oxford: Blackwell.

———, 1986. "Religous Movements: Cult and Anticult Since Jonestown," *Annual Review of Sociology* 12: 329-346.

Barker, Eileen and Margit Warburg, eds., 1998. *New Religions and New Religiosity*. Denmark: Aarhus University Press.

Batson, C. D., and Ventis, W. L., 1982. *The Religious Experience: A Social-Psychological Perspectiue.* New York: Oxford University Press.

Bauman, Zygmunt. 1998. "Postmodern Religion?" in *Religion, Modernity and Postmodernity.* Paul Heelas ed., pp. 55-78. Oxford: Blackwell.

Beasley-Murray, Jon, 2000. "Value and Capital in Bourdieu and Marx," in *Pierre Bourdieu: Fieldwork in Culture.* Nicolas Brown and ImreSzeman, eds., pp. 100-119. Lanham, MD: Rowman and Littlefield.

Befu, Harumi, 1967. "The Political Relation of the Village to the State," *World Politics* 19(4): 601-620.

Bell, Catherine, 1989. "Religion and Chinese Culture: Toward an Assessment of Popular Religion," *History of Religion* 29(1): 35-57.

Benford, Robert D., 2017. "Master Frame," in *The Wiley-Blackwell Encyclopedia of Social and Political Movements.* David A. Snow, Donatella della Porta, Bert Klandermans, and Doug McAdam, eds., Blackwell Publishing Ltd.

https://onlinelibrary.wiley.com/doi/full/10.1002/9780470674871.wbespm126, 11 June 2017.

Berger, P. and R. Hefner, 2004. *Spiritual Capital in Comparative Perspective.* Boston University: Unpublished Paper.

Berger, Peter L., and Richard John Neuhaus, 1996. *To Empower People: From State to Civil Society*. Washington, D.C.: AEI Press.

Berling, Judith, 1980. *The Syncretic Religion of Lin Chao-en*. New York: Columbia University Press.

———, 1987. Orthoprxy. *Encyclopedia of Religion*（Vol. 11, pp. 129-132）. New York: Macmillan.

Beyer, P., 1984. "Introduction," in *Religious Dogmatics and the Evolution of Societies*. Luhmann, N. ed., pp. v-xvii. New York: The Edwin Mellen Press.（中譯本：劉鋒・李秋零譯，1998，《宗教教義與社會演化》。北京：中國人大出版社。）

Blake, C. Fred, 2011. *Burning Money: The Material Spirit of the Chinese Lifeworld.* Honolulu: University of Hawai'i Press.

Bourdieu, Pierre, 1972. E*squissed'unethéorie de la pratique: précédé de troisétudes d'ethnologiekabyle*. Geneva: Droz.

———, 1977［1972］. *Outline of a Theory of Practice*. Richard Nicel trans. Cambridge: Cambridge University Press.

———, 1984［1979］. *Distinction: A Social Critique of the Judgement of Taste.* trans. by Richard Nice. Cambridge: Harvard University Press.

———, 1986. "The Forms of Capital," in *Handbook of Theory and Research for the Sociology of Education*. Richardson, J. G. ed., trans. by Richard Nice. New York: Green Wood Press.

———, 1989. *La Noblesse d'Etat: Grands Corps et GrandesÉcoles*. Paris: Editions de Minuit.

———, 1990［1980］. *The Logic of Practice*. Richard Nice trans. Stanford: Stanford University Press.

———, 1991［1971］. "Genesis and Structure of the Religious Field," Jenny B. Burnside trans. Craig Calhoun and Leah Florence. *Comparative Social*

Research 13: 1-44 .

———, 1991. *Language and Symbolic Power.* Gino Raymond and Matthew Adamson trans. Cambridge: Polity Press.

Bourdieu, Pierre and Loic J.D. Wacquant, 1992. *An Invitation to Reflexive Sociology.* Chicago: University of Chicago Press.

Bowlby, John, 1969. *Attachment and Loss*, Vol. 1. New York: Basic Books.

———, 1973. *Attachment and Loss*, Vol. 2. New York: Basic Books.

———, 1980. *Attachment and Loss*, Vol. 3. New York: Basic Books.

Bromley, David G., 2007. *Teaching New Religious Movements.* New York: Oxford University Press.

Butler, Jududith, 1997. *The Psychic Life of Power: Theories in Subjection.* Stanford: Stanford University Press.

Caillé, Alain, 1981. "La sociologie de l'intérèt est-elle intéressante?" *Sociologie du travail* 23（3）: 257-274.

Campbell, Colin, 1972. "The Cult, the Cultic Milieu and Secularization," in *Sociological Yearbook of Religion in Britain.* M. Hill ed., pp. 119-136. London: SCM Press.

Chau, Adam Yuet, 2006. *Miraculous Response: Doing Popular Religion in contemporary China.* Stanford: Stanford University Press.

———, 2013. "Religious Subjectification: The Practice of Cherishing Written Characters and Being a Ciji（Tzu Chi）Person," 刊於張珣主編,《漢人民眾宗教研究：田野與理論的結合》,頁75-113。台北：中央研究院民族學研究所。

Chow, R, 1995. *Primitive Passions: Visuality, Sexuality, Ethnography, and Contemporary Chinese Cinema.* New York: Columbia University Press.

Clark, Gordon, 1984. "A Theory of Local Autonomy," *Annals of the Association of American Geographers* 74: 2.

Clart, Philip, 2006. "Popular Religion as Analytical Category in the Study of Chinese Religions," Paper Presented in the Fourth Fu Jen University International Sinological Symposium: Research on Religions in China: *Status quo* and Perspectives.

Cole, Alan, 1998. *Mothers and Sons in Chinese Buddhism.* Stanford, Calif.: Stanford University Press.

Coleman, James S., 1988. "Social Capital in the Creation of Human Capital," *American Journal of Sociology* 94: S95-S120.

Coser, Lewis A., 1974. *Greedy Institutions: Patterns of Undivided Commitment.* New York: Free Press.

Daschke, Dereck, and Ashcraft, W. Michael, 2005. *New Religious Movements: A Documentary Reader.* New York: New York University Press.

Davies, Christie, 1989. "Goffman's Concept of the Total Institution: Criticisms and Revisions," *Human Studies* 12: 77-95.

Davis, Natalie Zemon, 1974. "Some Tasks and Themes in the Study of Popular Religion," in *The Pursuit of Holiness in late Medieval and Renaissance Religion.* Charles Trinkhaus and Heiko A. Oberman, eds., pp. 307-336. Leiden: Brill.

Dawson, Lorne L., 1998. *Comprehending Cults: the Sociology of New Religious Movements.* Toronto: Oxford University Press.

Dean, Kenneth, 2003. "Local Communal Religion in Contemporary Southeast China," *The China Quarterly* 174: 338-358.

Delaney, W. P., 1977. "The Uses of the Total Institution: A Buddhist Monastic Example," in *Exploring Total Institutions.* Robert Gordon and Brett Williams, eds., pp. 18-24. Champaign, IL: Stipes.

DiMaggio, Paul, 1979. "Review Essay: On Pierre Bourdieu," *American Journal of Sociology* 84(6): 1460-1474.

Dobbelaere, Karel, 2002. *Secularization: An Analysis at Three Levels.* New York: P.I.E. Peter Lang.

Duara, Prasenjit, 1988. *Culture, Power, and the State: Rural North China, 1900-1942.* Stanford, California: Stanford University Press.（中譯本：王福明 譯，2003，《文化權力與國家：1900-1942年的華北農村》。南京：江蘇 人民出版社。）

———, 2015. *The Crisis of Global Modernity: Asian Traditions and a Sustainable Future.* Cambridge; New York: Cambridge University Press.

Dudbridge, Glen, 1978. *The Legend of Miao-shan*. London: Oxford University. （中譯本：李文彬、賴瑞和、廖朝陽等譯，1990，《妙善傳說：觀音菩薩緣起考》。台北：巨流圖書公司。）

Durkheim, E., 1987〔1951〕. *Suicide: A Study in Sociology*. by J.A. Spaulding and G. Simpson trans. Glencoe, Ill.: Free Press of Glencoe.

———, 1969〔1898〕. "Individualism and the Intellectuals," in *Political Studies*. trans. of 1898 article by S. and J. Lukes with note, XVII: 14-30.

Egger de Campo, Marianne, 2013. "Contemporary Greedy Institutions: An Essay on Lewis Coser's Concept in the Era of the 'Hive Mind'," *Czech Sociological Review* 49(6): 969-987.

Ellis, Albert, 2002. Overcoming Resistance: A Rational Emotive Behavior Therapy Integrated Approach. New York: Springer Publishing Company. （中譯本：盧靜芳譯，2005，《理性情緒行為治療》。台北：心理。）

Faure, David and Siu, Helen F., eds., 1995. *Down to Earth: The Territorial Bond in South China*. Stanford: Stanford University Press.

Favereau, Olivier, 2000. "Penser（I'orthodoxie）à partir de Bourdieu. Ou I'économie du sociologue," *Communication au séminaiar IRIS*.

Feuchtwang, Stephan, 1974. "Domestic and Communal Worship in Taiwan," in *Religion and Ritual in Chinese Society*. Arthur P. Wolf, ed., pp. 105-130. Stanford: Stanford University Press.

———, 2001. *Popular Religion in China: The imperial Metaphor*. London: Curzon Press.

———, 2004. "Theorising Place," in *Making Place: State Projects, Globalisation and Local Responses in China*. Stephan Feuchtwang ed., pp. 3-30. London: UCL Press.

Fichter, Joseph, 1951. *Southern Parish*. Chicago: University of Chicago Press.

———, 1954. *Social Relations in the Urban Parish*. Chicago: University of Chicago Press.

Finke, R., 1997. "The Consequences of Religious Competition: Supply-side Explanations for Religious Change," in *Rational Choice Theory and Religion: Summary and Assessment*. L.A. Young ed., pp. 46-65. New York:

Routledge.

Finke, R. and Stark, R., 1992. *The Churching of America 1776-1990: Winners and Losers in Our Religious Economy*. New Brunswick, NJ., Rutgers University Press.

Fisher, Walter R., 1984. "Narration as a Human Communication Paradigm: The Case of Public Moral Argument," *Communication Monographs* 51: 1-23.

Foucault, Michel, 1977. *Discipline and Punish: The Birth of the Prison.* New York: Pantheon books.

Frédéric, Erwan, 2004. "Pierre Bourdieu: Economic Models against Economism," in *After Bourdieu.* D. L. Swartz and V. L. Zolberg, eds., pp. 87-101. Netherlands: Kluwer Academic Publishers.

Freedman, M., 1962. "Book review, on C.K.Yang's Religion in Chinese Society," *Journal of Asian Studies* 21(4): 534-535.

———, 1974. "On the Sociological Study of Chinese Religion in Religion and Ritual in Chinese Soceity," in *Religion and Ritual in Chinese Society.* Arthur P. Wolf, ed., pp. 19-42. Stanford: Stanford University Press.

Feuchtwang, Stephan and Wang, Mingming, 2001. *Grassroots Charisma: Four Local Leaders in China*. London: Routledge.

Freud, Sigmund, 1957. *The Future of an Illusion*. New York: Anchor.

Friedman, Jonathan, 1994. *Cultural Identity and Global Process*. London: Sage Publication.

———, 2003. "Globalizing Language: Ideologies and Realities of the Contemporary Global System," *American Anthropologist* 105(4): 744-752.

Ganiel, Gladys, 2009. "Spiritual Capital and Democratization in Zimbabwe: A Case Study of a Progressive Charismatic Congregation," *Democratization* 16(6): 1172-1193.

Gamson, William A., David Croteau, 1992. William Hoynes and Theodore Sasson, "Media Images and the Social Construction of Reality," *Annual Review of Sociology* 18: 373-393.

Geiger, Brenda, 1996. *Fathers as Primary Caregivers*. Westport, CT.: Greenwood.

Giddens, Anthony, 1979. *Central Problems in Social Theory: Action Structure and*

Contradiction in Social Analysis. Berkeley: University of California Press.

Giorgio, Adalgisa, ed., 2002. *Writing Mothers and Daughters: Renegotiating the Mother in Western European Narratives by Women.* Oxford: Berghahn Books.

Gladding, Samuel T., 2015. *Counseling Theories for Human Services Practitioners: Essential Concepts and Applications.* Boston: Pearson Education.

Glock, Charles Y., 1962. "On the Study of Religious Commitment," *Religious Education* 62(4): 98-110.

Goffman, Erving, 1961. *Asylums: Essays on the Social Situation of Mental Patients and Other Inmates.* Garden City, N.Y.: Anchor Books.（中譯本：群學翻譯工作室譯，2012，《精神病院：論精神病患與其他被收容者的社會處境》。台北：群學出版社。）

Goldmann, Lucien, 1964. *The Hidden God: A Study of Tragic Vision in the Pensees of Pascal and the Tragedies of Racine.* Trans. Philip Thody. New York: The Humanities Press.

Granovetter, Mark, 1983. "The Strength of Weak Ties: A Network Theory Revisited," *Sociological Theory* 1: 201–233.

Gregory, Peter N. and Patricia Buckley Ebrey, 1993. "The Religious and Historical Landscape," in *Religion and society in T'ang and Sung China.* Patricia Buckley Ebrey and Peter N.Gregory, eds., pp. 1-44. Honolulu: University of Hawaii Press.

Gu, Ming Dong, 2006. "The Filial Piety Complex: Variations on the Oedipus Theme in Chinese Literature and Culture," *Psychoanalytic Quarterly* 75: 163-195.

Guntrip, Harry, 1961. *Personality Structure and Human Interaction.* New York: International University Press.

Habermas, Jurgen, 1987. *The Theory of Communicative Action Vol. 2: Life-world and System: A Critique of Functionalist Reason.* Boston: Beacon Press.

Hall, Stuart, 1982. "The Rediscovery of Ideology: Return to the Repressed in Media Studies," in *Culture, Society and the Media.* Tony Bennett, James Curran, Michael Gurevitch and Janet Wollacott, eds., pp. 56-90. New York: Methuen.

Hamilton, Peter, 1983. *Talcott Parsons*. New York: Tavistock Publications.

Hansen, Valerie, 1990. *Changing Gods in Medieval China, 1127-1276*. Princeton: Princeton University Press.（中譯本：包偉民譯，1999，《變遷之神》。杭州：浙江人民出版社。）

Hardyck, Jane Allyn & Marcia Braden, 1962. "Prophecy Fails Again: A Report of a Failure to Replicate," *Journal of Abnormal and Social Psychology,* 65: 136-141.

Harrell, C. Steven, 1979. "The Concept of Soul in Chinese Folk Religion," *Journal of Asian Studies* 38（3）: 519-528.

Hartshorne, Charles,1987."Transcendence and Immanence,"in *The Encyclopedia Of Religion*, M. Eliade, ed., New York: Macmillan Publishing Company.

Hatch, Mary Jo, 2006. *Organization Theory: Modern, Symbolic, and Postmodern Perspectives*. Oxford: Oxford University Press.

Haviland, William A. 2002. *Cultural Anthropology*. Belmont, Calif.: Wadsworth/ Thomson Learning.

Heelas, Paul, 1982. "Californian Self-religions and Socializing the Subjective," in *New Religious Movements: a Perspective for Understanding Society*. Eileen Barker, ed., pp. 69-85. New York: Edwin Mellen Press.

Hervieu-Leger, Daniele, 1998. "Secularization, Tradition and New Forms of Religiosity: Some Theoretical Proposals," in *New Religions and New Religiosity*. Elieen Barker and Margit Warburg, eds., pp. 28-44. Denmark: Aarhus University Press.

Hick, John, 1999. *The Fifth Dimension: An Exploration of the Spiritual Realm*. Oxford: Oneworld.（中譯本：鄧元尉譯，2001，《第五向度：靈性世界的探度》。台北：商周。）

Hsu, Francis. L. K.（許烺光）, 1981. *American and Chinese: Passage to Differences*. Honolulu. HI: University of Hawaii Press.

Huang, C. Julia, 2009. *Charisma and Compassion : Cheng Yen and the Buddhist Tzu Chi movement*. Cambridge, Mass.: Harvard University Press.

Hunt, Stephen, Hamilton, Malcolm and Walter, Tony, 1999. *Charismatic Christianity: Sociological Perspectives*. New York: St. Martin's Press.

Iannaccone, Laurence R., and Johnathon Klick, 2003. *Spiritual Capital: An Introduction and Literature Review.* Preliminary draft, prepared for the Spiritual Capital Planning Meeting, October 9-10, 2003.

Idema, Wilt L., ed., 2008. *Personal Salvation and Filial Piety: Two Precious Scroll Narratives of Guanyin and Her Acolytes.* Honolulu: University of Hawaii Press.

Inoue Nobutaka（井上順孝）, 1991. "Recent Trends in teh Study of Japanese New Religions," in *New Religions.* Inoue Nobutaka（井上順孝）ed., pp. 4-24. Tokyo: Institute for Japanese Culture and Classics, Kokugakuin University.

International Workshop on the Mu-lien Operas, 1989. *Ritual Opera, Operatic Ritual: "Mu-lien rescues his mother" in Chinese Popular Culture: papers from the International Workshop on the Mu-lien operas.* Berkeley: University of California.

Irigaray, Luce, 1985. *This Sex Which Is Not One.* Ithaca: Cornell University Press.
_____, 1993. *An Ethics of Sexual Difference.* Ithaca: Cornell University Press.

Johnson, A. & Prince-Williams, D., eds., 1996. *Oedipus Ubiquitous: The Family Complex in World Folk Literature.* Stanford, CA: Stanford University Press.

Johnson, B., 1963. "On Church and Sect," *American Sociological Review* 28: 539-549.

Johnson, David, ed., 1989, *Ritual Opera, Operatic Ritual: "Mu-lien rescues his mother" in Chinese Popular Culture.* Berkeley: University of California.
———, 2009. *Spectacle and Sacrifice: The Ritual Foundations of Village Life in North China.* Cambridge: Harvard University Asian Center.

Johnson, L. R., 2007. *Religion in Society: a Sociology of Religion.* Upper Saddle River, N.J.: Pearson/Prentice Hall.

Jordan, David K., 1972. *Gods, Ghosts, and Ancestors: the Folk Religion of a Taiwanese Village.* Berkeley: University of California Press.（中譯本：丁仁傑譯，2012，《神・鬼・祖先：一個台灣鄉村的漢人民間信仰》，台北：聯經出版公司。）

Jordan, David K. and Overmyer, Daniel L., 1986. *The Flying Phoenix: Aspects of Chinese Sectarianism in Taiwan.* New Jersey: Princeton University Press. （中譯本：周育民譯，2005，《飛鸞──中國民間教派面面觀》。香港：中文大學出版社。）

Judd, Ellen R, 1994. "Mulian Saves His Mother in 1989," in *Memory, History and Opposition Under State Socialism.* Rubies S. Watson, ed., pp. 105-126. Santa Fe, NM.: University of Washington Press.

Juergensmeyer, M., 1991. *Radhasoami Reality-the Logic of a Modern Faith.* Princeton, New Jersey: Princeton University Press.

Lacan, Jacques, 1977. *Ecrits: A Selection.* Alan Sheridan trans. New York: Norton.

Lagerwey, John, 2010. *China: A Religious State.* Hong Kong: Hong Kong University Press.

Lewis A. Coser, 1974. *Greedy Institutions: Patterns of Undivided Commitment.* New York: Free Press.

Lewis, James R. ed., 2004a. *The Oxford Handbook of New Religious Movements.* New York: Oxford University Press.

───, 2004b. "Overview," in *The Oxford Handbook of New Religious Movements.* James R. Lewis, ed., pp. 3-15. New York: Oxford University Press.

Lewis, Mark Edward, 2006. *The Construction of Space in Early China.* Albany: State University of New York Press.

Lin, Ching-Chih（林敬智）, 2012. *The Life and Religious Culture of the Freshwater Boat People of North China, 1700-Present.* Ph.D. Dissertation, University of California, Berkeley.

Luhmann, Niklas, 1977. *Die Funktion der Religion.* Frankfurt/Main: Suhrkamp.

───, 1982. *The Differentiation of Society.* New York: Columbia University Press.

Luhrmann T., 1989. *Persuasions of the witch's Craft: Ritual Magic in Contemporary England.* Cambridge. MA: Harvard University Press.

Madsen, Richard, 1984. *Morality and Power in a Chinese Village.* Berkeley, CA.: University of California Press.

Mahar, Cheleen, Richard Marker and Chris Wilkes, 1990. "The Basic Theoretical Position," in *An Introduction to the Work of Pierre Bourdieu:*

The Practice of Theory. Richard Marker, Cheleen Mahar and Chris Wilkes, eds., New York: St. Martin's Press.

Malloch, Theodore Roosevelt, 2003. *Social, Human and Spiritual Capital in Economic Development.* Templeton Foundation, Working Group of the Spiritual Capital Project. Harvard University: Unpublished Paper.

———, 2008. *Spiritual Enterprise.* New York: Encounter Books.

———, 2014. "Spiritual Capital," in *The Oxford Handbook of Christianity and Economics.* Paul Oslington, ed., pp. 463-471. New York: Oxford University Press.

Marsden, George M., 1991. *Understanding Fundamentalism and Evangelicalism.* Grand Rapids, Michigan: William B. Erdmans Publishing Company.

Martin, David A., 1965. *Pacifism: An Historical and Sociological Study.* New York: Schocken.

Moore, Henrietta L., 1988. *Feminism and Anthropology.* Cambridge UK.: Polity Press.

Naquin, Susan, 1976. *Millenarian Rebellion in China: The Eight Trigrams Uprising of 1813.* New Haven: Yale University Press.

———, 1985. "The Transmission of White Lotus Sectarianism in Late Imperial China," in *Popular Culture in Late Imperial China.* David Johnson, Andrew J. Nathan, and Evelyn S. Rawski, eds., pp. 255-291. Berkeley, CA.: University of California Press.

Nielsen, Michael, Arthur T. Hatton, and M. J. Donahue, 2013. "Religiousness, Social Psychology, and Behavior," in *Handbook of the Psychology of Religion and Spirituality* (2nd Edition). Raymond F. Paloutzian and Crystal L. Parks eds., pp. 212-239. New York: Guilford.

Noom, Marc J., 1999. *Adolescent Autonomy: Characteristics and Correlates.* Delft: Eburon.

Noom, Marc J., Maja Dekovic and Whim H. J. Meeus, 1999. "Autonomy, Attachment and Psychosocial Adjustment During Adolescence: A Double-Edged Sword?" *Journal of Adolescence* 22: 771-783.

Nordquist, Ted A., 1978. *Ananda Cooperative Village.* Uppsala, Sweden: Borgstroms.

O'Sullivan, Michael and Bernadette Flanagan, 2012. *Spiritual Capital: Spirituality in Practice in Christian Perspective.* Farnham: Ashgate.

Ortner, Sherry B., 1984. "Theory in Anthropology since the Sixties," *Comparative Studies in Society and History* 26: 126-66.

Overmyer, Daniel L., 1976. *Folk Buddhist Religion: Dissenting Sects in Late Traditional China.* Cambridge, Massachusetts: Harvard University Press. （中譯本：劉心勇譯，1993，《中國民間宗教教派研究》。上海：上海古籍出版社。）

Parsons, Taloctt & Shils, Edward A., eds., 1954. *Toward a General Theory of Action.* Cambridge: Harvard University Press.

Partridge, Christopher, 2004. *New Religions: a Guide.* New York: Oxford University Press.

Piaget, Jean, 1962. *Play Dreams and Imitation in Childhood.* New York: Norton.

Preffer, Jeffrey, and Gerald R. Salancik, 1976. *The External Control of Organizations: A Resource Dependence Perspective.* New York: Harper & Row.

Putnam, Robert D., 2000. *Bowling Alone: The Collapse and Revival of American Community.* New York: Simon and Schuster.

Redfield, Robert, 1956. *Peasant Society and Culture: An Anthropological Approach to Civilization.* Chicago: University of Chicago Press.

Rey, Terry, 2007. *Bourdieu on Religion: Imposing Faith and Legitimacy.* London: Equinox.

Richardson, James T., 1985. "The Active vs. Passive Convert: Paradigm Conflict in Conversion/Recruitment Research," *Journal for the Scientific Study of Religion* 24（2）: 163-179.

Rima, Samuel D, 2013. S*piritual Capital: A Moral Core for Social and Economic Justice Surrey.* England; Burlington, Vt.: Gower.

Roof, Wade Clark, 1999. *Spiritual Marketplace: Baby Boomers and the Remaking of American Religion.* Princeton, NJ.: Princeton University Press.

Rosman-Stollman, Elisheva, 2014. *For God and Country? Religious Student-Soldiers in the Israel Defense Forces.* Austin: Center for Middle Eastern Studies, University of Texas at Austin.

Roth, Guenther, 1977. "Book Review on *Greedy Institution*," *The American Political Science Review* 71(2): 632-634.

Ryan, R. M., 1995. "Psychological Needs and the Facilitation of Integrative Processes," *Journal of Personality* 63: 397-427.

Saliba, John A., 1995. *Understanding New Religious Movements*. Grand Rapids, Mich.: William B. Eerdmans Publishing Company.

Sangren, P. Steven, 1980. *A Chinese Marketing Community: an Historical Ethnography of Ta-Chi, Taiwan.* Ph.D. Dissertation. Stanford University.

———, 1983. "Female Gender in Chinese Religious Symbols: Kuan Yin, Ma Tsu, and the 'Eternal Mother'," *Sign* 9: 4-25.

———, 1987. *History and Magical Power in a Chinese Community.* Stanford: Stanford University.

———, 1997. *Myth, Gender, and Subjectivity.* Hsin-chu, Taiwan: Program for Research of Intellectual-Cultural History, College of Humanities and Social Science, National Tsing Hua University.

———, 2000. *Chinese Sociologics: An Anthropological Account of the Role of Alienation in Social Reproduction.* New Brunswick, N.J.: The Athlone Press. （中譯本：丁仁傑譯，2012，《漢人的社會邏輯：對於社會再生產生過程中「異化」角色的人類學解釋》。台北：中央研究院民族所出版。）

———, 2017. *Filial Obsessions: Chinese Patriliny and Its Discontents.* Tulsa, Oklahoma: University of Tulsa.

Sardenberg, Cecilia M. B. and Deborah J. Donnellan, 1977. "A Different Kind of Nunnery," in *Exploring Total Institutions*. Robert Gordon and Brett Williams, eds., pp. 111-126. Champaign, IL: Stipes.

Sasaki, Masamichi and Tatsuzo Suzuki, 1987. "Changes in Religious Commitment in the United States, Holland, and Japan American," *Journal of Sociology* 92(5): 1055-1076.

Schmitter, Phillipe C., 1974. "Still the Century of Corporatism?" *Review of Politics* 36: 1.

Seaman, Gary, 1978. *Temple Organization in a Chinese Village.* Taipei: The Chinese Association for Folklore.

Sennett, Richard, 1976. *The Fall of Public Man*. New York : Knopf.（中譯本：萬毓澤譯，2007，《再會吧！公共人》。台北：群學出版社。）

Shahar, Meir, 2015. *Oedipal God: The Chinese Nezha and His Indian Origins.* Honolulu: University of Hawaii Press.

Shimazono, Susumu（島薗進），2004. *From Salvation to Spirituality: Popular Religious Movements in Modern Japan*. Melbourne, Australia: Trans Pacific Press.

Siegler, Elijah, 2012. "Daoism beyond Modernity: 'Healing Tao' as Postmodern Movement," in *Daoism in the Twentieth Century: Between Eternity and Modernioty*. David A. Palmer and Xun Liu eds., pp. 274-292. Berkeley: University of California Press.

Singer, M. T., 1979. "Coming Out of the Cults," *Psychology Today* 12: 72-82.

Skinner, G. William, 1964. "Marketing and social structure in rural China（Part I)," *Journal of Asian Studies* 24: 32-43.

————, 1965. "Marketing and social structure in rural China（Part II)," *Journal of Asian Studies* 24: 195-228.

————, 1971. "Chinese Peasants and the Closed Community: An Open and Shut Case," *Comparative Studies in Society and History* 13（2）: 270-281.

Smith, Paul, 1988. *Discerning the Subject*. Vol 55. Minneapolis: University of Minnesota Press.

Snow, David A., Rochford, E. B., Worden, S. K., & Benford, R. D., 1986. "Frame Alignment Processes, Micromobilization, and Movement Participation," *American Sociological Review* 51（4）: 464-481.

Snow, David A. and Robert D. Benford, 1988. "Ideology, Frame Resonance, and Participant Mobilization," *International Social Movement Research* 1: 197-218.

————, 1992. "Master Frames and Cycles of Protest," in *Frontiers in Social Movement Theory*. Aldon D. Morris and Carol McClurg Mueller, eds., pp. 133-155. New Haven, CT: Yale University Press.

————, 2000. "Clarifying the Relationship between Framing and Ideology in the Study of Social Movements: A Comment on Oliver and Johnston," *Mobilization* 5（2）: 55-60.

Snow, David A. & R. Machalek, 1982. "On the Presumed Fragility of Unconventional Beliefs," *Journal of the Scientific Study of Religion* 21(1): 15-26.

Stark, Rodney and Glock, Charles Y., 1968. *American Piety: The Nature of Religious Commitment.* Berkeley: University of California Press.

Stark, Rodney & William Sims Bainbridge, 1980. "Networks of Faith: Interpersonal Bonds and Recruitment to Cults and Sects," *American Journal of Sociology* 85: 1376-1395.

Sutton, Donald, 2007. "Ritual, Cultural Standardization, and Orthopraxy in China: Reconsidering James L. Watson's Ideas," *Modern China* 33(1): 3-21.

Szonyi, Michael, 1997. "The Illusion of Standardizing the Gods: The Cult of the Five Emperors in Late Imperial China," *The Journal of Asian Studies* 56(1): 113-135.

Tan, Amy, 1989. *The Joy Luck Club.* New York: G. P. Putnam's Sons. （中譯本：程乃珊、賀培華、嚴映薇譯，2006，《喜福會》。上海：上海譯文出版社。）

Tang, Wenfang, 2007, "Introduction: The Diffusion of Institutions in Contemporary China," in *Social Change in Contemporary China: C. K. Yang and The Concept of Institutional Diffusion.* Wenfang Tang and Burkart Holzner, eds., pp. 1-13. Pittsburgh: University of Pittsburgh Press.

Tocqueville, Alexis de, 2000[1835/1840]. *Democracy in America.* trans. by Harvey C. Mansfield and Delba Winthrop. Chicago: University of Chicago Press.

Turner, Bryan S, 2008. *The Body & Society: Explorations in Social Theory.* Los Angeles: SAGE.

Turner, Terence S. 1977. "Transformation, Hierarchy and Transcendence: A Reformulation of Van Gennep's Model of the Structure of Rites de passage," in *Secular Ritual.* S.F. Moore and B.G. Myerhoff, eds., pp. 53-70. Assen: Van Gorcum.

———, 2002. "The Sacred as Alienated Social Consciousness," in *Native Religions and Cultures of Central and South America.* Lawrence Sullivan, ed., pp. 278-298. New York: Continuum.

Tsushima Michito（對馬路人）et al., 1979. "The Vitalistic Conception of

Salvation in Japanese New Religions: An Aspect of Modern Religious Consciousness, " *Japanese Journal of Religious Studies* 6: 139-161.

Van der Veer, Peter, 2014. *The Modern Spirit of Asia : the Spiritual and the Secular in China and India.*（中譯本：金澤譯，2016，《亞洲的精神性：印度與中國的靈性和世俗》。北京：社會科學文獻出版社。）

Verter, Bradford, 2003. "Spiritual Capital: Theorizing Religion with Bourdieu against Bourdieu," *Sociological Theory* 21（2）: 150-174.

Wach, Joachim, 1944. *Sociology of Religion.* Chicago: University of Chicago Press.

Wallis, Roy, 1984. "Three Types of New Religious Movements," in *The Elementary Forms of the New Religious Life.* Roy Wallis, ed., pp. 9-39. London: Routledge and Kegan Paul.

Wang, Ning, 1991. "The Reception of Freudianism in Modern Chinese Literature," *China Information* 5（4）: 58-71 & 6（1）: 46-54.

Watson, James L., 1976. "Anthropological Analysis of Chinese Religion," *The China Quarterly* 66: 355-364.

———, 1985. "Standardizing the Gods: The Promotion of T'ien Hou（Empress of Heaven）Along the South China Coast 960-1960," in *Popular Culture in Late Imperial China.* David Johnson, Andrew J. Nathan, and Evelyn S. Rawski, eds., pp. 292-324. Berkeley: University of California Press.

———, 2007. "Orthopraxy Revisited," *Modern China,* 33（1）: 154-158.

Weber, M., 1947. *The Theory of Social and Economic Organization.* H. Gerth and C. Wright Mills trans. New York: Oxford University Press.

———, 1958, *From Max Weber.* Hans Gerth & C. Wright Mills trans. and eds., New York: Oxford University.

———, 1963［1922］. *The Sociology of Religion.* trans. by E. Fischoff. Boston: Beacon Press.

———, 1968. *Economy and Society: An Outline of Interpretive Sociology*, vol. 2. Guenther Roth and Claus Wittich, eds., New York: Bedminster Press.

Weller, Robert P., 1987. *Unities and Diversities in Chinese Religion.* Seattle: University of Washington Press.

Westley, F., 1983. *The Complex Forms of the Religious Life: a Durkheim View of New Religious Movement.* Chico, CA.: Scholars Press.

Wilson, B., 1973. *Magic and the Millennium.* New York: Harper & Row Publishers.

———, 1982. *Religion in Sociological Perspective.* Oxford University Press.

Witt, Barbara,（衛易萱）2013,〈明朝以降「哪吒三太子」在通俗文學作品中的角色以及《哪吒傳奇》的變化〉。http://ccs.ncl.edu.tw/files/Ms_Barbara的摘要.docx。（2016/07/20瀏覽）

Wolf, Arthur P., 1974a. "Introduction," in *Religion and Ritual in Chinese Society.* Arthur P. Wolf, ed., pp. 1-18. Stanford: Stanford University Press.

———, 1974b. "Gods, Ghosts, and Ancestors," in *Religion and Ritual in Chinese Society.* Arthur P. Wolf, ed., pp. 131-182. Stanford: Stanford University Press.（中譯本：張珣譯，1997,〈神、鬼和祖先〉,《思與言》35（3）：233-292。）

Wolf, Margery, 1972. *Women and the Family in Rural Taiwan.* Stanford. Stanford: Stanford University Press.

Yang, C. K.（楊慶堃）, 1961. *Religion in Chinese Society.* Berkeley: University of California Press.（中譯本：范麗珠譯，2007,《中國社會中的宗教：宗教的現代功能與其歷史因素之研究》。上海：上海人民出版社。）

Zablocki, Benjamini, 1997. "The Blacklisting of a Concept: The Strange History of the Brainwashing Conjecture in the Sociology of Religion," *Nova Religion* 1（1）: 96-121.

Zimbardo, Philip G., 2002. "Mind Control: Psychological Reality or Mindless Rhetoric?" *Monitor Psychology* 33（10）: 5.

Zimbardo, Philip and Susan Anderson, 1993. "Understanding mind control: Exotic and mundane mental manipulations," in *Recovery from Cults: Help for Victims of Psychological and Spiritual Abuse.* Michael D Langone, ed., pp. 104-125. New York: W.W. Norton.

Žižek, Slavoj, 1989. *The Sublime Object of Ideology.* New York: Verso.

Zohar, D. and I. Marshall. 2004. *Spiritual Capital: Wealth We Can Live By*. San Francisco, CA: Berrett-Koehler Publishers, Inc.

Zurcher, Eric, 1980. "Buddhist Influence on Early Taoism," *T'oung Pao* 65（1-3）: 84-147.

人名索引

主題索引

臺灣研究叢刊

民眾宗教中的權威鑲嵌：場域變遷下的象徵資本與靈性資本

2020年10月初版　　　　　　　　　　　　　　　定價：新臺幣780元
有著作權・翻印必究
Printed in Taiwan.

著　　者	丁　仁　傑
叢書主編	沙　淑　芬
校　　對	潘　貞　仁
封面設計	沈　佳　德

出　版　者	聯經出版事業股份有限公司	副總編輯	陳　逸　華
地　　　址	新北市汐止區大同路一段369號1樓	總編輯	涂　豐　恩
叢書主編電話	(02)86925588轉5310	總經理	陳　芝　宇
台北聯經書房	台北市新生南路三段94號	社　長	羅　國　俊
電　　　話	(02)23620308	發行人	林　載　爵
台中分公司	台中市北區崇德路一段198號		
暨門市電話	(04)22312023		
台中電子信箱	e-mail：linking2@ms42.hinet.net		
郵政劃撥帳戶第	0100559-3號		
郵撥電話	(02)23620308		
印　刷　者	文聯彩色製版印刷有限公司		
總　經　銷	聯合發行股份有限公司		
發　行　所	新北市新店區寶橋路235巷6弄6號2樓		
電　　　話	(02)29178022		

行政院新聞局出版事業登記證局版臺業字第0130號

本書如有缺頁，破損，倒裝請寄回台北聯經書房更換。　ISBN 978-957-08-5615-6 (精裝)
聯經網址：www.linkingbooks.com.tw
電子信箱：linking@udngroup.com

國家圖書館出版品預行編目資料

民眾宗教中的權威鑲嵌：場域變遷下的象徵資本與
靈性資本/丁仁傑著 . 初版 . 新北市 . 聯經 . 2020年10月 . 600面 .
14.8×21公分（臺灣研究叢刊）
ISBN 978-957-08-5615-6（精裝）

1.宗教社會學 2.民間信仰

210.15　　　　　　　　　　　　　　　　　109013972